슬기로운
뉴로컬생활

슬기로운 뉴로컬생활

새로운사회를여는연구원 기획

김동복
김선아
박산솔
배수용
안지혜
윤찬영
전충훈
조아신
최아름
지음

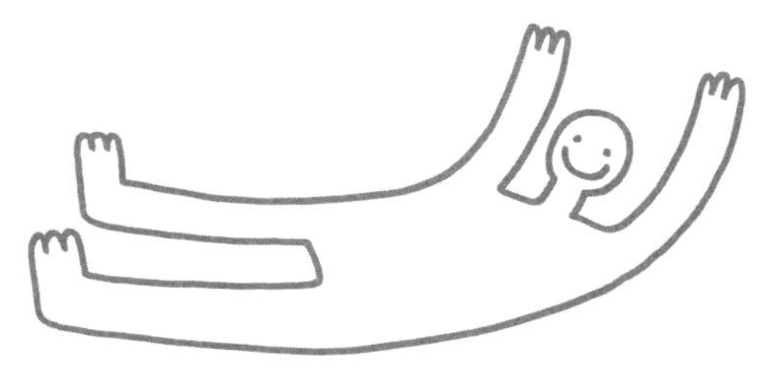

서울 밖에서
답을 찾는
로컬탐구보고서

STOREHOUSE

너무 늦지 않게 또 다른 기회가 만들어지기를 바라며

어느 공모사업에 심사위원으로 참여했다가 인천 강화 '청풍 협동조합'이란 곳을 알게 되었다. 십여 분의 발표만으로 나는 그들에게 반했다. 안타깝게도 공모에선 떨어졌는데 주제넘지만 뭐라도 도움을 주고 싶었다. 이들의 이야기를 글로 써서 알려야겠다고 마음먹었고 그게 시작이었다.

한 달쯤 지나 지난해 8월에 첫 번째 글이 나왔다. 그때부터 같이 책을 쓸 사람들을 하나둘씩 찾아 나섰고 그렇게 찾은 필진이 나까지 아홉 명이었다. 열세 편의 이야기를 모으는 데 꼬박 일 년이 걸렸다. 일 년 사이에 겪은 우여곡절만으로도 책 한 권은 쓸 수 있을 것 같다.

벌써 몇 년째 로컬에서 분투하고 있는 더 많은 혁신가들이 있다는 것을 안다. 그들의 이야기를 모두 다 담고 싶었지만 시간이 모자라서, 인연이 닿지 않아서 담지 못한 이야기들이 손에 꼽을 수 없을 만큼 많다. 너무 늦지 않게 또 다른 기회가 만들어지기를 바란다.

함께 해준 필진들에게 감사드린다. 한 명이라도 없었다면 어딘가가 비어 있는 책이 되었을 것이다. 기회가 된다면 또 다른 일도 같이 해보고 싶다. 눈코 뜰 새 없이 바쁜 가운데도 아무 대가 없이 몇 번씩 시간을 내주신 혁신가들에게 깊이 감사드린다. 이 책이 작은 보답이 되기를 간절히 바란다.

추천사를 써주신 이재명 경기도지사님과 원고를 꼼꼼히 읽고 조언을 해주신 모종린 교수님에게도 머리 숙여 감사드린다. 교수님 덕분에 일이 늘긴 했지만 더 나은 책이 되었다.

늘 믿고 응원해주시는 (사)새로운 사회를 여는 연구원 진남영 원장님에게 가장 깊은 감사를 전하고 싶다. 원장님이 아니었다면 『줄리엣과 도시 광부는 어떻게 마을과 사회를 바꿀까?』에 이어 이번 책도 세상에 나오지 못했을 것이다.

마지막으로 14년째 부부란 이름으로 함께 살아가고 있는 사랑하는 아내 순미와 아직은 나를 세상에서 가장 좋아해주는 여덟 살 아들 상원이에게 이 책을 바친다.

2020년 7월 9일

아홉 명의 필진을 대신해 윤찬영

국토 균형 발전과 지역 간 상생 이끄는 교과서가 되리라 확신한다

저의 고향은 경북 안동시 예안면 도촌리에 위치한 작디작은 산골입니다. 초등학교를 마칠 때까지 저는 그곳의 푸른 산, 맑은 물, 깨끗한 공기와 함께 자랐습니다. 그 고향 마을의 너그러운 품은 언제나 그립습니다.

이렇듯 모두의 마음 한곳에 추억으로 자리 잡고 있을 고향 마을이 하나둘 사라질 위기에 처해 있으니 너무도 안타까운 일입니다. 수도권은 상대적으로 소멸 가능성이 덜한 편이라고 하지만 경기도 일부 지역의 사정은 그렇지 못합니다. 경기도 전체 인구의 꾸준한 증가세가 무색하게도 가평, 양평, 여주, 연천은 이미 인구 소멸 위험 지역에 진입하고 말았습니다.

지방소멸에는 다양한 구조적 원인이 있습니다만 언어에서 기인하는 심리적 요인에도 주목할 필요가 있습니다. "사람은 서울로, 말은 제주로"라는 옛말부터 '지방'을 서울 이외의 지역이라 일컫는 것, '표준어'를 교양 있는 사람들이 두루 쓰는 현대 서울말로 규정하는 것 등 우리가 아무렇지 않게 쓰는 언어 중에는 중앙 중심적, 서울 중심적 사고가 반영된 바가 많습니다. 우리 대한민국 어느 곳도 변방, 혹은 변두리가 되어서는 안 됩니다. 어느 곳이든지 간에 국민 여러분들이 계신 그곳이 중심이어야 합니다.

『슬기로운 뉴 로컬생활』은 자신이 속한 지역 공동체를 어엿한 삶의 거점으로 일구어가고 계신 분들의 발자취가 담긴 책입니다. 지금은 이 사례들이 산발적인 태동에 불과한 듯 보이지만 머지않아 이 움직임들이 대한민국의 국토 균형 발전과 지역 간의 상생을 이끄는 교과서가 될 것이라 확신합니다.

이재명 경기도지사

대한민국과 지역의 미래에 관심이 있다면 읽어야 할 필독서다

한국 근대화 과정에서 주기적으로 중앙 인재가 지역으로 유입됐다. 최근 다시 중앙 인재들이 지역을 찾는데 이번에는 과거와 달리 지역을 돕기 위한 계몽적 목적이 아닌 새로운 경제적 기회를 찾기 위해 지역을 찾는다.

로컬 크리에이터 또는 지역 혁신가로 불리는 이들은 지역에서 혁신적인 사업을 통해 새로운 가치와 지역 문화를 창출한다. 이들에게 이주 동기에 대해 질문하면 공통적으로 '하고 싶은 일을 하기 위해, 살고 싶은 삶을 살기 위해' 지역에 정착했다고 대답한다. 자기다움의 추구가 로컬과 로컬 비즈니스를 선택한 이유다.

나다움을 중시하는 로컬 크리에이터는 로컬을 기성세대의 문화로부터 자유롭고 독립적인 공간으로 여긴다. 로컬에 비해 서울과 대도시는 나다움을 억압하는 기성세대 문화가 지배하는 공간이다. 그들은 다른 사람이 만든 일, 다른 사람이 원하는 삶, 다른 사람이 계획한 미래에서 벗어나 온전히 내가 원하는 삶을 살고 싶다고 말한다.

과연 로컬 크리에이터들이 지역에 안착할 수 있을까? 이에 답하기 위해서는 먼저 그들의 이야기를 들어야 한다. 이 책은 지역으로 떠나는 청년들의 이야기를 청년의 관점에서 수록한 로컬생활 입문서다. 청년들이 왜 로컬로 가는지, 지역에서 어떤 매력과 장점을 발견하는지, 무슨 어려움을 겪고, 이를 어떻게 극복했는지를 생생하고 밀도 있게 들여다본다. 대한민국의 미래, 지역의 미래에 관심이 있다면 반드시 읽어야 하는 필독서다. 특히 지역으로 떠날 준비를 하는 청년에게 추천한다.

모종린 연세대학교 국제대학원 교수

새로운 삶의 패러다임,
로컬

'지방'이란 말에는 '변두리'란 뜻이 담겨 있다. 사전에도 '서울 이외의 지역'이란 설명이 붙는다. 말에서부터 뿌리 깊은 편견이 담겨 있는 셈이다. 그래서 '로컬(local)'이란 말을 쓰기로 했다. 멋을 부리려는 게 아니다. 편견을 덜어내고 서울과 별다를 것 없는, 우리나라를 이루는 똑같은 지역 가운데 하나로 읽히기를 바라는 마음에서다.

서울이 아닌 것이 뭐가 어떠냐고 할지 모르지만 적어도 한국에서는 문제가 된다. 지난 수십 년간 로컬은 서울을 위해 존재했다고 해도 과언이 아니다. 사람을 키워 서울로 보내는 것은 물론이거니와 먹거리와 각종 물품, 에너지를 비롯해 서울이 필요로 하는 온갖 것들을 생산해 '올려' 보냈다. 여기에는 당연히 로컬의 땅과 물, 그리고 공기가 쓰였고 그 대가는 고스란히 로컬의 몫으로 남았다.

오랜 시간 그 몫을 감당하고도 지금까지는 그런대로 견딜 만했다. 서울만큼은 아니어도 로컬에도 사람이 부족하다 느낄 정도는 아니었으니까. 하지만 언제부턴가 사정이 달라졌다. 출생인구가 급감하게 된 것이다. 젊은 세대가 출산을 기피하는 것은 비단 우리나라의 문제만은 아니지만 안타깝게도 우리나라의 저출산은 특히 심각한 수준이다. 데이비드 콜먼(David Coleman)이란 학자는 300년 뒤에 인구 감소로 사라질 첫 번째 나라로 우리나라를 꼽았고 국회입법조사처 역시 2750년이면 한국인이 멸종할 것이라는 예측을 내놓았다.[1]

로컬의 위기, 한국의 위기

우리나라의 합계출산율은 1980년대 중반 2명 이하로 떨어진 뒤로 한 번도 OECD(경제협력개발기구) 평균을 따라잡지 못했다. 합계출산율은 가임 여성이 평생 낳을 것으로 예상하는 아이의 수로, 한 나라의 인구가 그대로 유지되려면 적어도 2.1명이 되어야 한다.

이 합계출산율이 2018년에 한 명 아래(0.98)로 떨어지면서 바닥을 치는가 싶더니 이듬해인 2019년에는 0.92명으로 줄어든 데 이어 2020년 1분기(1~3월)에는 다시 일 년 전 같은 기간보다 0.12가 줄어 바닥을 가늠하기 어렵게 됐다. 보통 1~4분기 중 1분기에 가장 많은 아이가 태어난다고 하니 2020년 합계출산율은 0.8명대로 떨어질 가능성이 크다.

OECD 35개 나라를 통틀어 합계출산율이 한 명 이하인 나라는 지금도 우리나라뿐이다. 여기에 더해 2019년 11월을 시작으로 석 달 내리 인구가 줄었다. 사망자 수가 출생아 수를 넘어선 것이다. 출생아 수는 2015년 12월을 시작으로 무려 50개월 동안 일 년 전 같은 달의 출생아 수보다 적었다. 가령, 2020년 1월 출생아 수 2만 6,818명은 2019년 1월 출생아 수보다 11.6%(3,522명)가 줄어든 규모다. 통계가 남아 있는 1981년 1월부터 따져 보아도 가장 적다.

인구가 모든 지역에서 고르게 줄어드는 것은 아니다. 수도권과 대도시에서 멀어질수록 인구는 빠르게 줄어든다. 전국 228개의 시·군·구 10곳 가운데 4곳이 사라질 위기에 처해 있다. 이런 곳은 2013년 75곳에서 2018년 89곳으로 5년 새 14곳이 늘었다.[2] 지방 대도시로 번지려는 조짐도 보인다. 전남 고흥 인구는 2040년이면 아예 0명이 된다.[3] 어디까지나 지금까지의 추세대로라면 그렇다는 것이고 현실에선 그보다 훨씬 앞서 사람들이 떠날 수밖에 없다. 그리 머지않은 미래에 닥칠지도 모를 일이다.

인구가 빠르게 줄면 어떤 일이 벌어질지는 제조업이 몰락하면서 빛을 잃어 갔던 미국 러스트 벨트(rust belt) 도시들이 말해 준다.

미국의 3대 자동차 업체였던 포드와 제너럴모터스, 크라이슬러가 모두 디트로이트에서 공장을 운영하던 1950년대만 해도 이곳의 인구는 150만 명에 달했다. 그러나 1980~1990년대를 거치면서 디트로이트는 미국의 자동차 산업과 함께 빠르게 쇠락했다. 가구당 5만 달러이던 평균 수입이 2만 8,000달러로 떨어질 무렵 도시 인구도 절반인 70만 명으로 줄어 있었다.

땅 덩어리는 그대로인데 인구가 줄었으니 시민 한 사람이 부담해야 할 세금은 증가할 수밖에 없었고 그만큼 소비 여력은 줄어들었다. 10년 새 경찰 인력도 40%나 줄었고 도시에 있던 공원의 70%가 문을 닫았다. 범죄가 발생했을 때 경찰이 출동하는 데 걸리는 시간이 미국 평균의 다섯 배에 달해 2013년에는 인구 10만 명당 살인사건 발생 건수가 미국 평균의 열 배(45건)에 이르렀다.[4] 결국 디트로이트시는 2013년에 파산을 선언하고 만다. 정말 우리에게는 이런 일이 일어나지 않을까?

사람들은 여전히 수도권과 대도시로 몰려들고 있다. 수도권에는 100대 기업 본사의 95%가 몰려 있고 정부 투자기관의 89%와 예금의 70%가 몰려 있다.[5] 2019년에는 기어코 수도권 인구가 우리나라 전체 인구의 절반을 넘어섰다. 우리나라 인구 5,184만 9,861명 가운데 50.002%(2,592만 5,799명)가 수도권에 살고 있어 비수도권보다 1,737명이 많다(2019년 1월 기준). 1970년 28.7%였던 것이 50년 사이 두 배(50.002%) 가까이 늘어난 셈이다.

서울 인구는 972만 9,107명(18.8%)이다. 서울, 인천, 경기를 다 합쳐봐야 너비는 우리나라 전체 국토의 11.8%(서울은 0.6%)인데 말이다. 국토의 90% 가까운 땅을 놔두고 인구의 절반이 10분의 1 밖에 안 되는 좁은 곳에 모여 사는데 아무리 수도권에 자원이 넘쳐 난다고 해도 배겨 낼 도리가 있겠는가.

젊은 세대가 수도권으로 몰려드니 수도권에서는 아이가 많이 태어날까? 안타깝지만 그렇지 않다. 2019년 3분기 서울의 합계출산율은 0.69명으로 전국 광역 지자체 가운데 가장 낮았다(전국 합계출산율 0.88명). 인구학자인 조영태 서울대 보건대학원 교수는 이 0.69라는 수치를 두고 만약 '서울'이라는 인간종이 있다면 "멸절의 길"로 들어선 수준이라고 걱정했다.[6] 서울 바로 위가 부산(0.78), 그 위가 대전(0.84)이었다. 대구(0.89)와 광주(0.90) 그리고 인천(0.90)과 경기(0.92)는 전국 평균인 0.88보다 조금 높기는 했지만 1명에 못 미친다는 점에서 별로 나을 것도 없다. 1.34인 세종을 빼면 우리나라에서 손꼽히는 대도시들이 비슷한 처지다. 왜 그럴까? 대도시들이 작은 도시에 견주어 볼 때 젊은 세대가 결혼하고 아이를 낳아 살기에 더 어렵기 때문이다.

『텅빈 지구』라는 책에서는 인류가 인구 감소라는 문제를 맞닥뜨린 가장 큰 이유 가운데 하나로 '도시화'를 꼽는다. 도시화가 출생률을 낮춘다는 것인데 무엇보다 도시 거주로 인해 자녀 양육비와 주거비가 늘어날 가능성이 크다는 점과 도시에서는 아이들이 가계 생산에 기여하는 바가 농촌보다 적다는 점을 이유로 꼽았다. 그러니까 수도권으로 젊은 세대가 몰리게 되면 비수도권 인구가 줄어드는 것에 더해 나라 전체의 인구가 줄어드는(늘어나기 힘든) 악순환에 빠지는 것이다. 그렇다면 어떻게 해야 할까?

일본에서 배우는 '희망'

잠깐 이웃나라 일본으로 가보자. '소멸 가능성 도시'. 이 무시무시한 말은 일본에서 처음 썼다. 일본은 2008년부터 인구가 조금씩 줄었다. 우리보다 10년도 더 앞섰던 셈인데 그만큼 대응도 빨랐다. 2014년 일본창성회의를 꾸려 어떻게 하면 인구 감소를 막고 지역을 살릴지 대책을 짜냈다. 인구감소 문제 분과회에는 학자, 경영자 등 여러 분야 전문가들을 불러 모았다. 그리고 2014년 5월 「성장하는 21세기를 위해: Stop 저출산·지방활력전략」이라는 보고서를 발표했다. 이 보고서에는 2040년이면 일본의 1,700여 개 지방자치단체 가운데 절반인 896개가 사라질 것이라는 예측이 담겨 있다. 2011년 동일본 대지진이 남긴 아픔이 채 가시지 않았던 일본 사회는 또 한 번 충격에 휩싸였다. 이뿐이 아니다. 국립사회보장·인구문제연구소는 2010년 1억 2,000만 명이 넘던 인구가 이번 세기 말인 2100년이면 4,959만 명, 그러니까 40% 정도로 줄어들 것으로 내다봤다. 인구로만 따지면 다시 메이지 시대로 돌아가는 셈이다.[7]

일본 시네마현(県) 오난정(町)은 일본에서도 손에 꼽힐 만큼 인구가 빠르게 줄던 '소멸 가능성 도시'였다. 인구는 1만 1,000명으로 고령화율이 무려 42%에 달해 일본 평균의 두 배에 가까웠다. 소멸을 막을 도리가 없을 것 같던 이 마을에 언젠가부터 관광객들이 몰려들더니 젊은 세대도 하나둘씩 찾아들었다. 오난정의 깨끗한 자연에서 자란 식재료들로 일본은 물론 세계 어디에 내놔도 손색이 없을 맛과 멋이 듬뿍 담긴 요리를 만들어 팔면서부터다. 이곳을 대표하는 이탈리안 레스토랑 AJIKURA(아지쿠라, 맛의 보고)에서는 제철 식재료로 날마다 바뀌는 코스요리를 우리 돈으로 약 4만 원에 팔고 있다. 산골 마을의 식당에는 어울리지 않는 비싼 가격이지만 먼 곳에서도 발길이 끊이지 않는다.

이들은 '미식가'란 뜻을 가진 프랑스어 gourmet(일본식 발음 '구르메')도 모자라 앞에 'A급'이란 말을 붙여 도시가 추구하는 미래 가치를 로컬 브랜드로 표현하고 있다. 이렇게 만든 로컬 브랜드이자 캐치프레이즈인 'A급 구르메'는 입맛을 사로잡을 먹거리를 맛볼 수 있도록 하겠다는 뜻이기도 하지만 오직 이곳 오난정에서만 경험할 수 있는 특별한 체험을 제공하겠다는 뜻도 담겨 있다. 또 '일본에서 가장 아이 키우기 좋은 마을'이라는 비전도 내세웠다. 이에 따라 아동 무상의료 정책을 도입하고 둘째부터는 보육료도 없앴다. 싱글맘 유치에도 적극 나섰다. 이러한 노력은 2011~2013년 128명이 정주하는 결실로 이어졌다. 20~30대 여성이 늘었다는 점도 반갑다. 여기까지 오는 데는 2010년 세운 '농산공 연대 비전'의 역할이 컸다. 주민과 행정이 함께 미래 오난정의 밑그림을 그려볼 수 있는 공론장이다.

'식(食)학교'와 '농(農)학교'도 세웠다. 이곳에서는 로컬에서 자란 신선한 식재료의 맛을 그대로 살려 요리하는 법과 유기농 방식으로 농사짓는 법을 가르친다. 일본 안에서도 손꼽히는 최고의 요리사들과 유기농법 전문가들이 교육을 맡고 있다. 이곳에서는 A급 구르메라는 가치를 실현해 갈 안전하고 신선한 식재료가 길러지고 어디서도 쉽게 맛보기 힘든 요리들이 탄생한다. 먼 곳에서 소문을 듣고 찾아온 청년들이 이들 학교를 거쳐 농사를 짓거나 레스토랑을 연다. 이들이 오난정에 뿌리내리도록 돕는 일에도 온 마을이 나선다. 2015년 8월에는 '창업자 지원 비전'을 세워 창업자들과 지역 금융기관 그리고 청년들이 머리를 맞댈 수 있도록 했다. 먹거리 분야를 넘어 새로운 영역으로 창업 범위를 넓혀가고 있는 것이다. 시네마현 오난정은 로컬의 작은 도시가 가진 가능성을 보여준다는 점에서 의미가 있다.[8]

일본은 우리보다 앞서 인구 감소와 지역 소멸을 맞닥뜨렸던 만큼 대비도 그만큼 빨랐다. 하지만 그보다 훨씬 먼저 로컬의 가치와 가능성에 주목한 이들이 있었다. 헬레나 노르베리 호지는 라다크에서 16년을 보낸 뒤 1991년 『오래된 미래』라는 책을 세상에 내놓았다. 그녀는 무려 1,000년간 혹독한 자연환경 속에서도 지역에 강하게 뿌리내려 온, 행복이 넘치던 작은 공동체가 서구에서 밀어닥친 세계화와 개발의 톱니바퀴에 휩쓸려 겨우 10여 년 사이에 참혹하게 무너져 내리는 광경을 지켜봐야 했다. 그러한 경험은 그녀를 언어학자에서 세계화에 반대하는 투사로 만들었고 지금도 그녀는 전 세계를 돌며 자신이 직접 눈으로 보고 몸으로 겪은 로컬의 힘과 가치를 전파하려 애쓰고 있다. 그녀는 "라다크에서 지내면서 지역 경제가 튼튼해야 지속 가능성과 행복을 이룰 수 있다는 통찰을 얻었다."라고 말했다.

"지역화 운동은 과거를 이상적으로만 생각하지 않고 지역을 기반으로 한 문화와 그 문화가 소멸한 역사에서 중요한 교훈을 얻고 있습니다. 거기서 우리는 지역의 생태계에 내재한 문화와 지역의 지식이 중요하다는 것을 배우고 로컬 경제활동으로 지역사회가 튼튼해지며 지역사회에서 개인의 확고한 정체성과 자부심이 형성된다는 것을 배웁니다. 또 한편으로 그것들을 잃어버리면 사람과 땅은 비싼 대가를 치러야 한다는 것도 배울 수 있습니다."[9]

『작은 것이 아름답다』를 쓴 독일 경제학자 에른스트 슈마허는 벌써 1970년대에 '적절한 도시 규모는 어느 정도인가?' 하는 물음을 던졌다. 그가 생각한 '도시 규모의 적절한 상한선'은 인구 50만 명 정도였다.

"런던이나 도쿄, 뉴욕 등의 도시에서는 수백만 명이 도시의 실질적인 가치를 높이기는커녕 단지 엄청난 문제들을 야기하면서 인간을 타락시킬 뿐이다."

그는 운송과 통신의 발달로 사람이 "뿌리 뽑힌(footloose) 존재"가 되고 있다고 꼬집는가 하면, 가난한 나라에서는 "성공적인 지역발전, 즉 수도를 제외한 모든 농촌 지역을 개발하려는 노력이 실현되지 않는 한, 가난한 사람들에게는 그 어떠한 희망도 없다."라고 말했다. 그렇다면 우리는 어떨까?

로컬에서 일어나는 새로운 움직임

"우리나라도 후기 산업사회로 접어들면서 대량생산, 대량소비에 의존하는 성장 패러다임에서 벗어나 자족적이고 지속 가능한 소규모 지역 경제를 만들어 보자는 흐름이 커지고 있어요. 최근에는 밀레니얼 세대를 주축으로 하는 로컬 크리에이터들이 새로운 라이프스타일을 제안하는 창업에 뛰어들고 있지요. 아직은 기존 경제와 사회 시스템의 변방에 머물고 있지만 이 모든 것들이 어우러지면서 로컬에 대한 관심이 고조되고 있다고 봅니다."

한종호 강원창조경제혁신센터 센터장의 말이다.[10] 그의 말처럼 최근 우리나라에서도 로컬이 새롭게 주목받고 있다. 성장 패러다임이 한계에 부딪히면서 밀레니얼 세대를 중심으로 로컬을 기반으로 한 대안적 삶이 시도되고 있는 것이다. 건축도시공간연구소 윤주선 마을재생센터장은 지속 가능한 삶을 보장할 다양성이란 관점에서 로컬의 가치에 주목한다.

"고도 성장기에는 삶의 궤적도 거의 정해져 있었고 그 궤도를 좇으면 대체로 삶이 무난했어요. 하지만 지금은 그런 무난한 삶을 기대할 수 있는 이들이 많지 않죠. 이런 다양한 변수들에 대한 답은 결국 다양성에서 나옵니다. 자연계의 종 다양성을 떠올리면 이해가 쉽죠. 생태계가 유지되는 건 다양한 종들이 어우러져 살아가기 때문입니다. 그리고 우리 사회가 필요로 하는 다양성은 서울이 아니라 로컬에서 나옵니다."[11]

그리고 기어이 코로나 19 사태가 터졌다. 하루하루를 낯선 사람들과 부딪히며 살아갈 수밖에 없는 대도시에서의 익숙한 삶은 이 낯선 바이러스의 등장에 속절없이 무너졌다. 이로써 우리가 당연하게 여겨 온 삶의 방식을 돌아봐야 하는 이유가 하나 더 늘었다. 『골목길 자본론』의 저자이자 우리나라를 대표하는 로컬 전문가 모종린 연세대학교 국제대학원 교수는 이번 코로나 19 사태가 "로컬 공동체 없는 국가 공동체는 공허하다는 사실을 여실히 보여줬다."라고 꼬집었다.

"우리가 살아가는 로컬의 생활권 중심으로 공동체를 복원하고 세계와 국가 그리고 로컬 사이의 균형을 바로잡아야 합니다. 그것 말고는 다른 대안이 보이지 않아요. 로컬을 빼면 미래는 정말 암울합니다."[12]

그동안 로컬을 살리려는 노력이 없었던 것은 아니다. 그러나 번번이 실패했다. 왜 그랬을까? 한종호 센터장은 "실패의 원인에 대한 반성과 성찰 그 너머에 로컬 크리에이터의 길이 있다."라고 말했다.

"정부나 지자체가 아직도 성장 신화에서 벗어나지 못한 채 큰 것 한 방을 노리는 것 같아요. 한국 경제의 고속 압축 성장을 가능케 했던 건 패스트 팔로워(Fast Follower) 전략이었죠. 그러다 보니 정부나 지자체 모두 유행에 민감합니다. 다른 지역에서 성과가 보이는가 싶으면 재빨리 베껴서 해보고는 같이 망하곤 해요. 혁신적인 작은 기업들을 많이 만들어 이들을 글로벌 기업으로 키워내는 경험이 우리에게는 많지 않습니다. 그래서 대기업들이 성장의 한계에 부딪힌 지금 퍼스트 무버(First Mover)로서의 길을 찾지 못하고 있어요."[13]

모종린 교수도 산업화 시기에 형성된 국가주의의 영향으로 '국가 챔피언'을 밀어줘야 한다는 강박관념이 아직도 힘을 발휘하고 있다고 지적했다.

"정치권의 로컬 논쟁은 균형 발전과 자치 분권 프레임에 갇혀 있어요. 실패했다는 혁신도시 투자는 계속되고 있고 지방세 비율을 높여야 한다고 한목소리로 주장합니다. 하지만 정말 지방정부가 권한과 재정이 부족해 발전을 제대로 추진하지 못하는 걸까요? 그보다는 의지가 없어서입니다. 로컬이 발전하려면 독립적 로컬 산업과 기업 생태계가 필수적인데 중앙도 지방정부도 그렇게 생각하지 않습니다."[14]

이처럼 로컬을 되살려야 하는 이유는 차고도 넘친다. 해법도 아주 없는 것은 아니다. 문제는 말처럼 쉽지 않다는 점이다.

우리에게 정말 필요한 이야기

2020년 4월 중소벤처기업부가 공모한 '로컬 크리에이터 활성화 사업'에는 3,096명이 몰려 22대 1의 경쟁률을 보였다. 공모에 참여한 이들은 20~30대가 63.2%였고 서울에서 지원한 이들이 19.3%로 가장 많았다. 하지만 높은 경쟁률을 뚫고 뽑힌다고 해도 이들 앞에 펼쳐질 길이 밝지만은 않다.

최근 몇 년 사이 창업이 꾸준히 늘고 있지만 5년을 버티는 곳은 10곳 가운데 3곳뿐이다. '2018년 기준 기업생멸 행정통계'에 따르면 2018년 창업한 기업은 92만 개로 3년 연속 최대치를 넘어섰다. 특히 숙박, 요식업 등이 크게 늘었다. 그러나 신생기업이 1년 뒤에도 살아남을 확률(생존율)은 65%, 5년 생존율은 29.2%였다. 2017년에만 70만 개의 기업이 문을 닫았다. 생존율이 해마다 조금씩 늘고는 있지만 다른 나라와 견주면 아직 턱없이 낮다. 전체 취업 인구 가운데 자영업자 비율이 25%로 OECD 평균보다 10%p 정도 높은 것도 한몫한다. 섣불리 뛰어들기엔 자영업은 벌써 레드오션이 된 지 오래다. 로컬 크리에이터의 멘토로 꼽히는 이선철 감자꽃스튜디오 대표는 "특히 창업 측면에서 로컬은 정말 어렵다."라고 말한다.

"근사한 디자인과 톡톡 튀는 콘텐츠만 장착하면 금방 사람들이 몰려와서 핫플레이스가 되고 유명해질 것 같지만 막연한 그림과 설계도만 가지고 덤비는 경우가 정말 많아요. 막상 현실에서 부딪힐 숨은 요소들은 고려하지 않죠. 설사 그런 곳이 있다 해도 군계일학 모델이거나 일반화하기 어려운 측면이 있어요. 또 어렵게 만들어 놓아도 의외로 돈이 안 됩니다."[15]

지역별로도 차이가 있다. 5년 생존율이 가장 높은 곳은 30.9%인 서울이고 가장 낮은 곳은 26.5%에 그친 광주다. 서울 말고도 부산(30.9%), 경기(30.0%), 대구(29.6%), 세종(29.5%) 등 5곳이 전국 평균(29.2%)보다 높고 대전(26.9%), 충북(27.0%), 전남(27.3%), 인천(27.4%), 경남(27.6%)은 광주보다 조금 나은 정도다.

최근 40~50대 숙박, 요식업의 자영업자가 줄어드는 가운데 20~30대 자영업자가 꾸준히 늘고 있는 점도 눈에 띈다. 20~30대 자영업자 수는 2018년 5월부터 12개월간 전년 동월 대비 적게는 4.4%p에서 많게는 22.8%p가 늘었다. 반면, 40~50대는 2018년 8월부터 줄어들기 시작해 2019년 5월까지 10개월간 꾸준히 줄었다.[16] 또 숙박·요식업의 5년 생존율은 19.1%로 전체 업종 평균보다 10.1%p가 더 낮다. 그러니까 20~30대 청년이 비수도권, 그것도 작은 도시나 시골에서 숙박·요식업에 뛰어들어 5년 넘게 버티려면 이 낮은 확률들을 모두 이겨내야 한다. 적어도 지금까지는 그랬다.

뉴 로컬을 만들어가는 혁신가들의 분투기

우리가 직면한 로컬 생활이 앞으로는 달라졌으면 하는 바람에서 여럿이 뜻을 모아 이 책을 썼다. 여기에는 로컬에서 남들과는 다른 새로운 길을 열어가고 있는 혁신가들의 이야기를 담았다. 그러니까 로컬의 최전선에서 하루하루 치열하게 살아가고 있는 개척자들의 분투기인 셈이다. 개척자들 가운데는 이른바 로컬 크리에이터로 불리는 패기 넘치는 창업가들이 있는가 하면, 활기를 잃은 도시를 되살리려는 협동조합과 소셜 벤처도 있고 로컬에서 더 나은 세상을 만들어가려는 운동가들도 있다. 또 별이 보이는 곳에 살고 싶어 과감하게 제주로 이주한 평범한 가족도 있고 아는 이 하나 없는 촌에서 농사꾼으로 살아가려는 청년도 있다.

영화 <관상>(2013)에서 비범한 재주를 지닌 관상쟁이 내경(송강호)은 아들과 외딴 바닷가에서 살아가다 한양으로 불려가 이름을 날리게 되지만 계유정란(수양대군이 조카인 단종을 몰아내고 스스로 왕이 된 사건)에 휘말리면서 하나뿐인 아들을 잃고 만다. 다시 집으로 돌아온 그가 파도가 세차게 넘실대는 바다를 보며 낮게 읊조린 말이 아직도 생생하다.

"난 사람의 얼굴을 보았을 뿐 시대의 모습을 보지 못했소. 시시각각 변하는 파도만 본 격이지. 바람을 보아야 하는데…… 파도를 만드는 건 바람인데 말이오."

내경이 말한 바람이 요즘 말로 메가트렌드(Mega Trends)라면 파도는 그 거대한 흐름의 여러 징후쯤이 될 터다. 메가트렌드를 읽어내는 것도 그 징후를 놓치지 않는 것도 어렵긴 마찬가지고 내 능력 밖의 일이다. 그렇다고 잠시 잠깐 스쳐갈지 모를 흐름을 메가트렌드라고 우기거나 어쩌다 눈에 들어온 것들을 어떤 징후인 양 내세울 생각은 없다. 그런 설익은 예측들이 어떤 결과를 낳고 있는지 오늘날 우리는 안타까운 시선으로 지켜보고 있지 않은가. 내경의 한탄처럼 말이다.

이 책은 언제 어디서 불어올지 모를 바람에 몸을 맡긴 채 끊임없이 밀려오는 파도를 힘겹게 타고 넘는 뱃사공들의 이야기다. 그들이 맨 처음 배를 띄우며 닿으려던 곳은 어디였는지, 때때로 맞닥뜨린 비바람과 암초는 어떻게 이겨냈으며 망망대해에서의 외로움과 막막함을 떨쳐낼 수 있던 힘은 무엇이었는지를 담아내려 했다. 오늘 하루 어떤 마음가짐으로 바다를 항해하는지도. 처음부터 '수박 겉핥기'로 그쳐서는 안 된다고 생각했다. 그런 읽을거리들은 벌써 차고 넘친다. 그래서 오래 듣고 꼼꼼히 정리했다. 찬찬히 책장을 넘기다 보면 비바람을 읽거나 파도를 타고 넘는 요령도 조금은 익힐 수 있을지도 모를 일이다. 어쩌면 덤으로 고기를 잘 잡는 법까지도 터득할 수도 있지 않을까.

이 책은 모두 아홉 명의 필자가 함께 썼다. 필자들은 먼 길을 마다하지 않고 몇 번씩 로컬 현장에 찾아가 성실하게 그들의 이야기를 듣고 정리하며 의미를 짚었다. 자신의 이야기를 직접 쓴 몇몇 필자들은 지난 몇 년간 자신이 걸어온 길을 진지하게 되짚어보며 누구보다 잘 아는 이야기를 스스로 정리했다. 부디 이 책에 담긴 혁신가들의 패기 넘치는 도전과 좌절, 또 그들이 느꼈을 희망과 절망이 독자 여러분이 가려는 길에 한 줄기 빛이 될 수 있기를 간절히 바란다.

1. 마강래(2017). 『지방도시 살생부』 개마고원.
2. 이상호(2018), 「한국의 지방소멸 2018」, 『고향 동향 브리프』, 2007, 한국고용정보원
3. 마강래(2017), 『지방도시 살생부』 개마고원
4. 손병호, "디트로이트, 미국내 살인·폭력범죄 발생 1위 도시 불명예", 〈국민일보〉, 2014.11.13
5. 마강래(2017), 『지방도시 살생부』 개마고원
6. 김성모, "서울 출산율 0.69 "멸절의 길에 들어선 수준", 〈조선일보〉, 2019.11.28
7. 마스다 히로야, 『지방소멸』, 2015.9. 와이즈베리, 8쪽
8. 마쓰나가 게이코, 『로컬 지향의 시대』, 2017.8., 알에이치코리아, 174~178쪽
9. 헬레나 노르베리 호지, 『로컬의 미래』, 2018.11. 남해의 봄날, 80쪽
10. 윤찬영, "중기부 첫 공모 경쟁률 22대1... "로컬 크리에이터에게는 성장만큼 균형도 중요", 〈오마이뉴스〉, 2020.4.8
11. 윤찬영, "로컬에서 가장 중요한 건 건물·콘텐츠가 아니라 실력·열정을 갖춘 운영자", 〈오마이뉴스〉, 2020.4.9
12. 윤찬영, "로컬에서 글로벌 기업이 나와야 의미 있는 생태계가 된다", 〈오마이뉴스〉, 2020.4.6
13. 윤찬영, "중기부 첫 공모 경쟁률 22대1... "로컬 크리에이터에게는 성장만큼 균형도 중요", 〈오마이뉴스〉, 2020.4.8
14. 윤찬영, "로컬에서 글로벌 기업이 나와야 의미 있는 생태계가 된다", 〈오마이뉴스〉, 2020.4.6
15. 윤찬영, "로컬계 멘토가 '자영업할 노력으로 취업하라'한 까닭", 〈오마이뉴스〉, 2020.5.5
16. 서영빈, "50대 자영업 무너지는데… 20대 너도나도 '골목식당'", 〈뉴스1〉, 2019.6.16

협력과 연대의 공동체로 섬과 세상을 잇다
강화 청풍 협동조합

윤찬영

'새로운 사회를 여는 연구원' 현장연구센터장이다. 우연한 기회에 강화도에서 몇 년째 고군분투하는 청풍 협동조합을 만나 로컬에 눈을 뜨게 됐고 사람들을 모아 책을 쓰기에 이르렀다. 이제 막 초등학교에 입학한 아들이 더 크기 전에 가족 모두가 대도시를 떠나 어딘가 한적한 로컬에 정착하는 것이 꿈이다. 그 꿈을 실현하기 위해 쓴 책이기도 하다. 『줄리엣과 도시 광부는 어떻게 마을과 사회를 바꿀까』, 『나는 시민 기자다』(공저)를 썼고 앞으로도 꾸준히 사람들을 모아서 또는 혼자서 책을 쓸 생각이다.

강화는 섬이다. 서울 너비의 3분의 2쯤 되는 우리나라에서 네 번째로 큰 섬. 해안선 길이도 100km가 넘는다. '큰 내'를 뜻하는 강(江)에 '빛나다'는 뜻의 화(華). 무슨 뜻일까? 처음에는 '강의 아래 고을'이란 뜻에서 '강하(江下)'로 불렀다고 한다. 한강과 임진강 그리고 북쪽으로 뻗은 예성강 등의 물줄기가 합쳐져 바다와 만나는 그 끝(아래)에 강화가 자리하고 있다. 그런데 누군가 이런 이름이 못마땅했는지 강하(江下)를 강화(江華)로 바꿔 불렀다. 그 누군가의 눈에 이 섬은 '아래 고을'이라 부르기엔 너무나 아름다웠던 모양이다. 그래서 지금의 이름인 강화, '강 끝에 있는 아름다운 고을'이 됐다.

강화 마니산 꼭대기엔 참성대가 있다. 고조선을 세운 단군이 하늘에 제를 올리던 곳이다. 그러니까 강화는 우리 모두의 아주 먼 고향인 셈이다. 지금도 개천절이면 어김없이 개천대제가 열린다. 수천 년 동안 그 자리를 지켜왔을 고인돌도 강화 곳곳에서 볼 수 있는데 유네스코 세계문화유산에 등재된 고인돌도 있다.

한때는 섬과 육지를 남북으로 가르는 좁은 바닷길을 따라 배들이 늘 오르내렸다. 나라에 바칠 세곡(쌀로 내는 세금)을 실은 배들은 이 길을 지나야 한강에 닿을 수 있었는데 가을걷이가 끝나면 전국에서 모인 배들이 강화 앞바다를 가득 메웠다고 한다. 이 바닷길을 노린 이들은 또 있었다. 식민지를 찾아 헤매던 프랑스와 미국, 일본의 함대도 이 길에 막무가내로 들이닥쳐서는 아무 죄 없는 우리 백성들의 터를 짓밟고 무고한 목숨들을 앗아 갔다. 근대 이후 조선이 다른 나라와 맺은 첫 조약의 다른 이름은 '강화도조약'이다. 1876년(고종 13년) 2월 일본의 강압으로 맺은 불평등 조약이다.

육지와 섬 사이에 놓인 바닷길이 좁다고 해도 섬은 어디까지나 섬이었다. 1232년 몽골군이 쳐들어오자 고려 왕실은 수도를 개경에서 이곳 강화로 옮겨 39년을 버텼다. 병자호란 때 인조가 경복궁을 버리고 가려던 곳도 강화였다. 그때만 해도 유배지로 쓰일 만큼 먼 곳이었다. 연산군과 광해군이 임금 자리에서 쫓겨나 모진 유배살이를 했던 곳도 강화였고 훗날 조선의 스물다섯 번째 임금이 된 철종도 어린 시절 아버지를 따라 강화로 쫓겨 와 열아홉 살까지 이곳에서 나무를 베며 살았다. 사람들은 그가 임금에 오른 뒤에도 '강화 도령'이라고 부르곤 했다.

1969년에야 처음으로 섬과 육지를 잇는 다리가 놓였다. 지금은 서울 종로구 세종로 사거리에서 48번 국도를 따라 한 시간쯤 내달리면 강화에 닿는다. 1995년 인천광역시 강화군이 됐고 2002년 좁은 바닷길 남쪽에 더 넓고 긴 새 다리가 놓이면서 비로소 인천이 조금 더 가까워졌다.

다시, 강화는 섬이다. 그 옛날만큼 멀지는 않지만 그렇다고 가깝다고 할 수도 없는 섬. 멀리서 보면 다른 섬들과 별다를 것도 없지만 가까이에서 들여다보면 마음이 저릿해져서 쉽게 발을 들이기도 돌아서기도 힘든 강화는 아직도 많은 이들에게 낯선 곳이다.

아름다운 섬에 찾아든 다섯 청년들

그런 강화에도 어김없이 인구가 줄고 있다. 1930년대 7만 명 넘게 살던 섬에 지금은 겨우 6만 명 남짓 산다. 활력을 잃어가던 이곳에 다섯 명의 청년들이 새로운 바람을 일으키고 있다. '협동조합 청풍'이란 이름으로 뭉친 청년들로, 마담(유명상), 베니스(조성현), 토일(김토일), 총총(김선아) 그리고 수리(이경미)가 바로 그들이다. 조합 대표인 마담 이야기부터 해 볼까 한다.

마담이 강화에 발을 디딘 지는 어느덧 7년째로 서른 살에 처음 강화에 왔다. 마담의 삶도 여느 또래들과 다르지 않았다. IMF 외환위기를 겪으면서 집안 사정이 어려워졌다. 고등학교에 다니던 1999년 10월, 동네 4층짜리 상가에 불이 나는 바람에 많은 사람들이 목숨을 잃었다. 이 가운데는 호프집과 당구장에 있던 청소년들도 적지 않았다. 이른바 '인현동 호프집 화재 참사'다. 지역 고교들의 축제가 겹쳐 평소보다 더 많은 이들이 그곳에 모여 있었다. 누군가 마담을 불러냈다면 그도 그곳에 있었을지 모른다.

고등학교를 졸업하고 대학과 군 복무를 마치고 나니 10년이 훌쩍 흘러 있었다. 하지만 그 사이 동네는 달라진 것이 없었다. 청소년들이 찾을 만한 문화 공간은 여전히 찾아볼 수 없었다. 그저 다른 호프집과 당구장으로 자리를 옮겼을 뿐이다. 마담은 '왜 이렇게들 살아야 할까?' 생각했다. 자연스레 청년의 삶과 동네, 로컬이라는 화두가 마음 깊이 자리 잡았다. 마담의 문화 기획자로서의 삶은 그렇게 시작되었다.

그는 인천에서도 손꼽힐 만큼 오래된 동네인 신포동과 인현동에서 청년 문화의 싹을 틔워 보고자 신포 살롱과 청년플러스라는 두 단체를 만들었다. 청년들이 동네에 뿌리를 내릴 수 있는 문화를 만들어주고 싶었다. 청년들이 자신이 살아가고 있는 동네를 찬찬히 들여다보면서 그곳을 이해하고 그 안에서 작지만 값진 경험들을 쌓으면서 새로운 일을 찾고 만들어 갈 수 있도록 말이다. 처음에는 의욕이 넘쳤다. 동네를 활기차게 바꿀 수 있을 것이라는 근거 없는 자신감도 있었다. 딱 3년만 매달리면 뭔가 해낼 수 있을 것만 같았다. 하지만 막상 부딪혀 본 현실은 너무나 달랐다.

"동네라는 게 내가 쉽게 바꿀 수 있는 게 아니었어요. 물론 작은 균열을 만들어내긴 했지만 내가 바라는 걸 이루려면 해야 할 일들이 너무 많았어요."

남들과 다른 길을 가도록 돕는 것이 정말 옳은가 하는 의문도 뒤따랐다. 그냥 남들처럼 평범하게 취업하는 것이 더 낫지 않을까, 흔치 않은 경험을 쌓도록 하는 게 정말 이들에게 도움이 되는 것일까 하는 회의도 들었다. 그 무렵 강화에서 문화 기획자를 찾는다는 소식을 들었다.

베니스는 서울에서 부모님과 함께 아파트단지 5일장을 돌면서 건어물을 팔았다. 그러다 독립을 하고 싶어 친구들이 몸담고 있던 'OO은 대학'이라는 사회적 기업을 찾아갔다. 친구들이 시장 상인들이나 로컬 주민들과 활발하게 교류하는 모습이 보기 좋았다. 돈 벌 궁리만 하고 날마다 술을 마시던 다른 친구들과는 달라 보였다. 그렇게 사회적 기업에 입사했고 첫 근무지가 강화였다. 때마침 지자체 지원을 받아 화도 쪽에 게스트하우스를 열었는데 그곳에 머물며 운영할 사람이 필요했던 것이다. 그렇게 베니스는 2011년, 스물두 살에 강화에 첫 발을 들였다.

게스트하우스 일은 생각보다 힘들었다. 아는 사람도 없는 시골에 밤마다 혼자 덩그러니 남겨졌다. 외롭기도 했지만 별다를 것 없이 반복되는 생활도 견디기 힘들었다. 다시 서울로 올라가야겠다는 생각이 굳어질 때쯤 마담을 만났다. 마담은 강화에서 가장 큰 재래시장인 풍물시장을 되살리는 사업인 '강화 풍물시장 육성사업'에 문화 기획자로 참여하고 있었는데 베니스가 운영하던 게스트하우스에 묵었다. 어느 날 마담은 베니스에게 풍물시장에서 같이 장사를 해보자고 제안했다.

토일은 초등학교 1학년 때 부모를 따라 강화도로 이사와 쭉 이곳에서 자랐다. 마음 맞는 가족들 여럿이 모여 강화에 함께 터를 잡고 공동체를 꾸려 살아왔다. 토일은 그런 공동체 안에서 유년기와 청소년기를 보냈다. 가족들은 날마다 모였다. 어른들끼리는 술잔을 기울였고 아이들은 함께 진강산에 올라 진달래를 따다가 화전을 만들어 먹었다. 어른들에게 인문학도 배웠다. 토일의 기억 속에는 그 시절이 '따뜻한 공동체 생활'로 남아 있다. 그 좋았던 기억을 잊지 못해 중·고등학교를 모두 이곳 강화에서 보냈고 대학 때 잠깐 떠난 것을 빼면 줄곧 강화에서 살아왔다. 사는 공간이 어디든 사람 냄새 나는 공동체를 가꾸고 싶은 것이 그의 꿈이다.[1] 토일은 일본어와 영어를 잘해서 대학 휴학 중에 육성사업단의 외국인 시장 투어에 통역으로 참여했는데 그때 마담을 만났다. 그가 막연하게 강화에 머물고 싶다는 생각을 하던 참이었다.

그렇게 마담과 베니스 그리고 토일 세 사람이 뭉치게 되었다. 강화에 뿌리를 내리고 살려면 먹고 살 수 있는 기반이 필요하다는 생각이 들 무렵 마침 강화풍물시장 육성사업단에서 창업을 해보지 않겠느냐는 제안을 해왔다. 2013년 겨울, 풍물시장에 첫 가게를 열었다. 이름하여 '청풍상회 화덕식당'이다.

"잘될 것이란 기대보다는 좋은 경험이 될 것이란 생각이 더 컸어요. 그래서 무작정 달려들었죠. 누군가 해야 한다면 우리가 해보는 것도 나쁘지 않겠다고 생각했어요." (마담)

다른 시장에서 일하다 다시 장사를 해보고 싶은 욕심이 생겨서 들어갔어요. 어른들하고만 일을 해봐서 친구들과 같이 해보는 걸 늘 꿈꿨죠. 장사가 안돼도 그냥 재밌었어요.” (베니스)

마담과 베니스는 그때의 마음가짐을 이렇게 기억하고 있었다. 아직 청년들의 지역 정착을 돕는 정부와 지자체의 움직임이 없던 때라 도움을 받을 만한 곳도 딱히 없었다. 화덕피자를 팔기로 한 이유는 강화에 없으면서 청년들이 좋아할 만한 메뉴여서였다. 피자를 구울 화덕은 창업 지원금으로 설치할 수 있었지만 피자 굽는 법을 배우는 것이 문제였다. 교육비가 생각보다 비쌌기 때문이다. 결국 가위 바위 보로 한 사람을 뽑기로 했고 베니스가 당첨됐다. 두 시간씩 일주일 동안 배워야 하는 과정을 전라북도 전주에 가서 사흘 동안 먹고 자면서 속성으로 마쳤다. 그렇게 배워 온 비법을 나머지 두 사람에게 가르쳤고 그때부터 셋이서 연습에 연습을 거듭했다. 밀가루를 반죽해 도우를 만들고 치즈를 올려 화덕에 넣고 빼기를 날마다 수십 번. 그렇게 만들어진 피자는 이웃 상인들을 거쳐 곳곳의 반려견들에게 요깃거리로 던져지기도 했다.

상인들에게 정통 이탈리아식 화덕피자는 낯설었다. 토핑이 많은 미국식 피자와 달리 모차렐라 치즈만 담뿍 올라간 피자를 보면서 상인들은 “왜 이런 피자를 만드느냐.”며 핀잔을 주는가 하면 “이걸 피자라고 갖다 주느냐, 이럴 거면 장사하지 말라.”라며 심한 말을 건네기도 했다. 그래도 셋은 포기하지 않고 새로운 메뉴 개발에 매달렸다. 강화 특산품인 쑥을 도우에 입히거나 속노랑 고구마를 도우 위에 펴 바르고 밴댕이도 올려 봤다. 강화 순무로는 피클을 만들었다. 구박만 하던 상인들도 칼질하는 법부터 채소 다듬는 법, 고구마를 맛있게 익히는 법을 알려주고 실험에 쓸 밴댕이도 조금씩 나눠주었다. 덕분에 속노랑 고구마 본연의 깊은 단맛을 끌어낼 수 있었고 비리지 않은 밴댕이 토핑을 올릴 수 있었다. 어르신들의 입맛까지 사로잡은 피자는 그렇게 만들어졌다.

고민 끝에 들고 다니면서 먹을 수 있는 먹거리를 찾다가 만두처럼 생긴 이탈리아 음식인 칼초네(Calzone)를 메뉴에 추가하기도 했다. 이번에도 상인들이 도와줬다.

"상인들이 자꾸 호떡을 해보라고 했어요. 장날에 호떡이 잘 팔리는데 시장엔 호떡이 없다면서요. 그래도 호떡을 하고 싶진 않아서 그 비슷한 걸 찾아봤죠. 검색을 하다 보니까 칸초네라는 걸 찾았고 화덕에서 구워 보니까 맛도 괜찮더라고요. 이번에도 상인들에게 돌려보면서 개선했어요." (베니스)

칸초네를 눈에 띄는 곳에 쌓아 놓았더니 손님들이 사 가거나 호기심에 자리에 앉아 피자를 시켰다. 재료는 모두 풍물시장에서 산 신선한 것들만 썼다. 가게를 오픈 바 형태로 만들어 반죽을 미는 것부터 화덕에 피자를 넣고 꺼내는 모든 과정을 눈앞에서 지켜볼 수 있도록 했다. 손님들에게는 또 다른 즐거움이었다. 마르게리타 피자부터 고르곤졸라 피자까지 다양한 피자를 한 판에 9,000원이라는 저렴한 가격에 즐길 수 있는 것도 장점이었다. 물론 처음부터 잘된 것은 아니다. 첫 2, 3년간은 계속 힘들었다. 하루에 한 판도 못 판 날에는 잠도 못 잘 만큼 속이 답답했다. 토일은 중고 트럭을 사서 서울로 물건을 팔러 다니기도 했다. 고구마며 방울토마토, 두부와 김치도 팔았다.

"자리를 잡아야 해서 새벽같이 일어났어요. 에어컨도 안 나오는 트럭에 싣고 가서 팔았는데 정말 쉽지 않았어요. 남의 물건을 떼다 파는 건 마진이 별로 안 남거든요. 내가 생산한 걸 직접 팔아야 마진이 좋다는 걸 깨달았죠. 두부는 안 팔려서 땅에 묻은 적도 있어요. 그래도 시장에서 고구마가 한창 안 팔릴 때 200상자를 싣고 나가서 다 판 적도 있어요."

장사가 좀처럼 안돼 힘들어질 무렵 다행히 밴댕이 피자가 주목을 받기 시작했다. 지상파와 라디오를 비롯한 온갖 매체들이 취재를 왔고 2015년 3월에는 한 달 매출이 1,000만 원에 달하기도 했다. 2017년에는 KBS1TV 『사람과 사람들』 이라는 50분짜리 다큐멘터리도 찍었다.

"청년들의 출발이라 해서 처음부터 화창한 봄날인 것은 아닙니다. 봄이 오기 전에는 늘 꽃샘 추위가 있죠. 사람들은 걱정했을지도 모릅니다. 굴러들어 온 돌들이 과연 타지의 견고한 대지 위에 뿌리내릴 수 있을 것인가. 상인들은 그들에게 이렇게 말합니다.

그래도 가까이 아들들이 있으니까 좋죠.

이쁘죠, 착하니까. 착하고 열심히 살잖아요.”

- KBS1TV 『사람과 사람들』, ‘피자 청년들의 풍물시장 공략기’ 中

지금은 피자를 접고 새로운 메뉴를 찾고 있다. 잠깐 인기를 끌기도 했지만 오래 가기는 힘들다고 판단한 것이다.

가게 문을 연 지 2년이 지나 재계약을 앞두고 있던 2015년 겨울, 생각하지도 못했던 위기가 찾아왔다. 시장상인회가 부당한 요구를 해온 것이다. 상인회의 말을 듣지 않으면 지자체가 요구한 추천서를 써주지 않겠다며 먼저 석 달간 가게 문을 닫고 상인회가 시키는 허드렛일을 하라고 했다. 청풍은 지자체와 육성사업단에 억울함을 호소했지만 누구 하나 해결에 나서지 않았다. 별수 없이 이들은 SNS에 호소문을 올렸고 여론이 들끓자 그제야 지자체가 중재에 나섰다. 상인회는 한 임원의 말이 와전된 것이라며 말을 바꿨다. 이로써 청풍은 계속 시장에 남을 수 있었다. 이 일이 있은 뒤로 오랜 세월 숨죽여 지내던 상인들도 상인회에 목소리를 내기 시작했고 상인회장은 다음 선거에서 물러나야 했다. 지금은 베니스가 상인회 임원으로 참여하고 있다.

장사가 잘되지 않을 때도 이들은 늘 가게와 시장 너머를 바라보았다. 이들이 가게를 낸 것은 단지 돈을 벌기 위해서가 아니라 가게를 기반으로 지역에 뿌리를 내리려는 데 목적이 있었기 때문이다. 그래서 바쁜 시간을 쪼개어 함께 공부도 하고 새로운 사업도 기획했다. 지역과 교류하고 관계를 맺어 가는 일도 소홀히 하지 않았다. 상인들을 모아 동아리도 만들고 지역 축제도 기획했다. 2018년부터 여름이면 '강화도 문화재 야행(夜行)' 행사를 하는데 2018년에는 강화초등학교에서 관현악단을 퍼레이드에 세우고 싶다며 먼저 연락해왔다.

"기획자로서만 지역에 접근하면 공동체와 만날 수 없어요. '붕' 뜨는 거죠. 인천에서는 주민들이 '너희가 뭔데?' 하고 물으면 할 말이 마땅치 않았는데 여기서는 아무도 그런 걸 묻지 않아요. 시장에서 피자집 하는 애들이라는 걸 다들 아니까요." (마담)

마담은 인천에서의 활동에 견주어 볼 때 이곳에서는 만남의 차원이 다르다고 말한다. 인천에서는 주민과의 사이에 마치 넘을 수 없는 벽이 가로막고 있는 기분이었는데 이곳에서는 그런 느낌이 전혀 들지 않는다는 것이다. 지역 축제를 하려고 공간을 빌려 달라고 하면 다들 묻지도 따지지도 않고 빌려준다. 그만큼 끈끈한 유대감이 만들어졌다.

이들은 2017년 3층짜리 빈 건물을 빌려 '스트롱 파이어'라는 펍과 '아삭아삭 순무 민박'이란 게스트하우스를 열었다. 시장 밖에 청년들이 편하게 드나들며 교류할 수 있는 공간이 필요했다. 여러 곳을 둘러보다 강화읍 끄트머리에 자리한, 제법 널찍한 마당이 있는 곳을 골랐다. 10년이나 비어 있던 건물이라 손볼 곳이 한두 군데가 아니었지만 리모델링 비용을 아끼느라 직접 팔을 걷어붙여야 했다. 개소식 날에는 시장 상인들을 초대해 포트럭(Potluck) 파티도

스트롱 파이어 전경. 1층은 펍, 2~3층은 아삭아삭 순무민박이란 이름의 게스트하우스다.
© 청풍 협동조합

열었다. 시장 상인들로 구성된 난타 동아리 '웃음꽃'이 큰북을 마당에 펼쳐 놓고 청풍 청년들의 새로운 출발을 힘차게 응원했다.

총총은 2017년 11월에 이곳에 짐을 풀었다. 도시 생활에 지쳐 있을 무렵 로컬에서 살아보고 싶다는 생각이 들었다. 한동안은 줄곧 숙소에서 동료인 수리와 같이 지내다가 1년하고도 8개월이 지났을 무렵 혼자서 살 집을 구했다. 처음에는 이곳에서 2년만 머물다 다시 서울로 돌아갈 생각이었으니 5개월을 앞두고 스스로 계약을 연장한 셈이다.

총총은 지금껏 살면서 처음으로 '동네 사람'을 알게 되었다고 말한다. 서울 방배동에서 초등학교 때부터 25년을 살면서 한 번도 느껴 보지 못했던 감정이다. 동네에서 장사하던 어머니가 제법 촘촘한 관계망을 가지고 있었지만 총총은 '마을에서 살고 있다.'는 느낌을 가지지 못했다. 그런데 이곳에서는 겨우 일 년 반 만에 '자신과 관계를 맺은 사람들'이 엄청나게 늘었다고 한다. 장사도 하고 가끔 프리마켓도 열다 보니 동네 사람들과 마주치는 일이 잦을 수밖에 없었고 길을 가다가도 눈을 마주치며 인사하게 되는 주민들이 점점 늘어났다. 그리고 어느새 그들에게 마음을 열고 있는 자신을 발견했다. 총총은 2018년에 강화 청년들 10여 명을 만나 『천 개의 문화 오아시스: 강화 사람, 책, 라디오』라는 인터뷰집을 공동 집필하기도 했다.

"마을사람들이 내 생활의 일부가 되었어요. 그러고 나니까 이사를 가는 일이 그냥 집을 옮기는 일이 아니라 아예 생활과 환경을 모조리 바꾸는 어마무시한 일이 되어 버렸죠. 그래서 쉽게 옮길 수가 없어요."

서울에서 강화로 올 때 홀가분한 마음으로 훌훌 털어냈던 것에 견주면 큰 차이다. 그는 "다시 서울로 가긴 어려울 것 같다."라고도 말했다.

"내 고향은 폐항 / 내 고향은 가난해서 보여줄 건 노을밖에 없네." 영화 <변산>에 나오는 '폐항'이라는 시다. 강화에서 나고 자란 많은 이들에게 강화는 이 시에 나오는 고향처럼 지루하고 별다른 희망도 없는, 그런 곳이었다. 수리에게도 그랬다. 고등학교를 졸업하자마자 기다렸다는 듯 도시로 떠났던 수리는 '잠시 섬 프로젝트'로 강화로 돌아왔다. 도시 청년들을 강화로 불러들여 잠시 쉴 수 있도록 기획한 사업에 강화 토박이가 슬쩍 묻어 들어온 것인데 다시는 돌아오지 않으려던 마음을 청풍 또래들이 돌려세운 셈이다.

“어른들도 도시에서 학교를 졸업하고 다시 돌아오는 이들을 반기지 않아요. 서울에서 직장을 얻고 살기를 바라는 거죠. 그러다 보니 저도 자연스레 그런 생각이 몸에 배었던 모양이에요.”

수리는 청풍을 알게 되면서 생각이 바뀌었다. 또래들이 모일 만한 마땅한 공간조차 없던 곳에 마음 편하게 들러 어울릴 수 있는 공간(펍)이 생겼고 수리는 이곳에서 파티나 영화제가 열릴 때마다 참여했다. 그렇게 조금씩 인연도 쌓여갔다. 고향에 남고 싶어도 할 수 있는 일이 많지 않다고 여겼는데 강화에 일터를 마련하고 여럿이 함께 어울려 즐겁게 지내는 또래들을 지켜보면서 수리의 마음속에서 작은 불씨가 지펴졌다.

이제껏 수리는 정해진 틀 안에서 시키는 대로 공부만 하다가 대학에서 처음 자유를 맞닥뜨리고 나서 오히려 무기력해졌다고 한다. 우울감도 찾아왔다. 어릴 때부터 당연하게 여겼던 ‘선생님’이라는 꿈을 의심하게 된 것도 그 즈음이었다. 그것이 정말 스스로가 바란 꿈인지, 아니면 부모님이 심어준 욕망인지 알 수 없었다. 수리는 밀려드는 우울감과 불안감을 떨쳐내고자 홀로서기를 해보기로 했다. 먼저 경제적 홀로서기를 하고자 일거리를 찾다가 우연히 을지로를 무대로 활동하던 예술가 집단을 만났다. 동네에서 새로운 가치를 발굴하는 연구자들이자 공간을 새롭게 살리는 예술가들이었다. 그들과 함께 전시회를 기획하고 축제를 만들면서 수리는 새로운 세상을 만났다. 그리고 계속 같은 일을 해보고 싶다는 생각을 하고 있을 무렵 청풍에서 함께 일해보자는 제안을 받았다. 총총이 청풍에 짐을 푼 지 두 달이 막 지난 때였다.

"새로운 경험에 흠뻑 빠져서 오게 된 건데 벌써 5년째 생업으로 일해오던 멤버들과는 마음가짐에 차이가 있었죠. 이제 와서 돌아보면 <윤식당>이나 <효리네 민박> 같은 TV 프로그램을 떠올리면서 가벼운 마음으로 합류했던 건데…… 큰 착각이었어요."

기대했던 것만큼 신나고 새로운 경험으로만 채워지지는 않았다. 날마다 똑같이 되풀이되는 일들로 지칠 때도 있었다. 게스트하우스와 펍을 꾸려가려면 별수 없이 날마다 청소와 빨래를 해야 하고 음식 장만에 설거지도 거를 수 없다. 너무도 당연한 일이었지만 수리는 미처 그런 생각을 하지 못했다. 일상은 고단했다. 애써 피로감을 지우며 웃는 얼굴로 사람들을 만나는 일도 힘들었다.

수리의 일과는 어떨까? 아침 10시에 1층 펍으로 출근해 곧바로 점심 장사를 준비한다. 장사를 마치면 3시쯤 게스트하우스에 올라가 투숙객 맞을 준비를 한다. 청소를 하고 빨래를 걷고 침구류를 정돈하는 일 등이다. 4시부터는 다시 저녁 장사를 준비하기 시작해 대략 자정까지 손님을 응대한다. 길어지면 자정을 넘길 때도 있다. 그런데 이것이 끝이 아니다. 달마나 발행하는 잡지 제작을 혼자 도맡기도 한다. 기획과 디자인, 기사 작성과 편집 그리고 인쇄에 더해 그렇게 만든 잡지를 자전거로 배포하는 일까지. 화덕식당에 일손이 딸리면 그것도 모른 체할 수 없고 가끔 축제를 비롯한 행사들이 잡히면 이 모든 일들을 해내는 틈틈이 행사도 준비해야 한다.

수리만 그런 것은 아니다. 모두 그만큼의 일을 해내고 있다.

다행히 시간이 지나면서 서로가 가진 마음의 온도차는 줄어들었다. 그러면서 '여기서 지내는 것도 나쁘지 않구나.' 하는 생각이 들었다. 수리는 "이제는 좀 멀리 볼 수 있게 되었다."라고 말한다. 여전히 고충이 없는 것은 아니지만 이제는 그러한 고충쯤은 슬기롭게 해결할 수 있는 약간의 여유가 생겼다.

수리는 손님으로 찾던 때와 달리 지금은 친구들이 놀러와도 술을 거의 마시지 않는다. 다음 날 출근해야 하니까. 그래도 지금까지 버틸 수 있던 것은 조금씩 좋아지고 있기 때문이다.

"스스로 일을 만들어서 하는 게 어려운데 여기선 모두가 알아서 일도 찾아서 하고 결과도 만들어내야 해요. 지금껏 해보지 못했던 그런 경험이 좋아요. 잘 못할까봐 겁이 나서 지레 포기하곤 했는데 지금은 많이 달라졌어요."

청풍의 다섯 청년들. 맨 왼쪽 베니스부터 V자 모양으로 마담, 수리, 토일, 총총이다.
ⓒ 청풍 협동조합

결혼과 밥으로 맺어진 인연

펍과 게스트하우스를 연 뒤로 화덕식당은 베니스가 책임지고 있다. 화덕식당을 시작할 때부터 바로 앞집 식당 할머니가 청풍 식구들의 밥을 챙겨줬는데 세 청년들 가운데서도 키가 크고 멀끔하게 생긴 베니스를 예뻐했다. 그러던 어느 날 좋은 색시감이 있다며 연락처를 줬는데 알고 보니 할머니의 사돈 집안 사람이었다.

베니스가 바빠서 통 연락을 못하고 있던 어느 날 여성이 먼저 인천에서 강화로 찾아왔고 그렇게 두 사람은 첫 만남을 가졌다. 베니스는 먼저 용기를 내어 찾아와 준 상대에게 첫눈에 반했다. 둘은 결혼하라는 어른들의 성화에 일 년간 사귀어 본 뒤 결혼하겠다고 했고 정말로 일 년쯤 지난 2019년 봄에 결혼식을 올렸다. 신접살림은 강화에 차렸고 인천에서 어린이집 교사를 하던 아내는 이제 강화에서 아이들을 돌보고 있다.

항상 좋은 일만 있었던 것은 아니다. 어느 날 총총은 앞집 식당 할머니가 챙겨주는 끼니 말고 다른 음식이 먹고 싶어 몰래 다른 식당에 가서 순대국을 먹다가 하필 할머니에게 들키고 말았다. 베니스가 할머니의 소개로 결혼을 한 뒤였으니 할머니의 배신감은 더 컸다. 할머니네 식당에서도 순대국을 팔고 있었기 때문이다. 할머니는 “우리 가게에 없는 걸 먹는 줄 알았는데 순대국을 먹더라.”라며 총총을 ‘역적’이라고 불렀다. 총총이 할머니에게 홍삼을 선물로 사 드리고서야 겨우 역적 딱지를 뗄 수 있었다.

관계와 연결의 힘

강화 특산물로는 소창이 있다. 소창은 전통 직물(무명천)을 가리키는 강화 말인데 천 기저귀나 면 생리대, 수건, 행주로 주로 쓰이고 장례식 때도 많이 쓴다. 1930년 11월 30일자 동아일보 기사에는 "조선 직조 업계에서 둘째 가라면 서럽다 할 강화 직물은 면포, 견포, 인조견, 저마포 등 30여 종에 달한다."라고 적혀 있다.[2] 옛날에는 꽤 이름을 날렸지만 지금은 중국에서 들어온 값싼 직물에 밀려 점점 설 자리를 잃고 있다. 아직 일곱 곳의 공장이 남아 소창을 만들고 있다.

청풍은 2018년 가을, 은퇴를 앞둔 강화 은하직물의 소창 장인 부부 이병훈, 조금례 두 어르신의 마지막 모습을 담아 『무녕』(서은미)이란 사진집을 냈다. 이들 노부부는 소창을 '무녕'이라 부른다. 작가의 인건비와 출판비 약 500만 원은 크라우드 펀딩으로 모았다.

"우리는 그 시간 속에서 강화를 사랑하고 지역의 문화를 존중하는 법을 배웠습니다. 소창을 알게 되었을 때 사라져가는 옛 것들에게 새로운 생명을 불어넣는 일에 힘쓰고 싶어졌습니다."

- 『무녕』 펴낸이의 말에서

사진집은 초판 1쇄를 거의 다 팔고 이제 몇 권 안 남았다. 아주 많이 팔리거나 널리 알려지지는 않았지만 그래도 사진전까지 열어 두 노부부를 주인공으로 세운 일은 가슴 뿌듯한 기억으로 남아 있다. 어느 시인의 말마따나 이들이 한 일은 "단순히 한 장인의 삶을 아카이빙하는 것이 아니라 강화를 기반으로 꾸려졌던 한 시대의 삶을 보존하는 것"이다.[3] 이들은 앞으로도 계속 강화만이 가진 콘텐츠를 찾아낼 생각이다. 강화 화문석을 소재로 두 번째 사진집도 준비하고 있다. 더불어 이렇게 발굴한 콘텐츠를 매개로 지역 밖 디자이너와 작가, 예술가들과의 협업도 이끌어내고 있다. 스트롱 파이어에서 그리 멀지 않은 곳에 자리한 '아란'이란 공방에서는 서울의 디자이너들과 함께 강화의 자연을 담은 향초를 만들었다. 강화 낙조의 붉은 빛과 갯벌의 회색빛을 향초에 녹여냈다. 2018년 가을까지 약 1,000만 원어치를 팔았으니 제법 잘 팔린 셈이다. '2018 관광두레 크라우드 펀딩' 대회에서 대상도 받았다. 최근엔 고인돌 향초도 만들었다.

강화 안팎을 연결하려는 노력은 2019년 '동네 시골가게 콜라보'라는 또 하나의 프로젝트로 이어졌다. 강화의 청년 상점, 상품 생산자와 이들이 만든 제품을 더 빛나는 콘텐츠로 만들어줄 다른 지역의 디자이너, 개발자, 마케팅 팀을 이으려는 시도다. 제품에 스토리를 입히거나 멋스러운 디자인을 더하고 나아가 새로운 상품을 개발함으로써 강화 상점과 생산자들이 한 단계 성장하도록 하려는 데 목적이 있다.

공모를 거쳐 파스타를 만들어 파는 루아흐와 우리 밀로 빵을 만드는 벨팡, 로스팅 커피를 파는 커피 맛집 조커피랩 그리고 북스테이 서점인 책방시점 등 강화의 8개 상점과 협업할 8명의 디자이너가 만났다. 디자이너들은 한 달 넘게 강화를 오가며 새로운 로컬 콘텐츠를 만들어냈고 이렇게 만들어진 콘텐츠로 2019년 12월 '강화 시골가게展(전)'이라는 전시회도 열었다. 동네에서 살아가면서 매일 꾸준함으로 가게를 열고 사람들을 맞이하는 사장님들의 소박한 일상과 정서를 이웃들과 나누는 의미 있는 자리였다.

청년들이 풍물시장에 가게를 냈다는 소식이 지역 청년들에게까지 전해지면서 토일의 친구들을 비롯한 강화 청년들도 조금씩 희망을 품기 시작했다. 2014년 무렵이었다.

"하나둘씩 상점들이 생기면서 다양한 시도들이 이어지고 있는 게 눈에 보여요. 아직 작지만 분명 변화되고 있어요."(토일)

그동안 강화 청년들은 큰 도시로 나갈 생각만 했으니 이러한 움직임은 결코 작지 않은 변화다. 강화군의 평균 연령은 55세로 높은 편이다. 새로운 인구가 유입되고 있지만 퇴직한 장년층과 고령층이 많아 모두를 생산인구로 보기는 어렵다. 하지만 이제는 카페, 식당, 공방 등 강화 청년들이 새롭게 연 가게들을 심심찮게 볼 수 있다. 2017년부터는 이렇게 하나둘씩 자리를 잡아 온 청년들이 서로에게 손을 내밀기 시작했다. 이곳 강화에서 청년들의 공동체가 처음으로 싹을 틔운 것이다. 서점과 같은 생활문화 공간을 중심으로 지역민과 함께 하는 문화활동도 하나둘 선을 보이고 있다. 청풍은 청년 가게들을 돌면서 문화 공연을 하는 '읍내안 라이프'라는 프로젝트를 진행하기도 했다. 하루는 이 가게, 다음 날은 저 가게를 돌았다. 아직은 서로 큰 부담이 없을 만큼 거리를 두고 있는 느슨한 공동체다. 목적을 앞세우다 관계를 망치고 싶지 않아서다.

“돈을 벌려는 목적으로 관계를 맺는 게 아니에요. 이 친구들과 여기서 어떻게든 함께 살아가고 싶을 뿐이죠. 그래서 섣불리 모임의 이름부터 정하거나 대표를 뽑기보다는 ‘일본 여행 같이 안 갈래’ 하는 식으로 함께 마음을 맞춰 나가고 있어요.” (마담)

그동안 일본 나오시마섬, 미국 포틀랜드, 강원도 고성과 속초 등 주민과 정부, 기업이 함께 지속 가능한 전환을 이루어 낸 도시들을 찾아다니기도 했다. 몇 마디 말뿐이 아니라 직접 몸으로 부딪치면서 함께 더 큰 꿈을 키워가고 싶어서다.

“포틀랜드에서 시민과의 협업을 담당하는 공무원을 만났는데 큰 위로가 됐어요. ‘너희들 힘든 것 다 안다. 그럴 수밖에 없다. 꿋꿋이 해나가다 보면 언젠가 좋은 결실을 맺을 거다.’ 그런 말들이 힘이 됐죠.” (토일)

정부나 지자체는 짧은 시간에 그럴 듯한 성과를 내는 이들에게만 관심을 보이고 자원을 모아준다. 그러나 반짝이는 아이디어를 가진 청년들보다 오랫동안 지역에 뿌리를 내리려 묵묵히 애써 온 청년들에 더 큰 격려와 관심이 필요하지 않을까? 마담은 “지자체가 지역 안에서 어떻게 생태계를 만들어낼 수 있을까 하는 고민을 조금 더 해줬으면 한다.”라며 바람을 전했다. 아직 준비되지 않은 청년들에게 정부가 큰돈을 지원하는 것이 때로 독이 될 수도 있다는 염려도 내비쳤다. 지역민들에게는 하루아침에 밖에서 큰돈을 가지고 들어온 청년들이 마냥 반갑지만은 않을 수도 있을 테니 말이다. 청년들이 지역에 뿌리를 내리려면 지역과 관계를 맺는 일이 먼저라는 점을 잊지 말아야 한다. 그는 지역을 대상화하는 것도 문제라고 지적했다. 서울의 스타트업이나 이름이 좀 알려진 팀들을 뽑아서 지역에 보내기도 하는데 그러다 보니 로컬만의 속도가 무시된다는 것이다.

"로컬에 뭐가 있는지도 모르는 상태에서 짧은 기간 안에 뭔가 만들어내라는 건 무리예요. 대부분의 교류 프로그램이 그런 식이죠. 로컬에 어떤 사람과 자원들이 있는지를 먼저 찾아보고 그런 곳들과 연계되도록 해야 해요. 특히 서울의 큰 기획사들이 자금을 지원받아 로컬에서 사업하는 건 말이 안 되죠. 그들은 여기저기 지역을 옮겨 다니면서 몸값만 올리고 있어요."(마담)

이들은 아무리 힘들어도 지원사업을 고를 때는 신중하다. 손에 쥐게 될 돈보다는 공동체에 미칠 영향을 먼저 생각한다. 자칫 어렵게 맺은 관계에 금이 갈 수 있기 때문이다. 그래서 외부 지원에 손을 내밀 때도 이곳 공동체에 어떤 영향을 미칠지 먼저 따진다. 마담은 "이젠 큰돈이 들어와도 우리와 지역공동체를 더 단단히 하는 데 쓸 수 있을 만한 준비가 됐다."면서 자신감을 비치기도 했다. 이들이 그저 돈을 벌고자 생업에만 매달렸다면 지금보다 훨씬 더 큰 여유를 누리고 살겠지만 처음부터 그러려고 시작한 일은 아니다. 그래서 외부 지원은 이들에게도 절실하다. 다행히 2019년 6월 서울시 청년정부의 '청년지역교류 프로젝트 지원사업'에 뽑혀 그나마 숨통을 틔워줄 만한 자금이 생겼다.

마담은 지자체나 지역공동체가 조금 더 열린 마음을 가지기를 바란다. 예산이 들어가는 만큼 (지방)정부와 국회는 몇 명이 정착(창업)했는지만을 따지려 드는데 그러한 접근이 오히려 청년들을 주저하게 만들고 괜한 갈등을 키울 수도 있다는 것이다. 이들은 언제든 찾아올 수 있고 같이 일해 나갈 수 있는 분위기가 조성되면 로컬을 찾고 또 머무는 청년들이 자연스레 많아질 것이라 믿는다. 가령, 아란과 함께 향초를 디자인했던 청년들도 수리가 일하면서 알게 된 서울 디자인 팀인데 일을 제안하기 전부터 몇 번씩 강화에 놀러 와 함께 시간을 보냈다. 아무 부담 없이 강화를 알아가고 또 서로를 알아가는 시간이 필요했던 것이다. 지금은 그 시간만큼의 관계가 쌓여 다른 디자인 작업도 함께 하고 있다.

강화는 지리적으로 애매한 위치다. 수도권인 인천시에 속해 있다고 하지만 개발의 혜택을 받지 못했던 것이 사실이다. 이들은 이처럼 애매한 지리적 조건이나 위상을 활용해 '베이스캠프'라는 아이디어를 냈다.

"수도권에 살다가 한 번에 저 멀리 경남으로 가기는 어렵잖아요. 그리 멀지 않은 이곳 강화쯤에서 먼저 살아본다면 도움이 될 거라고 봐요. 더 멀리까지 가기 위한 베이스캠프인 셈이죠." (마담)

'잠시 섬 프로젝트'는 2017년부터 꾸준히 진행해오고 있다. '잠시 멈춰 강화도에서 동네를 어슬렁거리며 자신에게 집중해보는 시간, 어떠신가요?'라는 슬로건에서 알 수 있듯이 도시생활에 지친 청년들을 강화로 불러 모아 잠시 쉴 수 있도록 하는 프로젝트다. 로컬이라는 새로운 환경에서 새로운 가능성과 전환을 모색해 보도록 하려는 뜻도 있다. 서울시 청년허브와 청년청의 지원을 받아 참여자들에게는 돈을 받지 않았다. 첫 해에 20명을 모으는데 무려 500명이 지원했다. 한 명이라도 더 쉬다가 갈 수 있게 하려고 조금 무리를 해서 50명을 받았다. 퇴사나 이직을 비롯해 인생의 전환을 앞에 두고 고민하는 이들이 많았다. 이들은 3~6일간 머물다 가는데 특별한 프로그램은 없다. 게스트하우스에서 쉬면서 동네 어슬렁거리기, 매일 일기 쓰기, 저녁에는 둘러앉아 오늘 하루 나누기, 가끔 함께 강화 여기저기로 놀러 가기가 전부다.

2019년에도 40명이 잠시 이 섬에 머물다 갔다. 그 전과 달라진 것이 있다면 저녁에 둘러앉아 하루를 나눌 때 강화의 청년 상인들을 호스트로 불러 함께 이야기를 나누도록 했다는 점이다. 강화 곳곳을 둘러보는 데 그치지 않고 강화 안으로 한 발 더 들어올 수 있도록 하려는 뜻이다. 강화의 청년 상인들이 다른 지역에서 강화를 찾아온 이들을 어떻게 바라보고 또 대해야 하는지를 돌아보게 만드는 시간이기도 하다. 강화가 더 많은 이들을 받아들이려면 낯선 사람을 품을 수 있는 넉넉한 품을 지니는 것이 중요하다고 믿기 때문이다. 2019년에 머물다 간 어느 작가는 그림책을 많이 취급하는 책방을 만나 함께 동화책을 출간하기로 했다.

“강화 곳곳을 둘러보면 관심과 호기심이 생기기 마련이에요. 장기적으로 보면 이주에 도움이 되겠지만 당장 눈에 띌 만큼의 성과가 나오지는 않아서 지자체는 의미가 없다고 여길 수도 있어요. 지자체들이 눈앞의 숫자만 보지 말고 좀 멀리 내다보면서 이런 사업을 계속 이어갈 수 있도록 지원해 줬으면 해요.” (총총)

‘잠시 섬’을 거쳐 간 이들은 지금도 종종 연락해온다. 첫 프로젝트를 한 뒤로는 이주민 여성들만을 불러 모은 적도 있고 외부 지원 없이 서너 명씩 불러 잠시 섬에 머물게 하기도 했다. 한꺼번에 많은 인원을 맞으려면 돈이 많이 들어서 쉬러 온 이들에게 어느 정도의 비용을 받을 수밖에 없는데 그러고 싶지 않아서다. 청풍이 돈을 더 많이 벌고 싶은 이유 가운데 하나다.

“꼭 콘텐츠를 발굴한다는 생각보다 무언가를 오래도록 같이 할 사람들, 그러니까 파트너를 찾는 거예요. 콘텐츠도 중요하지만 같은 경험을 하면서 진득하게 생각을 나누고 무엇이든 함께 이루려는 사람들이 필요해요.” (마담)

이들은 강화 안에만 머물면 비슷한 생각에서 벗어날 수 없을 것임을 안다. 또 관계를 맺어 가는 일에는 꾸준함이 필요하다는 것도 잘 안다. 그래서 돈벌이를 앞세워 서두르지 않는다. 이들에게는 관계 맺기가 더 중요하다.

“콘텐츠 발굴이 중심이 되면 욕심을 부릴 수밖에 없어요. 누군가를 만났을 때 ‘이 사람하고 같이 하면 이걸로 돈을 얼마 벌 수 있겠다.’가 아니라 ‘이 사람하고 앞으로 어떻게 관계를 맺고 이어갈까?’를 먼저 떠올리려고 해요.” (마담)

이들은 지금껏 꾸준히 쌓아 온 관계들이 조금 더디더라도 언젠가 빛을 발할 것이라 믿는다. 지역에 스며드는 데도 많은 시간과 노력이 필요했듯이 말이다. 무엇보다 이들은 스스로 외부자의 옷을 벗어 던지지 못하는 한, 결코 좁힐 수 없는 거리가 있다는 사실을 깨달았다. 가령, 외부 기획자로서 처음 풍물시장에 축제를 준비하러 왔을 때도 상인들에게 싹싹하게 인사 잘하고 밥도 주는 대로 넙죽넙죽 받아먹으면서 다가갔지만 이제 와 돌아보면 당시에는 겉으로만 가까워졌을 뿐 마음의 거리는 조금도 좁히지 못했다. 상인들이 마음을 열고 강화 사람으로 받아 준 것은 화덕식당을 열고 나서도 2년쯤 지나서였다. 상인들로부터 “너희들 3년은 지나봐야 진짜 장사하는 거다.”라는 말도 귀에 못이 박히게 들었다. 마을사람들과 진짜 섞이려면 나부터 마음가짐이 달라져야 한다는 것을, 또 그것이 하루아침에 되는 일은 아니라는 것을 또 외부 기획자의 눈으로는 결코 읽어낼 수 없는 것들이 있다는 사실도 깨달았다.

“관계가 쌓여야 비로소 보이는 것들, 관계에서만 나올 수 있는 기획이 있어요. 『무녕』이나 향초도 외부 기획자의 눈으로는 찾아낼 수 없었을 거예요. 그래서 지금부터가 진짜 시작이죠.” (마담)

이들은 전국 곳곳에 퍼져 있는 청년들을 모으는 일도 꾸준히 하고 있다. 2019년 11월에 서울에서 '지역생존 컨퍼런스'를 개최했는데 이틀간 진행된 행사에 인천 강화의 다루지와 책방시점, 벨팡을 비롯해 강원도 속초 칠성 조선소와 양양의 아이서프, 춘천의 어쩌다 농부, 서울 홍대의 수카라와 플러스 마이너스 1도씨, 경기도 이천의 오월의 푸른하늘 등 이름만 대면 알 만한 로컬의 혁신가들을 불러 모았다. 그뿐만이 아니다. 멀리 미국 포틀랜드 시에서 커뮤니티 경제개발 업무를 맡았던 타일러 범프 에코노스웨스트(ECONorthwest) 프로젝트 디렉터와 일본에서 마을 호텔을 만들어 도시를 되살린 오카베 토모히코 코토랩 합동회사 대표도 초대해 쉽게 듣기 힘든 경험담도 들었다.

다섯 청년이 바꿔 갈 섬의 미래

이들은 청풍 협동조합이 여기까지 올 수 있었던 힘으로 세 가지를 꼽았다. 첫 번째는 엄마 인큐베이팅. 청풍은 스스로를 풍물시장의 자식들이라고 이야기한다. 상인들로부터 이른바 '엄마 인큐베이팅'을 받았다는 것이다. 이들은 시장 상인들이 부모처럼 살뜰하게 챙겨준 덕에 살아남을 수 있었다고 믿는다. 하루에 피자 한 판도 못 팔 만큼 어렵던 시절에 상인들은 누가 먼저랄 것도 없이 삼시 세끼 밥을 다 챙겨 줬다. 여기저기서 서로 밥을 차려 주는 바람에 하루에 다섯 끼를 먹은 적도 있다. 2년간의 육성사업단 지원이 끝나도 '여기서는 굶어죽지는 않겠구나.' 하는 생각이 들었고 그러면서 조금 더 버틸 수 있었다.

두 번째는 함께 더불어 살아가고자 들인 시간과 노력이다. 청년들이라고 협력에 익숙한 것은 아니다. 마담, 베니스, 토일 셋도 처음에는 같은 곳에서 함께 먹고 자고 일하는 데 서툴렀다. 작은 일로 부딪힌 적도 많았다. 지금까지 제법 오랜 시간 동안 협동조합이라는 틀을 깨지 않고 이어온 것은 그만큼 함께 애써 온 시간이 길었다는 뜻이기도 하다.

"우리는 모든 걸 이야기해 왔어요. 오늘 하루는 어땠는지, 힘들거나 서로에게 아쉬운 건 없었는지, 그리고 회의 방식도 점점 발전시켜 나갔죠."(마담)

총총과 수리가 협동조합에 합류하던 3년 전 겨울 무렵에는 새 식구를 맞을 거창한 의식을 치렀다. 먼저 셋이서, 나중에는 다섯이서 여러 번의 워크숍을 가졌다. 소통 전문가를 초대해 서로 터놓고 속내를 이야기하는 법을 배우고 자신의 생각을 더 효과적으로 전하는 연습도 해보았다. 일하는 방식을 비롯해 서로를 알아가는 시간이었다. 총총이 마음의 결정을 내리기 전에 함께 일본 나오시마 섬에 다녀오기도 했는데 무엇인가를 같이 해보는 기회를 가져보자며 마담이 제안했다.

청풍의 다섯 청년은 요즘도 금요일 회의 때마다 티격태격한다. 아무것도 숨기지 않고 드러내기 때문인데 이제 이들에게 사소한 부딪힘쯤은 너무도 자연스럽다. 처음에는 속내를 드러내지 못해 힘들어하던 수리도 지금은 거침이 없다. 그러더니 2019년 3월 "여기 좀 더 있어야겠다."면서 2년짜리 집 계약을 하고 왔다. 총총도 변했다. 예전에는 누군가와 일하다가 뭔가가 안 맞으면 '이 일 끝나고 다시는 보지 말아야지.' 하고 마음먹었는데 지금은 조금 시간을 두고 맞추어 가려고 애쓴다. 모두가 그렇게 여럿이 같이 일하는 법을 조금씩 익혀 가고 있다.

세 번째는 바로 세대 간 교류다. 강화에 오기 전 마담의 세상에는 늘 청년이 한가운데에 있었다. 어른들을 바라보는 시선도 곱지 않았다. 다음 세대를 생각한다면 마땅히 청년들에게 해주어야 할 일들에 등을 돌리고 선 현실이 답답하고 싫었다. 그래서 어른들의 말 한마디에 목소리부터 높이기도 했다. 그러나 풍물시장에서 '엄마 인큐베이팅'을 받으면서 많은 것들이 달라졌다. 더는 세상의 중심에만 서려 하지 않고 어른들의 말도 허투루 듣지 않는다. 시장 상인들이 살아가는 모습을 가까이서 지켜보면서 배운 것이 많다.

"여기 상인들은 서로 죽일 듯이 싸우고 나서도 언제 그랬느냐는 듯이 다시 어울려요. 이곳을 떠날 수 없다는 걸 잘 알기 때문이죠. 마을에서 같이 살려면 그래야 해요." (마담)

이렇듯 나이와 살아온 세월을 뛰어넘어 사람들과 공감대가 형성되자 생각의 크기도 부쩍 커졌다. 전혀 어울리지 않을 것 같던 영역들이 머릿속에서 겹쳐지기 시작했다. 낡고 허름한 소창 공장과 주름진 두 노인의 모습을 카메라에 담아 오래도록 남기고 싶다는 생각을 한 것도 그 즈음이었다. 사진집 『무녕』은 그렇게 세상에 나올 수 있었다.

"우리끼리만 일하면 상상력이 뻗어나가지 못해요. 예측 가능한 수준에 머물죠. 세대를 뛰어넘는 교감에는 생각지도 못한 힘이 있다는 걸 깨달았어요." (마담)

청년들만 변한 것이 아니다. 상인들도 달라졌다. 가게를 열고 얼마 지나지 않아 마을 축제를 준비할 때는 상인들이 "어디 장사꾼이 함부로 가게 문을 닫느냐."면서 혼을 냈다. 장사가 전부였던 상인들에게는 장사를 가볍게 여기는 철딱서니 없는 모습으로 보였던 것이다. 그러던 상인들이 얼마 전 '강화도 문화재 야행' 행사 때는 일찍 문을 닫아걸고 따라나섰다. 장사를 잠시 접고서라도 할 만한 일이 있다는 사실을 받아들인 것이다.

당신들의 자녀를 가게로 불러내 장사를 가르치는 모습을 심심찮게 볼 수 있게 된 것도 달라진 풍경이다. '대학까지 나온 애들이 왜 이런 일을 하느냐.'며 안타깝게 바라보던 시각에서 조금은 벗어난 것이다. 자신이 평생 해온 일을 더는 부끄러워하지만은 않는다는 뜻이기도 하다. 그래서 청풍에게도 시장 형 · 언니들이 생겼다. 난타 동아리는 벌써 5년째 이어지며 축제 때마다 제일 앞에서 흥을 돋운다. 타투이스트를 부르면 나이 지긋한 여성 상인들도 문신을 해보겠다며 나선다. 지난 몇 년 사이 이렇게 청년들도 어른들도 서로에게 한 발짝씩 다가섰다.

2019년 한 해를 거치며 청풍과 강화의 공동체는 훨씬 더 단단해졌다. 새로운 일을 벌이기보다는 깊이와 촘촘함을 더해 온 한 해였다. 물리적인 공간을 만드는 일보다 공동체를 단단하게 만드는 일이 훨씬 더 중요하고 또 의미 있는 일이라고 그들은 믿는다.

"강화에는 자기만의 콘텐츠를 가진 사람이 많이 들어와요. 자기중심이 확실한 사람들이 많아서 오히려 협업이 더 쉬워요. 반면에 서울에는 자원이 풍부할 뿐 오히려 자기만의 콘텐츠를 가진 이들을 만나기 어렵죠. 그래서 협업도 더 어려워요." (마담)

"강화는 빈 공간도 많고 월세도 싸서 공간 하나 마련하는 일이 어렵지 않아요. 작은 곳은 월 20만 원이면 돼요. 대신 고립감을 많이 느껴요. 그러다 보니 협업을 하려는 의지가 강하고 내 공간을 어떻게 하면 다른 사람과 나눌 수 있을까 고민도 많이 하죠." (촘촘)

강화에는 산마을고등학교라는 대안학교가 있다. 2019년 3월 첫 졸업생들이 나왔는데 이들 가운데 4명이 대학에 가는 대신 청풍처럼 지역에서 살아보겠다며 강화에 남겠다고 했다. 이들의 부모들은 토일의 부모와 함께 십수 년 전 강화에 정착했다. 당신의 자녀들이 다만 몇 명이라도 강화에 남아 어렵게 일군 공동체를 이어 가기를 바라고 있다. 하지만 청풍의 생각은 다르다. 창업을 뒷받침해줄 마땅한 기반이나 안전망, 이끌어줄 선배도 없는 상황에서 자칫 섬처럼 고립되지는 않을지 걱정이다. 청풍도 아직 이들에게 길을 열어줄 만큼 여유롭지 않다는 것을 스스로 잘 알고 있다. 2018년 졸업을 앞두고 이들이 청풍을 찾아와 의견을 물은 적이 있다. 그때 다섯 청년은 뜻밖에도 하나같이 남지 말라고 했다. 조금 더 힘을 키워 어렵게 나선 후배들에게 더 많은 도움을 주고 싶지만 마음처럼 쉽지 않았다. 정부의 여러 창업 지원 정책도 이들이 보기에는 답이 되지 못한다.

"아직은 시장이 작고 자원도 부족해요. 정말 남는다고 하면 우리가 이것저것 연결해주려고 애는 쓰겠지만 정말 힘들고 어려운 일일 거예요." (총총)

"정부 창업자금은 겉보기에 멋진 낚싯대를 잠깐 빌려주면서 물고기도 없는 우물에서 물고기를 낚아 먹고 살라는 것과 다르지 않아요. 좋은 낚싯대만으로 물고기를 낚을 수는 없어요." (마담)

낚싯대를 언제 어디서 어떻게 썼는지도 다 보고해야 하고 그나마도 1~2년 뒤에는 돌려줘야 한다. 그러면서 몇 마리를 잡았는지만 물어볼 뿐이다. 이것이 지난 몇 년간 정부의 많은 지원 정책을 보면서 이들이 내린 결론이다. 이들은 무엇보다 지역에서 생태계를 구축할 수 있는 '긴 호흡의 정책 지원'이 절실하다고 말한다.

결국 그들 중 세 명은 파트타임 일을 하다가 또래들보다 일 년 늦게 대학에 진학했고 나머지 한 명은 강화에 남아 청풍과 함께 기념품 편집숍을 열었다. 딱 일 년 정도만 시작과 끝을 정하고 같이 일해보기로 했다. 때마침 현대차 그룹의 사회적 기업 창업 오디션 'H-온드림' 사업에 뽑혀 인테리어 비용을 지원받았다. 지금은 수리가 많이 도와주고 있다.

청풍은 강화에 자리를 잡은 지 6년이 지날 무렵에서야 앞으로 10년을 내다볼 수 있을 작은 여유가 생겼다고 한다. 그동안은 앞만 보고 정신없이 달려왔다면 이제는 이 동네에서 마을 사람들이랑 오래도록 같이 살고 싶다는 생각을 한다. '다음 단계로 도약하는' 새로운 시작인 셈이다. 마담, 베니스, 토일은 20대에 만나 모두 서른을 넘겼다. 총총과 수리도 마찬가지다. 그 사이 마담과 베니스는 결혼을 했고 아마 곧 아이가 태어날지도 모른다. 토일의 부모가 그랬던 것처럼 그들도 이제는 아이들이 커 갈 수 있는 삶의 터전을 마련해야 한다. 뜨거웠던 청년들의 시간은 가고 이제는 점차 마을에 뿌리내리는 어엿한 주민이 되어 가고 있다.

청풍은 2019년 '생업강화'라는 캐치프레이즈를 내걸었다. 생업을 강화하자는 뜻도 있지만 강화에서 생업으로 살아갈 수 있었으면 하는 바람도 담겼다. 이들이 생각하는 생업은 각자의 이름을 걸고 일을 하는 것이다. 그러니까 '총총이네 카페'에서 만나자거나 '토일이네 펍'에서 만나자는 말이 자연스레 나오는 그런 풍경이다.

"그렇게 우리의 이름이 불리고 지역 안에서 함께 생산하고 소비하면서 새로운 활력이 생기기를 바라요. 그런 마을에서 다 함께

어울려 살아가고 싶어요." (토일)

"시장에서 어른들하고만 지내다가 이제는 동네 가게에서 만나서 월요일마다 같이 밥도 먹고 놀면서 이야기를 많이 나눠요. 지금까지 제법 많은 시간이 흘렀으니까 이런 모임도 만들어질 수 있었죠. 같이 문화를 만들어 나가는 게 의미 있다고 생각해요." (베니스)

이들의 강화살이가 앞으로도 이어지려면 무엇보다 지역 안에서 공감대를 넓혀가야 한다. 또 바깥의 자원을 받아들일 수 있는 개방성과 포용성도 필요하다.

"몇 년 뒤엔 이곳에서 돈도 조금 더 벌면서 한결 여유롭게 살아갈 수 있으면 하는 바람은 있어요. 그러려면 정말 무얼 하고 싶은지를 정해야 할 때죠. 일할 기회가 생기면 뭐든 하는 식이어선 곤란해요. 안정적으로 일을 만들어 가고 싶고 그렇게 하고 있어요. 전에는 그만두고 싶다는 생각도 하고 퇴근하고 서울로 놀러가고 싶다는 생각도 많았는데 지금은 여기서 뭔가 더 만들어 가고 싶다는 꿈을 꾸어요. 그게 더 좋아요. 또 힘들 때 '나 오늘 힘들었어.'라고 말하고 기댈 수 있는 동료가 있는 것도 너무 좋아요. 하지만 5년 뒤에도 정말 여기에 머물러 있을 수 있을까 하는 불안한 마음도 한구석에는 있죠." (토일)

"1년 차와 2년, 3년 차의 생각이 너무 달라요. 3년을 머물러 보니 쌓이는 관계나 하는 일에 대한 이해의 깊이가 제법 깊어졌어요. 작년만 해도 나를 중심으로 여기서 살까 말까를 고민했는데 지금은 강화에 살면서 무얼 할까를 더 많이 고민해요. 안정감이 많이 생겼죠. 물론 지금도 어떤 사람으로, 무엇을 하며 살아야 할지 계속 고민해요. 그래도 이제부터 나는 강화 사람이에요." (총총)

"작년(2019년)에는 앞이 깜깜한 지점들이 있었어요. 목표점이 어딘지 알 수 없는 상황이었다면 지금은 앞이 보이고 어떻게 가야 할지도 알겠어요. 조금 더 빨리 가려고 외부 지원에 기대기도 했지만 그보다 더 중요한 것은 커뮤니티라는 사실을 분명하게 깨달아 가고 있어요. 지난해를 거치면서 확실히 커뮤니티가 밀도 있게 꾸려지고 실질적 협업 지점도 마련되고 있어요. 활주로를 달리던 비행기가 어느 순간 하늘로 솟아오르듯이 머지않아 우리에게도 그런 전환이 일어나리라 기대해요." (마담)

헬레나 노르베리 호지는 『로컬의 미래』에서 지역화에 대해 이렇게 설명하고 있다.

"지역화란 경제를 인간적인 규모로 되돌리자는 것입니다. 바꿔 말하면, 우리 주변에 누가 있는지 알 수 있고 각자 지역사회에서 수행해야 할 중요한 역할이 있다는 것을 느낄 수 있으며 스스로의 행동에는 사회적·생태적 결과가 뒤따른다는 것을 이해할 수 있도록 '규모를 줄이자.'는 뜻입니다."[4]

외부와의 관계를 끊자거나 자급자족에 매달리자는 뜻이 아니다. 그보다는 더 책임 있고 더 지속 가능한 경제를 발전시키자는 것이다. 협동조합 청풍이 하려는 일이 바로 그런 일이 아닐까. 이들은 스스로를 이 작은 섬에 가두지 않으면서도 로컬에 뿌리를 내리고 감당할 수 있을 만큼의 규모로 서로가 서로에게 힘이 되어 줄 수 있는 단단한 공동체를 꾸려가고 있다.

아직 넘어야 할 고비들은 남아 있다. 최근 강원 창조경제혁신센터는 로컬 크리에이터들에게 투자를 하기 시작했다. 규모는 3,000~5,000만 원. 한종호 센터장은 로컬에 전문적으로 투자하는 벤처캐피탈이 없는 현실에서 이들이 조금 더 관심을 가질 수 있게 이력을 만들어 주려는 뜻이라고 했다. 그는 투자 목표를 어떻게 설정하느냐도 중요한 문제라고 했는데 그가 성장 못지않게 중요하게 여기는 지표는 '균형의 가치'다. 로컬에 적합한 라이프스타일을 제안하는 비즈니스를 통해 그 지역의 균형적 성장에 어느 정도 기여할 수 있는지를 판단해 봐야 한다는 것이다.

"먹고 살 만큼만 벌고 자신의 삶을 즐기면서 지역공동체가 더욱 풍요로워지도록 하는 것, 많은 이들이 동경하는 포틀랜드에서 볼 수 있는 풍경입니다. 포틀랜드의 모든 수제 맥주 집이 세계적인 브랜드는 아니지만 골목골목마다 누구나 편하게 즐길 수 있는 가게들이 있어 그 지역민의 삶을 풍요롭게 하고 있어요. 휴먼 스케일, 그러니까 사람이 생산할 수 있는 만큼만 생산하고 또 소비하는 것을 지향합니다. …… 그런 로컬 크리에이터들이 다양한 영역에서 공존할 수 있도록 이들을 위한 자금시장이 만들어지는 게 필요해요. 꼭 규모가 크지 않아도 가능하다고 생각해요."[5]

강화라는 섬을 풍요롭게 바꿔 가고 있는 청풍 다섯 청년들의 새로운 도전이 그에 걸맞은 응원을 받으면서 오래도록 이어지기를 진심으로 바라본다.

1. 셀러 킴, "생존이 먼저다, 강화상륙작전 13 : 강화의 몽상가들, 풍물시장에서 만난 특별한 청춘들", 〈딴지일보〉, 2016.11.14
2. 1930년 11월 30일자 〈동아일보〉 기사
3. 문계봉, 서은미 개인전 〈강화 소창 이야기 무녕〉 추천의 글
4. 헬레나 노르베리 호지, 『로컬의 미래』, 2018.11. 남해의 봄날, 152~153쪽
5. 윤찬영, "중기부 첫 공모 경쟁률 22대1… "로컬 크리에이터에게는 성장만큼 균형도 중요", 〈오마이뉴스〉, 2020.4.8

강화군이 주최하고 청풍 협동조합이 주관한 '로컬 릴레이 강화 축제'에 시장 상인들이 옷을 맞춰 입고 참가했다. ⓒ 청풍 협동조합

강화 낙조의 붉은 빛과 갯벌의 회색빛을 녹여내 만든 향초 ⓒ 청풍 협동조합

지금, 우리가 함께 할 시점
강화 책방 시점

김선아

도시에서 평생을 살다가 갑작스레 퇴사를 하고 연고도 없는 강화도에서 섬살이를 하고 있다. 함께 잘 살아가기 위해 모인 '협동조합 청풍'의 일원으로 '홍총총'이라는 닉네임으로 불리며 도시, 시골, 지역이 아닌 나 자신의 속도와 삶을 찾아가는 중이다.

강화 지역 커뮤니티를 기반으로 한 다양한 자영업, 문화 기획, 콘텐츠 제작과 네트워크 활동을 하고 우리가 함께 잘 살아가기 위한 고민의 답을 찾고 있다. 여기서 '우리'는 지역주민, 외부 관광객 등을 포함한 선하고 정의로운 사람, 약자, 작은 생명, 섬과 바다 모두를 의미한다.

카드를 뽑아 질문에 대한 답을 구하거나 가늠할 수 없는 미래를 점치는 타로카드. 22장으로 이루어진 타로카드는 각 카드가 가진 의미가 서로 연결되며 마지막 카드이자 완성된 상태를 의미하는 21번 세계(The World) 카드가 새로운 여정을 시작하는 0번 바보(The Fool) 카드로 순환된다. 우리는 22장의 카드를 통해 세계와 삶이라는 커다란 바퀴가 굴러가는 모습을 볼 수 있다.

자신도 쉽사리 확신하지 못하는 삶의 질문에 대해 섞어 놓은 카드를 무작위로 뽑아 답하는 것이 어때 보이는가? 증명할 수 없어도 분명히 존재하는 신묘한 힘을 주장하며 결과를 믿는 사람도, 재미로 보는 사람도, 바보 같은 짓이라고 비웃는 사람도 있을 수 있다. 카드 점을 믿든 믿지 않든 세상에는 그런 선택을 하는 사람들이 있다. 뒤집어보기 전에는 알 수 없는 삶을 한 장 과감히 뽑아보는 사람들.

0. The Fool, 바보의 여정

"제 타로카드는 0번, 바보의 여정이에요. 그래서 대책 없이 훌쩍 떠나는 것을 개의치 않아요. 마음에 들면 직관적으로 선택하는 것이 우리 세대의 성향이잖아요."

책방 시점을 운영하는 3명의 책방지기 돌김, 우엉, 부추가 강화로 이주하기 전 살던 곳은 인천이었다. 우엉과 부추는 대학에 진학하면서, 돌김은 부추와 연애를 시작하면서 인천에서 살게 되었고 함께 하던 독서 모임이 강화까지, 강화에서의 책방 시점에까지 이르렀다.

오랫동안 살던 익숙한 도시를 벗어나 훌쩍 낯선 지역으로 이주하는 것에 대해 놀랍고 의아할 수 있다. '이주'라는 단어는 이사보다도 큰 결단과 대단한 준비가 필요한 일로 느껴진다. 많은 지역 중 하나를 선택해 이주하게 된, 신중하고 의미 있는 이유도 예상된다.

그런데 지역 이주는 이런 예상보다 훨씬 간단히 이루어지는 것 같다. 돌김은 자신의 타로카드 0번, 바보와 닮았기에 훌쩍 이주하게 되었다고 답한다. 0번 타로카드에 그려진 바보 또는 광대는 자유로운 영혼의 소유자다. 자신을 발견하기 위해 아무것도 없는 무(無)의 상태를 의미하는 0번을 달고 새로운 출발을 하는 모습이다. 배경에는 절벽이나 험난한 설산, 거친 파도가 그려져 있지만 작은 보따리를 들고 떠나는 표정은 즐겁고 기대에 부풀어 보인다.

부추의 대답은 사주명리학에서 시작한다. 4세, 14세, 24세의

2019년 봄, 시점 여는 날 © 책방 시점

10년 단위로 대운이 바뀌는 사주여서 34세에 바뀐 대운의 흐름에 따라 강화로 들어오게 되었다고 믿고 있다. 우엉도 마음이 맞는 사람들인 돌김과 부추를 만나 귀촌하게 되었는데 이름에 강(江)까지 들어가는 섬인 강화에 와 '물이 있는 곳에 살아야 잘된다.'라는 자신의 사주에 부합하다고 대답한다.

물론 타로카드와 사주 명리학만으로 지역 이주를 결정하지는 않았다. 더 다양한 배경과 지난한 과정이 있었을 것이다. 도시를 뒤로 하고 강화도에 모이게 된, 우리의 시작은 각자 다르면서도 닮은 점이 있다.

아침은 어디서 시작되나요

서울에서 첫 출근하던 날, 돌김은 신도림역에서 환승했다. 출근 시간 지하철 환승은 그야말로 지옥철 그 자체다. 서울 사람이라면 설명하지 않아도 알 수 있는 이 진 빠지는 경험을 일주일 정도 반복하자 한 가지 결론만 남았다. 너무 힘들다.

우엉도 마찬가지였다. 대중교통으로 출.퇴근하며 사람들 사이에 끼어 하루를 시작하는 것이 서글펐다. 도시에 밀집된 인구는 개개인의 일상에서 시시각각 피로를 얹는다. 일을 시작하기도 전에, 그리고 일을 마치고 집으로 돌아가면서도 쭉쭉 기가 빨린다.

이런 인구 밀집을 출·퇴근 시간에만 경험하는 것은 아니다. 빽빽히 붙어 함께 살아가는 도시 빌라촌에서의 삶은 햇빛의 빈부격차를 느끼게 한다. 도시의 주거비에 대해서는 길게 설명할 필요가 없을 것이다. 가진 돈에 맞추어 살다 보면 역세권, 안전, 통풍 그리고 채광까지 결국 많은 것을 포기해야 겨우 방 하나를 얻을 수 있다. 그렇게 부추는 도시에 사는 내내 햇빛을 맞지 못했다. 해가 드는 집. 돌김과 만나며 둘이 돈을 모으면 가능한 일이라고 생각했지만 그래봤자 조금 더 큰 햇빛이 안 들어오는 집에서 살 수밖에 없었다. 해가 안 들어오는 창문은 오히려 타인의 삶을 시시각각 들려주는 스피커 역할을 했다. 창문을 열면 이웃의 소리가 적나라하게 들려왔다. 이런 날들이 반복되자 점점 지치고 날이 서 있고 북적거렸다. 이렇게 다닥다닥 모여 많은 사람들과 함께 살아가고 있는데 이웃과 나는 사실 '함께' 살아가고 있지 않았다. 모두 가까이서 단절된 채 살아간다.

돌김과 부추는 신혼집을 차리며 동네에서 공개적으로 집들이를 했다. 이웃을 방문해 떡과 쪽지를 돌리며 집들이에 초대했다.

그런데 신혼부부의 정성스러운 초대에 응한 사람은 단 한 명뿐이었다. 그마저 층간소음이 걱정되어 찾아온 이웃이었다.

도시에는 많은 기회와 삶의 이점이 있다. 동시에 현실적 여건에 맞추어 살다 보니 채광을 잃어버린 집, 힘든 삶, 일에 찌든 하루, 일상적인 소음 그리고 단절이 있었다. 부추는 좀 더 조용하고 쾌적한 곳으로 가고 싶었고 1인 가구였던 우엉은 우울감이 컸다. 모여 사는 모습이 아니라 함께 살아가는 모습을 상상해본 적이 있는가?

타인의 시간을 살아가는 미완결된 꿈

성인이 되어 취업해 살아가다 보면 '꿈이 뭐냐?'라는 질문이 이미 내게는 지나간 계절처럼 느껴진다. 질문을 조금 덜 낯간지럽게 바꾸어 '어떤 삶을 살고 싶냐?'라고 묻는다면 조금은 할 말이 있을까? 그것도 어렵다면 '어떤 삶을 살고 싶었냐?'라는 질문은 좀 더 쉬울 것 같다.

돌김의 꿈은 기자였다. 돌김은 어린 시절부터의 오랜 꿈을 이루어 첫 직장에서 신문사 편집기자 생활을 5년간 했다. 꿈을 이룬 현실이 그에게 묘한 성취감과 쾌감을 주었다. 그 후에는 협동조합에서 실무자로 2년간 일했는데 좋은 동료들과 함께 즐겁게 일할 수 있었고 함께 일하며 성장을 경험할 수 있었다.

그럼에도 자신에게 행복에 대해, 꿈에 대해 질문하면 앞이 캄캄한 기분이 들었다. 현재의 삶이 만족스럽고 안정적이지만 자신의 호흡대로 살기보다 나를 고용한 타인을 위해, 타인의 삶과 시간에 맞추어 살아가는 삶이라고 느껴졌다. 직장생활을 하며 부딪히는 현실적인 부분과 위계 속에서는 스스로 결정하고 책임지는 완결적인 일을 하기 어렵다. 그렇게 납득할 수 없는 인생의 조각들이 쌓이다 보니 자신도 완전한 인격체라기보다 뭔가의 부품처럼 느껴져 답답했다. 결국 7년간의 직장 경험의 결론은 타인을 위해 애쓰는 직장생활은 자신에게 맞지 않다는 것이었다.

우리는 능동적으로 자신의 삶을 살아가고 있을까? 우리의 삶은 주체적인 것일까? 프로슈머(Prosumer), 모디슈머(Modisumer)라는 단어들은 우리를 능동적이고 창조적인 소비자, 나아가 생산자로 느껴지게도 한다. 하지만 우리는 수동적일지라도 스스로 생산하고 창조해내는 삶을 살고 있는 걸까? 또는 아무 주체의식도 없이 이미 내 앞에 펼쳐진 많은 선택지 중에서만 뽑기만 하며 살고 있는 것은 아닐까? 나는 나를 위해 애쓰고 있는 걸까? 꿈이나 어떻게 살고 싶은지에 대한 질문이 어렵고 비현실적으로 느껴지는 어른이 되었을 때 지금 나는 무엇을 위해 애쓰고 있는지 자신에게 물어볼 일이다.

사슴이 안내하는 소담한 땅으로

부추와 우엉은 대학 선후배 사이로 돌김은 부추와 연애를 하면서 우엉을 알게 되었다. 결이 같았던 셋은 부추와 돌김이 결혼한 후에도 함께 독서 모임을 하며 인연을 이어 나갔다. 오랜 교류와 현재의 삶에서 느끼는 갈증이 3명에게 새로운 도전을 결심하게 해주었다. 독서 모임을 통해 기본 소득, 협동조합, 공유 경제에 대해 나누었던 대화가 자연스럽게 결론이 좁혀졌다.

함께 살자! 함께 살면서 재미있는 공간을 만들어보자! 결심한 후 살고 있던 인천에서 함께 살 만한 주택을 알아보았지만 셋이 자금을 모아도 도시에서 집을 갖는 것은 너무나 어려운 일이었다. 함께 사는 공동체에 대해 부모님을 비롯한 주변의 반응도 냉담했다. “그러다가 집값이 떨어지면 어떡해?”, “지금은 젊어서 그런 생각을 하지만 나중에는 후회하지 않겠어?”

함께 더불어 살아가기 위해 나누었던 많은 대화와 질문, 삶의 방향을 결정하는 가치에 대한 고민과 치열했던 선택을 인정받지 못한 채 사람들의 시선에서는 세상 물정 모르는 철없는 행동으로 비칠 뿐이었다.

그러던 중 셋은 강화도의 ‘시골책방, 국자와 주걱’에 찾아가 이런 고민을 나누게 되었다. ‘국자와 주걱’의 책방지기인 사슴은 우엉과 대학 시절부터 오랫동안 알고 지낸 사이로 강화도에서 자신의 삶을 색다르게 살아가는 멋진 사람이었다. 셋의 하소연을 듣고 사슴은 질문했다. “좋은 땅이 있는데 보러 갈래?”

비가 추적추적 내리던 날, 셋은 그 빗길을 마다하지 않고 사슴을 따라 땅을 보러 갔다. 강화도에서 살고 싶은 마음도 없었고 땅을 사 직접 집을 짓는 것도 생각해보지 않았다. 함께 밥을 먹으러 가도 항상 서로 다른 메뉴를 시키는 셋이었는데 그 빗속에서 운명처럼 모두 비에 젖은 소담마을 산 아래 펼쳐진 땅에 반해버렸다. 내가 이사가고 싶은 땅이어서 봐두었는데 너희 여기로 오지 않을래? 셋은 하루 정도 고민해보고 바로 일주일 후에 땅을 계약했다. 그렇게 사슴은 3명의 귀인이 되었다.

"단편적으로 이런 이야기가 있어요. 강화도에 아주 오래 전부터 집을 짓고 살고 싶어 하는 분이 계세요. 평생 살 생각으로 신중히 고르고 고르다 보니 13년 동안 마음에 쏙 드는 땅을 찾다가 아직도 집을 못 지으셨대요. 우리도 머뭇거렸다면 하지 못했을 거예요. 그런 확신도 있었어요. 이 정도면 우리가 저질러도 책임질 수 있는 한계 범위 안에 있겠다. 원래 이 정도 빚은 진다고 하니까요. 그리고 도시보다는 낫겠지."

강화도로 이주하기 전에 부추와 우엉, 돌김에게 그곳은 종종 자연을 찾아오고 멋진 사람들이 있는 곳이었다. 강화도에는 도보 여행자를 위한 '강화 나들길'이 있다. 강화도 본 섬과 부속 섬 곳곳에서 여행자를 친절히 안내해주는 강화 나들길은 고인돌 탐방길, 해가 지는 마을길 등 역사와 자연, 삶을 아우르는 다양한 주제에 따라 20개 코스로 나누어져 있어 코스별로 걷는 재미가 색다르다. 여행자들이 길의 주인이 되고 나들이 가는 산뜻한 기분으로 강화도 속으로 자박자박 걸어 들어가길 바라는 마음이 담긴 곳이다.

강화 나들길은 만들어진 과정 또한 아름답다. 무려 100년 전인 1905년 강화도 선비 고재형이 강화도의 200여 마을 명소를 방문해 각 마을을 주제로 한시를 짓고 그 아래 마을에 대한 설명을 곁들인 기행문집 '심도기행'이 현재의 강화 나들길의 시초다. 2005년 강독 모임에서 '심도기행'을 읽은 사람들이 그 길을 다시 복원하려는 마음을 모아 시 속 마을을 답사하고 또 답사해 지금 세상에 다시 길을 낸 것이다. 지자체에서 시작한 것이 아니라 강화도를 아끼고 사랑하는 사람들이 직접 갯벌에 빠지고 풀을 헤치며 단단히 밟아 닦은 길이라는 점에서 강화 나들길은 더욱 값지고 소중하다.

대학생 때부터 친구와 자주 강화도에 놀러왔던 우엉은 강화 나들길이 만들어지는 시기에 길을 만들고 있던 분을 만나 함께 강화도 곳곳을 걸었다. 그때는 나아가기도 어렵던 풀숲과 갯벌이 지금은 길처럼 닦여 있다. 강화 나들길을 걷다 보면 중간중간 친절한 푯말과 강화도 시인들의 시를 볼 수 있다. 멋진 사람들이 자신의 결대로 길을 완성해 나가는 모습을 우엉은 지금도 계속 발견하고 있다. 자신의 삶을 자신만의 속도로 살아가는 사람들이 많은 이곳 강화. 그런 곳에서 우엉도 이제 돌김, 부추와 가족이 되어 자신만의 결을 만들어가고 있다. 돌김과 부추도 강화 나들길과 특별한 인연이 있다. 자연을 좋아하고 백패킹을 자주 다니던 둘은 강화 나들길을 걷다가 만났다. 셋 모두에게 그들만의 특별한 추억이 있는 장소다.

문득 여기까지 이야기를 들으니 정말 3명 모두 강화도에서 살지 않을 수 없었던 운명 같다. 강화도에 집을 지어 살겠다는 결심은 고작 하룻밤 새 이루어졌지만 셋은 아주 오랫동안 자신들에게 그들의 방향을 묻고 헤치며 오랫동안 걸었다.

맨땅에서 책방이 되기까지

그래도 일주일 만에 땅을 계약한 것은 대단히 파격적인 선택이었다. 계약 이후, 땅을 사고 건물을 올려 현재의 책방 시점에 이르기까지 예상치 못했던 건물을 짓는 작업은 그보다 더 파격적이고 지난한 시간이었다. 이야기를 하다 보면 언제나 빼먹을 수 없는 중요한 주제는 토지도 건축도 인테리어도 독서도 아닌, 바로 가족이었다.

부추, 우엉, 돌김은 가족이다. 셋이 함께 살며 생계와 주거를 공유한다. 부추와 돌김은 법적으로도 혼인신고를 통해 가족임을 증명할 수 있지만 사실 우엉은 동거인이라는 한계가 있다. 부부와 친구가 함께 산다고? 여전히 혈연 또는 혼인 관계로 이루어진 전통적인 틀 안에 가족을 두는 현재의 법 제도와 사람들의 인식에 3명을 '가족'이라고 칭하는 것은 웬지 낯설고 수긍하기 어렵다.

책방 시점은 땅도 집도 공동명의로 되어 있다. 하지만 셋의 관계가 법적으로 증명될 수 없어 대출부터 애를 먹었고 선정되었던 농가주택 개량사업은 가족이 아니어서 불가능하다는 답변이 돌아왔다. 우엉이 아플 때도 돌김과 부추는 병원에서 우엉의 보호자가 되어 줄 수 없다. 생활 곳곳에서 그들은 자신이 가족임을 끝없이 이해시키거나 증명하거나 부정당한다. 건물을 짓는 과정은 그들이 가족임을 증명하거나 증명하지 못하는 과정이기도 했다. 가족에 대한 개념이 변하고 다양한 가족 형태가 생기고 있지만 여전히 사회적 인식과 법 제도가 이를 따라가지 못하고 있다. 부추, 우엉, 돌김 그리고 강아지 마니, 전등이까지 다섯이 함께 하는 이 가족은 그렇기에 이 어려운 설명을 계속해야 할 것이다. 그러다 보니 그들이 가족으로 살아가는 과정을 설명하기 위한 이야기가 너무 많아 한 권의 책이 되어 세상에 나오기도 했다.

책방 시점의 로고는 당연히 책 모양이다. 책 가운데에는 문이 그려져 있고 활짝 열려 있다. 우리는 문을 통해 책 속으로 들어갈 수도, 책 속 세상에서 밖으로 나올 수도 있다. 돌김, 부추, 우엉에게 책은 이와 같다. 새로운 세계로 들어갈 수 있는 문, 자신의 세계에서 나와 새로운 사람들을 만날 수 있는 문, 사람들과 사유를 나눌 수 있는 대화의 시작이다. 책은 다양한 매개가 될 수 있고 책방 시점도 이런 마음이 로고에 고스란히 드러나 있다.

셋은 2017년 강화도 이주를 결심하면서 또 다른 프로젝트도 시작했다. '지금, 우리가 함께 할 시점'이라는 책 수다 콘셉트의 팟캐스트 방송이다. 게스트가 고른 책을 주제로 사람들의 고민을 풀어내고 각자의 사연과 인생 그리고 청춘을 이야기한다. 지금까지도 꾸준히 이어지고 있는 팟캐스트 방송을 통해 이 가족의 따뜻한 목소리와 깊이 있는 시선을 느낄 수 있다. 책방 시점이 어떤 역할을 하며 사람들과 호흡하고 쓰이길 바라는지도 느껴진다.

그렇게 2019년 4월 20일, 강화도 온수리 소담마을에서 책방 시점의 개업식이 열렸다. 도시에서 했던 신혼 집들이와 달리 많은 사람들이 찾아왔다. 많은 선물을 받았고 현판식도 진행했다. 함께 책방 시점의 방 이름을 지으며 마을에 책방이 생긴 것을 축하해주고 반겨주었다. 셋이 잘 살자고 가족이 되고 건물을 지었는데 좋은 이

책방 시점 로고 © 책방 시점

웃들과 더불어 잘 살 수 있을 것만 같다.

책방지기의 시점

책방 시점은 이름에 걸맞는 3가지 주제인 관점, 질문, 발견이라는 큰 주제에 따라 책을 선정하고 있다. 3가지 주제에 따른 세부 질문을 구성해 책을 진열하는데 장르나 10진 분류법이 아닌 이 세부 질문별로 책을 서가에 진열하기 때문에 책장 한 칸에 소설이 진열되기도 하고 인문 도서가 배치되기도 한다.

요즘 특히 마음을 쓰는 분야는 코로나로 인해 혼란스럽고 많은 것들이 변한 현재 시기를 성찰해보는 책이다. 앞으로 어떻게 살아가게 될지, 지금 우리의 일상은 어떤지 이번 기회를 통해 질문을 던지고 성찰해볼 수 있는 책을 고르고 있다. 항상 그렇듯 우리는 코로나라는 시련도 이겨내기 위해 새로운 뭔가를 열심히 찾아내겠지만 코로나를 겪기 이전과 같은 일상을 살아갈 수는 없을 것이다. 시중에는 코로나 시대를 주제로 한 책들이 많아 그중 옥석을 고르는 것이 쉽지 않지만 우리의 성찰과 질문은 코로나에 대한 답을 찾는 것만큼 중요할 것이다.

일상을 쾌적하게 만들어주는 에어컨으로 인해 급속히 파괴되는 환경, 화석연료를 대체하기 위해 만들어진 친환경 전기차의 배터리를 만드는 비환경적 과정, 우리의 일상은 다양한 시각에서 질문이 필요하다.

다루고 싶은 질문도, 읽고 싶고 들이고 싶은 책도 많지만 책방 시점은 매우 소량으로 책을 주문하고 너무 자주 다양한 책을 소개하지는 않는다. 반품하지 않는 것을 원칙으로 하기 때문이다. 반품은 재고의 순환을 돕고 다른 책을 들일 수 있게 해주지만 재고를 취급하고 반품하는 것이 마치 책의 물성을 편의점에서 다루는 물건처럼 느껴지게 한다는 것이 책방지기들의 생각이다. 올해 초 매달 3명의 책방지기가 주제, 작가, 출판사별로 그 달의 주제를 골라 책을 추천하던 것을 멈춘 것도 이와 관련 있었다. 에너지도 많이 소모되고 특정 책만 집중적으로 밀어주는 느낌이 불편했지만 무엇보다 재고가 너무 많이 쌓였다. 소개하는 책이 많으면 쌓이는 책도 많아지기 마련이다. 그런데 가만 보면 책방 시점에 오는 손님들은 책방지기의 추천보다 자신이 보고 싶은 책을 스스로 찾아내는 사람들이었다. 굳이 재고를 쌓으며 책을 소개하고 추천할 필요가 없다고 느껴졌다. 자신의 신념을 지키는 작은 책방에 어울리는 소중한 손님들이다.

동네 책방이 대형서점과 다른 점은 10군데 책방마다 10명의 책방지기가 자신의 관심 분야를 담아 책을 팔기 때문에 시작점부터 차별화되어 있다는 점이다. 그 부분이 작은 책방의 큰 매력이고 책을 통해 사람과 사람을 이어주는 문이 된다. 강화에도 여러 책방들이 있는데 저마다의 색채가 달라 오히려 책방이 많아질수록 책과 지역의 이야기를 다양하게 해주는 큰 매력이 될 수 있다.

책방 시점이 딛고 있는 땅을 만나게 해준 '국자와 주걱'의 사슴은 환경과 생태 분야의 깊이 있는 책들을 다룬다. 강화 읍내에 위치한, 파란 지붕을 가진 '딸기 책방'은 그림책을 다루고 직접 출판을 하기도 한다. '우공 책방'은 시인이 운영하며 시를 주로 다루고 아름다운 고택에 위치한 '소금빛 서점'은 종교 관련 서적을 주로 취급하고 있다. 이렇게 애초에 분야가 거의 겹치지 않기 때문에 시점은 시점만의 차별화된 전략을 고민하거나 다른 책방을 의식하거나 비교하지 않는다. 우리만의 시점으로 운영할 뿐이다.

"저는 원래 책방에 다니는 것을 좋아했어요. 여행을 갈 때 그곳에 책방이 있느냐 없느냐로 여행지를 결정했을 정도니까요. 책방지기들이 정말 자신이 하고 싶은 것을 하는 모습을 볼 때 인상 깊었어요. 특별히 좋아하는 서점은 글쎄요…… 가능하면 여러 곳의 책방을 가고 싶은 마음이 커요. 일단 책방마다 책 자체가 다를 수밖에 없으니까요. 다만 강릉에 있는 책방들이 지역의 정체성이나 지역의 작가들을 소개하는 모습들이 무척 좋았어요."

책방지기의 공통적인 특징이라면 정말 책을 좋아한다는 점일 것이다. 책을 매개로 강화도의 책방지기들은 자주 만나고 소통하고 있다. 책방에 온 손님들에게 다른 책방을 소개하는 일도 잊지 않는다. 로컬 기반의 책방이 많은 것이 책방지기에게는 행복한 일이므로 이런 개인적인 소통을 다양한 활동으로 보여주고 싶은 꿈이 있다. 예를 들어, 책방 투어를 하거나 책방 맵을 만들어 책방을 서로 연계하거나 로컬 기반의 책방끼리 북페어를 하고 싶다.

많은 사람들이 책방에 와 먹고 살 만한지, 책은 잘 팔리는지 질문한다고 한다. 시점을 아끼고 오랫동안 책방지기들을 보고 싶은 마음에서 그런 것은 이해하지만 사실 이런 질문들이 불편한 것은 사실이다. 하지만 굳이 대답하자면 굶어 죽지 않을 만큼은 벌고 있고 제반비용이 많이 나가지 않기 때문에 유지가 별로 어렵지는 않다는 것이다. 책방을 오픈하며 스스로 정한 월급과 수입의 하한선이 있었는데 한 번도 빠짐없이 월급을 챙겨갈 수 있었다. 돈을 벌려고 한다면 운영할 수 없는 책방이지만 그것이 책방지기의 자부심이 되는 것도 사실이었다. 보통 북스테이로 들어오는 수입이 컸는데 코로나 사태 이후 스테이 비용이 많이 줄었다. 그러면서 책방 본연의 업무에 집중할 수 있었고 책 판매 비중이 스테이 비중을 앞섰다. 책을 팔기 위해 무엇을 해야 하는지 집중할 수 있었던 시간이다.

수입의 일정 비율을 반드시 적립해 세금이나 혹시 모를 목돈 지출에 대비하기도 하고 한두 달어치 운영자금도 비축해 두었는데 이것도 안정적인 운영에 도움이 된다. "협동조합은 항상 적립금과 함께해야 합니다." 돌김이 전하는 깨알 같은 진리다.

많은 사람이 모이길 바라면서 널찍한 테이블과 많은 의자를 마련한 1층 © 책방 시점

책방지기와 강화 주민

강화도로 이주하고 책방 시점을 개업한 지 이제 막 1년이 조금 지났다. 1년 만에 인스타그램 팔로워가 천 명이 넘을 만큼 책방 시점은 마을에서 강화도에서 그리고 책방으로서 입지를 야무지게 다지고 있다. 책이 안 팔리는 시대에 시점은 이를 타개하기 위해 북스테이를 함께 하는데 한 달 동안 모든 방이 예약될 만큼 북스테이도 호황을 누렸다. 동네사람들이 편하게 오가며 연결되고 모임도 이루어지는 쓰임새 있는 공간이 되길 바랐는데 지역주민들이 알음알음 찾아와 인연이 맺어지기도 한다.

시점의 첫 번째 가을에는 시 낭송 모임을 열었다. 강화도에 사는 초등학생과 주민들이 시와 음악, 연주를 준비했다. 많은 사람들이 모이길 바라며 책방 1층 중앙에 크고 넓은 워크숍 공간을 만들어 긴 테이블과 많은 의자를 준비했는데 워크숍 공간이 비좁을 만큼 복작복작 많은 사람들이 모였다. 강화도의 시인과 함께 하는 책 모임, 글쓰기 강좌, 신화 강좌 등 다양한 기획 프로그램도 진행했는데 금방 마감될 정도로 인기가 좋았다.

2020년에는 코로나 19로 인해 여행이나 모임이 어려워져 시점이 한산해졌는데 이에 맞추어 333 프로젝트를 진행했다. 3월 한 달 동안 3권 이상 주문한 강화 주민에게 3시간 안에 책을 배달해 주는 프로젝트였다. 집에 머무는 시간이 많아진 사람들에게 책 배달은 반가운 소식이었다. 책방 시점에 선뜻 찾아가지 못하는 주민들도 이번 기회에 책을 주문하며 독서할 기회를 마련했고 돌김도 책 배달을 통해 주민들과 반가운 인사를 하며 시점을 알렸다.

그 외에도 책방을 예약제로 운영하면서 '나만을 위한 책방' 프로젝트도 시작했다. 사전 예약을 한 경우, 최대 2시간 동안 책방 전체를 쾌적하게 사용할 수 있도록 손님들을 배려했다. 다른 사람들과 부대끼지 않고 편안히 책방을 이용할 수 있고 4인 이하의 소규모 모임이나 가족 단위 방문이 가능한 책방이 되니 사회적 거리두기는 오히려 책과의 거리를 좁히는 계기가 되었다.

"책방이 많으면 경쟁이 치열하겠네요? 요즘 동네 책방이 많이 생기면서 종종 듣는 말이지만 대답은 항상 같습니다. 아뇨! 저마다의 취향과 관점으로 다양한 책을 발견하고 소개하는 책방은 많으면 많을수록 좋습니다. 가까운 우리 동네, 마실 가는 발길 닿는 곳에, 마음 가까이 둘 수 있는 곳에, 여행지 곳곳 어디라도 말이죠."

- 책방 시점

인천과 강화의 동네 책방지기들과 함께 격주마다 한 번씩 각자의 색깔과 관점을 담은 책을 소개하는 SNS 캠페인도 진행하고 있다. 코로나뿐만 아니라 봄 5월에는 5.18 광주 민주화운동 등 다양한 주제로 책을 추천해준다. 다양한 신간이 쏟아져 나와 자신에게 필요한 책을 가늠하기 어려운 시기에 이 캠페인은 저마다의 취향과 관점이 있는 동네 책방이 소중하고 매력적인 이유를 알려준다.

책방과 사람, 모임을 결합하며 할 수 있는 일을 고민하면서 독서 모임의 책 큐레이션과 책 배달도 시작했다. 모임에서 정한 주제에 맞는 다양한 관점을 가진 책을 통해 질문과 대화를 할 수 있도록 5권을 정해 배달한다. 책방지기의 책 큐레이션은 신선하고 매력적이다. 모임뿐만 아니라 개인의 취향 또는 특정 공간이나 교육 등 다양한 목적을 가지고 책을 큐레이션 받을 수 있어 책방 시점이 만들어나갈 인연과 활동이 더욱 기대된다.

책방 시점을 운영하면서도 문제와 고민은 끝없이 생겼다. 건물이 책방, 북스테이 공간이자 세 식구의 거주 공간이어서 일과 생활이 구분되지 않고 자신이 원하면 계속 일할 수 있기 때문에 오히려 워라밸이 무너질 수도 있다. 하지만 확실한 것은 돌김이 원했던, 주도적으로 자신의 삶과 시간을 살아가는 일, 일의 시작과 끝을 스스로 정하고 책임지는 삶이 책방 시점을 통해 이루어진 것 같다.

이렇게 책방지기로서 열심히 정신없이 살다 보니 이 지역이 고향이거나 온수리에서 오래 살았던 주민이 책방에 찾아와 세 책방지기에게 고맙다는 인사를 건넸던 순간도 있었다. 책방 시점이 온수리 마을 역사상 처음 생긴 책방이었기 때문이다. 지역의 첫 책방을 의도한 것도 아니고 단지 강화가 좋아서 우연히 이곳에 책방을 차리게 된 3명에게는 머쓱하면서도 감동적인 일이었다. 책방이라는 포지션이 지역민들에게 위협이나 경쟁의 대상이 되는 업종이 아니어서 주민들이 자신들을 공감과 지지의 시선으로 바라보는 것 같다고 한다.

아직 동네의 막내로 천천히 인연을 쌓아가고 있지만 앞으로 마을에서 더 많은 것을 해보고 싶다. 먼저 제안이 오면 기쁜 마음으로 기꺼이 함께 하고 싶다. 이런 기다림으로 차근차근 관계를 쌓아가다 보니 올해는 주민 분들과 마을 라디오를 만들 기회가 생겼다. 이전부터 마을사람들의 이야기를 담은 책을 만들고 싶다는 생각을 했는데 때마침 비슷한 고민을 하는 동네 분을 만난 것이다. 하고 싶은 것을 자유롭게 나누고 서로 맞장구쳐주는 사람이 생기는 것, 그런 사람이 가까이 사는 동네사람이라는 것이 정말 신나는 일이라고 책방지기들은 말한다.

"동네 분들이 책을 몇 권 사주시는 것보다 저는 그게 더 좋아요. 함께 짝짝꿍할 사람들이 생기는 거요. 마을사람들이 게스트로 나와 마을 이야기를 해주는 프로그램을 만들 거예요. 저희도 이 동네의 옛날 이야기는 잘 모르니까요. 책방 운영을 잘하는 것 그리고 책방에서 동네 분들이나 손님들과 잘 교감하는 것이 목표예요."

책방지기로서의 역할이 아니라 지역주민으로서도 그들은 환대

받고 보살핌을 받고 있다. 윗집, 옆집에서 먼저 오래 살았던 주민들이 정원 가꾸기를 도와주고 여러 꽃과 나무를 선물해주셔서 정원을 예쁘게 가꾸고 싶어했던 돌김의 꿈을 이룰 수 있었다. 최근 가장 큰 지출로 꽃과 모종을 구매하는 데 쓴 만큼 올해는 책방 주변도 환하게 가꾸고 싶다. 캄캄한 저녁에 갑자기 문을 두드려 나가보니 아욱이 너무 많다며 한 소쿠리를 내미는 아주머니의 마음이 따뜻하다. 서툴게 시작한 텃밭 농사를 옆에서 바라보며 조언해주다가 직접 농사를 다 지어주시기도 했다. 그렇게 자란 채소를 북스테이에 온 손님에게 요리해 대접하다 보니 작물을 더 늘리고 싶다는 행복한 고민까지 생기기도 했다.

그러나 주민이 되는 길은 마냥 꽃길만은 아니다. 3명을 반기는 이장님의 초대로 성당에 국수를 먹으러 갔는데 종교가 없는 셋이 매주 주말 시간을 할애해 함께 어울리는 것이 버거워 포기했다. 부추는 책방에 찾아오는 손님 외에 강화 사람을 만나는 커뮤니티가 없어 인천까지 먼 길을 오가며 사람들과 교류한다. 운동 동호회나 독서 모임에 찾아가 보았지만 중년 아저씨들이 주축이 되어 또래 친구가 거의 없었다. 모임에 가입하고 싶지만 나이 제한이 있어 가입 자체가 안 되거나 말로만 듣던 가짜 뉴스가 끝도 없이 올라오는 카톡방을 처음 보면서 슬그머니 알람을 끄기도 했다.

우엉도 중간중간 보수적이고 답답한 순간을 만난다. 결혼 생각이 없지만 결혼 적령기 여성이라는 이유로 계속 결혼과 출산(?)까지 강요받는다. 또래 남자에게는 묻지 않는 사적인 질문들을 많이 하고 지역 유지의 아들과 결혼하라는둥 다소 황당한 조언도 듣기도 한다. 이곳에는 여성이 할 수 있는 일들이 많지 않고 많은 다문화가정의 젊은 이주 여성들이 고된 노동과 양육, 가사노동을 도맡아 하는 모습도 많이 보여 마음이 불편하다. 지역에서 이주민은 약자, 이주민 청년은 더욱 약자인데 이주민 여성은 정말 최약자가 되기 쉽다.

이주민, 청년, 여성으로 지역에서 살며 겪은 어려움은 시사하는 바가 크다. 그들에게 개방적이고 호의적인 지역 분위기는 다른 약자, 즉 외국인, 장애인, 아동, 노인 등이 살기 좋은 지역이라는 함의를 갖기 때문이다. 우리는 그들의 어려움에 계속 시선을 두면서 물어야 한다. 살기 좋은 마을, 청년이 많은 마을, 함께 살아가는 마을을 만들기 위해서는 이 불편한 물음들에 대한 답을 찾는 과정이 반드시 필요하리라.

시점을 응원해주는 사람들과 함께 한 기념사진 ⓒ 책방 시점

우리가 바라볼 시점

시점의 책방지기들은 사람들이 북적이는 책방, 다채로운 프로그램을 기획하는 책방, 스테이가 많은 책방을 꿈꾼다. 책방 시점은 사람들이 편하게 찾고 소통하는 공간이 되길 바라지만 그럼에도 무엇보다 가장 기쁘고 보람된 순간은 책이 팔릴 때다. 고민에 고민을 거듭하며 신중히 한 권을 골라 사는 손님을 볼 때, 테마별로 진열해둔 책장에서 책방지기의 추천으로 구매한 책에 만족해할 때 가슴 한 켠이 뿌듯해진다. 그렇게 책방이 책방으로서의 본분을 다하는 것이 그들의 목표다.

하지만 언제까지 강화도에서 책방을 할 수 있을지는 의문이다. 일단 7년을 함께 해보자는 목표로 1년을 보냈다. "왜 7년이에요?" 라고 물으니 돌아오는 대답은 명쾌하다. "딱히 이유는 없어요!" 그저 그들이 정한 7년이라는 시간은 이곳에서 잘 살아가기 위해 그 정도 시간을 정해두고 노력해보자는 의미가 담겨 있을 뿐이다.

살아가며 알게 된 강화도는 이주해오기 이전보다 더 매력적인 곳이다. 역사적인 측면에서도 뜻깊은 지역인 만큼 그런 것을 알아가는 재미 또한 특별하다. 강화도는 역사적으로도 문화적으로도 자원이 많은 지역인 만큼 강화도에서도 그런 특색을 살리려고 노력하고 있다. 강화 도서관에는 강화도와 관련된 서가가 따로 있다는 것을 알고 부추는 큰 감명을 받았다. 강화도에 있는 돈대에 가서 자연과 풍경을 즐기는 것을 좋아했는데 서가에 가보니 각 돈대에 대해 정리해놓은 서적이 있어 자연 외에도 더 많은 것들을 알 수 있었다. 지역에서 이렇게 그 지역과 관련된 책을 따로 구비해 서가를 꾸며 놓은 도서관은 많지 않다. 강화도의 무늬를 따 이를 컬러링할 수 있도록 만들어 놓은 컬러링북은 지역의 자원을 계속 축적하고 공유하며 재창조하려는 노력이 느껴지기에 더욱 소중하고 아름답다.

하지만 "강화도에서 평생 살 것이냐?"라는 질문에는 3명 모두 "아니오."라고 대답한다. 지역마다 다양한 매력이 있고 앞으로 또 다른 지역이나 다시 도시로 가서 살 수도 있겠지만 강화도에서 평생 살지는 않을 것 같다는 것이다. 평생직장, 평생 살 집처럼 한곳에 정착해 사는 삶에 대한 강박관념이 없는 우리 세대에 걸맞는 솔직한 대답이 아닐 수 없다.

그렇다. 한 지역에서 평생 사는 것은 중요하지 않다. 어떤 지역에서 어떤 삶을 살아가고 있는가가 중요하리라.

셋이서 잘 살자. 부추, 우엉, 돌김 ⓒ 책방 시점

우리가 살고 싶은 마을을 빚다
시흥 월곶 빌드

배수용

전 문화기획자, 현 어공(어쩌다 공무원)이다. 파견 근무 중 외로움에 몸부림치다가 커뮤니티를 만들어 운영하면서 커뮤니티에 관심을 갖게 되었다. 그의 관심은 2018년 『유럽 커뮤니티 탐방기』(공저) 출간으로 이어졌다. 공통 관심사를 가진 사람들과 북클럽을 통해 커뮤니티에 대한 연구를 지속하고 있다. 그는 전 국민 1인 1커뮤니티 활동을 하는 그날을 꿈꾸고 있다.

어머니께서는 환갑이 훌쩍 넘도록 동네에서 자그마한 미용실을 운영하셨다. 당신께서 20살이 되던 해에 이발사였던 외할아버지의 권유로 미용사 자격증을 따셨단다. 미용실은 무릎관절에 이상이 생겨 수술을 받기 전까지 한평생을 운영하신 삶의 소중한 터전이었다. 어머니의 미용실은 항상 손님들로 북적거렸지만 수입이 많지는 않았다. 손님의 절반 이상은 수다를 떨 장소가 필요했던 동네 할머니들이었기 때문이다. 자식들을 출근시키고 손자들을 어린이집 버스에 태워 보내면 할머니들의 유일한 사회활동이 시작되었다. 약속이라도 한 듯 어머니의 미용실로 모여든 그녀들은 한 손 가득 챙겨 온 삶은 고구마나 누룽지 등의 간식을 나누어 먹으며 감나무 집 큰딸이 마흔 넘어 시집간 이야기, 속을 썩이던 막내아들이 취업에 성공한 이야기 같은 사는 이야기를 나누곤 했다.

어머니의 요구에 미용사 자격증을 땄던 나는 어머니의 부름을 받고 종종 미용실로 가 할머니들의 머리를 감겨 드리곤 했다. 자신의 머리를 내 손에 맡긴 할머니는 "어느 효자 아들이 이리 머리를 감겨 주겠노…… 아따 마 시원하다, 시원해."라는 말로 고맙다는 인사를 대신했다.

"할머니, 왜 노인정으로 안 가시고 미용실로 오세요?"
"거기 가봤자 TV밖에 볼 게 없다. 고마 재미 한 개도 없다."

어느 날 내 물음에 할머니는 의외로 간단히 답했다. 할머니들은 미용실에서 다른 손님이 예뻐지는 모습을 지켜보며 즐거워하는 구경꾼이기도 했던 것이다.

동네 미용실 이야기를 먼저 꺼낸 이유는 뽀글뽀글 파마머리 할머니들이 모이던 동네 미용실, 중절모를 쓴 할아버지들이 모여 장기를 두던 복덕방, 마음씨 좋은 아주머니께서 운영하던 동네 술집이 주는 의미를 되짚어볼 필요가 있기 때문이다. 공간에 관심이 많은 사람이라면 한 번쯤 '제3의 공간'에 대해 들어보았을 것이다. 이를 두고 사회학자 레이 올덴버그(Ray Oldenburg)와 마케터 크리스티안 미쿤다(Christian Mikunda) 2명의 관점은 상당한 차이를 보인다. 미쿤다는 디즈니랜드를 '최고의 제3의 공간'이라고 칭했다. 그는 화려한 어트랙션(Attraction)으로 사람들을 유인하고 그곳에서 오랜 시간 동안 머물며 소비하게 만드는 공간에 대해 고민했다. 미쿤다는 자신의 저서 『제3의 공간』에서 자신과 다른 견해를 보이는 올덴버그의 '제3의 공간'[1]에 대해 언급했는데 그 내용은 다음과 같다.

"올덴버그는 동네의 정보 교류처 역할까지 하는 동네 이발소, 점원과 즐겁고 유익한 대화를 나눌 수 있는 동네 서점 그리고 다른 손님 모두와 안면이 있는 동네 주점 등이야말로 갈 만한 곳들이라는 찬사를 보냈다. 몇 시간만이라도 부담 없이 보낼 수 있는 이런 '옛날의 그 좋은 집들'을 올덴버그는 '제3의 공간'이라고 명했다. 그런 제3의 공간들은 인위적으로 연출한 분위기가 없기 때문에 정감을 느낄 수 있고 집 근처여서 편리하며 부담 없이 누구나 이용할 수 있고 어떤 식으로든 부정적인 이질감이나 상대적 박탈감 같은 느낌을 주지 않기 때문에 '집처럼' 편안하다는 것이다."

올덴버그의 정의에 의하면 동네 할머니들에게는 어머니의 미용실이 제3의 공간인 셈이다. 미용실 문을 닫던 날 할머니들이 슬퍼했던 까닭도 언제든지 마음 편히 갈 수 있는 공간이 사라졌다는 상실감 때문일 것이다. 나의 개인적인 경험을 토대로 미용실을 예로 들었지만 마을이라는 삶의 공간에서 지켜내고 싶은 공간은 누구나 있을 것이다. 만약 그런 공간이 없다면 그 마을은 나를 항상 낯선 이방인의 시선으로 바라보는 곳이었거나 적어도 정겨운 곳은 아니었을 것이다.

시민 자산화, 소중한 공간을 지키고 싶은 마음

요즘 초등학생들에게 장래 희망을 물어보면 "유튜브로 돈을 벌어 그 돈으로 건물주가 되고 싶다."라고 대답하는 경우가 많다고 한다. 농담처럼 듣고 넘기기에는 참으로 서글퍼지는 이야기다. 유튜브도 결국 건물주가 되기 위한 수단으로만 여길 뿐 어떤 인생의 지향성도 찾아볼 수가 없다.

경기도 한 지역에는 10m도 채 안 되는 거리에 'ㅇㅇ만두'와 'OX 만두'라는 가게가 영업하고 있다. 가게 이름도 비슷하고 판매하는 메뉴도 같아 자세히 살펴보지 않으면 같은 가게로 착각할 정도다. 두 가게는 원래 건물주와 임차인의 관계였다. 임차인의 가게가 번창하자 건물주는 말도 안 되는 비싼 가격의 임대료를 물려 그들을 쫓아냈다. 그러고는 상호와 메뉴를 그대로 사용하며 직접 장사를 시작했다. 힘없이 당할 수밖에 없었던 임차인은 그 건물 바로 옆에 건물주에게 빼앗긴 이름 'ㅇㅇ'와 비슷한 이름인 'OX'를 내걸고 가게 문을 열었다. 그들의 간판에는 'ㅇㅇ년 전통, 원조'라는 수식어가 붙었다. 서로 자신이 원조라고 주장하는 웃지 못할 촌극이 벌어진 것이다. 속사정을 아는 지역주민들은 건물주의 횡포에 벌을 주기라도 하듯 그 집을 찾지 않지만 모르는 이방인의 눈에는 그저 어느 지역에나 있는 흔한 원조 논쟁으로 비칠 뿐이다.

우리나라에서 이런 건물주의 횡포에 대한 기막힌 이야기는 백사장 모래알만큼 많다. 홍대를 일구었던 가난한 예술가들, ○○단길의 시초인 경리단길의 성실한 상인들의 이야기처럼 말이다. 자본주의 체제에서 부동산 비용 상승으로 생산 주체가 공간에서 소외되고 떠밀리듯 떠나는 현실을 우리는 무기력하게 지켜볼 수밖에 없었다. 하지만 영국에서 시민들이 소중한 공간을 직접 지켜낸 사례들이 알려지면서 시민 자산화는 한국에서 젠트리피케이션(둥지 내몰림)의 해결책으로 주목받게 되었다.

2009년 인구 353명의 영국의 작은 마을 허즈웰(Hudswell)에 큰 위기가 닥쳤다. 그것은 마을의 술집인 '조지 앤드 드래곤'이 경영 악화로 문을 닫은 데서 시작되었다. 그런데 그들에게 그곳은 단순한 술집이 아니었다. 마을의 유일한 술집으로 마을주민들이 목을 축이며 이야기꽃을 피웠던 마을의 유일한 커뮤니티 공간이자 100년 넘게 그 자리를 묵묵히 지켜온 소중한 공간이었던 것이다. 180여 명의 주민들은 은행으로 넘어간 소유권을 되찾기 위해 '허즈웰 공동체 술집'이라는 협동조합을 만들어 출자금을 모았다. 그리고 1년 후, 협동조합 이름으로 사라질 뻔했던 '조지 앤드 드래곤'은 다시 주민들의 품으로 돌아가게 된다.[2]

영국의 시민 자산화는 산업 구조의 변화와 인구 감소에 따른 경영 악화가 원인으로 작용한 경우가 많다. 그런 지역은 이미 슬럼화가 상당히 진행되었기 때문에 슬럼화 확산을 막기 위해 정부와 시민단체에서 주민들의 시민 자산화를 적극적으로 지원하고 있다. 영국 정부와 중간지원조직인 '로컬리티(Locality)'는 2011년 「지역주권법」을 제정해 공동체 활동을 법적으로 보장하고 있다.

「지역주권법」은 지방정부와 지역사회에 더 많은 권한을 부여해 시민들 스스로 문제를 해결할 수 있도록 하는 조례로, 대표적으로 지역에서 가치 있는 자산이 매각될 때 6개월 동안 토지 소유자가 개인에게 팔 수 없도록 유예 기간을 두는 규정을 담고 있다. 「지역주권법」이 보장하는 권리는 입찰에 대한 공동체 권리, 건설에 대한 공동체 권리, 도전에 대한 공동체 권리, 지역 계획 총 4가지다.[3] 법적으로 보장하는 6개월 동안 공동체는 매입자금을 마련해 마을의 소중한 공간을 지켜낼 수 있는데 「지역주권법」 제정에 주도적 역할을 한 로컬리티는 공동체가 매입 비용이나 리모델링에 필요한 비용을 마련하는 과정을 도와주고 정부보조금, 투자기금, 기부금 등과 연결하는 등 공동체와 정부를 연결하는 중간조직으로서 중요한 역할을 한다. 정부와 로컬리티의 지원으로 영국에서는 이미 1조 2,500억 원 가치에 해당하는 토지와 건물을 지역 공동체가 소유하고 있으며 천 개 이상의 자산 이전 프로젝트가 진행되는 등 시민 자산화 운동이 활발히 전개되고 있다.

위기 속에서 기회를 보다

경기도 시흥시 월곶은 1990년대에 월곶 포구 일대의 바다를 매립해 주거단지로 개발한 신도시다. 시흥시는 월곶 포구 일대를 관광도시로 개발할 계획이었지만 퇴적물이 쌓여 포구가 제 기능을 상실하면서 120여 개에 달하는 수산물 점포 중 절반 이상이 폐점하기에 이르렀다. 또한 국제통화기금(IMF) 구제금융의 여파가 가시지도 않은 상황에서 계획했던 테마파크는 부도로 인해 온라인 경륜장으로 용도가 변경되었고 유흥업소로 운영되는 모텔촌이 들어서면서 주거에 유해한 환경이 조성되었다. 거기에 논현동, 배곧, 송도 같은 신도시의 고층건물들로 둘러싸여 주민들의 박탈감까지 컸다.

이처럼 희망이 없어 보이던 월곶에 "우리가 살고 싶은 공간과 삶을 직접 만들어보자."라는 당찬 포부를 가진 청년들이 나타났다. 그들의 신념처럼 '빌드'로 이름 지은 이 공동체는 우영승 대표의 주도로 시작되었다. 그는 소셜 벤처 인큐베이팅 회사인 언더독스의 공동 창업자인 동시에 교육사업을 총괄하고 있었다. 그러던 중 월곶 지역을 분석하는 연구 용역을 진행하게 되었는데 그 과정에서 월곶의 가능성을 발견했다. 우 대표는 시흥시의 청년창업사관학교에서 창업교육을 담당하며 시흥시와 인연을 맺고 시흥시 정책자문위원으로 활동했다.

월곶의 상권을 분석하니 주민 절반이 육아가구였지만 상권은 유흥업소와 모텔촌이 대부분으로 그들과 어린 자녀들을 위한 상가는 없었다. 빌드는 이런 월곶의 기형적인 상권 구조를 기회로 보았다. 월곶은 장기간 영업하지 않는 공실이 30%가 넘었다. 공실이 많다는 것은 낮은 임대료로 입주할 수는 있지만 반대로 소비자의 수나 구매력이 약하다는 의미이기도 하다. 그는 고민하던 중 커뮤니티 관련 국제 컨퍼런스에서 잠시 비어 있는 공간과 공실을 활용해 사업하던 경험자의 조언을 받게 되었다. 그는 "이왕 시작할 거면 많이 부족한 곳이 낫다."라고 충고했다. 언뜻 듣기에 무슨 말인지 이해되지 않았지만 이어지는 그의 설명에서 알 수 있었다.

오래된 원도심의 상권은 황금기의 기억을 간직한 토착 세력이 있기 마련인데 그들은 타지에서 온 사람들을 고운 시선으로 보지만은 않을 것이다. 이 토착 세력은 처음에는 신흥 세력을 지켜보겠지만 상권이 다시 살아나는 조짐이 보이면 임대료 인상이나 정부 지원금을 둘러싼 이권 사업으로 갈등이 생길 수 있다.

다른 지역의 이야기이지만 몰락한 상권의 공실에 예술가를 입주시켜 예술촌을 만드는 도시재생 프로젝트가 있었다. 초기였지만 사업이 시작되면서 길거리에서 자발적으로 버스킹을 하는 젊은 뮤지션들도 생겼다. 하지만 언젠가부터 뮤지션들의 모습을 볼 수 없었다. 상인회 간부가 청년들에게 자릿세를 요구했기 때문이다. 지역을 위하는 마음보다 개인적 이익만 좇는 사람은 어디든지 있을 수 있다. 그들과의 갈등은 항상 그림자처럼 따라다니는 것이다.

그런데 월곶은 매립으로 탄생한 지역이어서 어쩌면 그들 모두 이주민이기 때문에 원주민과의 협력적인 관계를 맺는 것이 충분히 가능해 보였다. 그리고 빌드는 사업을 하기 전과 후가 분명한 차이를 보이는 곳을 원했다. 예를 들어, 레스토랑이 이미 많은 상권에서 레스토랑이 하나 더 생긴들 그 변화를 알아차리기 힘들다. 하지만 술집과 모텔이 대부분인 상권이라면? 그 변화는 금방 알아볼 수 있을 것이다.

마지막으로 지속 가능성을 위해 지역 문제를 직접 해결할 수 있는 사람과 커뮤니티를 만들고 싶었던 그들은 바다로 둘러싸인 외딴섬 같은 월곶의 지형적 특징이 주민 간의 커뮤니티 형성에 긍정적 요인이 될 것으로 판단했다. 육지로 연결된 곳은 행정구역의 경계를 알기 힘들다. 하지만 월곶은 눈에 보이는 모든 것이 커뮤니티의 주체인 것이다. 이처럼 위기 속에서 기회를 찾아낸 우 대표는 월곶의 가능성에 그의 열정을 투자하기로 결정했다.

<위기를 기회로 바꾼 요인>

1. 수요는 있지만 공급이 없는 상황
2. 마을을 지키고 싶은 원주민의 간절한 마음
3. 고립은 커뮤니티가 더 단단해질 수 있는 기회

월곶동 주민을 대상으로 빌드가 하는 일을 소개하는 모습 ⓒ 빌드

7명의 청년, 항해를 시작하다

우 대표도 처음부터 로컬과 지역 활성화에 관심을 가진 것은 아니었다고 한다.

"처음에는 부동산과 금융 투자 구조를 바꾸어보고 싶은 마음이 컸어요. 또 빌드의 슬로건이 된 '작은 비즈니스가 강한 공동체를 만든다.'처럼 엄청난 역량과 재능을 가진 개인이 시장을 선점하는 비즈니스가 아니라 자기 일에 자부심을 가지고 성실히 임하는 평범한 사람들과 함께 작은 단위의 사업들을 집약적으로 모아 그 자체가 임팩트 있게 만들고 싶었어요."

이런 구상에 따라 한 지역의 상업 공간을 중심으로 그곳에 필요한 서비스를 찾아 기획하게 되었다. 그리고 그 과정에서 건물의 자산 가치가 오르면 그 이익을 외부 건물주가 아니라 소비자인 주민들과 운영자가 나누어 가질 수 있도록 건물을 함께 매입하는 방식을 떠올렸다. '누구를 대상으로 서비스해야 하는가?'라는 고민은 자연스럽게 지역 소비층의 다수를 이루면서도 '페인 포인트(Pain Point, 소비자 결핍)'가 높은 어린 자녀를 둔 여성들에 눈길이 갔다. 육아를 떠맡느라 '여성이자 인간으로서의 삶'을 포기해야만 하는 그들의 결핍을 채워주어야겠다고 생각한 것이다.

월곶에서 꿈을 펼치기로 한 우 대표는 평소 페이스북에서 부동산 관련 정보를 공유하던 임효묵(현 빌드 부대표) 씨를 만났다. 우 대표는 자본이 자본을 버는 속도가 노동이 자본을 버는 속도보다 빨라서 생기는, 부동산에 의한 불로소득의 문제점과 해결 방안에 대한 고민을 털어놓았다. 당시 부동산학을 전공하고 부동산 신탁회사에 다니고 있던 임효묵 씨도 그의 생각에 공감하고 함께 하기로 했다. 그들은 부동산의 문제점 외에도 노동과 삶의 불균형, 워라밸의 붕괴에 대해서도 함께 고민했다. 특히 여성이 결혼하고 아이를 가지면서 자신의 일을 포기하고 아이와 가정을 자신보다 우선시해야 하는 상황에 주목했다. 그들은 그녀들의 워라밸을 찾아줄 수 있는 콘텐츠를 사업의 초기 방향으로 설정했다. 함께 할 동지들도 모았다. 시흥시 청년창업사관학교에서 창업교육을 하던 우 대표는 수강생 중 카페 창업과 운영 경험이 있던 카페 전문가, 착한 김밥집 프랜차이즈 운영의 꿈을 가진 호주 '르 꼬르동 블루(Le Cordon Blue)' 요리학교 출신 요리사 그리고 빌드의 콘텐츠에 디자인을 담당할 디자인 전문가, 마지막으로 홍보 마케팅 전문가까지 각각의 능력과 개성을 갖춘 7명의 동지를 규합했다. 그리고 그들은 2016년 9월 20일 빌드를 창업하며 월곶에서의 첫 발을 내디뎠다.

<빌드의 문제의식>

1. 부동산을 통한 불로소득, 노동이 자본을 버는 속도보다 자본이 자본을 버는 속도가 더 빠른 부조리한 상황
2. 여성의 결혼과 출산 후 워라밸의 붕괴, 어머니이기 이전에 한 여성으로서의 삶

빌드는 '도시재생'이라는 말보다 '지역 활성화'라는 말을 선호한다. 우선 '도시'라는 큰 규모의 용어에서는 시민은 접근할 수 없을 것만 같은 높은 문턱이 느껴진다. 많은 정부 예산이 투입되어 관 주도로 변화가 빠른 속도로 진행되는 것에 대한 거부감도 있다. 그들은 작은 것부터 하나씩 주민들이 주체가 되어 스스로 마을을 바꾸어가는 모습을 지향한다.

"월곶처럼 정주 인구가 기반인 상권은 주민들로부터 꾸준히 관심을 받으면서 소비로 이어지도록 하는 것이 핵심이에요. 어떤 방식으로든 관계를 맺지 않으면 도태될 수밖에 없죠. 우리는 여기서 한 발 더 나아가 투자와 프로그램 그리고 서비스 등의 여러 영역에서 주민들과 다층적 관계를 맺으려고 노력했어요. 빌드 말고도 더 많은 창업가들이 들어와 월곶이 하나의 거대한 테스트 베드로서의 역할을 수행했으면 하는 바람이 있었고 그렇게 만들어진 이익을 주민들과 공유할 수 있는 구조도 만들고 싶었죠. 그래서 커뮤니티를 구축하는 데 많은 에너지를 쏟아 왔어요."

한편 '재생'이라는 단어는 마을주민에게 낙인효과를 가져올 수 있다. 실제 거주하는 주민들은 자신의 마을이 살기 좋다고 느낄 수 있다. 그런데 외부적인 시선으로 '이 마을은 낙후되었다.', '재생이 필요하다.'라고 강요하는 것이 될 수도 있기 때문이다. 실제 우리보다 도시재생에 일찍 관심을 가졌던 일본은 2014년 「지방창생법」을 제정하고 지방창생 정책을 펴고 있다. 원래의 모습으로 되살리는 '재생'을 넘어 '새롭게 살리겠다'라는 의지를 담아낸 것이다.

빌드는 2016년 12월 첫 사업장으로 4년 동안 비어 있던 공간에 '작은 기업들이 힘을 합쳤을 때 큰 시너지를 낼 수 있다.'라는 취지에서 '바오스앤밥스(바오'S&밥'S)' 브런치 레스토랑을 개점했다. 4층에 위치한 이 레스토랑은 바다가 보이는 멋진 전망을 강점으로 지역에서 나는 제철 식재료로 유학파 요리사가 만든 경쟁력 있는 음식까지 더해져 주민의 사랑을 받았다. 또한 전망이 좋은 곳곳에 안락한 소파를 배치해 식사가 끝나도 공간을 즐기며 여유롭게 시간을 보낼 수 있도록 배려했다. 저녁에는 5분 정도 암전을 하고 로맨틱한 음악을 틀어주는 서비스 타임이 있는데 이 때문에 결혼기념일에 많은 부부가 찾는다. 주변에 모텔밖에 없어 지인을 마을에 초대하기를 망설였던 주민들은 바오스앤밥스의 사진을 보여주며 초대하기도 했다니 주민에게 이곳의 의미는 단순한 식당 이상으로 자리 잡았을 것이다.

더욱이 이곳이 다른 레스토랑에 비해 차별화되는 점은 '투게더 키즈 존'을 전면에 내걸었다는 것이다. 창업 준비부터 그들이 해결하려고 했던 여성의 워라밸을 회복하기 위한 실천이었다. 레스토랑에는 전체 면적 90평 중 약 10평의 공간을 어린이 놀이 공간으로 할애했다. 키즈 존은 시야가 트여 있어 아이들을 쉽게 지켜볼 수 있다. 부모가 식사에 집중할 수 있도록 세심히 설계한 것이다. 공간의 상당 부분을 어린이 놀이 공간으로 할애한 것에 대해 임효묵 부대표는 이렇게 설명했다.

"엄마와 아이가 편하게 식사할 수 있는 공간이 필요했어요. 노키즈 존으로 인한 사회적 이슈 때문에 이제는 아이가 있는 집은 식당을 가더라도 아이를 데려가도 되는지 물어봐야 하는 상황이 되었죠. 아이 하나를 키우는 데 온 마을이 필요하다는 말도 있는데 서로 조금씩만 배려한다면 가능하다고 생각했어요. 심하게 소란 피우는 아이에게는 부모가 잘 타이르고 그것을 지켜보는 다른 손님은 아이는 그럴 수 있다며 웃어줄 수 있는 배려가 있는 곳으로 만들고 싶었어요."

디즈니의 <겨울왕국 2>가 선풍적인 인기를 끌면서 극장의 노키즈 존 이슈가 다시 사회적 문제로 떠올랐다. 영화 관람 시 일부 어린이들 때문에 불편을 겪은 성인이 많았다는 것인데 한 설문조사 결과에 따르면 성인 10명 중 6명(66.1%)이 노키즈 존에 찬성했다고 한다. '노키즈 존은 사회적 차별이 될 수 있다.'라는 답변이 52%로 반대 의견도 많았다. 그래도 구역을 나누어 구분하는 것보다 어른들이 조금씩 더 배려하려는 노력이 더 나은 해결책 아닐까?

빌드는 1호점 운영 노하우를 기반으로 2호점 개점을 준비했고 1호점 개점 11개월 후인 2017년 10월 '월곶동 책 한송이'를 열었다. 월곶동 책 한송이는 그 이름처럼 북카페와 꽃집의 기능을 겸비한 곳이다. 매장 안에 들어서면 향기로운 꽃향기와 커피 향이 묘한 조화를 이루며 꽃밭에서 차를 마시는 기분이 든다. 영업난을 겪던 조개구이집을 임대해 새로 단장했는데 빌드는 주민들이 가진 이 장소의 기억을 간직해주기 위해 조개구이집의 외관만은 그대로 살리기 위해 노력했다. 그래서 개점한 지 3년이 지난 커피숍이지만 외관에서는 오랜 세월의 흔적이 느껴졌다. 월곶 주민인 보드리 맘(자녀 태명)은 '월곶동 책 한송이'에 대해 "내 마음을 빼앗겼다. 마치 성수동이나 연남동에 있을 만한 카페가 이곳 시흥에 있다니……. 일산이 본가여서 홍대, 연남, 상수, 혜화, 종로, 부암동의 각종 문화 공간을 아꼈는데……. 이 도시에서 그만한 문화적 향수를 느낄 수 있는 공간을 발견했다는 것은 살아갈 힘을 얻은 것과 같은 큰 기쁨이었다."라며 극찬했다. 보통 커피숍에서 북카페나 꽃집을 병행하기도 하지만 서점과 꽃집을 병행하는 경우는 매우 드물어 꽃집과 커피숍을 겸하게 된 이유를 두 사람에게 물어보았다.

"월곶 주민들이 힐링했으면 좋겠다는 바람이 있었는데 때마침 월곶에 서점과 꽃집이 없었어요. 책은 사람이 성장하기 위해 꼭 필요한 것이고 꽃은 사람을 즐겁고 행복하게 해주는 힘을 가졌어요. 책과 꽃이 월곶을 더 풍요롭고 향기롭게 만들어줄 것이라고 생각했죠. 그리고 특별한 날이 아니더라도 꽃 한 송이를 소중한 사람에게 선물하는 문화를 만들고 싶었어요." (임효묵)

" '나를 위한 작은 사치'를 핵심가치로 떠올렸어요. 여성들이 가사나 육아, 교육에 소비하면서 정작 자신을 위해 뭔가를 소비하는 것은 사치로 생각하잖아요. 월곶동 책 한송이 안에서만큼은 작지만 나를 위해 소소한 사치를 부릴 수 있길 바라는 마음이었어요. 또 바오스앤밥스 레스토랑에서는 하기 힘든 다양한 모임이나 프로

그램을 즐길 수 있는 유연한 공간도 필요하다고 생각했죠." (우영승)

바르셀로나에는 매년 4월 23일 '세인트 조지의 날(St. George's Day)'이라는 큰 축제가 열린다. 용에게 제물로 바쳐진 공주를 조지가 구한 것을 기념하는 날이다. 조지가 용을 물리치는 과정에서 용이 흘린 피를 상징하는 장미를 선물하는 풍습이 생겼다. 또한 이에 더해 이 날은 유네스코가 지정한 '세계 책과 저작권의 날'로 윌리엄 셰익스피어(William Shakespeare)와 미구엘 데 세르반테스(Miguel de Cervantes Saavedra)가 타계한 날이기도 하다. 그로 인해 바르셀로나에는 두 기념일을 함께 기리기 위해 남성은 여성에게 장미꽃을, 여성은 남성에게 책을 선물하는 특별한 문화가 만들어졌다. 우리도 대기업의 상술에 의해 만들어진 기념일을 책과 꽃을 선물하는 기념일로 바꾸어보는 것은 어떨까?

빌드는 월곶에서 꽃을 선물하는 문화를 만들기 위해 음료를 주문하는 고객에게 꽃 한 송이를 무료로 나누어 주었다. 그러자 꽃을 받은 고객 중에서 꽃을 잘 보존하고 키우는 것에 관심을 갖는 사람들이 생겨났다. 그래서 꽃에 대해 학습할 수 있는 프로그램도 운영하기로 했다.

그리고 '월곶맘 프로젝트'를 이곳에서 진행하는데 매주 수요일 지역 어머니들과 차를 마시며 일상 이야기부터 월곶을 살기 좋은 동네로 바꾸기 위한 토론도 한다. 이 프로젝트로 인해 월곶에는 '월화수(월곶맘의 화려한 수요일)'라는 어머니 커뮤니티가 탄생했다. 월화수 탄생의 시작부터 참여했던 허진선 씨는 "빌드가 월곶 주민들을 대상으로 2016년 '잘 노는 아이, 잘 노는 엄마'라는 프로그램을 진행했다. 나도 월곶이 고향이 아닌 외지 사람이어서 월곶에 처음 정착한 후로 심한 우울증을 겪을 정도로 외로움을 느꼈다. 그런데 이 프로그램에 참여하면서 친구가 생기고 이웃이 생겼다. 그들과의 만남이 1회성으로 끝나는 것이 너무 아쉬웠다.", "프로그램에서 빌드는 우리에게 자신을 찾기를 주문했다. 누구 엄마로 불리며 잃어버린 자신의 이름을 찾자고 했다. 그 말을 들었을 때 교육을 듣던 다른 어머니들과 함께 눈물을 흘렸다."라며 소회를 털어놓았다. 2017년 월화수는 '외로움'과 '이름의 상실'이라는 결핍을 공유하는 여성들의 커뮤니티로 거듭났다.

처음에는 단순한 취미 공유 정도로 시작했지만 플리마켓을 통한 수익금을 '자모원'이라는 미혼모 시설에 기부하는 등 공익활동으로 영역을 확대하고 월곶을 살기 좋은 마을로 만들기 위해 주체적으로 활동하는 커뮤니티로 발전시켰다. 그녀들이 지역의 활동가로 성장한 것이다. 빌드와 월화수 커뮤니티는 주민에게 필요한 다양한 프로그램을 운영하는데 빌드는 그에 필요한 공간과 홍보 등을 지원하면서 단순한 소비자와 공급자의 관계가 아닌 서로 든든한 지원군이자 파트너로 관계를 맺고 있다.

그렇다고 처음부터 주민들에게 적극적인 운영 주체로 참여하기를 기대했던 것은 아니다. 지역공동체나 도시재생 관련 여러 사례 중에서 '주민 주도'를 내걸은 취지는 좋지만 시간이 지날수록 안 좋은 결과로 이어지는 경우를 많이 보았기 때문이다. 내가 사는 마을이 더 나아지기를 바라는 마음이 있더라도 생업에 치이다 보면 생각만큼 시간을 내기 어렵기 마련이다. 또 막상 참여하기로 결심하더라도 전문성이 부족해 난항을 겪을 수도 있다. 예를 들어, 커뮤니티 공간으로 사용할 카페를 열려면 최소한의 전문성과 공간 운영 철학, 사업적 마인드 등을 갖추어야 하는데 몇 주짜리 교육 프로그램으로 이 모든 것을 준비시키기란 쉽지 않다. 우영승 대표는 "주민들이 직접 주체가 되어 상업 공간을 운영하면 더할 나위 없이 좋지만 수익을 낼 수 있는가, 또 내 모든 것을 걸고 이 사업에 몰입할 수 있는 사람들이 모여 있는가를 먼저 따져보고 해법을 마련해야 한다."라고 강조한다.

"우리가 제공하는 서비스를 통해 동네에 대해 더 알게 되고 삶의 만족도가 높아지면 자연스레 주민과 운영자 사이에 좋은 관계가 맺어진다고 생각해요. 소비자들에게 좋은 취지와 의미만으로 소비를 강요할 수는 없죠. 결국 얼마나 좋은 서비스를 제공할 수 있는가가 핵심이에요. 그래서 빌드는 좋은 서비스를 제공할 수 있는 사람들이 모이는 것이 중요하다고 봐요. 그 사람이 지역주민이면 더 좋겠지만 그렇지 않더라도 좋은 서비스가 우선이라고 생각해요."

그래서 빌드는 커뮤니티를 중시하면서도 주민과 적절한 거리를 유지하고 이해관계를 명확히 하려고 노력한다. 커뮤니티를 지원하는 것도 시혜적 관점에서 바라보지 않는다. 커뮤니티에 참여하는 사람들은 항상 매장을 이용하는 충성고객이자 빌드가 뭔가 새로운 사업을 할 때 믿고 펀딩에 참여하는 든든한 투자자이기 때문이다. 장기적으로 얻는 것이 훨씬 크다고 믿으면서 서로 윈윈할 수 있는 구조를 만들어가는 것이다. 지역을 더 나은 곳으로 만들어가자는 명분과 담론도 필요하지만 운영자와 주민이 서로 주고받을 수 있는 것, 주민들이 원하는 것이 명확히 맞아 떨어지는 것이 필요하다. 관계를 장기적으로 보려는 태도도 놓쳐서는 안 된다. 우 대표는 역설적이게도 관계를 계속 발전시키려면 서로 어느 정도 거리를 두고 명확히 해야 서로 탓하지 않고 지치지 않고 오래 갈 수 있다고 믿고 있다.

한 달에 한 번 전 직원이 모여 회의하는 모습 ⓒ 빌드

시흥시, 시민 자산화를 통한 지역 활성화의 실험을 시작하다

시흥시청은 월곶의 도시재생 방법으로 시민 자산화를 고려하고 있었다. 그 가능성을 타진하기 위해 2017년 1월 지역 청년들과 공무원, 전문가들을 모아 시민 자산화 스터디를 시작했다. 매주 진행된 스터디에 당시 김윤식 시장도 직접 참여할 정도로 의지를 보였다. 시장의 의지가 그 정도니 공무원들은 어땠을지 충분히 짐작된다. 부동산 문제에 관심이 많던 빌드도 지역 청년 창업자로 참여해 시민 자산화와 도시재생에 대한 이해를 넓혀 나갔다.

빌드가 2호점을 개점한 지 한 달이 채 되지 않은 2017년 10월 30일 스터디를 통해 가능성을 확인한 시흥시는 시범사업으로 시민 자산화 주체 발굴을 위한 공모를 했다. 시민 자산화의 특수한 목적을 달성하기 위해 1년 이상의 업력이 있는 지역기반 사업자로 자격을 제한하고 시민 자산화 관련 역량에 중점을 둔 평가를 진행했다. 빌드도 공모에 지원했다. 임효묵 부대표는 2호점 개점으로 자본과 역량을 다 쏟아부었던 빌드에 가장 바쁘고 힘들었던 시기였다고 회상했다. 이 공모에서 빌드는 시민 자산화 시범사업 주체로 선정되었고 그해 12월 시흥시와 빌드는 시범사업 추진 협약을 체결했다. 시는 9억 원의 예산으로 시민 자산화 목적의 공간을 매입했는데 5년이 넘도록 공실로 방치된 이 공간에서 빌드는 시민 자산화라는 과제를 안고 3호점을 준비하게 된다.

시흥시의 시민 자산화 시범사업은 시가 공공자산을 매입하고 자산화를 실행할 주체가 공간을 운영하다가 5년 후 그 주체에게 매각하는 내용을 골자로 한다. 시흥시 입장에서는 빌드가 시민 자산화에 실패하더라도 새로운 주체를 선정해 재시도하거나 다른 목적으로 활용할 수 있어 위험 부담이 적은 방법이었다. 당시 시민 자산화가 생소했던 시 의회와 내부의 반대 의견이라는 위험 요인을 줄이고 안정적인 방법을 고민한 끝에 고안된 형태다. 시흥시는 건물주가 되어 안정적으로 사업할 수 있는 시간을 벌어주었고 예비 사회적 기업인 빌드는 시흥시로부터 적은 금액으로 시의 공유재산을 빌릴 수 있었다.

시민 자산화는 영업이익만으로 매입하는 것이 아닌 주민의 투자가 필요해 주민과의 관계를 최우선으로 고려해야 했다. 그래서 빌드는 3호점 업종 선정 과정부터 월화수 커뮤니티와 회의를 하며 요구사항을 조사했다. 월화수의 요구는 구체적이었다. "집에 있으면 컴퓨터나 휴대전화만 보고 노는데 몸을 쓰는 곳이었으면 좋겠다.", "놀이시설에 가도 부모는 아이들을 지켜보느라 개인 시간을 갖지 못한다. 우리도 우리끼리 차도 마시며 시간을 가질 수 있으면 좋겠다."

빌드는 그녀들과 공간 쓰임에 대해 함께 고민했으며 2호점 개점으로 인해 부족했던 자본의 상당 부분을 그녀들이 크라우드 펀딩으로 지원했다. 시민 자산화를 준비하면서 빌드가 수익률을 중시할 수밖에 없는 이유가 여기 있다. 주민이 지역에 투자하는 것은 취지는 좋지만 리스크도 매우 높다. 자산화로 건물을 매입하고 매장을 내더라도 영업이익을 내지 못하면 그 책임을 운영자뿐만 아니라 주민도 함께 짊어지게 된다. 돈이 엮이는 순간부터 신뢰를 잃으면 매장을 찾던 충성고객도 잃고 그나마 유지되던 공동체마저 깨질 수 있다. 우 대표는 그동안 이런 사례들을 너무나 많이 보아왔다. 주민들이 함께 모여 만든 카페, 돌봄 공간, 마켓 등 각 지자체를 중심으로 행정이 자금을 지원하며 더 나은 공동체를 만들기 위한 시도들이 있었지만 결국 수익을 내지 못하면서 투자금을 회수하지 못하는 상황이 오면 몇 년간 함께 웃고 떠들던 이웃들이 두 번 다시 안 보는 사이가 되어버리는 것이다.

빌드가 주민들에게 지역 공간에 투자하길 바라는 이유는 우리 사회가 좀 더 건강한 금융구조를 만들어갈 수 있길 바라기 때문이다. 우영승 대표는 빌드가 생각하는 좋은 투자의 조건을 다음 2가지로 꼽았다.

<좋은 투자의 조건>

1. 투자로 만들어진 자산이나 매장이 어떻게 운영되고 있는지 정기적으로 직접 확인함으로써 투자 지속 여부 등을 판단할 수 있어야 한다.
2. 나의 노력으로 투자 수익을 변화시킬 수 있어야 한다.

"대부분의 투자는 지극히 제한된 정보에 의지할 수밖에 없다. 또 일단 투자한 후에는 모든 것을 시장 상황에 맡겨야 한다. 지역 공간에 투자할 경우, 소비자로서 상품과 서비스에 대한 피드백과 더불어 공간 활성화를 위해 이웃에게 알리는 역할도 하게 된다. 그렇게 공간이 활성화되면 그만큼 늘어난 이익을 공유하는 선순환

구조를 만들어 가고 싶다. 은행 적금부터 주식, 펀드, 부동산 등에 투자하는 돈의 일부, 적은 돈이라도 내가 사는 지역에 투자하는 문화가 자리 잡길 기대한다.”

빌드는 월화수의 의견을 적극 반영해 어린이들이 안전하게 놀 수 있는 실내 놀이공간을 만들기로 결정했다. 이렇게 해서 2018년 8월 빌드의 3호점이자 ‘시흥시 시민 자산화 시범사업 1호’ 모델인 ‘바이아이’가 탄생했다. ‘바이아이’는 여성의 삶을 찾아주자는 그들의 철학에 걸맞게 어머니들이 자녀를 맡겨 놓고 자신의 시간을 가질 수 있도록 했다. 아이와 놀아주는 것이 업무인 직원을 배치하고 부모들은 밖에서 오가며 자녀들을 지켜볼 수 있도록 외벽은 통유리로 만들었다. 아이와 놀아주는 직원이 있기 때문에 함께 온 부모는 안마의자에서 숙면을 취하거나 안락한 소파에 앉아 책을 읽을 수 있었다. 이용료도 2시간에 만 원으로 저렴하며 보호자에게 의무적으로 음료를 마시게 하는 조항도 없어 부담도 적었다. 집 근처에 가족이나 친척이 없어 외출은 상상도 하지 못했던 여성들에게 바이아이는 친정엄마처럼 고마운 공간일 것이다. 또 바이아이에서 눈여겨볼 것은 아이들이 몸을 쓰며 놀 수 있는 하드웨어 놀이공간 외에 아이들이 협동의 가치를 배울 수 있는 워크숍을 진행한다는 점이다. 벽과 빈 공간들에는 아이들이 고사리 같은 손으로 종이를 오려 붙여 만든 작품들이 전시되어 있었다.

빌드의 3호점이자 시흥시 시민 자산화 시범사업 1호점인 바이아이가 개점한 지 이제 2년이 지났다. 자산 매입까지 3년이 남은 현재 7명으로 시작했던 직원은 정규직 노동자 11명, 단시간 노동자 12명 총 23명으로 늘어났다. 빌드는 지역 커뮤니티와 함께 내실을 닦으며 양적 성장을 거듭하고 있다. 여기까지만 보면 시흥시와 빌드의 시민 자산화 프로젝트의 무난한 성공을 예상할 수 있겠지만 시흥시는 시범사업에서 미흡한 점을 남기기도 했다. 시의 자산을 민간에게 매각할 수 있는 법적 근거를 마련하고 있지 못하다는 것이었다.

앞에서 영국의 사례를 들며 언급했던 「지역주권법」과 같은 공동체 활동과 시민 자산화를 위한 법적 장치의 부재도 문제이지만 그들과 달리 지자체가 민간 재산을 선 매입한 후 민간에 재매각하는 변형된 형태의 시민 자산화 모델로 공공의 재산을 민간에 매각하기 위한 조례 제정 등의 조치가 필요할 것이다. 하지만 시흥시의 혁신적인 도전은 높이 평가해야 한다.

정부는 시민 자산화의 긍정적 효과에 대한 확신이 들었던 것일까? 행정안전부는 2019년 충남 서천의 사회적 기업 '자이언트', 거제의 예비 사회적 기업 '공유를 위한 창조'를 선정해 시범사업을 운영했다. 시범사업을 통해 가능성을 확인한 행안부는 사업을 대폭 확대해 2020년 3월 '2020년도 지역 자산화 지원사업' 참여자를 모집한다. 이 사업은 행안부-농협-신용보증기금 업무협약을 통해 지역 내 방치된 유휴공간을 지역사회를 위한 공간으로 활용할 수 있도록 공간 매입에 필요한 자금을 지원하고 자산화에 성공할 수 있도록 컨설팅 지원을 하는 사업이다. 선정된 참여자는 지원금을 10년 안에 상환하면 시민 자산화(지역 자산화)에 성공하게 된다. 그 대상을 주민 공동체와 함께 지역 자산화를 추진하는 단체로 한정해 공동체를 사업의 주체와 지속 가능을 위한 필수 요건으로 명시한 것이 눈에 띈다.

빌드는 지역 자산화 지원사업의 성공을 위해 행안부 공무원과 소통하며 빌드의 경험을 공유하며 자문역으로 참여했다. 시흥시의 시민 자산화 시범사업이 공간을 지원하는 방식이라면 행안부의 사업은 공간 매입에 필요한 예산을 지원해 상환하게 하는 방식으로 차이가 있다.

행안부는 6월 전국에서 20개 단체를 선정해 발표했는데 연간 약 25건씩 3년간 총 75곳을 선정해 지원한다고 하니 곧 많은 시민 자산화 사례들을 만나 볼 수 있을 것이다. 또한 정부 주최의 사업이 진행됨에 따라 시민 자산화에 대한 국가적 논의가 본격적으로 이루어질 것으로 기대된다. 시흥시 시범사업에서 미흡했던 활동을 지원해줄 제도적 마련과 영국의 로컬리티와 같은 중간지원조직이 탄생한다면 시민 자산화 운동의 전성기를 맞을 수 있을 것이다.

혼자 꾸는 꿈은 단지 꿈이지만 모두가 함께 꾸는 꿈은 현실이 된다

빌드는 3호점 바이아이가 자리를 잡은 후 '팜닷'이라는 지역 식자재 온·오프라인 유통사업에 도전한다. 그 사업의 연장선으로 쿠킹클래스와 공유주방, 팜닷의 오프라인 판매처 역할을 하는 4호점, '월곶식탁'을 열어 지역의 건강한 먹거리를 챙기고 있다. 그들의 사례는 도시재생의 관심 속에 널리 알려지며 사회적 경제, 시민 자산화, 지역 재생, 청년과 여성 대상 프로그램을 배우기 위해 탐방을 오는 다른 지역 사람들도 늘어났다.

그리고 월곶에는 오랜 시간 방치되었던 공간들이 하나둘씩 채워졌고 새로운 건물이 올라가는 곳도 생겼다. 불 꺼진 상가들로 밤이면 마치 우범지대를 연상시켰던 거리에도 불을 밝힌 상가가 늘어나면서 생기가 돌기 시작했다. 늦은 시간까지 불이 켜진 합법적인 영업장은 도시의 파수꾼이 된다. 가게의 조명은 길을 환히 비추는 가로등이, 가게에서 창으로 거리를 바라보는 시선은 범죄를 예방하는 훌륭한 CCTV 기능을 한다.

거리가 안전하다는 인식이 생기자 자연스레 보행자가 늘어났다. 한때 주민들로부터 외면 받았던 바다를 품은 산책로에는 어두운 밤에도 가족 단위의 산책을 하는 사람들이 늘기 시작했다. 그들의 작은 날갯짓 효과가 서서히 나타나고 있는 것이다. 빌드는 4호점을 끝으로 더 이상의 사업 확장은 하지 않고 지역 생태계를 만들기 위한 인프라 조성에 시동을 걸고 있다.

"성수동에 소셜벤처 기업이 몰려 있는 것처럼 월곶에는 여성, 아동, 청년을 대상으로 하는 콘텐츠를 가진 팀들이 들어와 콘텐츠가 다양해지면 좋겠어요. 그런 팀들이 테스트 베드처럼 이곳을 활용하게 되면 더욱더 다양한 콘텐츠가 생겨나게 될 것이고 지역 주민들도 좋아해줄 거라고 믿어요. 우리는 그들을 위한 인프라를 조성해주는 역할을 하고 있다고 생각해요. 우리는 든든한 지원군인 지역 커뮤니티가 있고 로컬 크리에이터를 키워내기 위한 교육도 진행하고 있죠. 식자재 유통업을 시작해 유통망도 갖추게 되었어요. 우리와 같은 고민을 하는 팀이 지역에 들어온다면 우리가 가진 자원을 적극 지원하고 싶어요. 그리고 그런 팀 수가 많아진다면 월곶을 넘어 서해안으로 범위를 넓혀보고 싶기도 해요."(임효묵)

빌드는 생태계를 구축하기 위해 많은 활동을 이어가고 있는데 로컬 벤처(점포 창업가, 비점포 창업가) 발굴을 위한 교육과 지역 활동가를 발굴하기 위한 지역 코디네이터 육성 교육, 마을 공동체 및 커뮤니티 육성을 위한 교육 및 지원 프로그램을 운영한다. 또한 지역 혁신가 사례, 해외 사례, 지역 비즈니스 사례 등을 발굴하고 책을 발간해 도전을 꿈꾸는 사람들의 등대 역할을 자처한다. 빌드는 제2, 제3의 빌드가 탄생할 수 있도록 그들의 경험과 지식을 나누고 있다.

빌드는 지난 2019년 12월 언더독스(서울·군산), 더웨이브컴퍼니(강릉), 공장공장(목포), 빌드(시흥) 지역에서 활동하는 4개 스타트업이 지속 가능한 로컬 생태계 구축을 목표로 하는 '로컬 어셈블(Local Assemble)'이라는 해커톤 행사에 공동 주최자로 참석했다. 이 행사를 통해 수산물 유통업체 '훈훈수산', 생활건축사무소 '오막 아키텍트', 공정여행 '동네봄', 문화예술 '앙상블 온', 영상·사진 '낯설게 하기' 등의 팀과 함께 시흥을 기반으로 활동하고 있는 팀·크리에이터들과 지역의 자원을 활용해 협업할 수 있는 방안에 대해 함께 고민하며 목표를 이루기 위해 체계적이고 실질적인 활동을 이어가고 있다.

"빌드는 방향성은 있지만 모든 계획을 세워놓고 거기에 맞추어 하기보다 그때그때 상황에 맞게 유연하게 움직여 왔어요. 4년 차가 된 지금은 더 길게 보고 앞으로 나아갈 수 있도록 조금씩 계획을 세워나가고 있어요. 또 지속 가능하려면 각 매장별 수익이 안정적으로 조금씩 증가하는 것이 가장 중요하기 때문에 기본을 충실히 지키는 데 가장 많은 신경을 쓰고 있어요." (우영승)

우리 사회에서 여성은 여전히 약자로 남아 있다. 남성과 같이 고등교육을 받고 사회 진출을 준비하지만 결혼, 출산, 육아를 겪으면서 높은 현실의 벽을 실감하게 된다. 결국 아직도 많은 여성들이 자신의 이름을 접어둔 채 누군가의 아내나 어머니로서의 삶을 살아간다. 그런 그녀들의 이름을 되찾아 주고자 했던 빌드의 가치는 월곶이라는 마을을 조금씩 바꾸어 놓았다. 월곶 주민 엄혜령 씨는 빌드와의 경험을 『월곶동 책 한송이』 라는 책으로 출간했다.

"부자연스러운 삶을 강요하는 사회에서 내가 만난 상식과 따스함을 이야기하고 싶었다. 아기 엄마의 외출 그 이상을 만들어내고 아주 기본적인 인간스러운 삶을 말하는 곳, 세상에 나가 많은 사람들에게 온몸으로 소리치며 하고 싶었던 이야기를 조용히 행하고 있는 그들을 꼭 소개해야만 했다. 빌드로 인해 여성이, 가정이, 동네가 어떻게 변하고 있는지 엿볼 수 있는 기회였다. 사회의 냉대와 무심함 속에서 잊혀졌던 내 이름과 갈망을 꺼내주고 엄마들의 설

자리를 마련해준, 육아하는 여성의 이름을 불러주고 내 아이와 내게 자리를 내준 빌드에게 감사드린다."

시민 자산화를 소개하기 위해 빌드를 사례로 선정했지만 그들의 활동에서 시민 자산화는 가치를 실현하기 위한 극히 일부에 불과하다. 그들의 활동에서 가장 주목할 점은 바로 '연결'이다. 빌드는 마치 섬처럼 출산과 육아로 사회와 단절되어 있던 여성들을 불러내 공동체와 연결시켜주었다. 그녀들이 자신의 이름을 되찾고 사회로 나오도록 해준 것이다. 그 공동체를 빌드의 공간과 연결해 활동 공간을 지원했다. 그렇게 사람과 연결된 공간은 또 다시 월곶이라는 지역과 연결되어 월곶을 여성과 아이들이 살기 좋은 곳으로 서서히 바꾸었다. 월곶은 고립되어 있던 사람들까지 품을 수 있는, 넓은 가슴을 가진 마을로 변화하고 있다. 이렇게 사람과 지역이 연결된 월곶은 어느 마을보다 사람 간의 정이 넘치는, 지속 가능한 마을이 될 것이다.

마지막으로 다양한 빌드가 탄생해 지방소멸이 심각한 국가적 문제로 대두된 우리나라에 작은 희망의 불씨가 되길 마음 속 깊이 희망한다.

시민 자산화 시범사업에 대한 월곶 주민들의 이해도를 높이기 위한 프로그램 진행 모습 © 빌드

시흥 갯골 생태공원에서 진행된, 아이들을 위한 식문화 체험 프로그램 진행 모습 © 빌드

1. 집, 회사 외 공간 중에서 사람들이 스스럼없이 자주 모일 수 있는 공간으로 공간의 목적이 뚜렷하지 않은 중성적인 성격의, 대화가 중심이 되는, 개개인을 존중하는, 누구나 쉽게 접근할 수 있는, 즐겁고 편안한 분위기의, 휴식과 재충전이 가능한 공간, 레이 올덴버그(Ray Oldenburg), 『The Great Good Place』, 1980
2. 서울특별시 사회적 경제지원센터 블로그 '세모 편지' 참조
3. 사회적 경제 미디어 이로운넷, [창사 11주년] "지역 자산화, 법보다 커뮤니티의 철학과 원칙이 중요", 2019.07.25

생산자와 소비자가 어우러진 라이프스타일 생태계
광주 무등산브루어리

윤찬영

'새로운 사회를 여는 연구원' 현장연구센터장이다. 우연한 기회에 강화도에서 몇 년째 고군분투하는 청풍 협동조합을 만나 로컬에 눈을 뜨게 됐고 사람들을 모아 책을 쓰기에 이르렀다. 이제 막 초등학교에 입학한 아들이 더 크기 전에 가족 모두가 대도시를 떠나 어딘가 한적한 로컬에 정착하는 것이 꿈이다. 그 꿈을 실현하기 위해 쓴 책이기도 하다. 『줄리엣과 도시 광부는 어떻게 마을과 사회를 바꿀까』, 『나는 시민 기자다』(공저)를 썼고 앞으로도 꾸준히 사람들을 모아서 또는 혼자서 책을 쓸 생각이다.

세계에서 가장 살고 싶은 도시를 꼽으라면 미국 오리건주의 포틀랜드가 빠지지 않는다. 미국 북서부에 자리한 인구 약 62만 명의 작은 도시인데 주변 도시를 포함하는 포틀랜드 도시권에는 지금도 매주 300~400명이 이주해 온다고 한다. 25~35세의 젊은 세대가 가장 많은 점도 흥미롭다. 그 이유는 뭘까? 『포틀랜드, 내 삶을 바꾸는 도시 혁명』을 쓴 야마자키 미츠히로는 포틀랜드에는 "라이프스타일을 중시하는 사람들이 압도적으로 많다."는 점을 여러 이유 가운데 하나로 꼽는다.

“(포틀랜드 사람들은) 자연을 사랑하며 지속 가능한 친환경 생활을 위해 다소 불편하더라도 자가용을 타지 않고 될 수 있으면 걸어 다니며 자전거와 버스, 전철을 이용한다. 집 내부를 수리할 땐 스스로 손을 보고 장을 볼 땐 조금 가격이 비싸도 되도록 지역 내에서 수확한 채소와 과일 그리고 지역 기업이 만든 제품을 구입한다. 물건보다도 체험을 중시하며 엔터테인먼트보다 교육에 투자한다. 개인이 허세를 부리며 경쟁하는 것이 아닌, 보다 살기 좋은 자신들의 공동체를 만들기 위해 이웃과 함께 생각한다. 또한 이들은 모두 포틀랜드의 지역문화를 자랑스럽게 생각하며 포틀랜드라는 도시를 더없이 사랑한다.”[1]

포틀랜드라는 독특한 로컬 생태계가 만들어진 셈인데 그 생태계를 움직이는 것은 포틀랜드만의 독특한 라이프스타일을 좇아 그 안에서 살아가는 사람들 모두다. 자전거를 타고 출근길에 올라 동네 카페 주인이 직접 내린 커피를 한 잔 즐기고 점심으로는 팜투테이블(Farm to Table) 레스토랑에서 제철요리로 만든 음식을 먹고 퇴근길에는 동네 마트에 들러 로컬푸드를 산다. 가끔 집 근처 펍에서 친구들과 어울려 수제 맥주를 마시기도 한다. 책은 동네 서점 파웰북스에서 사서 읽고 옷과 신발, 백팩과 자전거도 모두 로컬 브랜드나 로컬 기업의 것만을 쓴다. 멋지지 않은가? 우리에게도 이러한 삶이 가능할까? 어디서부터 시작해야 할까?

2016년 광주의 밀로 만든 첫 수제 맥주가 탄생했다. 무등산브루어리의 작품이었다. 브루어리(Brewery)는 맥주 공장 또는 양조장을 가리키는 외래어다. 양조(釀造)는 '술이나 간장, 식초 따위를 담가 만드는 일'이다. 그러니까 우리 말로는 '무등산 맥주 공장'이나 '무등산 양조장'인데 아직은 규모가 크지 않으니 무등산 양조장이 좀 더 어울리겠다. 브루어리를 세운 것은 윤현석 대표로, 그는 광주에서 나고 자란 토박이다.

로컬을 먹고 입고 마시다

무등산브루어리는 고집스러울 만큼 지역을 향한다. 'Drink Local(로컬을 마시다)'이라는 캐치프레이즈에서부터 그러한 고집이 느껴진다. 로컬에서 나는 밀로 만든다는 것이 전부는 아니다. 로컬에서 나는 것으로 로컬 사람들이 로컬만이 가진 가치를 담아 만들어내고 그렇게 만들어진 로컬만의 그 무엇을 다시 로컬 사람들이 기꺼이 품어주고 아껴줌으로써 오래도록 이어졌으면 하는 바람이다. 로컬 안에서 이러한 선순환이 이루어지고 나아가 생태계가 만들어져야 브루어리도, 로컬도 함께 살아갈 수 있다는 것이 윤현석 대표와 무등산브루어리의 생각이다. 그래서 무등산브루어리는 정말로 로컬에 깊이 뿌리내리고 싶어한다.

무등산브루어리는 맛과 향이 다른 다양한 맥주를 만들어내고 있다. 여행 작가이자 주류 칼럼니스트인 김선주는 무등산브루어리의 맥주를 이렇게 평가했다.[2]

“무등산 필스너는 일반적인 필스너보다 육안으로 보이는 색상이 짙었다. 탄산이 적었지만 맥주의 풍미는 가득했으며 향긋하기도 했다. 진한 풍미의 술 색깔이 무등산 억새밭의 금빛을 닮아서 무등산 필스너라는 이름이 붙었다고 한다. 광산 바이젠은 광산구에서 생산된 우리 밀로 만들어 바나나 향이 난다고 하는데 보디감보다는 톡 쏘는 맛이 인상적이었다. 바이젠은 바나나 향 같은 향긋함 때문에 여자들이 좋아하는데 쓴맛을 많이 줄였고 다른 밀맥에 비해 보디감 대신 청량감이 있다.”(2019.11)

2년밖에 안 된 수제 맥주로는 제법 괜찮은 평가다. 물론 아직 갈 길이 멀다는 것을 브루어리 식구들도 잘 알고 있다. 그래서 지금도 더 나은 맥주를 만들려고 애쓰고 있다. 무등산브루어리에게 그것은 로컬에 더 깊이 뿌리내리는 일이기도 하다.

윤현석 대표가 처음 창업에 나선 것은 2012년 예비 사회적 기업가 육성사업에 참여하면서부터다. 1년쯤 지난 2013년 1월 ‘컬처네트워크’를 세웠다. 이름에서 알 수 있듯이 그의 관심사는 ‘문화’와 ‘연결’이었다. 처음부터 창업을 꿈꿨던 것은 아니다. 광주에 국립 아시아문화전당이 세워지면서 문화기획 대학원 과정이 생겼는데 이곳을 나오면 자연스럽게 아시아문화전당에서 전문 문화 기획자로 일할 수 있을 것이라는 기대로 입학했다. 그는 석사 과정을 마치고 다시 도시 계획을 공부했다. 2010년에 ‘도시의 문화적 재생’을 주제로 논문을 썼으니 도시에 문화의 숨결을 불어넣어야 한다는 생각을 벌써 10여 년 전에 했던 셈이다. 그는 그때부터 공간이

주는 힘이 중요하다는 사실을 어렴풋이 느끼고 있었다고 말한다.

"영국이나 프랑스에 가서 역사와 전통, 또 산업 유산이 고스란히 남아 있는 건물들을 보면서 감탄하곤 했어요. 그리고 다시 광주로 돌아오면 답답했죠. 재생이란 거창한 말을 붙이지 않더라도 우리만의 가치에 관심을 기울이고 문화와 예술의 상상력으로 또 다른 방향을 제시하는 것도 문화 기획자가 해야 할 일이란 생각을 자연스레 하게 됐어요."

그는 복합 문화 공간의 역할에 주목했다. 그래서 석사 논문도 복합 문화 공간이 도시를 되살리는 데 중요한 역할을 할 수 있다는 내용을 주제로 했다. 이른바 문화적 재생인데 자료를 찾아보니 그 방식도 셀 수 없을 만큼 많았다. 문화적 재생에 대한 고민이 깊어졌다. 16세기 철강산업으로 번성하던 영국의 도시 셰필드가 스피커 제조로 눈을 돌려 문화와 미디어 산업을 거쳐 다시 디지털 산업의 중심으로 거듭나는 것도 보았다.

그러나 그의 눈에 비친 우리 현실은 암울했다. 문화도시 광주를 내세우면서 국립 아시아문화전당을 세웠지만 외국에서 보았던 창의적 시도나 다양성에 대한 존중은 찾아볼 수 없었다. 막대한 예산은 몇몇 고위 공무원들과 이른바 전문가들이 좌지우지했고 정작 로컬의 문화 예술인들과 단체들은 위에서 내려지는 결정을 따르는 용역에 머물렀다. 또 창의적인 청년 예술가들은 공연할 곳이 없어 길거리 버스킹을 벗어나지 못하고 있었다. 이들이 뜻을 펼칠 수 있게 지원해주지 못한다면 문화 도시란 이름은 허울일 뿐이었다.

그 즈음 그는 킥스타터(Kickstarter.com)라는 크라우드 펀딩 플랫폼을 알게 됐다. 그는 머릿속에서 뭔가가 '펑' 터지는 것만 같은 느낌이었다고 한다. 행정이 내려주는 예산을 좇지 않고 스스로가 원하는 것들을 해나갈 수 있는 토대를 만들 수 있는 길을 찾은 것이다. 그는 전국 최초의 로컬 문화 창작형 크라우드 펀딩 플랫폼을 만들어냈다. 대학원에서 함께 공부했던 동료 세 명에 한 명을 더해 네 명이 광주과학기술원이 내준 보육센터의 26㎡짜리 작은 사무실에서 첫 발을 뗐다.

하지만 막상 창업을 하고 보니 돈을 모으는 일이 만만치 않았다. 밑 빠진 독에 물을 붓는 기분이 들 정도였다. 그는 이때를 "상상과 기획만으로 창업을 한 때"였다고 회상한다. 현실에서 부딪힐 부분들을 면밀하게 따져보지도 않은 채 사회적 가치와 의미만을 바라보며 일을 벌였던 것이다.

그래도 1년 6개월간 광주에서만 26개 프로젝트의 펀딩에 성공했다. 대부분 문화·예술인들의 공연과 전시, 또 출판 프로젝트였다. 돈을 모아주는 것이 목적이었는데 하다보니 고객들의 매니지먼트까지 도맡고 있었다. 가령, 전시회를 열려는 예술가가 있으면 전시 공간을 알아봐주고 마케팅을 도와주고 제작 및 사후 관리까지 해주는 식이었다. 그렇게 해서 수수료로 받는 돈은 모인 돈의 10분의 1이었다. 목표로 내걸었던 금액을 모으지 못하면 프로젝트가 무산되는 방식으로 운영하다 보니 공들여 쌓아 올린 탑이 빛을 보지 못하고 무너지는 일이 잦았다. 그렇게 되면 돈을 모으려던 예술인과 회사 모두에게 타격이 컸다. 결국 플랫폼은 문을 닫았다.

얼마 뒤 그는 돈이 아니라 문화와 경험을 모으는 플랫폼을 만들었다. 다양한 지식을 필요로 하는 이들이 있을 것이라고 생각했다. 이름하여 지식 공유 플랫폼 '라이프 매뉴얼'. 말 그대로 '인생 사용법'이었다. 특히 새롭게 관심을 끄는 개성 넘치는 라이프스타일을 모아 전달하는 데 초점을 맞췄다.

"광주에서 다양한 문화를 경험하려면 백화점 문화센터나 평생교육원에 돈을 내야 해요. 또 지식을 전하는 이들은 대개 학위나 자격증을 가진 이들인데 자세히 들여다보면 몇몇이 권력을 이루고 있어요. 심지어는 자리를 빌미로 영향력을 행사하기도 하죠. 문화 경험이라는 게 이런 구조 안에서 만들어지고 전달된다는 게 얼마나 우스꽝스러워요."

자전거 한 대 끌고 홀로 미 대륙을 종단한 청년에게서 직접 경험담을 들어보는 것은 어떨까? 광주 원도심에서 30년간 방앗간을 운영한 어느 사장의 이야기는 또 어떨까? 이러한 생각들이 뻗어나가니 새로운 길이 보였다. 지금은 그리 낯설지 않지만 이때만 해도 이러한 이야기를 들을 수 있는 곳이 거의 없었다. 적어도 5년쯤은 시대를 앞서간 셈이다.

그렇게 다른 곳에서 접하기 힘든 문화 경험을 가진 이들을 찾아서 강의를 제안했다. 소믈리에나 바리스타들에게는 기술 교육

커리큘럼도 따로 만들었다. 로컬에서 업을 꾸려가는 이들이 서로 관계를 맺고 또 자신이 가진 사업의 경험을 더 넓은 공동체에 기꺼이 내놓고 나눌 수 있었으면 하는 마음이었다. 그렇게 마을 대학이 만들어졌다. 비슷한 일을 해보려는 이들이 삶의 방향을 잡는 데 작으나마 도움을 주려는 취지였다. 언론도 큰 관심을 보였고 지식을 얻는 쪽도 기꺼이 나누는 쪽도 모두 만족스러워했다. 수익성도 나쁘지 않았다. 그만큼 목마름이 있었다는 뜻이다. 하지만 얼마 지나지 않아 서울시에서 공유 도시를 들고 나오면서 문제가 생겼다. 지자체들마다 공유 플랫폼을 만들어 비슷한 사업을 무료로 내놓기 시작한 것이다. 이겨낼 도리가 없었다. 결국 또 일 년 만에 이 프로젝트를 접어야 했다.

두 번의 시도에서 실패를 맛본 뒤에 그도 고민에 빠졌다. 사업을 계속할 수 있을지, 더 늦기 전에 다른 일을 찾아봐야 하는 것은 아닌지 머릿속이 복잡했다. 그때 운명처럼 1913 송정역 시장 프로젝트를 만났다. 1913년에 문을 열어 100살을 훌쩍 넘긴 1913 송정역 시장은 1980년대까지만 해도 늘 사람들로 북적였다. 그러다 여느 전통시장들처럼 대형마트들에 밀려 서서히 활기를 잃어 갔다. 길게 이어졌던 시장 길이도 대폭 줄었다. 그나마 시장 바로 앞 광주송정역에 KTX가 서게 되면서 다시 주목받기 시작했다. 이곳을 광주창조경제혁신센터가 현대카드와 함께 되살려 보겠다고 나섰는데 로컬을 잘 아는 총괄 매니저를 백방으로 찾다가 윤현석 대표에게 연락해온 것이다. 그동안의 노력이 헛되지 않았던 셈이다.

“광주에서는 대기업과 일할 기회가 흔치 않아요. 있다 해도 서울 본사로부터 통제를 받는 처지다 보니 일을 맡기는 쪽도 재량권이 별로 없죠. 홍보물 하나도 서울에서 다 찍어서 내려오거든요. 그러다 보니 로컬에선 산업 생태계가 살아남기 어려워요. 이런 환경에서 어떻게 디자이너가 성장할 것이며 출판이나 인쇄업 같은 창의적 산업이 어떻게 성장할 수 있겠어요. 새로운 시도를 하거나 경험을 쌓을 수 있는 길이 점점 막히고 있으니 심지어 창조적으로 살 필요를 느끼지 못하게 돼요.”

좋은 프로젝트가 생겨도 서울의 큰 업체들이 수주를 받아 진행하는 경우가 많다. 포트폴리오에서 차이가 나다 보니 로컬 업체들이 일을 따내기는 점점 더 힘들어진다. 그나마 로컬 일꾼들이 참여해 일을 배울 수 있다면 좋겠지만 그마저도 쉽지 않다. 대개 현장 매니저라는 이름으로 로컬 일꾼들을 뽑아놓고는 허드렛일이나 힘든 일만 맡기기 때문이다. 로컬 청년들이 그런 식으로 소진되니 로컬의 문화 역량은 늘 제자리를 맴돌 수밖에 없다.

하지만 이번 일은 달랐다. 누구의 눈치도 보지 않고 상당한 시간을 들여 충분히 의견을 나눌 수 있었다. 지자체가 하는 방식처럼 마스터플랜을 미리 만들거나 하지도 않았다. 그는 요즘처럼 모든 것이 빠르게 변하는 시대에 마스터플랜을 수립한다는 것 자체가 어울리지 않는다고 말한다. 그것은 상부의 결재를 받기 위한 절차인데 막상 마스터플랜을 수립하고 결재를 받는 사이에 계획은 벌써 과거의 것이 되어버린다고 했다. 마스터플랜보다 중요하고 또 오래도록 가치를 인정받을 수 있는 것은 핵심철학인데 대개는 눈에 보이는 것에 치중하다 보니 그 근간이 되어 줄 철학이나 비전은 찾아보기 어렵다는 것이다. 그래서 1913 송정역 시장 프로젝트는 핵심철학과 가치를 만드는 데 많은 공을 들였다. 그렇게 만들어진 철학과 가치를 상인들과 로컬 사회와 함께 나누는 일도 소홀히 하지 않았다.

"지금까지의 시장 개선 프로젝트에는 시민이 아닌 상인들의 목소리만 반영되곤 했어요. 소비자를 고려하지 않고 상인들이 원하는 방식으로 아케이드를 만들고 상인들 차를 대려고 주차장을 만들고 그러면서 고객들에게는 검정 비닐에 투박하게 물건을 막 담아서 들고 가도록 하고요. 전통시장에 오는 분들은 대부분 나이 많은 여성들인데 길은 울퉁불퉁하고 길 곳곳에 아무렇게나 짐이 놓여 있어요. 이런 것들은 손을 안 대고 간판만 바꿔 달고 천막을 올려서 비바람만 막으면 손님들이 오겠어요?"

그는 몰매를 맞을 각오로 전부터 가지고 있던 생각을 하나하나 실천으로 옮겨 갔다. 선배 기획자들을 비롯해 로컬에서는 윤 대표의 당돌한 방식을 두고 말들이 많았다. 하지만 그는 개의치 않았고 그럴수록 더 이를 악물고 매달렸다. 그는 자신의 장점을 잘 알고 있었다. 세계적인 흐름을 정확히 이해하고 있었고 로컬도 누구보다 잘 알았다. 또 창업 경험도 있었다. 그는 이러한 자신의 장점을 믿고 뚝심 있게 밀어붙였다. 획일적인 방식을 철저히 벗어나 개

개인에게 맞춤화된 방향성을 설정해주려고 노력했다. 다른 곳에서 능력 있는 전문가들을 데려와서 연결시켜주기도 했다.

프로젝트는 2015년 5월부터 2016년 8월까지 일 년 남짓 진행됐다. 초반에 충분한 시간을 두고 현대카드와 의견을 나누며 생각을 조율해갔던 덕에 뒤로 갈수록 시간을 아낄 수 있었다. 어디에 무슨 색을 칠할지까지 벌써 다 결정해 두었다. 로컬의 청년 디자이너나 작가들에게 공간 구성과 간판 제작을 맡기면서 참여 공간을 만들어주려고 애쓰기도 했다.

무엇보다 힘들었던 것은 상인들을 모으는 일이었다. 먼저 기준을 세웠는데 프랜차이즈 카페를 운영하듯이 기자재나 재료를 모두 납품받아 적당히 손봐서 판매하려는 예비 창업자들은 받지 않았다.

"이쑤시개 하나를 팔더라도 스스로 디자인하고 나무를 깎아 만들 수 있는 사람을 찾았어요. '제조형 상인'이라고 이름 붙였는데 무엇보다도 그게 가장 중요하다고 생각했죠."

포장된 육수를 뜯고 냉동된 식자재를 풀어 넣어 손님에게 내놓는 것이 아니라 커피 한 잔을 만들더라도 직접 원두를 고르고 로스팅을 하면서 스스로 내가 팔려는 상품의 질을 유지할 수 있어야 한다고 믿었다. 그는 이것을 '크래프트십(Craftship)'이라고 불렀는데 우리 말로 옮기면 '제조력'쯤 되겠다. 프랜차이즈 카페가 아니라고 해서 창업자가 모든 일을 스스로 할 수 있는 것은 아니다. 에스

프레소를 추출하는 기계를 사면 유통업체에서 원두가루와 시럽을 모두 대주는데 이렇게 되면 커피콩을 직접 볶을 필요가 없어진다. 커피콩은 볶는 온도와 시간은 물론 심지어 가는 정도에 따라 맛과 향이 달라진다. 편리하다는 이유로 이런 것들을 그대로 받아쓰게 되면 제조형 상인으로 가는 길은 점점 더 요원해질 수밖에 없다. 세상에 유일무이한 카페인 것 같지만 그 안을 들여다보면 기존의 프랜차이즈 카페와 다를 바 없는 그저 그런 카페가 되는 것이다.

하지만 스스로 커피콩 볶는 법을 익혀 로스팅 전문가가 되면 이야기가 달라진다. 자신만의 독특한 맛과 향을 개발할 수 있게 되는 것은 물론 커피뿐만 아니라 직접 볶은 커피콩이나 가루도 팔 수 있게 된다. 수익 구조가 다양해지는 것이다. 다른 일도 마찬가지다. 김치찌개를 팔더라도 김치를 직접 담그거나 두부를 직접 만든다면 김치와 두부를 판매함으로써 추가 수익을 올릴 수 있다. 온라인 판매를 하게 되면 소비자 층도 훨씬 더 넓어진다.

그는 가게로 찾아오는 고객을 기다리던 시대는 지나갔다고 했다. 또 아주 특별한 경험을 할 수 있는 곳이 아니면 사람들은 굳이 방문하지 않는다. 근린 상권이 몰락하는 이유이기도 하다. 이러한 상황에서 의욕 넘치는 청년들을 모아 놓는다고 해서 사람들이 몰릴 것이라고 기대하기는 어렵다. 그래서 윤 대표는 철저히 크래프트십을 가진 창업자를 뽑겠다는 기준을 세웠다.

비슷한 시기에 전국 곳곳에서 이른바 청년몰 사업이 진행되었지만 이러한 기준을 적용한 곳은 없었다. 청년 창업자를 구하기가 쉽지 않다 보니 의지만 있으면 누구라도 받아서 가게를 내주곤 했다. 그런 점에서 1913 송정역 시장 프로젝트는 달랐다. 또 로컬의 전통시장인 만큼 로컬의 특색이 담겨야 한다고도 생각했다. 억지로 향토음식들로 채워야 한다는 뜻은 아니다. 창의적으로 접점을 만들어내는 능력이 중요하다고 봤다. 그래서 그런 점도 중요한 선발 기준으로 삼았다. 김부각이라는 오래된 먹거리를 재해석해 가게를 연 '느린 먹거리'가 대표적이다. 느린 먹거리(부각마을)를 창업한 노지혜 대표는 어머니로부터 김부각 만드는 법을 배운 뒤 손이 많이 가는 옛 방식을 지키면서도 요즘 젊은 층의 입맛을 사로잡을 수 있도록 짠맛과 기름기를 덜어냈다. 완도 청정해역에서 나는 김에 나주에서 나는, 갓 도정한 백옥찹쌀을 덧입히고 그때그때 주문을 받아 새 기름으로 튀겨내는 원칙을 고집스럽게 지키고 있다.

"영국 포토벨로 거리 시장에 가면 몇 대째 이어 내려오는 150년 된 모자 가게가 있어요. 오랫동안 이어진 기술이 그 로컬의 자원으로 뿌리를 내린 거죠. 일본에서는 로컬 자원을 활용한 양조산업이 로컬을 대표하는 산업으로 자리 잡은 지 오래예요. 로컬의 술을 마시기 위해 일본을 찾는 이들도 많고요. 그런데 우리는 아직 과거 모델이나 서구의 획일화된 이미지에만 갇힌 채로 도시를 설계해요."

윤 대표가 F&B(먹거리와 마실거리)에 관심을 가진 지는 제법 오래됐다. 흉내내는 수준을 넘어서 제대로 해보고 싶었다. 그런 그가 찾은 광주의 자원은 바로 밀이었다. 광주에서 나는 우리 밀로 벌써 오래 전부터 건빵이나 라면을 만들어 왔지만 생각만큼 관심을 끌지는 못했다. 그래서 그는 맥주를 생각해냈다. 맥주라면 더 매력적인 무언가로 만들어낼 수 있을 것 같았다. 그렇게 해서 탄생한 것이 무등산 필스너, 광산 바이젠, 영산강 둔켈, 워메2, 사우어 IPA 등이다.

2016년에 동명동 동리단길에 브루어리 펍 '애프터 웍스(After Works)'를 열었다. 작은 정원이 딸린 오래된 단독주택을 되살렸는데 사람들이 지나다니는 골목과 접한 쪽에는 양조시설을 만들고 넓게 통유리를 달아 사람들이 오가며 맥주를 만드는 모습을 볼 수 있도록 했다. 골목을 돌아 가정집 대문을 그대로 살린 입구로 들어서면 작은 정원이 드러나고 그곳을 지나면 아담한 펍이 모습을 드러낸다. 20명 정도가 여유 있게 앉을 만한 공간이다.

맥주를 만들 수 있는 설비를 갖추어도 면허를 받기까지는 시간이 많이 걸린다. 그도 주류 제조면허를 받기까지 11개월이 걸렸다. 맥주를 만들 수 있는 허가는 식약처가 내주지만 그것을 팔려면 다시 국세청에서 승인을 받아야 한다. 맥주 제조 방법은 제주와 고창의 장인들을 찾아가서 하나하나 배웠다. 기본기만 익혔을 뿐 깊은 맛을 내려면 아직 가야 할 길이 멀다. 그는 서둘지 않을 생각이다. 할 수 있는 것부터, 할 수 있는 만큼 잘해보자고 마음먹었다. 처음부터 맥주 유통에 나서기보다 두 곳의 매장에서만 팔기로 결정한 것도 그러한 이유에서다. 유통을 하려면 사람도 더 필요하고 영업에도 손을 대야 하고 창고도 마련해야 한다. 다른 주류 유통업체들과 부딪히는 것도 부담이다.

“저에게는 상상력이 원천이에요. 맥주만 생각하면 뭐든 만들어낼 자신이 있죠. 이름을 짓고 디자인을 떠올리면 너무 재미있어요. 지금도 생각해둔 신제품이 벌써 여럿 있어요. 이번엔 고창 복분자를 한 번 넣어볼까? 울릉도 호박은 어떨까? 담양 딸기나 화순 복숭아도 있고요. 구절초의 쓴맛은 어떨까 궁금하기도 해요.”

몇 달 뒤 다시 만난 그는 무등산 호랑이를 모티브로 한 새로운 페일에일 맥주 출시를 준비하고 있었다. 무등산브루어리라는 이름에 걸맞은 로컬의 상징적 이미지를 찾다가 호랑이로 정했다. 무등산 호랑이는 광주에 연고를 둔 야구단 기아 타이거즈를 부르는 별칭이기도 하다. 호랑이 이미지에 어울리게 도수와 쓴맛을 더했다. 그런 만큼 맛깔스러운 남도의 음식과도 잘 어울릴 것이라고 했다. 이번 기회에 맥주의 종류는 줄이면서 캔에 담긴 제품도 출시할 생각이다.

수제 맥주에 어울리는 수제 소시지 ‘무등산 스모크’도 꽤 오랫동안 준비해오고 있다. 소시지는 맥주와 잘 어울리는 먹거리이기도 하지만 앞으로 점점 더 많은 이들이 소시지 같은 육가공 먹거리를 찾을 것이라는 계산도 깔려 있다. 1인 가구가 늘면서 지금처럼 여럿이 모여 고기를 구워 먹는 시대는 머지않아 저물고 오래 보관할 수 있으면서 언제든 쉽게 먹을 수 있는 육가공 먹거리의 시대가 찾아올 것이라는 게 그의 생각이다. 소시지 제조법을 직접 배울 생각도 하고 있다. 뭐든 스스로 해야 직성이 풀리는 윤 대표답다.

무등산 브루어리의 맥주들. 지금도 계속 진화하는 중이다. ⓒ 무등산 브루어리

공간과 로컬의 의미가 새롭게 다가오다

그는 로컬에 대한 강박에서 조금 자유로워졌다. 이전에는 마을을 지켜야 되고 마을에서 무언가를 해야 한다는 생각이 있었다면 이제는 물리적 공간으로서의 로컬이 아니라 로컬이 담고 있는 가치가 더 중요하다는 것을 깨달았다. 그러니까 광주만의 가치를 담을 수 있다면 활동 공간은 어디든지 상관없다는 뜻이다.

"저는 벌써 오랜 세월 이곳에 뿌리내리고 살아온 로컬 사람이고 로컬의 자원으로 맥주라는 꽃을 피워냈어요. 이제 이 꽃으로 어디에 가서 씨를 뿌리든 내가 광주에 뿌리내리고 있다는 사실은 변하지 않아요."

그는 지난 2019년 11월 KBC 광주방송『로컬라이프: 나는 지역에서 살기로 했다 2부-로컬 크리에이터, 포틀랜드를 가다』(연출 김태관)의 촬영을 위해 미국 포틀랜드에 다녀왔다. 설레는 첫 방문에서 그는 무엇을 보았을까.

무엇보다도 그는 "다양한 로컬 크리에이터들과 콜라보레이션(협업)을 즐겨 하는 모습에 감동을 받았다."라고 했다. 그의 여정이 담긴 영상을 보면 이 말을 이해할 수 있다. 1971년에 문을 연 세계 최대의 독립서점이자 포틀랜드의 랜드마크인 파월서점(Powell's Books)에서는 책과 더불어 로컬의 문화·예술인들이 만들어낸 다양한 기념품을 팔고 있었고 가장 유명한 브루어리 펍인 업라이트 브루어리에서는 오리건 주에서 나는 몰트만 쓰는 것은 물론이거니와 로컬의 작가들이 디자인한 작품을 로컬 업체에서 인쇄해 맥주병에 붙였다. 작가의 작품만을 따로 전시해서 판매하기도 했다. 탭 핸들(수제맥주 펍에서 맥주를 따를 때 쓰는 손잡이)을 비롯해 펍에 있는 탁자와 의자도 모두 로컬의 장인이 만든 것을 쓰고 있다.

포틀랜드에서 처음 문을 연 독립 커피 로스터리 가운데 하나로 지금은 미국의 3대 커피 특산품에 드는 스텀프타운(Stumptown)은 로컬의 소상공인들을 길러내는 교육사업에 열심일 뿐만 아니라 해외 커피 농가들과도 장기 계약을 맺고 품질을 유지할 수 있게 꾸준히 지원함으로써 다른 걱정 없이 커피 재배에 집중할 수 있게 한다. 로컬푸드 레스토랑 네드러드(Ned Ludd)는 가까운 농장에서 나는 건강한 식재료만으로 식탁을 차리는 이른바 팜 투 테이블(Farm-to-Table)이라는 가치를 지킨다. 이들은 팜 투 테이블을 식재료 유통 방식이 아니라 "농민들과 우리가 맺는 관계"라고 말했는데 농장이 유지될 수 있을 만큼 충분한 식재료를 제값에 사들여야 한다는 뜻이기도 하다.

그뿐만이 아니다. 나이키를 비롯해 포틀랜드에 뿌리를 둔 대기업들도 여전히 본사를 포틀랜드에 둔 채로 로컬의 스타트업이 성장할 수 있도록 돕고 있다. 포틀랜드 경제의 약 80%와 일자리의 60~70%를 로컬 소상공인이 책임질 수 있는 힘도 바로 이러한 로컬 크리에이터 생태계에서 나온다. 포틀랜드는 미국의 모든 도시를 통틀어 수제맥주 양조장이 가장 많은 곳이자 10만 명 당 커피숍 수는 세 번째로 많은 곳이다. 포틀랜드의 크리에이터들은 한결같이 자유롭게 하고 싶은 일을 하면서 로컬의 생산자들까지 도울 수 있다는 사실에 자부심을 느끼고 있었다.[3]

"대기업들이 세금을 내고 일자리를 만드는 것도 중요하지만 로컬의 소상공인들이 일어설 수 있게 지원하는 노력도 그에 못지않게 의미 있는 일이에요. 로컬의 생산자들과 제조업을 키워야 로컬 경제가 스스로 설 수 있고 로컬 생산물의 질도 높아져요. 이게 진정한 상생이죠. 하지만 아직 그런 움직임은 찾아보기 어려워요."

그는 이번 방문에서 "사회를 바꾸는 것은 혁신가 한 명이 아니라는 사실, 여럿이 힘을 모아야 비로소 사회가 바뀐다는 확신을 얻었다."라고 했다. 그는 지금까지도 자신이 가진 자원을 다른 이들과 함께 나누어 왔다. 오래된 3층짜리 목욕탕 건물을 되살려 쓰고 있는 그는 1층은 디저트 카페를 개업한 청년들에게 내주었고 2층은 누구나 와서 회의할 수 있도록 꾸몄다. 혼자 똑똑하고 잘났다고 꽉 쥐고 있기보다 함께 공유할 때 서로 윈윈할 수 있다고 그는 믿는다. 공공재나 공유, 커뮤니티라는 어려운 말보다 그냥 '우리 친구하자!'라는 말이 좋다고도 했다. 그는 앞으로도 서로가 자신의 업을 해나가면서 함께 할 수 있는 일들을 찾아 협력하는 유연한 네트워크를 꾸준히 넓혀나갈 생각이다.

그에게 가장 후회되는 선택 한 가지를 꼽으라고 했더니 뜻밖에도 장소를 잘못 고른 것을 들었다. 언론에 소개될 때면 오래된 공간을 되살렸다는 점이 빠짐없이 등장하지만 그는 "맥주보다 공간을 중요하게 생각한 점이 잘못이었다."라고 털어놨다. 오래된 주택을 매력적인 공간으로 되살리는 것에 너무 큰 의미를 두다 보니 들이지 않아도 될 품이 너무 많이 들어갔다는 것이다. 리모델링 비용이 모자라 공사는 중단되기 일쑤였고 결국 문을 열기까지 무려 7개월이나 걸렸다. 마케팅 측면에서는 도움이 됐지만 정작 맥주를 만드는 데 필요한 공간이 너무 작아서 일하기가 힘들다면서 지금 너비의 세 배 정도는 되어야 안정적인 작업을 할 수 있다고 했다. 그는 "겉멋이 들었던 것"이라며 웃었다. 맥주 만드는 일을 하기로 해놓고 그 일보다 공간을 멋지게 꾸미는 데 더 관심이 있었던 셈이다. 그는 양조에 적합한 장소를 마을 안에서 찾았으면 어땠을까 하는 아쉬움이 남는다고도 했다. 그는 이번 일을 겪으면서 일을 시작할 때 어디에 초점을 두어야 하는지를 배웠다고 한다.

그는 요즘 전국 각지를 돌며 청년 로컬 크리에이터들을 만나고 있다. 부르는 곳이 너무 많아 몸이 열 개라도 모자라지만 지푸라기라도 잡고 싶은 마음으로 하루하루 버티고 있을 그 누군가에게 작은 도움이라도 주고 싶어서 차마 와달라는 부탁을 거절하지 못한다. 그리고 남들 앞에 설 때면 공간에 연연하지 말라는 조언을 빼놓지 않는다.

"로컬 크리에이터들 대부분이 공간을 기반으로 사업을 해요. 저도 그랬지만 공간은 마케팅에 정말 효과적일 뿐만 아니라 특색 있는 공간을 가지고 있는 게 대단한 권력이기 때문이죠. 하지만 공간을 임대하는 순간부터 정말 많은 돈이 들어가요. 인테리어 해야지, 집기도 사야지. 시작하기 전부터 빚이 쌓이죠. 그렇다고 공간에서 수익이 나느냐, 그렇지 않아요. 공간은 전혀 중요하지 않아요. 좋은 콘텐츠만 만들 수 있다면 나중에 어디든 들어갈 수 있어요."

그는 곧 더 넓은 곳으로 양조장을 옮길 생각이다. 브루어리 펍 '애프터 웍스'는 '무등산 하우스'로 간판을 바꿔 맥주를 기반으로 한 문화 거점 공간으로 활용하기로 했다.

그렇다면 하지 말아야 하는 것 말고 해야 하는 일은 뭘까. 그는 다음의 세 가지를 꼽았다. 첫째, 처음에는 사회적 역할이나 로컬의 가치를 문화적으로 풀어내려고 했는데 그것도 겉멋이라고 했다. 그 역시 "겉멋이 들었다가 물이 빠지는 과정을 겪었다."면서 "이건 어디까지나 업이라는 생각을 가져야 한다."라고 했다. 자신의 삶과 같이 일하는 사람들의 삶을 책임지겠다는 자세가 필요하다는 것이다. 수익만이 중요한 것은 아니지만 그렇다고 결코 소홀히 해서는 안 되며 그 밖에도 안정적으로 쓸 수 있는 자원과 도구들을 되도록 많이 확보해야 한다고 당부했다. 좋은 뜻만 보고 뛰어들지 말고 업을 영위할 수 있을 만한 충분한 준비를 해야 한다는 것이다.

둘째, 로컬이 가진 무궁무진한 장점을 잘 알아야 한다. 내가 나고 자란 로컬에서 일을 벌이면 인적 네트워크를 활용할 수 있어 그만큼 리스크가 줄어든다는 것이 그의 생각이다. 수도권에 견주어 저렴한 비용으로 일을 시작할 수 있다는 점도 큰 힘이 된다. 무엇보다도 로컬에는 아직 개발되지 않은 엄청난 자원이 있다는 점에 주목해야 한다. 무등산 수박이나 우리 밀은 늘 여기에 있었지만 그 가치를 알아본 이들은 많지 않았다. 로컬이 가지고 있는 오랜 기술도 있다. 아무도 모르게 사라져가는 기술들을 찾아내 되살리고 지키려는 노력이 필요하다. 이러한 것들이 모이면 어마어마한 시너지를 발휘할 수 있다. 그 숨은 가치를 찾아내 활용할 수 있는 눈과 역량만 갖춘다면 로컬만의 그 무엇을 만들어낼 수 있다고 그는 믿는다.

"로컬 교육이 필요하다고 봐요. 청소년들에게 우리 로컬에서 어떤 농작물과 식물이 자라고, 어떤 자연자원이 있는지, 어떤 사람들이 살고 있고, 어떻게 이동하며, 무엇을 먹고, 무엇을 입는지 생생하게 알려줘야 해요. 애정을 가지고 보면 다른 상상을 해볼 수 있어요. 그리고 직접 달려들어 봐야 결과도 얻고 자신감도 생겨요. 그래야 로컬 크리에이터가 성장할 수 있죠. 김부각을 몰랐다면 어떻게 새로운 해석이 가능했겠어요."

셋째, 크래프트십과 D.I.Y.(Do It Yourself) 문화가 만나야 한다는 점을 꼽았다. 둘은 서로 통한다. 지난 수십만 년간 인류가 성장해오면서 자연스레 익힌 문명이자 문화이기도 하다. 먹고 입고 자는 모든 행위를 스스로 해결하면서 제조력을 응집해온 과정이 곧 인류 진화의 과정이라는 것이 그의 설명이다.

" '저 옷 멋있는데 나도 한 번 만들어볼까?' 이런 생각을 하는 사람이 로컬 크리에이터예요. 아직은 정말 소수지만 그런 소수의 사람들이 서로에게 영감과 에너지를 주면서 새로운 흐름을 개척하고 있어요. 크래프트십과 D.I.Y. 그리고 여기에 다양한 라이프스타일에 대한 존중이 더해지면서 세상 어디에도 없던 혁신적 상공인과 기업이 탄생해요. 이것이 바로 핵심이죠."

윤 대표는 로컬 크리에이터라는 말보다는 로컬리스트(Localist)라는 표현이 더 마음에 든다고 했다. 그가 담고 싶은 뜻은 '로컬을 잘 아는 사람', '로컬을 사랑하는 사람' 그리고 '로컬에서 무엇인가 업을 영위하는 사람'이다. 더 많은 로컬리스트들이 생겨나고 또 살아남으려면 로컬의 다양한 자원과 사람들이 씨줄과 날줄로 촘촘하게 엮여야 하고 그렇게 연결된 길을 따라 사람과 자원이 돌고 돌아야 한다. 한마디로 생태계가 만들어져야 한다. 그는 이를 '크래프트 시티'라고 불렀다.

"패션산업으로 세계에서 손꼽히는 작은 도시 밀라노에서는 로컬의 모든 자원과 기술이 모여 한 벌의 옷이 탄생해요. 원료도 로컬에서, 디자인도 로컬에서 그리고 사람도 로컬에서 나와요. 이런 생각이 로컬에 뿌리내려야 로컬이 함께 먹고 살 수 있어요. 또 그래야 사람들이 로컬을 떠나지 않죠."

일본에서는 2011년 동일본 대지진과 후쿠시마 원전사고가 있은 뒤에 성장만을 좇던 숨가쁜 경쟁 논리를 스스로 돌아보는 움직임이 생겼고 그러한 성찰이 젊은 세대로 하여금 대도시를 떠나 한적한 로컬로 향하도록 만들었다. 미국과 유럽에서는 벌써 1960~1970년대에 저마다의 라이프스타일을 존중하는 움직임이 서서히 모습을 드러내면서 도시 안에서 다양한 대안문화가 만들어졌다.

우리나라도 1990년대 후반 IMF 외환위기를 겪으면서 홍대나 이태원의 작은 골목들에서 낯설지만 어딘가 마음을 잡아끄는 문화가 조금씩 번져나갔다. 십수 년의 시간을 지나오면서 젠트리피케이션을 비롯한 여러 우여곡절을 거치기도 했지만 그 낯설던 흐름이 이제는 전국 곳곳에서 새로운 싹을 틔우고 있다. 그는 "서울 같은 대도시에서 집값이 폭등하는 것을 보면서 힘들어하는 청년들에게 돈 많이 버는 직업이 아니라 행복하게 살 수 있는 일, 스스로 만족하며 살 수 있는 일을 만들어줘야 한다."라고 말했다.

2019년은 가히 로컬의 원년이라고 해도 지나치지 않을 만큼 로컬이 많은 관심을 받았다. 하지만 그러다 보면 거품이 생길 수밖에 없는데 그도 그런 점을 걱정했다. 그는 조심스레 "내년 정도면 한 번 걸러지는 과정이 일어나지 않을까 싶다."라고 했다. 로컬 크리에이터라고 이름을 팔고 다니는 사람이 늘어날 것이라는 걱정도 했다. 뚜렷한 기준이 없는 상황이다 보니 좋은 롤 모델을 만들어내야 하는데 아직은 많이 부족하다는 것이다. 그는 "먼저 시작하고 모인 사람들끼리 똘똘 뭉쳐서 서로 응원해주고 일으켜주는 분위기가 필요하다."면서 "그런 점에서 2019년은 뜻깊은 해"라고 했다.

"결이 다르다는 말을 좋아하지 않아요. 작은 차이를 핑계로 편을 나누고 소통하지 않으려 들면 안 된다고 생각해요. 조금 마음에 안 들어도 마음가짐을 바로잡을 수 있게 도와주고 자기 것에만 집중하는 친구들은 조금 더 나눌 수 있도록 느슨하지만 그런 관계를 쌓아가는 게 중요해요."

생업을 챙기기에 바빠도 그가 먼 길을 마다하지 않는 이유다. 그렇게 조금씩 믿음이 쌓여가는 모습에 기운을 낸다고 했다. 처음 문을 연 지 4년째에 접어든 지금 아직은 버티는 시기다.

그에게는 무엇보다도 아이덴티티(정체성)가 중요하다. 그것이 없다면 행동으로 이어지지 않기 때문이다.

"정체성이 있어야 힘을 받고 그걸 믿고 뚝심 있게 갈 수 있어요. 정체성과 개념이 있고 그것을 토대로 비전이 만들어져요. 그런 게 중요하죠. 로컬 크리에이터라는 말이 마치 관광상품처럼 소비되는 것 같아 아쉬워요. 자그마한 세계에서 아는 사람들끼리 주거니 받거니 하는 것을 뛰어넘어서 나름의 아젠다와 비전을 만들 수 있어야 해요.”

그래서 앞으로는 컬처 네트워크라는 이름으로 해왔던 기획 일과 무등산브루어리를 비롯한 제조 일을 로컬이라는 울타리 안에서 하나로 합쳐보려고 한다. 그리고 무언가를 손수 만드는 일에 조금 더 힘을 실을 생각이다. ‘아일랜드 리서치’라는 브랜드도 벌써 생각해두었다. 그는 아일랜드 리서치라는 커다란 울타리 안에 여러 수제품들을 모아볼 생각이라고 했다. 그에게 ‘아일랜드’, 즉 섬은 이상향이다. 그러니까 아일랜드 리서치라는 브랜드에는 이상향을 탐구하고 싶은 그의 바람과 의지가 담겨 있다. 건강하고 행복하고 서로가 서로에게 기댈 수 있는 그런 이상향.

“내가 추구하는 라이프스타일을 담아내고 싶어요. 우리가 만든 맥주를 마시고 우리가 만든 옷을 입고 우리가 만든 장소에서 하루를 보낼 수 있도록 말이에요. 아일랜드는 지리적 공간이면서도 동시에 어떤 이상향이죠. 그런 이미지를 패션에도 투영하고 맥주나 장소를 연출하고 기획할 때도 담아내려 해요. 그렇게 가다 보면 하나의 우주가 만들어지지 않을까, 그런 생각을 하면 행복하고 좋아요.”

2020년 가을을 목표로 제주도를 모티브로 디자인한 아웃도어도 내놓을 계획이다. 2019년 여름에 출시하려다가 조금 더 미루기로 했다. 디자인에 신경 쓰다 보니 이 옷을 누가 입고 또 어떻게 움직일지 깊이 고민하지 못 했다고 한다.

"무언가를 새롭게 만들려면 투자는 물론 많은 공력을 쏟아야 해요. 하지만 인력도 돈도 충분치 않고 능력도 모자라고…… 이런 조건에서 내 철학만을 펼치려고 무리하게 투자했다가는 쪽박 차겠구나 싶었어요. 양말 한 켤레를 만들더라도 조금 더 적은 비용으로 정체성을 확실히 드러낼 수 있는 길을 찾으려고 해요. 아일랜드 리서치라는 브랜드 안에 담아가면서 성장시키고 싶어요."

하나의 개념을 정하고 나니 확장성이 생겼다. 아일랜드라는 이미지에 어울리는 '이상적 로컬푸드와 술은 어떤 식으로 만들어볼까?'에서부터 생각이 꼬리에 꼬리를 물고 뻗어 갔다. 그의 꿈은 먹거리에 머물지 않고 라이프스타일 전체로 뻗어나가고 있다.

최근 터진 코로나 19 사태는 그에게 또 다른 고민을 안겨 주었다. 그는 '아, 이제 공간 중심의 비즈니스는 어렵겠구나.' 하고 생각했다고 한다. 그러면서도 '대체 사람들이 찾아오고 싶은 장소는 어떤 곳일까?'에 대해 더 깊게 생각해보게 되었고 다른 한편으로는 대면을 기반으로 했을 때의 문화적 감성이나 공감대, 소통 등의 중심 가치를 어떻게 하면 온라인으로 옮겨볼 수 있을지도 고민하게 되었다. 위기 속에서 새롭게 떠오른 문제의식들이다.

“지금까지는 전혀 생각하지 않았던 오지 같은 곳이 더 매력적인 곳으로 떠오를 수도 있어요. 그러니까 로컬 가운데서도 더 깊은 곳까지 관심이 생기게 된 계기죠. 전처럼 관광객 1,000만 명 시대를 부르짖는 건 정말 멍청한 소리예요. 어마어마한 트래픽을 통해서 돈 버는 시대는 이제 끝났어요. 오히려 사람들이 가고 싶고 해소하고 싶은 그 무언가를 독립적으로 제안해줄 수 있는 서비스에 사람들은 더 많은 비용을 지불하게 될 거예요.”

세계가 인정하는 로컬 브랜드를 향해

최근 로컬에 대한 관심이 증가하고 있는 것을 두고 윤 대표는 기대만큼이나 걱정도 크다고 했다.

“창업자들이 서울대 공대나 카이스트를 나오고 IT 플랫폼을 개발하거나 콘텐츠를 만든다고 하면 대단하다고 추켜세우지만 저처럼 소소하게 청년들이 활동할 수 있는 공간을 조성한다거나 로컬 밀착형 서비스로 창업한다고 하면 ‘그거 그냥 소상공이잖아.’라며 낮춰봐요. 우리 업을 내려다보는 태도는 여전하죠. 그런 시선들이 바뀌지 않으면 로컬 크리에이터도 얼마 못 갈 수 있어요.”

새로운 트렌드가 떠오르고 그럴 듯한 개념이 또 시선을 끌면 지금의 분위기도 얼마든지 모래알처럼 흩어질 수 있다는 게 그의 생각이다. 정부 정책이 트렌드에 따라 이리저리 흔들리는 것도 문제다. 그래서 그는 깊이 뿌리내리는 것이 중요하다고 본다.

"업에 대한 개념이 별로 없는 게 문제예요. 업을 본질적으로 어떻게 성장시켜야 할지 고민하기보다 투자받은 돈을 어떻게 불릴까를 먼저 생각하다 보니 이름만 대면 알 만한 스타트업들도 결국 부동산 자산을 사들이는 데 골몰하게 되죠. 성공 모델을 토대로 사람들에게 업의 본질을 진지하게 전달할 수 있는 비전 그룹이 만들어져야 해요."

그는 자신이 광주의 '마지노선이자 프론트 라인'이라는 책임감을 가지고 일한다. '만일 내가 무너지면 누가 나처럼 또 이 일을 하려고 하겠느냐?'는 것이다. 그래서 그는 요즘 다시 업의 본질에 대해 고민하고 있다.

"일을 하면서 '내 일에 대한 본질을 얼마만큼 고민했던가?' 돌아보게 돼요. 결국은 제가 하는 일은 무슨 일이냐고 누가 물으면 '정말 맛있는 맥주를 만드는 일'이라고 답해야 하는데 지금까지 과연 그런 본질에 맞게 투자하고 고민하면서 성장시켰던가 돌아보게 돼요. 업의 본질에 다가가려고 공부하고 노력하고 추적하고 또 개발해야 해요. 적어도 로컬에서 새로운 일을 만들어내고 뭔가 펼치고 싶다면 아무리 가슴 뛰는 그 무언가를 해보고 싶더라도 업의 본질만큼은 절대 놓쳐선 안 돼요. 일을 벌이기 전에 스스로에게 가장 많이 묻는 질문이에요."

그는 날마다 후회한다고 했다. '그때 저 일을 안 했으면 어땠을까?', '사무실 안 내고 그냥 코워킹 스페이스에 입주했으면 어땠을까?' 같은 후회들이다. 그러면서 조금씩 노련해지고 있다. 몇 년 전만 해도 일단 저질러보자며 했을 일들도 지금은 신중하게 접근한다. 가끔 취직할까 하는 생각도 든다고 털어놓았다. 그러면서도 "지금은 힘들지만 결국 버틴 놈이 이기는 거니까 더 버텨볼 생각"이라고 했다. 빚도 적지 않지만 그는 두렵지 않다. '설마 죽을 때까지 못 갚고 죽겠어?'라는 배짱도 있다. 누구에게서 거액을 투자받아서 하는 일이 아니라 온전히 자신의 자산으로 하는 일이다 보니 그야말로 혼신의 힘을 기울이며 한 발짝씩 나아가고 있다. 그는 아내에게 이 일을 딱 10년만 해보겠다고 미리 약속했다. 서른세 살에 창업을 한 그에게는 이제 꼭 3년이 남았다.

"10년을 했는데도 안 되면 내가 실력이 안 되는 건 아닌지 냉정하게 돌아볼 필요가 있다고 생각해요. 그래도 10년간 쌓은 공력이 있으니 어디 가서든 다른 일을 해도 그 10년의 시간이 헛되진 않을 거라고 봐요."

윤 대표에게는 롤 모델이 없다. 로컬에 뿌리내린 로컬 크리에이터가 없기 때문이다. 그는 '어? 나도 저 생각했는데…….'라고 영감을 줄 수 있는 사람이 필요하다고 했다. 다행히 최근에 연을 맺게 된 전국 곳곳의 로컬 크리에이터들로부터 좋은 기운을 받고 있다.

그런 그에게도 거창한 꿈이 있다. 세계 최대 유통 체인인 아마존이 우리 돈으로 무려 1조 3,000억 원에 사들인 신발 유통회사 자포스(Zappos)가 만든 작은 도시 '자포스 시티'에서 영감을 받았다. 자포스의 CEO이던 토니 셰이(Tony Hsieh)는 아마존이 회사를 인수한 뒤에도 계속 CEO로 남아 회사를 경영했는데 그는 뉴욕대학 캠퍼스처럼 도시 같은 일터를 만들겠다며 라스베이거스의 몰락한 작은 도시 하나를 사들였다. 그러고는 곳곳에 나지막한 건물을 지어 부서별로 쓰도록 하고 직원들이 오가며 마주칠 수 있도록 카페와 레스토랑도 마련했다. 마주치고 서로 배우고 연결되면 혁신이 일어난다는 믿음이 있었다. 그는 "자포스 시티가 지금까지 들었던 어떤 사업 구상보다 가장 현실적이면서도 내가 가장 잘할 수 있을 것 같은 롤 모델"이라고 했다. 그가 생각하는 '진짜 로컬 개발'이 무엇인지를 보여주고 싶은 바람도 담겼다.

"이 땅으로 얼마의 수익을 낼 수 있는가를 고민하기보다 이 동네가 다음 세대까지 사람 살기 좋은 동네로 남으려면 무엇을 남기고 무엇을 바꾸고 또 더해야 할지를 고민해보고 싶어요. 밤에 누워서 이런 생각을 할 때가 가장 설레요."

홍주석 어반플레이 대표는 『로컬전성시대』에서 "소상공인에게는 판매자가 아닌 크리에이터의 자질이 요구된다."라고 했다.

"크리에이터는 로컬 브랜드를 창업한 뒤 이내 로컬 스타트업으로 발전해 나가고 곧 글로벌 서비스로 성장할 가능성까지 내포하고 있다. 이것이 실리콘밸리를 중심으로 성장했던 블루보틀, 포틀랜드의 에이스 호텔 같은 로컬 브랜드가 머지않아 우리 주변에서도 탄생할 수 있는 이유다."

모종린 교수도 "로컬에서 글로벌 기업이 한두 개는 나와야 의미 있는 생태계가 된다."라고 했다. "1인 기업도 있고 사회적 기업도 참여하고 일부는 중견기업이 되고 또 몇몇은 대기업이 되어야 한다."는 것이 그의 생각이다.

"인구로 보면 부산이 350만 명인데 여기에 경남과 울산을 합치면 800만 명이에요. 덴마크 인구가 600만 명밖에 안 되고 스웨덴도 900만 명이죠. 네덜란드가 1,600만 명이고요. 이들 나라에는 세계적인 기업들이 즐비해요. 그런데 왜 인구 800만 명을 가진 부산과 울산, 경남은 세계적 기업을 하나도 만들지 못했을까요.…… 800만 명에 달하는 인적 자원이 낭비되고 있는 거예요."

세계적 브랜드로 성장할 한국의 로컬 브랜드는 지금 어디에 있을까. 윤현석 대표가 답을 해야 하지 않을까? 머지않아 세계인들이 광주를 찾아 '아일랜드 리서치' 로고가 새겨진 옷을 입고 무등산 호랑이가 그려진 맥주를 마시는 모습을 볼 수 있으리라 기대해본다.

윤현석 대표. © 무등산 브루어리

1. 야마자키 미츠히로, 『포틀랜드, 내 삶을 바꾸는 도시 혁명』, 어젠다, 2017.10.15
2. 김성주(아리쭈)의 블로그, 〈여행자를 인도하는 북극성처럼〉 (https://blog.naver.com/bpkarijju/221704434778)
3. 김태관, 『로컬라이프: 나는 지역에서 살기로 했다 2부-로컬 크리에이터, 포틀랜드를 가다』, 〈KBC 광주방송〉, 2019

공간에 깃든 역사와 자연의 가치를 지키다
속초 칠성조선소

윤찬영
'새로운 사회를 여는 연구원' 현장연구센터장이다. 우연한 기회에 강화도에서 몇 년째 고군분투하는 청풍 협동조합을 만나 로컬에 눈을 뜨게 됐고 사람들을 모아 책을 쓰기에 이르렀다. 이제 막 초등학교에 입학한 아들이 더 크기 전에 가족 모두가 대도시를 떠나 어딘가 한적한 로컬에 정착하는 것이 꿈이다. 그 꿈을 실현하기 위해 쓴 책이기도 하다. 『줄리엣과 도시 광부는 어떻게 마을과 사회를 바꿀까』, 『나는 시민 기자다』(공저)를 썼고 앞으로도 꾸준히 사람들을 모아서 또는 혼자서 책을 쓸 생각이다.

칠성조선소 간판 바로 옆으로 가로놓인, 사람 키보다 조금 높은 담벼락은 아침 11시면 어김없이 열린다. 담벼락 한쪽 귀퉁이에 난 작은 문으로 들어서면 바다 같은 호수가 앞마당처럼 펼쳐진다. 처음 찾은 이라면 누구라도 마음이 몽글몽글해지는 풍경. 칠성조선소는 정말 속초를 쏙 빼닮았다.

강원도 속초 청초호(湖) 곁에 자리한 칠성조선소는 1952년부터 이곳을 지켜왔다. 지금은 배를 만들거나 사려고 찾는 이들보다는 차를 마시려고 들르는 이들이 더 많다. 가끔 영화제나 음악 축제가 열려 이 좁은 공간이 미어터질 만큼 많은 인파가 몰려들기도 하고 옛 조선소의 자취를 차곡차곡 쌓아 놓은 기록관에도 소란스럽지 않게 사람들의 발길이 이어진다.

2018년 2월 칠성조선소 터는 살롱과 뮤지엄 그리고 오픈 팩토리라 불리는, 어쩌면 더는 조선소란 이름이 어울리지 않는 공간으로 바뀌었다. 그렇다고 더 이상 배를 만들지 않는 것은 아니다. '칠성조선소'라는 빛바랜 이름을 최윤성, 백은정 두 대표(부부)가 아직 버리지 못하는 이유가 바로 여기에 있다. 그들은 언젠가 다시 이곳에서 배를 만들 날을 꿈꾼다.

고기잡이와 전쟁의 기억이 새겨진 곳

속초는 한때 고기잡이로 이름을 날렸다. 1960년대에는 전국에서 세 손가락 안에 꼽힐 정도로 명태와 오징어가 많이 잡혔다. 명태 철이 되면 저 멀리 경남 마산에서도 고깃배들이 올라왔다고 한다. 한국전쟁 때 남쪽으로 내려온 피난민들은 조금만 버티면 다시 고향으로 돌아가리란 기대감에 삼팔선 가까운 이곳 속초에 잠시 짐을 풀었지만 끝내 돌아가지 못했다. 달리 먹고 살 길이 없던 이들은 고깃배에 올랐고 아무도 살지 않던 바다와 청초호 사이의 모래밭에 움막집을 지었다. 오늘날 '아바이 마을'의 시초다. 1966년 무렵 아바이 마을에는 7,000명이 모여 살았다.

최윤성 대표의 할아버지도 이들 가운데 한 명이었다. 할아버지는 북한에서 손꼽히는 항구도시인 함경남도 원산에서 나무배를 만들던 솜씨 좋은 목수였다. 아바이 마을에서 청초호를 따라 2km 남짓 떨어진 곳을 네 형제가 흙으로 메우고 조선소를 열었다. 처음 내걸었던 이름은 원산 조선소. 고향사람이 조선소를 열었다고 하니 배를 만들어 달라며 피난민들이 너도나도 찾아왔다. 조선소는 날로 번성했다.

조선소를 열고 꼭 한 해 뒤에 아들, 그러니까 최 대표의 아버지가 태어났다. 식구는 계속 불어났다. 그렇게 십수 년을 조선소 곳곳에 작은 집 몇 채를 지어 20여 명의 대가족이 부대끼며 살았다. 그리고 30여 년 뒤인 1986년 최 대표의 아버지가 그 아버지가 세운 조선소를 물려받았다. 서울에서 대학을 나와 번듯한 자동차 회사에 다녔지만 아버지가 세상을 떠나자 홀로 남은 어머니를 도와 가업을 잇기로 했다. 최 대표도 그런 아버지를 따라 여섯 살 때 속초에 왔다. 조선소 한켠에 있던 집 문을 열고 나오면 마당이자 작업장에는 늘 나무 냄새가 가득했고 나무 자르는 소리가 끊이지 않았다. 그렇게 배 만드는 모습과 소리를 보고 들으며 고등학교 졸업할 때까지 이곳에서 자랐다.

그러나 어업도 조선업도 시대 변화를 비껴갈 수는 없었다. 어획량이 줄고 새 배를 찾는 이들도 점점 줄었다. 어부가 줄어드는 데야 어쩔 도리가 없었다. 유리섬유 강화 플라스틱(FRP)으로 찍어내듯 배를 만들게 되면서 더는 힘들게 나무를 휘고 깎아 배를 만들 필요도 없어졌다. 1990년대 후반부터는 철선도 만들었지만 경쟁이 심해지다 보니 그것도 남는 것이 별로 없었다. 게다가 더 큰 어선들이 늘면서 칠성조선소처럼 작은 배를 다루는 곳들은 점점 설 자리를 잃었다. 그나마 배를 고치는 일이 간간이 들어와 버틸 수 있었다. 청초호 주변에만 9개나 있던 조선소들도 지금은 거의 문을 닫았다.

최윤성 대표가 처음부터 배를 만들겠다거나 조선소를 물려받을 생각을 한 것은 아니다. 사실 그는 어릴 적부터 조선소 일은 절대 할 생각 말라는 말을 들으며 자랐다. 그래도 몸을 써서 일하고 만드는 것을 좋아하다 보니 대학에서 미술(조소)을 전공했다. 아내인 백은정 대표도 그곳에서 만났다. 배를 만들 생각으로 조소를 선택한 것도 아니었다. 그저 무언가 만드는 일을 좋아했을 뿐인데 고등학교 시절 그의 손재주를 눈여겨 본 미술 선생님이 부모를 설득해 미대에 진학하도록 했다. 마침 미술 선생님도 돌을 조각하는 작가였다.

대학에서 조소를 하면서는 자연스럽게 무얼 만들까를 고민하게 되었고 어릴 적부터 보아온 배 만드는 일을 흉내 내보기 시작했다. 졸업하고 2006년 무렵 문래동에 작업실을 내고 나서는 주변에 버려진 목재들을 가져다가 배를 만들었다. 물론 물에 띄울 수 있는 배가 아니라 예술작품으로서의 배였다. 그러다가 불현듯 정말 물에 뜨는 배를 만들어보고 싶다는 생각이 아주 강하게 들었고 더 미루면 앞으로 영영 못할 것 같다는 불안감이 덮쳐 왔다. 그래서 배 만드는 법을 배우러 미국 유학을 떠났다. 배 제작과 디자인 전문학교인 메인(Maine) 주의 랜딩스쿨(The Landing School of Boat Building and Design)에서 3년을 공부했다.

"배 만드는 일이 너무 좋았어요. 그때 결심했어요. 이게 내가 찾던 일이라는 게 너무 강하게 느껴졌죠. 매일매일이 정말 너무 좋았어요. 배를 끔찍이 좋아하는 친구들이 모여 있었고 교수님도 수업시간에는 꿈속에서 사는 것처럼 행복하다고 할 정도였어요. 진심이란 게 그대로 느껴졌죠."

그는 유학을 떠난 3년 동안 거의 하루도 빠지지 않고 배를 만들었다. 한 번은 배를 만들다 손가락에 큰 가시가 박혀서 혼자 낑낑대며 빼낸 적이 있다. 고통스러웠지만 막 웃음이 났다고 했다. 왠지 진짜로 배 만드는 사람이 되어 가는 것 같아서였다. 그는 그때 깨달았다고 한다. '이 뿌듯함을 평생 느끼며 살고 싶다.'[1] 지금도 조선소 한 켠에는 그가 미국에서 아내인 백 대표와 함께 만든 배 'Nuh Wa Na(너와 나)'가 이곳을 찾는 사람들을 반기고 있다. 아직 돛을 달지 않은 미완성인 채다. 최 대표는 배 만드는 기술은 백 대표가 훨씬 낫다고 했다. 이해력, 응용력, 순발력 모든 면에서 말이다.

수업이 끝나면 친구들끼리 배를 만들기도 하고 근처 조선소에 놀러 가서 일하는 사람들과 어울려 밤새 술을 마시기도 했다. 학교 근처에는 100년도 더 된 조선소도 있었는데 그 오랜 역사를 고스란히 간직하고 있었다. 초등학교나 중·고등학교 또는 대학교에서 며칠씩 배를 만들려고 찾아오기도 했다. 이토록 자연스러운 문화가 너무 부러웠다. 그리고 우리나라에서 똑같은 공간을 만들어 보고 싶다는 생각이 조금씩 싹텄다. 교수들도 응원을 많이 해줬다. 2013년 그렇게 최윤성 대표는 백은정 대표와 다시 고향인 속초 칠성조선소로 돌아왔다.

마침 우리나라에서도 카누나 카약 등의 레저용 배 시장이 조금씩 커져 가고 있었다. 그래서 그해 겨울 조선소 빈터에 새로운 작업장을 짓기 시작했다. 배 수리 업무만으로 근근이 조선소를 끌고 가던 상황이었지만 무리해서 대출을 받았다. 천장이 높은 커다란 작업장을 세우고 천장에는 배를 운반할 수 있는 크레인도 달았다. 와이 크래프트 보츠(YCRAFTBOATS)라는 브랜드도 내걸었다. 그는 미국에서 와이(Y)로 불렸다. 그러니까 'Y가 손으로 만든 배'라는 뜻이다.

"일 년 동안 모델 개발에 매달려 그레베(Grebe) 16이라는 카누와 라루스(Larus) 16이라는 카약을 제작했어요. FRP와 카본, 아라미드같이 가볍고 물성이 높은 섬유로 내구성을 높였고 디자인에도 공을 많이 들였어요."

처음부터 고객이 바라는 대로 만들려면 비용이 너무 많이 든다. 그래서 카본 같은 신소재로 어느 정도 틀을 만든 뒤에 주문이 들어오면 고객의 취향에 맞게 색을 칠하고 내부를 꾸미는 방식으로 작업했다. 카누와 카약은 비슷해 보이지만 모양도 출발도 다르다. 카누는 밀림에 사는 원주민들이 강이나 호수에서 수렵과 이동을 목적으로 만든 배이고 카약은 북극 에스키모나 이누이트족이 거친 바다에서 물개와 고래를 사냥하려고 만든 배다. 카누는 우리가 생각하는 배 모양과 비슷하지만 카약은 몸체 두께나 너비가 더 얇고 덮개가 있어 다리를 감싼다. 카약이 더 날렵하기도 하다. 그는 어느 인터뷰에서 그 느낌을 이렇게 표현했다.

"세일 보트는 아무 소리도 나지 않고 바람 소리만 난다. 모터 소리 없이 정말 조용한데 바람이 불어오면 바람 소리만으로 앞으로 나아가는 느낌은 정말 새로운 경험이다. 카누나 카약은 또 다르다. 배에 타면 바로 옆에 물이 있다. 물 위에 떠 있는데 수면과 너무 가까워서 손을 뻗으면 물이 닿을 것만 같다. 그런 배 위에 앉아서 노를 저으면 앞으로 나아가는데 이게 또 신선놀음 같다. 한 번 타보면 누구라도 그 매력에 빠질 수밖에 없다."[2]

하지만 상황은 그의 기대와 다르게 흘러갔다. 수요는 더디게 늘어가는데 공급은 가파르게 늘었다. 새로운 시장이 열리자 너도나도 외국의 카누와 카약들을 들여와 팔았다. 최 대표도 들어보지 못한 브랜드들도 막무가내로 들여왔다. 결국 얼마 못 견디고 2016년 무렵부터 수입업체들이 하나둘씩 부도를 내기 시작했다. 와이크래프트 보츠도 어렵기는 마찬가지였다. 한 척에 300만 원짜리 배를 4년 동안 네 척밖에 못 팔았다. 관심이나 반응은 적지 않았지만 막상 제작을 의뢰하지는 않았다. 아파트 주거율이 높은 우리나라에서는 배를 보관할 만한 곳이 마땅치 않은 것도 구매를 망설이는 이유였다.

"따지고 보면 제가 벌인 일 때문에 조선소가 더 어려워졌고 문을 닫게 된 거잖아요. 레저 선박으로 방향을 틀어야 조선소가 살아남을 수 있을 거라고 생각하고 무리하게 밀어붙였던 건데…… 아이들이 탈 수 있는 좀 더 작은 배도 만들어봤는데 손이 너무 많이 갔어요. 결국 그것도 접었죠."

결국 최 대표도 2017년에 손을 들었다. 조선소를 팔기로 한 것이다. 조금 더 땅값이 싼 곳에서 다시 시작할 마음도 있었지만 일단 이곳은 떠나기로 마음먹었다. 칠성조선소 터는 상업지구여서 세금이 비싼 데다 바다에 접해 있어 한 해 수백만 원의 바다 사용료도 내야 한다. 레저 선박은 고깃배보다 작아서 굳이 바다에 접해 있지 않아도 된다. 그렇다 해도 적지 않은 돈으로 대출을 받아 시작한 사업이라 실망감이 이만저만이 아니었다. 그는 "자존감이 완전 바닥이었다."라고 회상했다.

다행인지 불행인지 땅은 팔리지 않았다. 그때 운명처럼 강원창조경제혁신센터에서 연락이 왔다. 새로운 사업을 기획해보지 않겠냐는 제안이었다. 로컬을 기반으로 한 청년혁신창업기업 육성사업이었다. 처음에는 거절했다. 공공기관에서 지원을 받았던 경험이 안 좋은 기억으로 남아서다. 그는 "더럽고 치사하고 아무 의미가 없던 기억"이라고 했다. 그래도 한 번 더 속는 심정으로 센터에 찾아가 한종호 센터장과 이선철 감자꽃 스튜디오 대표를 비롯한 멘토들을 만났다. 그 자리에서 마음을 고쳐먹었다. 그냥 지원금만 던져주고 이것저것 간섭하려 드는 기관은 아니라는 인상을 받았다. 그는 "우리한테 잘한다고 이야기해준 사람은 처음이었다."라고 말했다. 그날 최 대표는 백 대표한테 조심스레 "한 번 해볼까?"라고 물었다. 아내도 같은 마음이었다.

두 사람은 옛 공간들을 역사 기록관이자 문화 공간으로 리모델링하고 사람들에게 배 만드는 법을 알려주면서 근처 영랑호에 나가 직접 배를 타보는 투어 프로그램을 사업 계획으로 정리해보기로 했다. 투어 프로그램은 벌써 몇 차례 진행하면서 좋은 반응을 확인했던 일이다.

"부모님이 이곳을 정리하겠다고 하셨지만 마음 한구석에는 미련이 남아 있다는 걸 알고 있었어요. 저도 이곳이 그냥 사라지는 게 견딜 수 없을 만큼 싫었죠. 가장 큰 바람은 옛 모습을 지키면서 사람들이 계속 찾아와 놀기도 하고 생산적인 일을 할 수 있는 공간으로 만드는 거였어요."

최 대표의 바람은 소박했다. 이곳에서 계속 배를 만들지는 못하더라도 흔적도 없이 사라지지 않았으면 하는 것이다. 여기에 더해 계속 쓸모 있는 공간이자 살아 있는 공간으로 남았으면 하는 바람이었다. 가족의 추억이 깃든 공간이어서만은 아니다. 이곳은 로컬의 흔적과 역사의 자취가 고스란히 남아 있는 모두의 공간이기도 하다는 것이 그의 생각이다. 그래서 그가 가장 공을 들여 한 일은 칠성조선소의 이야기들을 하나하나 모아 정리하고 사람들에게 보여줄 수 있는 공간과 콘텐츠로 다듬는 것이었다. 속초라는 로컬의 역사를 정리해 다음 세대에게 전하려는 노력이기도 했다.

먼저 '칠성조선소의 오래된 미래'라는 거창한 마스터플랜을 세웠다. 그리고 그동안 이 공간에서 있었던 일들을 하나하나 정리해 보기로 했다. 공간 곳곳에 먼지가 켜켜이 쌓인 채 숨어 있던 조선소의 이야기들을 찾아내 먼지를 털어내고 사람들 앞에 꺼내놓았다. 오래된 이야기들을 어떻게 보여줄 것인가도 고민거리였다.

"아버지 일을 도와드리면서 이곳저곳 살펴보니 기록이라고 할 만한 것들이 아무것도 없더라고요. 속초에서 조선소는 너무 흔했기 때문이죠. 그래서 그때부터 조금씩 남아 있는 것들을 찾아다녔어요. 지켜야겠다는 사명감보다는 개인적인 아쉬움이 컸어요."

그는 "센터 식구들과 멘토들이 정말 자기 일처럼 도와줬다."라고 했다. 틈만 나면 찾아와서는 같이 이야기하고 격려해주었다. 부모님을 평창으로 데리고 가서는 청년 혁신가들이 만들어가는 새로운 공간들을 함께 둘러보기까지 했다. 땅을 팔려고 해도 어차피 제값 주고 사줄 사람도 없을 테니 딱 2년만 아들 부부와 자신들을 믿고 기회를 달라고 했다. 결국 최 대표의 부모는 땅을 팔려던 마음을 접었다. 칠성조선소를 발굴한 장본인이자 멘토였던 이선철 대표는 대체 무엇을 보았던 걸까.

"칠성조선소는 운영자의 철학과 태도, 장소의 역사성과 매력, 콘텐츠의 경쟁력 등 여러 면에서 제가 가진 기준에 아주 잘 부합했어요. 특히 전형적인 실향민 가족사를 가지고 있었고 산업 유산의 가치를 고스란히 보존하고 있으면서도 '배'라는 공통의 오브제를 너무나 세련되게 대를 이어 발전적으로 계승하고 있는 점이 인상적이었어요. 무엇보다도 무슨 거창한 사회적, 공의적 측면의 가치보다는 민간 독립공간으로 시장에서도 충분히 경쟁력이 있다고 생각했어요."

그의 말처럼 칠성조선소가 기획한 사업 계획은 강원도에서 1등을 한 데 이어 강원도를 대표해 참가한 전국 대회에서도 1등을 했다. 우승 상금으로는 3,000만 원을 받았다. 추석쯤 리모델링 공사를 시작하려고 했는데 그해 여름 갑자기 최 대표의 아버지가 몸이 급격하게 안 좋아졌고 결국 큰 수술을 받게 되었다. 더 이상 배를 고치는 일을 할 수 없는 상황이 된 것이다. 그래서 곧바로 조선소 문을 닫고 주변 공사에 들어갔다. 비용이 충분치 않아 작업은 포크레인을 부르는 것 말고는 거의 두 부부가 직접 해야 했다.

얼마 지나지 않아 운 좋게도 2018년 한국관광공사의 '테마여행 10선' 공모에 칠성조선소가 선정되었다. 2억 원이나 되는 큰돈을 지원받았고 이 가운데 40%를 공간 조성에 쓸 수도 있었다. 이때부터는 공간을 다듬는 데 꽤 공을 들였다. 가급적이면 바꾸지 않고 옛 모습 그대로를 보여주고 싶었다. 배를 올려놓고 수리하던 선대라는 기계는 그 위에 나무를 올려 사람들이 앉아 쉴 수 있도록 했다. 호수에서 배를 끌어 올리거나 내리던 철로와 묵직한 쇠사슬도 그냥 그대로 두었다. 처음 조선소에 들어서면 커다란 호수와 함께 눈에 들어오는, 이곳이 조선소 터라는 사실을 알려주는 상징들이다.

칠성조선소의 협력사이던 협성기계 작업실은 전시공간으로 꾸몄다. 20여 년 만에 '북양'이라는 목선을 2분의 1 크기로 다시 만들어 전시해두었다. 출입구 겸 사무실이 있던 자리에는 옛날 사진과 나무 도면을 걸어놓았다(종이처럼 찢어지거나 물에 젖지 않아 전에는 나무에 도면을 그렸다). 처음 찾아온 사람들에게 이곳이 어떤 공간이었는지를 알려주려는 뜻이다. 작업장으로 쓰던 넓은 공간은 공연이나 영화제를 할 수 있도록 무대를 마련하고 스크린을 달았다.

처음에는 에코뮤지엄(Ecomuseum)을 생각했다. 더는 조선소로 쓰진 않지만 조선소로 쓰이던 때의 자취는 그대로 간직하면서 이곳을 찾는 사람들과 다양한 방식으로 소통하는 그런 '살아 있는 박물관'을 머릿속으로 그리고 있었다. 하지만 어떻게 수익을 낼 것인지 답을 찾지 못했다. 입장료를 받거나 사람들이 며칠 머물 수 있는 공간을 마련해볼까 생각도 해봤고 책을 비롯한 다른 콘텐츠를 만들어 팔아볼까도 생각해봤다. 그러다가 입장료를 받기보다는 커피를 팔기로 했다. 그래서 2018년 2월에 조선소 입구 옆의 자그마한 건물에 카페를 열고 '칠성조선소 살롱'이라는 이름을 붙였다. 하지만 30명도 못 들어갈 만큼 공간이 워낙 작은 데다가 오래된 건물이라 냉난방도 만족스럽지 않았다. 비가 오는 날이면 천장에서 비도 샜다. 하루에만 4,000명이 찾는 날도 있었으니 그런 날이면 하나밖에 없는 작은 화장실이 막히기 일쑤였다. 덕분에 정화조 뚫는 데는 이력이 났다. 그래도 그곳에서 일 년 넘게 버텼다. 일년간 뮤직 페스티벌과 영화제, 프리마켓 등을 진행했다. 영화제의 주제는 바다. 바다 이야기를 담은 국내외 단편 독립영화들을 찾아 상영했다. 캐나다 원주민들이 전통 방식으로 카누를 만드는 과정을 담은 두 시간짜리 영상도 있다. 내내 도끼질 소리, 나무 켜는 소리 그리고 새소리만 들린다.

뮤직 페스티벌은 유명 뮤지션들을 많이 불러 모았다. 일본에서 뮤지션이 오고 대만에서 촬영팀이 왔다. 800명이나 몰렸지만 적자였다. 그나마 젊은 시절 록밴드 활동을 했던 최 대표의 인맥을 활용한 덕에 적은 예산으로 해낼 수 있었다.

새로운 콘텐츠도 꾸준히 만들어냈다. 조선소에서 평생을 일한 양태인(85), 전용원(68) 두 목수의 삶을 기록한 인터뷰집 『나는 속초의 배 목수입니다』 도 출간했다. 양태인 목수는 20대이던 1960

년대, 그러니까 최 대표의 할아버지 때부터 함께 일했고 전용원 목수는 흥남 조선소에서 일하던 아버지가 거제도로 피난 와 있을 때 태어났다. 그는 아버지와 함께 부산까지 갔다가 곧 통일이 될 것이라는 말에 다시 이곳 속초로 왔다. 조선소에서 일하던 아버지에게 도시락을 배달하며 어깨너머로 일을 배우다가 아버지처럼 배 목수가 되었다. 그는 지금 속초에서 가장 나이 어린 배 목수다. 책에서 "물이 들어간 자리에 창호지 같은 걸 넣어서 종이가 젖으면 돈을 안 받았다."라는 대목이 나올 만큼 배 만드는 일에 대한 자부심이 크다. 그가 없었다면 북양을 복원할 엄두도 내지 못했을 것이다.

다행히도 다시 문을 열고 나서는 사람들이 찾아들기 시작했다. 특별히 홍보를 하지도 않았는데 주변 사람들이 열심히 알려준 덕에 신기하게도 공사가 끝나기 전부터 사람들이 찾아왔다. SNS에도 제법 많은 사람들이 찾는다. 그는 "딱히 사람들과 소통하려고 애쓰지는 않는다."라고 했다. 그의 성향도 그렇고 아직은 그럴 여력도 없기 때문이다.

과거에서 떠나온 배, 미래로 항해하다

제재소가 있던 자리에는 잘린 나무들이 잔뜩 쌓여 있었는데 어릴 적 친구들과 날마다 어울렸던 추억이 서린 곳이다. 숨바꼭질이며 잡기놀이며 버려진 나무로 칼싸움을 하며 조선소 곳곳에 누워 있던 배들 사이를 누볐다. 배 안에 들어가서는 어두워질 때까지

최윤성 대표의 아버지가 새로 쓴 '칠성 조선소' 간판. © 칠성조선소

나오지 않기도 했다. 아직 칠도 안 된 배 안을 가득 채우고 있던 나무 냄새는 지금도 잊히지 않는다. 바닥에는 배에서 깎여 나간 톱밥들이 늘 푹신하게 쌓여 있었다. 지금 돌아보면 커다란 배에, 여기저기 날카로운 쇠붙이 연장들에, 또 배를 끌어올리는 묵직한 철로와 쇠사슬까지 뒤섞여 있던 꽤 위험한 작업장이었지만 한 번도 크게 다친 적이 없었다고 한다. 최 대표는 자신이 그랬듯이 아이들이 나무를 만지며 마음껏 뛰어놀 수 있는 놀이터로 이곳을 꾸며보고 싶다는 생각을 했다. 그렇게 2018년 11월 오랫동안 꿈꿔온 놀이터가 탄생했다. 주말이면 이 낯선 놀이터가 아이들로 북적인다. 아이들은 이곳에서 노는 법을 스스로 터득해간다.

“처음 이곳을 어떻게 바꿀까 구상할 때부터 제일 먼저 떠올렸던 공간이기도 해요. 아이들이 나무를 가지고 마음껏 놀 수 있는 곳이었으면 좋겠다고 생각했어요. 그래서 속초하면 떠오르는 산이나 숲, 파도 같은 것들을 생각하면서 디자인했어요.”

최근에는 서체회사와 협력해 아버지 글씨체로 새로운 서체를 만들어 배포했다. 모든 조선소들이 배를 다 만들고 나면 물에 띄우기 전에 마지막으로 직접 이름을 새겨 넣었는데 아버지도 그런 일을 오랫동안 해오셨다. 최 대표는 어렸을 때부터 아버지의 글씨체가 멋있다고 생각했다. 또 칠성조선소를 가장 잘 드러낼 수 있는, 정체성이 담긴 글씨체라고도 생각했다. 항구에 세워진 고깃배들은 모양도 색도 다 똑같았는데 글씨체만은 저마다 달랐다. 그래서 글씨체만으로 아버지가 만든 배를 구별해낼 수 있었다. 새 서체에는 ‘칠성조선소체’라는 이름을 붙였다. 새 서체를 만들려고 아버지는 500자 넘는 글자를 붓으로 썼다. 대체 이것을 왜 하느냐며 툴툴대던 아버지도 막상 서체가 나오자 좋아했다.

“사람들이 사진을 많이 찍는 곳에 있는 ‘칠성조선소’라는 큰 글씨를 아버지가 쓰셨어요. 2018년 2월에 새로 문을 열기 전에 건물 칠을 다 벗기고 말이죠. 제가 먼저 써달라고 부탁드렸어요. 추운 날이어서 그랬는지 다섯 글자를 쓰시고 나서 아프셨어요. 그때 ‘아, 이 작업은 꼭 해야 하는 일이었구나.’ 하는 생각이 들었어요.”

2019년 11월에 6년 전 만들었던 커다란 작업장을 카페로 바꾸고 칠성조선소 살롱을 옮겨왔다. 큰 결심이었다. 봄에 옮기기로 결정하고 여름에 공사에 들어가 겨울에야 끝이 났다. 그리고 다섯 달 정도가 지났다. 20명만 들어가도 꽉 차던 카페가 이제는 2층에만 100명이 들어갈 수 있다. 1층에는 탁자가 몇 개 없다. 처음에는 워크숍 같은 용도로 쓰려고 아예 비워뒀다가 다리가 불편한 손님들이 있어 어쩔 수 없이 의자와 탁자를 몇 개 두었다. 카페를 새롭게 열고나서 곧바로 코로나 19 사태가 터지는 바람에 잠시 찾는 사람이 줄기는 했지만 다행히 얼마 지나지 않아 다시 사람들이 찾아왔다. 속초를 청정지역이라 여긴 덕이다. 5월 어린이날을 앞두고 이어진 연휴 때는 감당하지 못할 만큼 사람들이 몰려왔다. 차가 막혀 서울에서 6시간 걸려 왔다는 이들도 있었다.

멀리서 찾아와서는 사진만 찍고 가는 사람들이 대부분이라 아쉬울 때도 있다. 주말에만 사람들이 몰리고 평일에 한산한 것도 아직은 넘어야 할 산이다. 그래도 좋아하는 일을 꾸준히 하다 보면 함께 좋아해주는 사람들이 더 모이고 단단하게 쌓일 수 있을 것이라고 기대하면서 일하고 있다. 워낙에 계획대로 흘러온 시간들이 아니어서 요즘은 '어쩌다가 여기까지 왔나?' 하는 생각이 들기도 한다. 그래도 최 대표는 장모가 자랑스럽게 친구들을 데려올 때면 잘한 결정이었다는 생각이 든다고 했다.

"생각했던 것보다는 수익이 많이 나긴 하지만 처음부터 카페를 하려고 이곳을 연 건 아니잖아요. 카페는 수익 모델일 뿐이었죠.

정말 하고 싶은 일들을 계속 벌이다 보니 카페를 유지하는 것만으로도 벅차요. 또 여느 카페에 비해서는 매출이 높다고 할 수도 있지만 이 넓은 공간을 운영하기에는 만만치 않아요."

카페 규모가 커지다 보니 지금은 직원도 많다. 하지만 주 4일 근무를 유지하고 있다. 매일 열지만 직원들은 돌아가면서 10시간씩 4일을 일한다. 월급을 많이 못 주더라도 최대한 자기만의 시간을 가질 수 있도록 애쓰고 복지에도 공을 들이고 있다. 물론 대표는 주 4일만 일할 수 없다. 최 대표는 카페로 어느 정도 안정적인 수익을 만든 뒤에 하고 싶은 일을 더 많이 해보고 싶다고 했다. 하지만 아직은 갈 길이 멀다. 카페를 꾸려가는 데 시간과 손이 많이 간다.

2018년에 이어 2019년에도 영화제를 열었다. 직접 주관한 것은 아니고 아시아나 국제 단편 영화제 장소로 제공했다. 2020년에도 여러 방식으로 재미있는 일들을 벌여 볼 생각이다. 작은 공간에서 꾸준히 할 수 있는 일이 무엇일까를 계속 고민하고 있다고 했다. 그는 "어렴풋이 아티스트 레지던스는 어떨까 하는 상상도 해봤는데 결국 수익 모델을 만들어내는 것이 중요하다."라고 말했다. 언제부턴가 근처에 카페가 많이 늘었다. 최 대표는 칠성조선소는 카페가 아니라서 그들과 비교하지 않기로 했다.

"살롱(카페)만을 운영하는 건 아니니까요. 칠성조선소라는 이 공간 전체를 어떻게 더 단단하고 더 재미나고 지속할 수 있는 공간으로 만들 것인지 날마다 고민하고 또 고민해요. 사업가 마인드도 조금씩 갖추어가고 있죠."

카페에 사람들이 몰리면서 다른 일들을 시도할 엄두를 못 내고 있다. 갖추어야 할 것들도 늘고 재료 공급부터 시작해서 일손 관리까지 할 일이 많다. 최 대표는 이러한 부분들을 먼저 해결해야 다른 일에 집중할 수 있을 것 같다고 했다. 손님은 늘었지만 여전히 빚도 많다. 인테리어 공사에도 돈이 제법 많이 들었고 공간이 커진 만큼 직원도 늘었다. 그는 "다시 몇 년 전으로 돌아가면 이렇게 못 할 것 같다."라고 했다. 고비마다 예상치 못한 어려움을 맞닥뜨려야 했기 때문이다.

"후회한다는 말은 전혀 아니에요. 너무 보람되고 너무 좋고 정말 너무 감동적이죠. 사람들을 만난 것도 그렇고요. 하지만 다시 겪고 싶지 않을 만큼 힘든 시간도 있었던 게 사실이에요. 그냥 그때로 돌아가서 이 과정을 또 겪기는 너무 싫어요."

얼마 전에는 박영선 중소벤처기업부 장관이 칠성조선소를 찾았다. 강원창조경제혁신센터와 함께 '강원 로컬 크리에이터 페스타'를 열었던 것. 이 자리에서 박 장관은 칠성조선소를 로컬에 활기를 불어넣은 로컬 크리에이터의 좋은 보기라고 추켜세웠지만 정작 속초시의 생각은 다르다. 속초시는 벌써 몇 년째 칠성조선소 한쪽을 밀어 새 길을 내겠다는 뜻을 굽히지 않고 있다. 벌써 50년 가까이 지나 일몰제로 효력을 잃었을 법한 1970년대 도시계획이 시가 내세우는 근거인데 그렇게 되면 칠성조선소의 역사와 이야기가 담긴 건물은 모두 사라지고 새로 지은 살롱만 덩그러니 남게 된다. 엄연히 최 대표의 할아버지가 일군 개인 소유의 땅이지만 아무리 하소연해도 시는 막무가내다. 한 번은 담당 공무원들이 찾아와서는 멋대로 측량을 해 가더니 또 다른 날에는 불도저로 밀어버리겠다며 겁주기도 했다. 때때로 불안한 마음에 일이 손에 안 잡히는 것도 문제이지만 건물들이 도시계획에 묶여 용도 변경이나 증축이 안 되는 것도 이만저만 불편한 것이 아니다. 시는 공익사업을 개인이 막아서는 안 된다고 하지만 어떻게든 이 공간을 지키려고 여기까지 힘들게 온 최 대표로서는 억울하다.

사람들이 찾는 오래된 골목길과 건물을 모두 없애고 넓고 깨끗한 새 길을 내면 정말 지금보다 더 많은 사람들이 이곳을 찾을까? 1970년대에 내기로 했던 길을 50년 가까이 지난 지금에서야 그것도 같은 자리에 내는 것이 여전히 옳은 일일까? 최 대표의 이야기를 들으며 머릿속에서 여러 의문이 떠나지 않았다. 이선철 대표도 아쉽다고 했다.

"칠성조선소는 지역에서 매우 유니크하고 의미가 큰 성공 사례에요. 성과를 이어 나가는 건 당연히 운영자의 몫이겠으나 지역 또는 지자체의 관심과 지원이 어떻게 더해지느냐에 따라 명성과 평판을 더 높일 수도 있고 외로운 고군분투가 이어질 수도 있죠. 그게 지역의 현실이에요."

최 대표는 요즘도 10시만 되면 힘들어서 기절하듯이 잠자리에 든다고 했다. 옛 친구들을 만나 술자리를 가진 적도 없다. 시간도 돈도 체력도 없었던 탓이다. 8시에 문을 닫으면 아들과도 놀아주고 여러모로 고민도 많이 해야 한다. 배를 만들고 싶다는 생각은 아직 버리지 않고 있다. 1층 카페 안쪽에는 작업실도 마련해 두었고 기회가 된다면 인터넷 영상 콘텐츠를 만들어보고 싶다고 했다.

"교육이라고 하기엔 좀 거창하고 그냥 애들이랑 같이 배를 만들어보고 싶어요. 전문 공방보다 더 쉽게 배를 만들어보고 띄워보고 또 타보기도 하고…… 아이들이 놀이하듯이 해볼 수 있도록 하는 게 꿈이에요."

처음부터 큰 배를 만드는 법을 가르치기보다는 기본적인 목공 기술부터 가르칠 생각이다. 다음에는 플라스틱을 비롯한 여러 소재들을 다루고 마지막으로 배 만드는 법까지 이어가볼 생각이다. 그는 한두 명이 만들어 탈 수 있는 작은 배들도 얼마든지 있다고 했다. 아홉 살인 아들과 함께 만들 수 있는 프로젝트도 해볼 생각이다. 외국에는 합판 서너 장만으로 배를 만들 수 있는 도면이나 콘텐츠들이 많이 있다. 팁스 프롬 쉽라잇(Tips From Shipwright, Shipwright는 배 만드는 기술자를 뜻한다)이란 채널을 운영하는 배 제작자는 구독자가 13만 명이 넘는다. 몇 달 동안 배 만드는 과정을 영상으로 찍어 올리기도 한다. 그렇게 올린 영상이 160개가 넘는다.

칠성조선소를 꾸려가는 일은 여전히 어렵다. 아직 갚아야 할 빚도 많고 언제까지 외부 지원에 기댈 수도 없는 노릇이다. 그를 버티게 하는 힘은 무엇일까? 그는 "이곳을 지키고 싶을 뿐"이라고 했다.

"어떻게 보면 고집이나 욕심을 부린 것일 수도 있어요. 그냥 여기가 없어지는 게 너무 싫었어요. 그런 상황에서 할 수 있는 일이 이것뿐이었죠."

아버지는 지금도 가끔 나와서 청소를 돕는다. 여전히 둘 사이에는 대화가 많지 않다. 말은 안 해도 최 대표의 아버지는 이곳을 꿋꿋이 지키고 있는 아들을 무척이나 자랑스러워하고 있을 것이다.

최 대표는 시간이 흘러 5년 뒤, 10년 뒤에는 지금보다 조금 더 자유로워졌으면 하는 바람이 있다. 이곳을 떠나 산에 새로운 터전을 마련해 집도 짓고 화덕, 사우나, 놀이터도 만들어보고 싶다는 생각도 해봤다. 그는 공간과 조형물에 관심이 많다고 했다. 지금도 카페 일로 바쁘지만 이 널찍한 공간을 끊임없이 손보고 있다.

정석 서울시립대 도시공학과 교수는 『도시의 발견』 이란 책에서 도시의 낡고 오래된 것을 기막히게 되살린 최고의 반전 사례로 슬로베니아의 수도 류블랴나에 있는 호스텔 첼리차(Hostel Celica)를 꼽았다. 19세기에 오스트리아-헝가리제국의 군대 감옥으로 지어진 이 건물은 유고연방을 거쳐 슬로베니아가 연방으로부터 독립하면서 더는 쓸모가 없어졌다. 그러자 이 빈 공간을 패기 넘치는 예술가들이 점거했다. 류블랴나 시 당국은 건물을 철거하려 했으나 예술가들이 끈질기게 버티는 바람에 결국 청년들을 위한 문화공간과 호텔로 탈바꿈했다. 지금은 전 세계에서 배낭여행객들이 이곳을 찾아온다고 한다. 객실마다 다른 건축가가 설계해 그 옛날의 철문이 그대로 남아 있는 곳도 있다. 정 교수는 이 책에서 "호스텔 첼리차는 디자인보다도 그 역사가 특별하다."라고 했는데 그의 말처럼 이곳만의 독특한 분위기를 자아내는 것은 남아 있는 철문이 아니라 건물 곳곳에 스며 있는 역사일 터다.

"오래된 건물과 장소를 없애고 새로 짓는 것은 어렵지 않다. 누구나 할 수 있는 일이다. 아무나 할 수 없는, 진짜 어려운 일은 오래된 것을 되살리는 일이다. 그것이 진정한 건축이고 참한 도시설계다. 지혜와 사랑하는 마음 그리고 섬세한 손길이 있어야 가능한 일이다."[3]

칠성조선소가 이 어려운 일을 해내고 있다. 부모로부터 물려받은 땅이 있어 남들보다 쉽게 여기까지 올 수 있었다고 생각할지 모르겠지만 결코 그렇지 않다. 최윤성, 백은정 대표는 팔리지도 않는 낡은 조선소와 그 터를 지키려고 남들보다 더 큰 빚을 얻어가며 끊임없이 새로운 시도를 해왔다. 지혜와 사랑하는 마음 그리고 섬세한 손길로 말이다.

모종린 교수는 『골목길 자본론』에서 '역사가 작품이 되는 도시 에든버러' 이야기를 들려준다. 스코틀랜드의 수도이자 50만 명이 사는 작은 도시 에든버러는 우리에게 '해리 포터의 도시'로 잘 알려져 있다. 조앤 롤링이 『해리 포터와 마법사의 돌』을 쓴 곳이자 소설의 배경이 된 도시다. 모 교수는 지역의 역사와 상상력의 융합 덕분에 에든버러가 세계에서 손꼽히는 이야기 산업의 중심지로 자리매김할 수 있었다고 말한다. 그러면서 이러한 당부를 덧붙인다.

"우리는 지금부터라도 지역 콘텐츠 산업을 육성하기에 앞서 지역의 역사와 정체성이 경관과 문화를 통해 드러나는 도시를 육성해야 한다. 역사 속에 사는 것이야말로 과거가 현재로 이어져 미래를 창조할 풍부한 영감을 얻는 이야기 산업의 원천이기 때문이다."

역사를 공간 안에 담고 있는 칠성조선소는 사람들을 불러 모으기도 하지만 이곳을 다녀간 사람들로 하여금 새로운 이야기를 써내려갈 수 있도록 영감을 주기도 한다. 역사가 스며든 공간만이 가진 특별한 힘이 있기 때문이다. 앞으로 칠성조선소가 어떻게 쓰일지, 또 어떤 가치를 만들어낼지는 그래서 섣불리 짐작하기 어렵다.

그리고 한 가지 더, 칠성조선소에서 만날 수 있는 것은 역사만이 아니다. 칠성조선소 살롱은 속초의 자연과 잘 어울리는 흔치 않은 공간이다. 바닷가에 자리하고 있어서만이 아니다. 탁 트인 바다가 보인다고 해도 이리저리 사람에 치일 만큼 좁고 복잡하다면 굳이 안으로 들어갈 이유가 없다. 칠성조선소 살롱은 바닷바람과 사람이 여유롭게 머물다 갈 만큼 천장이 높고 탁자들 사이도 널찍하다. 그래서 안에서도 속초의 자연과 풍광을 온전히 느낄 수 있다. 바다를 잘 아는 사람들이 만들어서 그런 것이 아닐까. 앞으로 최윤성, 백은정 두 대표가 만들어갈 칠성조선소와 배는 어떤 모습일까, 부디 두고두고 지켜볼 수 있기를 바란다.

칠성조선소에서 나무배를 만들던 모습. 오른쪽 구석에 '칠성조선소' 간판이 보인다.
© 칠성조선소

기록의 공간이자 아담한 문화 공간으로 탈바꿈한 옛 건물의 내부 모습. © 칠성조선소

1. 김영건, 최윤성, 박현성, 『나는 속초의 배 목수입니다』, 2018.12.19
2. 평창문화올림픽 문화자원봉사단 상상별동대, “수제 보트, 카약과 카누를 만드는 와이 크래프트 보츠 (2)”, 2017.11.13
3. 정석, 『도시의 발견』, 메디치, 2016.9.30

순창에서만 만날 수 있는 세상 하나뿐인 그 무엇
순창 방랑싸롱

윤찬영

'새로운 사회를 여는 연구원' 현장연구센터장이다. 우연한 기회에 강화도에서 몇 년째 고군분투하는 청풍 협동조합을 만나 로컬에 눈을 뜨게 됐고 사람들을 모아 책을 쓰기에 이르렀다. 이제 막 초등학교에 입학한 아들이 더 크기 전에 가족 모두가 대도시를 떠나 어딘가 한적한 로컬에 정착하는 것이 꿈이다. 그 꿈을 실현하기 위해 쓴 책이기도 하다. 『줄리엣과 도시 광부는 어떻게 마을과 사회를 바꿀까』, 『나는 시민 기자다』(공저)를 썼고 앞으로도 꾸준히 사람들을 모아서 또는 혼자서 책을 쓸 생각이다.

쇠락한 제조업 도시를 관광산업으로 되살린 곳들이 있다. 스페인 빌바오가 늘 첫손에 꼽힌다. 1997년 '구겐하임 빌바오' 미술관을 지어 전 세계로부터 관광객을 끌어모으고 있다고 알려져 있다. 정말 그럴까?

수백 년 동안 철강업으로 번영을 누려온 도시를 문화와 예술의 도시로 탈바꿈하기로 마음먹고 빌바오시가 처음 한 일은 도시를 가로지르는 네르비온 강과 그 주변을 되살리는 일이었다. 시뻘건 쇳물이 흘러들던 강을 되살리는 데 30년간 쏟아부은 돈이 어림잡아 1조 7,000억 원이다.[1] 그리고 강을 따라 줄지어 늘어서 있던 제련소와 조선소들을 다른 곳으로 옮기고 공원을 비롯한 공공시설들을 들여와 시민이 언제든 찾을 수 있는 산책로를 닦았다. 멀리서도 차를 몰고 오지 않아도 되도록 트램(노면전차)을 새로 만들고 지하철 역도 늘렸다. 지금도 이곳을 찾는 이들은 대부분 스페인 사람이라고 한다.[2] 여기까지 오는 데 길게는 20년 가까이 걸렸다. 그러니 구겐하임 빌바오만 쳐다보면 잘못된 해법을 찾게 된다. 세계에서 가장 긴 구름다리를 놓는다든가 산꼭대기에 커다란 태권브이를 짓는다든가 하는 일들처럼 말이다. 그게 다라면 곤란하다.

전라북도 순창에는 '방랑싸롱'이라는 곳이 있다. 장재영, 윤효정 부부가 함께 운영하는 색다른 카페다. 카페라고는 하나 커피만 팔자고 만든 곳은 아니다. 늘 굳게 닫혀 있어 혹시 영업을 안 하는 것은 아닌가 걱정하게 만드는 작은 나무 문을 열고 들어서면 생각보다 큰 공간이 펼쳐진다. 가장 눈에 띄는 것은 저 맞은편 벽에 그려진, 눈을 가린 사람의 얼굴이다. 그 괴이한 벽화만큼이나 방랑싸롱을 한마디로 설명하기는 쉽지 않다.

서울에서 나고 자란 장재영 대표는 대학을 졸업하고 여행 가이드를 하며 전 세계를 돌아다녔다. 지금까지 가본 나라만도 60여 개국에 달한다. 그러던 그가 언제부턴가 우리나라 로컬의 아름다움에 빠져 2016년 여름 순창의 오래된 게스트하우스에 작은 카페를 열었다. 그로부터 벌써 5년째, 그는 동네 곳곳을 무대로 재즈페스티벌을 여는가 하면, 할머니들에게 랩을 가르쳐주고 랩 배틀을 벌이기도 했다. 방랑싸롱을 온전히 이해하려면 그 모든 발자취들을 찬찬히 들여다봐야 한다.

세계를 떠돌던 방랑객이 순창의 작은 게스트하우스에 눌러 앉다

장재영 대표는 1990년대 후반에 대학을 졸업하고 곧바로 여행사에 취직했다. 해외여행 자유화의 바람을 타고 너도나도 배낭여행을 떠나던 때였다. 5~6년 사이에만 40개국을 다녔다. 파리, 로마 같은 도시들은 지하철 노선표를 보지 않고도 다닐 수 있을 정도였다. 싸이월드에 '세계일주 클럽'이라는 커뮤니티도 운영했는데 회원 수가 6,000명에 달할 만큼 인기였다. 세계일주를 떠나겠다는 사람들끼리 모여서 여행 경로를 짜면서 어울렸다.

"한국에선 못 살겠다고 생각했어요. 평범한 삶으로부터는 한참 멀어져 있었으니까. 친구들은 착실히 돈을 모아서 차도 사고 집도 사고 연애도 하면서 정해진 길을 따라가고 있었는데 나만 궤도에서 이탈해버린 느낌이었어요. 이럴 바엔 외국에서 사는 게 낫겠다고 생각했죠."

그 무렵 체코에 사는 한국인 사업가가 한국인 배낭객을 상대로 정보센터를 운영해보자는 제안을 해왔다. 체코가 EU(유럽연합)에 가입하지도 않았던 때라 물가가 싸다는 이유로 한국인 관광객들이 몰려들었고 사건 사고가 끊이지 않아서 도움을 줄 사람이 필요했다. 장 대표는 좋은 기회라고 여겨 아예 눌러 앉을 생각으로 짐을 싸들고 체코로 떠났다. 하지만 막상 가서 보니 이야기가 달랐다. 사기나 다름없었다. 다행히 빨리 눈치를 채고 한 달 반 만에 도로 짐을 쌌다. 별 수 없이 한국에 돌아오기는 했지만 가족들 보기가 민망해서 돌아왔다는 말도 안하고 다시 해외로 나갔다. 짧게는 몇 달, 길게는 몇 년 정도 미국과 태국 등에 머물면서 여행 가이드로 일했지만 어딘가 뿌리를 내릴 수 있는 기회는 쉽게 오지 않았다. 결국 다시 한국에 돌아와서 프리랜서 가이드로 일 년을 일했다.

글로벌 금융위기가 터지면서 청년들이 너도나도 회사에 사직서를 던지고서는 몇 달씩 배낭여행을 떠나던 시절이었다. 21일짜리 배낭여행 패키지를 다녀와서 일주일을 쉬고 다시 떠나는 식이었다. 열두 번을 돌고 나니 일 년이 지나가 있었다. 여행 코스는 눈을 감고도 갈 수 있었지만 20명이 넘는 사람들을 데리고 대중교통으로 돌아다니다 보니 피가 마를 만큼 긴장된 날들의 연속이었다. 한 번 다녀오면 몸무게가 3~4kg씩 빠져 있었다.

그 일을 더 하다가는 몸이 버텨낼 수 없을 것이란 걱정이 들 때쯤 호주에 살던 친구가 연락을 해왔다. 호주 정부가 부족한 노동력을 채우려고 적극적인 이민 정책을 펴고 있다면서 2년제 기술학교를 졸업하면 영주권을 내준다고 했다. 그 말을 듣고 일주일 만에 호주로 건너갔다. 그리고 대학 전공인 산업디자인을 살려서 가구제작 기술을 익혔다. 하지만 1학년 과정이 끝나갈 무렵 총리가 바뀌는 바람에 영주권을 주겠다던 정책은 없던 일이 되어 버렸다. 그때 우울증이 밀려왔다. 무얼 해도 안 된다는 자괴감이 커졌다.

그래도 기어이 일 년을 더 다녀서 졸업장을 땄다. 같이 공부하던 한국인들은 모두 떠났지만 그는 끝까지 남았다. 학비가 한 학기에 500만 원에 달해 브리즈번에서 택시기사로 일하고 시간이 날 때마다 태국 레스토랑에서 주방 보조도 했다. 일주일에 서너 개씩 파트타임 일을 하며 학비와 생활비를 마련했다. 2011년에 힘들게 딴 졸업장을 들고 우리나라로 돌아왔다. 한동안은 부모님에게 연락도 안 하고 원룸을 얻어 살았다.

얼마 뒤 친구에게서 국내 여행 가이드를 해보지 않겠느냐는 제안이 왔다. 장년층을 대상으로 한 고가의 여행상품이라고 했다. 일주일짜리 전국 일주가 1인당 130만 원이었고 그만큼 가이드 대우도 좋았다. 외국 여행만 다니던 그에게 국내 여행은 낯설었지만 다른 일을 찾을 때까지 몇 번만 도와주기로 하고 발을 들였다. 그렇게 시작한 일을 5년이나 이어 갔다. 그 사이 전국 일주만 200번을 했다.

"진짜 코피 터지게 공부했어요. 머리털 나고 그렇게 공부해본 적이 없어요. 문화해설사도 없이 혼자 데리고 다니면서 가이드를 해줘야 하니 도리가 없었죠. 나중엔 절 한 군데서만 2시간을 혼자 떠들 수 있을 정도가 됐어요. 여행객들이 뭘 궁금해하고 또 재미있어 하는지를 잘 알았죠. 그래서 인기가 많았어요."

자연스레 우리나라에 관심이 생겼다. 무엇보다 마음의 병이 다 나았다. 봄, 가을 성수기를 빼고는 여행 코스에 없던 곳들을 혼자 돌아다니기 시작했고 우리나라에도 이렇게 좋은 데가 많다는 사실을 알아갔다. 순창도 그런 곳들 가운데 하나였다. 재밌는 게스트하우스가 있다는 말을 듣고 태어나서 처음 찾아왔는데 주인이 친화력이 좋아서 며칠 머물면서 이야기를 많이 나누었다. 그곳을 떠나려는데 주인장이 방 한 칸을 내줄 테니 카페를 해볼 생각이 없느냐고 했다. 6월에 제안을 받고 다음 달에 바로 회사를 그만두고 짐을 싸서 순창으로 왔다. 그렇게 12㎡짜리 작은 방 하나, 101호에 카페 '방랑싸롱'을 열었다. 살롱의 주인장이란 뜻에서 스스로에게

'무슈(Monsieur)'라는 별명도 지었다. 2016년 여름이었다. 그 즈음 그는 SNS에 이런 글을 남겼다.

"지난 두 번의 10년은 세계가 좁은 듯 돌아다녔다. 출국 횟수가 84번이니 세 달에 한 번 꼴로 비행기를 탔다. 발자국 한 번 남긴 나라는 60개국, 살아본 나라는 4개국이나 되니 그만하면 다닐 만큼 다녔다 싶었다. 지난 10년의 절반은 대한민국이 좁은 듯 다녔다. 매일매일 다른 도시에서 숙박을 하고 그 지역의 문화해설사 정도는 우스울 정도의 지식도 쌓았다. 모 유명 사찰에서 해설 중 원주스님이 칭찬했으니 절도 다닐 만큼 다녔다. 지난 한 달은 순창이 좁은 듯 다녀봤다. 머무는 듯 여행하는 듯, 사는 듯 지나가는 듯. 양파 같은 순창은 까도 까도 무궁하다. 그래서 이곳에서 살아보고 싶었다. 여행자들이 모여드는 (태국) 빠이를 동경했으니 순창을 그리 만들어볼 요망한 꿈도 생겼다. 고추장 말고도 많은 것이 있다는 걸 느끼게 해주고 싶다. 이제 방랑자 J는 잠시 머물겠습니다. 일상이 여행이고 여행이 일이었으니 머무는 것 또한 여행이겠지요. 그동안의 방랑나무 열매에 싹을 틔워주신 분들께 감사 인사를 전합니다. 앞으로 잘 부탁드립니다."

카페에 관심이 있던 것은 아니었다. 여러 나라를 돌며 보고 배운 것들을 순창에서 펼쳐 보이면 정말 재미있겠다는 생각이 컸다. 그에게 순창은 정말 아무것도 없는 백지 같은 느낌이었다고 한다. 그래서 뭐라도 하면 금방 드러날 것 같았다고. 여행 불모지나 다름

없는 곳에서 무언가 재미난 것을 만들어 여행자들을 끌어들이면 그거야말로 여행의 끝판왕이 아닐까 싶었다. 그의 머릿속에는 벌써 열 개도 넘는 구상들이 꿈틀대고 있었다. 순창에 오자마자 한 달 만에 인테리어 공사를 끝내고 곧바로 'Salon de Jazz(재즈의 살롱)'라는 이름으로 재즈 페스티벌을 준비했다. 마침 가까운 전주에서 재즈펍을 운영하는 재즈 뮤지션을 만나 많은 도움을 받을 수 있었다. 2016년 10월 게스트하우스의 자그마한 마당에서 재즈 공연이 열리자 나이 지긋한 동네 주민들도 찾아왔다.

"할머니 한 분이 앉아서 들으시는데 끝날 때까지 자리를 지키시더라고요. 그래서 재밌으시냐고 여쭤봤더니 뭔지는 모르겠는데 흥겹다고 하셨어요. 뭔가 한 대 맞은 것 같은 느낌이었죠. 접해보지 않아서 그렇지 접하기만 하면 누구든 충분히 즐길 수 있는 게 문화구나, 깨달았어요. 조금 더 가까이서 고개만 돌리면 접할 수 있어야 한다는 확신이 더 커졌죠."

11월 두 번째 공연 날에는 비가 내렸다. 공연자와 관객들 모두 ㅁ자 모양의 처마 아래 둘러앉아 추적추적 내리는 비를 보며 연주를 하고 음악을 들었다. 객실 안에 앉아 문을 열고 지켜보는 이들도 있었다. 빗소리와 음악이 뒤섞여 세상 어디에서도 접할 수 없는 멋진 공연이 만들어졌다. 순창의 작은 게스트하우스에 둥지를 튼 지 겨우 넉 달 만이었다.

장 대표는 고등학교 때 한창 유행하던 록카페를 드나들기는 했지만 그렇다고 음악이나 문화를 제대로 공부한 것은 아니다. 그래서 가끔은 문화 기획자라고 불리는 것이 부담스럽기도 하다. 그는 지금도 기회가 날 때마다 문화를 공부하러 다닌다. 사람들은 지금도 자기가 서 있는 곳에 따라 그를 다르게 부른다. 문화관광부에서는 문화 기획자라고 하고 국토부에서는 도시재생 전문가라고 하며 창조경제혁신센터에서는 지역 혁신가라고 한다.

하지만 그가 생각하는 자신의 본업은 '여행업'이다. 그는 "이 모든 것을 다 아우르는 여행 콘텐츠가 핵심"이라고 말한다. 사람들이 여행을 올 수 있도록 콘텐츠를 만드는 일이 그가 하는 일이다. 이듬해인 2017년에는 5월과 10월 두 번에 걸쳐 아주 색다른 여행 상품을 내놓았다. 이름하여 'Bon Voyage 순창', 프랑스어로 '순창으로의 좋은 여행'이란 뜻이다. 사람들이 적어도 이틀은 머물다 갈 수 있도록 첫 날인 금요일 저녁에는 여행 작가를 불러 이야기를 나누는 시간을 마련하고 둘째 날 저녁에는 재즈 콘서트를 열었다. 한편에는 여행자들이 다른 나라에서 사온 물건들을 팔 수 있도록 여행자 장터를 마련하고 팝업 레스토랑을 열어 수제 햄버거와 바비큐를 비롯해 정성스레 만든 특별한 식사도 맛보도록 했다.

한 사람에 만 원씩 입장료(순창 사람은 5천 원)를 받고 근처 식당들 몇 군데를 섭외해 입장료를 낸 사람들에게는 밥값을 천 원씩 깎아주기도 했다. 근처의 게스트하우스들과도 협의해 1박 2일권은 3만 원, 2박 3일권은 5만 원이라는 싼 가격으로 여행객들을 불러 모았다. 또 주말에 읍내 가게들에서 쓸 수 있는 쿠폰도 제공했다. 순창에서 먹고 마시고 이야기를 나누며 재즈 공연도 즐길 수 있는 여행 상품이었다. 두 번에 걸쳐 600명 넘게 순창을 다녀갔고 200명 정도가 이틀 이상 머물렀다. 순창읍에 잘 곳이 모자랄 지경이었다. 여행객들뿐 아니라 게스트하우스 주인들과 식당 주인들 모두가 다 같이 만족스러운 여행이었던 셈이다.

경신원 '도시와 커뮤니티 연구소' 대표는 『흔들리는 서울의 골목길』이란 책에서 "도시 공간의 변화는 세계화의 영향으로 문화적 자본을 획득한 행위자들, 이른바 '글로벌 엘리트'의 활동과 실천에 의해 이루어진다."라고 했다. 장재영 대표가 바로 그렇다. 경 대표는 또 "행위자들의 초국가적 활동은 지역과의 상호작용을 통해 이루어지기 때문에 이 과정에서 지역의 의미 혹은 지역의 특성을 나타내는 로컬리티는 매우 중요한 의미가 있다."라고도 했다. 그러니까 문화 자본과 로컬이 만날 때 새로운 변화가 만들어진다는 것이다. 경 대표는 서울의 이태원을 분석의 대상으로 삼았지만 이제 이러한 흐름은 로컬로 번져가고 있다. 지금까지는 서울의 이태원이 글로벌 엘리트들을 불러들일 로컬이었다면 이제는 훨씬 더 다양한 곳들이 문화적 자본가들과 밀레니얼들을 불러들이고 있다.

장 대표는 2018년에 게스트하우스를 나와 새로 널찍한 카페를 열었다. 때마침 순창군 창업지원금 공모에 지원해서 뽑혔다. 본인이 비용의 절반을 대면 군이 최대 일억 원까지 지원해주는 사업이었다. 돈이 있으면 공간은 쉽게 구할 수 있을 줄 알았는데 생각보다 어려웠다. 읍내의 거의 폐허나 다름없는 곳들도 주인들이 세를 안 줬다. 괜히 잘 꾸며놓으면 나중에 자식들끼리 싸움이 난다는 말도 들었다. 한참을 장소를 구하지 못해서 결국 군에 찾아가서 포기하겠다는 뜻을 밝혔다. 네 번이나 찾아가서 포기하겠다고 했는데도 군에서는 계속 더 찾아보라면서 받아주지 않았다. 그러다 우연한 기회에 군수를 만나 사정을 이야기했더니 같이 찾아보자고 했다. 얼마 뒤 고추장을 저장하던 넓은 창고를 소개해줬다. 버리지 못한 고추장이 몇 년째 가득 쌓여 있었다. 월세 50만 원에 8년을 계약했다. 어차피 쓸 사람도 없으니 좋은 조건에 계약할 수 있었다.

처음 해보는 일이라 리모델링에는 시행착오를 좀 겪었다. 업자를 소개받아서 했는데 뜻대로 잘되지 않았다. 그래서 결국 큰 창을 내고 한쪽에 2층을 새로 만드는 것까지만 하고 손을 떼라고 했다. 혼자 해보려고 했는데 그 뒤로 더는 손을 못 대고 방치해두다가 최근에서야 다시 제대로 마무리했다. 한 달 반을 매달려서 2020년 5월에 겨우 끝낼 수 있었다.

"사실은 카페 말고도 개인 수입이 좀 있어서 카페가 잘 안 돌아가도 큰 타격은 없어요. 아직은 다른 데서 돈 벌어서 카페를 돌리는 상황이죠. 이제부터는 본격적으로 아내랑 역할을 나눠서 아내가 카페를 전담하면서 파트타이머를 쓸 수 있을 정도로 운영해볼 생각이에요. 저는 조금 더 자유롭게 다른 일들을 해보고 싶어요. 그래서 인테리어도 새로 한 거고요. 욕심이 없다면 거짓말이지만 그렇다고 여기에만 매달릴 생각은 없어요."

그는 관광두레 PD로도 일하고 있다. 문화관광부에서 하는 사업으로 로컬 자원을 활용해 창업하려는 주민공동체를 발굴하고 인큐베이팅하는 일이다. 2019년부터 2년째 PD로 일하면서 한 해에 4~5개 공동체를 발굴한다. 주민공동체로 선정되면 한 단계 한 단계 성장할 때마다 지원금이 주어지고 그렇게 3년을 지원해주고 나면 자립할 수 있을 정도가 되는 것이 목표다. 어디까지나 부업이기는 하지만 월급이 들어오는 일이니 색다른 일을 시도하는 데 도움이 된다. 그 덕에 정말 다양한 일들을 해올 수 있었다. 그는 “콘텐츠를 만드는 일이 너무 재밌다.”라고 했다. 그가 첫손에 꼽는 일은 역시 재즈 페스티벌이다.

“지역이 흥하고 재미있어지려면 동네 여기저기서 재즈 공연이 펼쳐지면 좋겠다고 생각했어요. 빈 공터에서도 하고 주차장에서도 하고 식당 앞에서도 하고. 그러면 구경온 사람들도 자연스럽게 동네를 돌아다니다가 마음에 맞는 공연을 만나면 잠시 멈춰서서 듣고 말이죠. 그러다 보면 지역경제도 활성화될 거라고 봤어요. 얼마나 신나고 재밌겠어요. 그런 모델을 꿈꿨죠.”

실제로 일본에 그런 모델이 있다. 그가 재즈 페스티벌을 구상하고 있다는 이야기를 듣고 지인이 일본에 ‘타카츠키 재즈 스트릿’이라는 축제가 있다고 알려줬다. 그는 축제를 직접 보기 위해 일본에 갔다. 매년 5월 첫 주에 오사카 타카츠키에서 열리는 이 행사에는 한 해에 30만 명이 넘게 찾는다. 그가 찾았던 2017년 축제가 벌써 19회째였다. 모든 공연이 무료라는 점도 놀라웠다. 그는 이 페스티벌이 자신이 구상했던 재즈 축제 모델의 결정판이었다고 했다.

"공연장이 69번까지 있었는데 가보니 카페, 학교 운동장, 술집, 공터 다 이런 곳들이었어요. 물론 큰 무대도 있었죠. 공연팀 번호는 700번이 넘어갔어요. 그러니까 한 시간 단위로 지역 곳곳에서 700개가 넘는 공연이 펼쳐지는 거예요. 또 골목마다 번호도 없는 공연팀들이 버스킹을 하고 있었고요."

고기집마다 가게 앞에 테이블을 깔아놓고 휴대용 버너로 고기를 계속 구워대면서 종이컵에 고기를 담아서 팔았다. 다른 지역에서 온 자원봉사자들을 빼면 먹거리나 음료를 파는 이들은 모두가 그 마을 주민이었다. 그러니 지역경제 활성화는 말할 것도 없었다. 외국인들도 무척 많았는데 팸플릿에 영어가 한 줄도 없을 만큼 외국인을 조금도 배려하지 않고 있었다는 점도 인상적이었다고 한다.

2018년 9월 세 번째 해부터 타카츠키 재즈 스트릿처럼 공연을 몇 군데서 나눠서 하기 시작했다. 드림위드 사업의 지원을 받아 카페J, 레스토랑 봄 그리고 순창청소년수련관에서 공연을 펼쳤다. 군청 앞마당에서 하려고 했으나 비가 오는 바람에 청소년수련관으로 급하게 자리를 옮겼다. 낮 2시 레스토랑 봄에서의 첫 공연을 시작으로 해가 저문 저녁 8시 30분 마지막 공연까지 강허달림, 김성수 트리오, NS 재즈 밴드, 재즈 트리오 하루차이, 나인 재즈 듀오 등 순창에서 쉽게 만나기 힘든 뮤지션들의 공연이 이어졌다.

2019년 9월 공연에는 '순창VIBE'란 이름으로 순창군청, 창림문화마을, 카페 베르자르당과 방랑싸롱 그리고 가이아농장 등 여러 곳에 무대를 마련했다. 다행히 날씨가 좋아 군청 앞마당에서도 공연을 할 수 있었고 해외 뮤지션 팀도 초대했다. 장날에 맞추어 열린 페스티벌로 이날 장은 역대 최고의 매출을 올렸다.

"시골에 와서 보니 자꾸 어설프게 서울을 따라하려는 게 보였어요. 서울을 따라 한 걸 서울 사람들이 굳이 왜 여기까지 와서 보겠어요. 시골은 철저하게 시골스럽게 해야 한다고 생각했죠. 그래야 사람들이 찾는다고요. 시골이니까 가능한 것들이 얼마든지 있다고 생각해요."

'청소년 독서캠프'도 기억에 남는 프로젝트로 꼽는다. 이 캠프는 출판문화산업진흥원에서 공모한 사업으로 2019년까지 2년을 참여했다. 첫 해에는 순창국립도서관에서 같이 해보자는 제안을 해와서 2박 3일짜리 독서캠프를 두 번 진행했는데 아쉬움이 남았다. 청소년 프로그램은 처음이기도 했지만 국립도서관과 함께 진행하다 보니 정해진 틀에서 벗어나지 못해 특별할 것도 없는 무던한 행사에 그치고 말았다. 아이들이 과연 재미있어 할까 의문이 들었고 그래서 끝나고 나서는 독자적으로 기획하기로 마음먹었다. 그렇게 해서 탄생한 것이 '2019 독서문화캠프 - 섬진강 5분 영화제'다.

1511년 중종 때 채수라는 인물이 한글로 쓴 『설공찬전』을 모티브로 시나리오를 쓰고 5분짜리 영화를 찍도록 했다. 『설공찬전』은 『홍길동전』보다 100여 년 앞서 나온 한글 소설이다. 설공찬이란 인물은 순창 설 씨로 순창에서 나고 자란 실존 인물이라고 한다. 반역으로 임금에 오른 자는 지옥에 가야 한다든가, 여성도 글을 배우면 누구든 관직에 오를 수 있어야 한다든가 하는, 당시로서는 목숨을 걸어야 할 만큼 파격적인 이야기가 담겨 있다고 알려졌는데 금기를 건드린 탓에 모조리 불태워졌다.

다행히 어느 책 뒷장에 몰래 옮겨 적은 필사본이 우연히 발견되어 지금에 전해지기는 했지만 안타깝게도 결말 부분은 남아 있지 않다. 그 뒷이야기를 청소년들이 상상력을 발휘해서 시나리오를 쓰고 영화를 찍도록 한 것이다. 마침 여균동 영화감독이 순창에 살고 있어서 강연을 부탁했다. 참여자들은 두 시간 동안 워크숍을 진행하면서 조별로 이야기를 짜고 배역을 나누고 소품도 뚝딱 만들어냈다. 이렇게 만들어진 시나리오들을 모아 『섬진강에서 피어난 14개의 별』이라는 시나리오 모음집을 발간했다. "아이들의 눈이 초롱초롱하게 빛났고 참관하던 학부모들도 너무 좋아했다."면서 장 대표는 뿌듯한 기억으로 남아 있다고 했다.

시골만의 희귀 아이템을 만들다

할미넴 프로젝트도 유명하다. 전라북도 농어촌종합지원센터 '농촌 활력 리빙랩 공모'에 지원해서 뽑힌 프로젝트다.

"어르신들의 이야기가 듣고 싶었어요. 속 깊은 응어리를 랩이라는 도구를 통해 청년들과 소통하길 바랐죠. 청년들과 지역 어르신들이 만나서 함께 랩을 하는 모습이 얼마나 멋져요."

그는 할미넴의 기획 의도를 이렇게 설명한다. 래퍼를 모은다는 공고를 크게 냈더니 실력이 쟁쟁한 래퍼들이 여럿 지원했다. 그렇게 구림면과 풍산면 할머니들에게 랩을 가르쳐줄 래퍼 두 명과 마을 청년 네 명을 뽑았다. 그리고 10월 8일 할머니들과의 첫 만남을 시작으로 11월 15일 공연까지 한 달이 조금 넘는 시간을 할머니와 청년들은 랩으로 대화를 나누었다. 그것도 아주 속 깊은 대화를 말이다.

이용학 감독이 만든 다큐멘터리 『이것이 삶이넴 우리는 할미넴』에는 그 낯설디 낯선 첫 만남의 풍경이 고스란히 담겨 있다. 풍산면 마을회관, 15명의 할머니들 앞에 래퍼 야작(이동호)과 마을 청년 설자연, 조익현이 앉았다.

"장에 가면 살 수 있는 것부터 이야기해 봐요. 장에 가면 콩나물 사고 자반도 사고 두부도 사고 멸치도 사고 명태도 사고 꽈배기 사고 돼지고기 사고 근데 안 먹어 병원도 가고 미선이 엄마도 장에 갔을까 김영순도 함께 이순자도 같이……."

야작이 시장을 테마로 랩을 하자 할머니들 사이에서 웃음이 터졌다. 정말 이 할머니들이 랩을 할 수 있을까, 고개를 갸웃거릴 수밖에 없는 불안한 출발이었다. 이번에는 구림면 할머니들이 세 번째 모인 날의 풍경이다. 래퍼 우타우(임형삼)와 마을 청년 김울창, 김

방랑싸롱 장재영 대표. 전북 순창에서 새로운 방랑 인생을 살고 있다. © 방랑싸롱

홍빈은 마을회관이 아니라 블루마운틴(별명) 할머니가 운영하는 농원에서 만났다. 블루마운틴이 청년들에게 따뜻한 밥과 고기를 먹이고 싶어 산 중턱의 농원으로 불렀다. 이날 블루마운틴은 달력 뒷면에 두릅을 테마로 긴 가사를 써왔다.

"영양 보충 실컷 했다가 봄이면 나물 캐는 아낙네를 불러 모아 우리 맛으로 대결할까나.

오복농원이여 영원하라 맛도 좋고 향도 좋은 몸에 좋은 두릅 두릅두릅두릅."

시키지도 않았는데 프리스타일 랩이 이어진다. 어느덧 할머니들의 말투에도 자연스레 스웩이 묻어 난다.

"랩이 / 노래냐고 / 흉봤더만 / 내가 랩을 / 할 줄이야."

공연을 앞두고 풍산면 할머니들 열댓 명이 스피커를 들고 밖으로 나와 음악을 크게 틀었다. 몇몇 할머니들은 야구 모자를 거꾸로 뒤집어쓰고 색안경도 꼈다.

"처음 프로젝트를 시작할 때는 우려를 많이 했는데 하다 보니까 할머니들하고 금방 친해진 것 같기도 하고 할머니들이 연습을 열심히 해주셔서 공연에 대한 부담감은 사실 없고요. 청년활동가들이 더 열심히 해줘야 하지 않나……. 할머니들은 이미 완벽하다고 생각합니다." (래퍼 이동호, 야작)

"아주 즐겁고 아픈 허리가 쭉 펴져버렸네. 그라고 즐거워." (참여 할머니)

드디어 결전의 날인 2019년 11월 15일 방랑싸롱에서 최종 경연 '쇼 미더 순창'이 펼쳐졌다. '이것이 삶이넴! 우리는 할미넴!'이라는 그럴듯한 슬로건 아래 구림면에서 세 팀, 풍산면에서 두 팀이 참가해 실력을 겨루었다. 마을 청년 김홍빈은 이날의 분위기를 이렇게 묘사했다.

"방랑싸롱은 풍산 할머니들, 취재 온 기자, 심사위원, 놀러 온 손님들, 아이들로 가득 찼다.…… 구림은 대중가요와 창작 랩을 기본으로 함께 즐길 수 있는 신나는 공연을 펼쳤고 풍산은 아기자기하고 아이디어가 넘치는 랩으로 관객의 마음을 사로잡았다. 중간중간 가사가 틀리기도 하고 박자를 놓치기도 했지만 아무려면 어떤가. 다양한 세대가 모여서 함께 즐길 수 있는 이 시간이 행복하고 즐거우면 대만족이다."

공연이 끝나고 다시 마을회관을 찾은 청년들에게 어느 할머니가 에피소드를 들려주었다.

"노래교실에 간께(갔더니) '할매가 무슨 랩이여?' 그래서 '할매라고 하지 마, 나 랩도잘해.'라고 했지."

할머니들에게도 지난 한 달여의 시간은 무척이나 뜻깊었다. 프로젝트가 끝난 뒤에 청년활동가 설자연은 지난 시간을 돌아보며 이런 글을 남겼다.

"한 달이 넘는 시간 동안 우리는 마음을 나누었다. 도시에서 온 래퍼, 순창에 살고 있는 젊은 청년들과 아름다운 시골 마을에 살고 계신 어르신들은 그저 횟수로 채울 수 없는 마음과 시간을 나누어 가졌다.…… 저희는 한 달이 넘는 시간 동안 랩과 힙합을 가르쳤지만 여러분은 저희에게 긴 시간 속에서 살아온 어른들의 배려와 삶의 지혜를 가르쳐 주셨습니다. 구림면, 풍산면 할머니들, 항상 건강하세요."[3]

장재영 대표도 이 프로젝트가 처음부터 잘될 것이라고 생각했던 것은 아니다. 그는 래퍼들과 청년활동가들을 모아 놓고 '열린 결말'을 강조했다고 한다. 어떻게 될지 알 수 없으니 부담감을 내려놓고 해보자는 뜻이었다.

"결전의 날에 다들 옷도 맞춰 입고 열정적으로 즐기는 모습에 감동받았어요. 생각했던 것보다 훨씬 더 열심히 참여해주시고 몰입해주셔서 기획했던 저조차도 '내가 원하는 게 이런 모습이었구나.' 하고 생각했어요."

방랑싸롱은 첫 만남부터 이 모든 시간을 영상으로 기록했다. 유튜브에도 올리고 30분짜리 독립 다큐멘터리로도 만들어서 영화제에도 출품했다. 아직 결과를 기다리고 있는 중이다. 이처럼 의미 있는 시도가 다른 곳에서도 이어질 수 있다면 좋겠지만 많은 지자체들이 관심을 보이면서도 막상 시도는 하지 않고 있다. 그는 행정의 유연성이 아쉽다고 했다.

새로운 시도들이 늘 박수를 받는 것은 아니다. 한 번은 전라북도문화관광재단에서 소공연장(소극장)의 문화 공연을 지원하는 사업이 있다고 해서 알아봤더니 소공연장 등록은 지자체장의 승인만 받으면 되는 일이었다. 그래서 군에 신청했다. 간단한 일로 여겼는데 공무원들도 소공연장 승인 업무에 대해 잘 몰랐다. 작은 군이다 보니 그동안 아무도 소공연장을 만들거나 운영할 생각을 하지 않았던 탓이다. 그래서 부서끼리 이리 미루고 저리 미루다가 결국 위생과로 넘어갔는데 공연장이 일반 음식점하고 같이 있으면 안 된다면서 승인을 안 해줬다. 하지만 찾아보니 그런 금지 규정이 없어서 항의를 하자 그러면 승인 사례를 가져오면 해주겠다고 말을 바꾸었다. 그래서 결국 2019년에는 사업에 지원하지 못했다. 2020년에라도 해보고 싶어서 다시 찾아갔더니 "도대체 그걸 왜 하려고 하느냐?"라고 되물었다. 전북문화관광재단 지원사업 이야기를 꺼냈더니 그제야 승인을 해줬다. 다행히 제때 공연장을 만들 수 있었고 공모에 지원해 사업비 2,000만 원도 받았다. 같이 뽑힌 다섯 팀 가운데 지원비가 가장 많았다.

소문이 엉뚱하게 나는 일도 있다. 공연장을 설치했더니 마치 군에서 지원금을 받아서 한 것처럼 알려졌다. 군에서는 어렵사리 승인만 받았을 뿐인데 말이다. 행정의 잘못만은 아니다. 우리나라 행정조직은 익숙하지 않은 일에 섣불리 뛰어들어도 될 만큼 작지도 제멋대로 굴러가지도 않는다.

"토박이들끼리 모여 있는 SNS 방이 엄청나게 많다고 해요. 외지인들은 못 끼죠. 그러니 그런 곳에서 어떤 말들이 오가는지 알 수 없어요. 가짜 뉴스가 돌면 영문도 모르고 당하는 거예요. 누군가가 나쁜 마음을 먹고 여론을 조작하면 그냥 끝이죠. 그런 것 때문에 힘들 때도 있어요."

다른 지역에서도 요청이 많다. 공간이나 어떤 지원이 있는데 운영할 사람이 없어서 하는 요청들이다. 최근 몇 년간 해온 일들이 레퍼런스가 되고 있는 것이다. 2019년 겨울에 농어촌 군수 협의회에서 불러서 강연을 했더니 반응이 꽤 좋았다. 영덕 군수가 요청한 강연에는 공무원들 200명이 모여 있었다.

방랑싸롱의 수익 구조를 보면 관광두레 PD로 받는 월급을 빼면 용역사업에서 대부분의 수익이 나온다. 지역 농가를 SNS와 유튜브로 홍보하는 일과 팜파티 사업 등의 용역을 맡아 하고 있다.

“공모를 통해 받는 지원금은 수익이 거의 나지 않아요. 그래서 정말 해보고 싶은 기획을 실현하기 위해서만 참여해요. 내실도 다지고 맷집도 키우고 다양한 팀들과 손발도 맞춰보는 거죠. 재즈 페스티벌도 지역의 영농조합이나 농가연합, 농부 요리사 팀들이랑 같이 협업한 결과예요.”

그는 지금 하고 있는 작업들을 다른 곳들에서도 들여다보고 활용할 수 있도록 방랑싸롱의 모든 일들을 플랫폼으로 발전시켜 보고 싶은 바람이 있다. 그가 생각하는 방랑싸롱의 미래인 셈이다.

“돈을 받은 만큼만 일해주고 오는 건 못하겠더라고요. 돈을 받고 대신 일을 해주는 용병이나 업자 마인드는 아니니까요. 순창에 애정을 가지고 했던 것처럼 그 지역에선 어떤 자원을 활용할 수 있을지, 같이 일해볼 청년들은 없는지를 자꾸 찾게 돼요. 관광두레 경험을 살려서 가능한 만큼 지역에서 청년들을 발굴하고 교육하려고 노력해요.”

그는 지역 안팎을 연결하려고 애쓴다. 순창의 여건이 열악하다 보니 바깥의 자원을 끌어들이려는 것이다. 무엇이든 다 지역 안에서만 해결하려고 들면 할 수 있는 일이 줄어들 수밖에 없는데 그가 보기에 행정은 여전히 그 틀을 벗어나지 못하고 있다. 어느 지자체의 예산이냐에 따라 사업의 지리적 범위가 한정되는 식이다. 그러다 보면 그 나물에 그 밥에서 벗어나기 힘들다는 것이 그의 생각이다. 공무원들이 주민을 신뢰하지 못하는 것도 문제로 꼽았다.

"몇몇 공무원들의 머리엔 '니들이 뭘 하겠어?'라는 생각이 가득해요. 여기선 공부 잘하고 똑똑한 엘리트들이 다 공무원이 돼서 그래요. 그러다 보니 민간에서 새로운 시도를 하는 사람이 없어요. 내가 퍼포먼스를 계속 보여줘도 못 믿어요. 나를 믿는 사람들만 계속 불러대는 거죠."

그는 보여주는 수밖에 없다고 했다. 최근에는 '어서 와, 순창은 처음이지!'라는 여행 프로젝트 용역을 맡아서 세 번 진행해봤는데 반응이 좋았다. 군에서 투어버스를 운영하고 싶다고 해서 프랑스인 친구를 가이드로 소개해줬다. 직접 가이드하는 법을 가르쳐서 순창군에 공무원으로 취직도 시켰다. 버스가 마련되는 대로 곧 선보일 예정이다.

장 대표는 로컬을 살려야 한다는 사명감 같은 것은 없다고 했다. 사람들을 모으면 지역경제는 자연스레 활성화될 것이라고 믿지만 그것을 목표로 시작한 일은 아니다. "그냥 사람들이 많이 왔으면 좋겠다는 정말 단순한 꿈"이고 그렇게 콘텐츠를 만들다 보니까 여기까지 오게 된 것이다.

"지역 토박이들도 의심 어린 눈으로 바라보곤 해요. 저것들도 언젠가는 떠날 거다 이러면서요. 실제로도 많이 물어봐요. 언제 떠날 거냐, 계속 있을 거냐고요. 전혀 개방적이지 않은 동네고 시골은 다 비슷하다고 봐요. 인구가 적을수록 더 폐쇄적이죠. 그런 편견들과 끊임없이 싸워 나가고 있어요. 우리가 하는 일이 지역을 살리는 것일 수도 있는데 다들 꼭 그렇게 봐주는 건 아니에요."

그는 지역 청년들을 모으려는 노력도 꾸준히 해오고 있다. 처음 카페를 열었더니 동네 청년들이 찾아왔다고 한다. 그래서 2018년에 처음으로 모이는 자리를 마련했다. 몇 명이나 올까 걱정했는데 30명이 넘게 모여서 다들 놀랐다. 귀농한 청년들도 있었는데 뭔가 재미있는 일을 해볼 수도 있겠다는 생각이 들었다고 한다. 그런데 하필 그 해에 지방선거가 있었고 군수의 재선을 도우려는 선거용 조직을 꾸리는 것처럼 반대쪽 캠프에서 몰고 갔다. 생각지도 못한 일이었다. 결국 첫 모임은 흐지부지되고 말았다.

선거가 끝나고 일을 다시 도모했다. 지역 청년들이 다양한 사례를 알면 도움이 될 것 같아서 전북에서 활동하는 청년들을 모아서 사례를 공유하는 청년 허브 컨퍼런스를 열었다. 70명이나 되는 청년들이 모여서 세 시간 동안 사례 발표도 하고 음식도 나눠 먹으면서 왁자하게 놀았다. 멀리 서울에서도 로컬에 관심 있는 청년들이 찾아왔다. 그런데 이번에도 정치적으로 공격을 해대는 통에 결국 두 손을 들고 말았다. 그는 "마치 한국전쟁 때 이념으로 편을 가르는 듯한 분위기를 조성했다."라고 말했다.

"지역에서 뭔가 크리에이티브한 일을 하면 만만치 않은 암초들을 만나게 돼요. 지역 공무원일 수도 있고 토박이들일 수도 있죠. 그래도 아직은 다른 곳으로 옮기겠다는 생각은 안 해요. 순창을 기반으로 순창에서 새로운 시도들을 해보고 싶어요. 순창에 어마어마하게 애정이 있다는 식으로 거짓말하고 싶진 않아요. 애정은 혼자서 노력한다고 생기는 게 아니니까요. 서로 애정을 쌓아갈 수 있도록 노력했으면 해요."

세상 어디에서도 볼 수 없는, 방랑싸롱만의 그 무엇

그가 밖에서 이렇듯 많은 일들을 벌이는 사이 카페는 아내인 윤효정 대표가 맡아 운영하고 있다. 윤 대표는 충남 예산에서 나고 자라 중학교에서 아이들을 가르치는 선생님이었다. 방랑싸롱이 처음 문을 열었던 게스트하우스에서는 달마다 토크쇼를 열었는데 둘은 그 자리에서 처음 만났다. 결혼을 하고서도 6개월 동안은 주말부부로 떨어져 지내다가 장 대표가 머릿속에 구상했던 일들을 본격적으로 펼쳐 보려고 윤 대표에게 카페를 맡아 달라고 했다. 그녀는 학교를 그만두고 순창으로 왔다.

"교직에 대해 회의감이 들던 때라 미련은 없었어요. 무엇보다 장재영이란 사람에 대한 확신이 들었고 함께 살면 재미있고 행복하게 살 수 있겠다고 생각했어요. 또 마땅히 해야 할 일이었고 오히려 좀 늦었다는 생각도 해요."

2018년 11월에 이곳을 열었지만 이듬해 2월에 첫아이 벼리가 태어나는 바람에 2019년 한 해 동안은 막상 카페에 나올 수가 없었다. 2020년이 돼서야 벼리를 어린이집에 보내면서 비로소 카페를 돌아볼 여유가 생겼다. 벼리를 어린이집에 데려다주고 카페에 오면 음료와 디저트를 준비하고 청소를 한다. 그리고 틈나는 대로 디저트와 음료 만드는 법을 배우러 다닌다. 똑같은 일들이 날마다 되풀이되었다. 처음에는 아이들을 가르치는 일과는 전혀 다른 일이라 겁도 났다고 한다. 낯가림도 있어서 낯선 이들을 상대하는 일도 부담이었다. 그래도 둘이 함께 하는 일이라 할 만했고 지금은 많이 나아졌다고 한다.

"메뉴에 대한 부담감은 여전히 커요. 혼자서 알아보고 배우러 다녀도 만들고 나면 항상 손님들의 평가에 민감해요. 굉장히 부담스럽죠. 내가 좋아하는 스타일과 손님들이 원하는 맛과 스타일의 차이도 커요. 아직도 배우는 중이지만 더 좋아지리라 믿어요."

윤 대표는 방랑싸롱을 좋아해주는 이들, 가족처럼 지내는 이들이 있어 힘이 난다고도 했다. 그녀가 생각하는 방랑싸롱은 문화공

'2019 순창VIBE' 공연 모습. 연주자들 뒤로 눈을 가린 커다란 얼굴 그림이 보인다. © 방랑싸롱

쇼미더 순창에 참가한 구림면과 풍산면 할머니들 © 방랑싸롱

간이자 카페다. 다양한 정체성을 지닌 공간인 셈이다. 문화공간을 기대하고 온 이들에게는 '여기 카페도 맞구나.'라는 느낌이, 카페라고 생각하고 온 이들에게는 '여기 문화공간이구나.'라고 느낄 수 있는 그런 곳이기를 바란다고 했다. "우리 부부에게 소중한 공간인 만큼 많은 분들과 공감대를 형성할 수 있으면 좋겠다."는 당부도 함께 전했다.

둘은 벼리가 어느 정도 자랄 때까지는 아이를 이곳에서 키울 생각이다. 벼리가 태어난 뒤로 삶의 만족도가 높아졌고 순간순간이 너무 행복하다고 했다. 서울에서 살았다면 늦게까지 일하거나 술을 마시면서 벼리와 지낼 시간이 모자랐을 것이 불 보듯이 뻔하단다. 지금은 어린이집에 가기 전에 두 부부가 서로 분담해서 벼리를 씻기고 밥을 먹이고 기저귀를 갈고 옷을 입힌다. 그는 "이러한 소소한 일상이 너무 좋다."라고 말한다. 벼리는 순창을 본적지로 등록했다. 둘은 벼리를 예술적 감수성이 있는 아이로 키우기로 합의했다. 억지로 강요할 생각은 없지만 자연스레 배우도록 하고 싶다. 2019년 재즈 콘서트도 카페에서 같이 지켜봤는데 어린이집에서 선생님이 노래를 부르니까 서랍에서 마이크를 찾아서 가져다준 일도 있었다고 한다.

장 대표는 앞으로 한 발을 더 내딛으려면 무엇보다 필요한 인력을 모으는 일이 가장 시급하다고 했다. 필요한 사람들이 모여 있어야 앞으로 나아갈 수 있다는 것이다. 그는 공연과 문화 기획 그리고 관광으로 파트를 나누어서 팀이나 체계를 꾸렸으면 한다.

"디자이너도 필요하고 공연 기획자도 필요하고 필요한 사람들이 조직화되어 있어야 하는데 지역 사정은 아직 그렇지가 못해요. 그게 너무 힘들어요. 지역에서 필요한 사람을 찾기도 어렵고 필요한 사람은 멀다고 잘 오려고 하지 않아요. 여러 번 시도했는데 그럴 때마다 굉장히 힘들었어요. 지금은 사람이 없어서 혼자서 매일 새벽 서너 시까지 작업실에 앉아서 일을 해요. 휴일도 없고 체력도 슬슬 달리네요."

그는 지금까지도 그만두고 싶다는 생각을 해본 적은 없다. 자신은 전투력이 세기 때문이란다. 전 세계를 다니면서 버텼던 사람이라 어디서든 버틸 만한 맷집이 있다는 것이다.

"할 수 있는 만큼은 다 해보고 다 보여주고 싶어요. 아직은 순창을 핫하게 만들어보겠다는 꿈을 이루지 못해서 떠나고 싶지 않아요. 첫 발은 뗐지만 아직은 뭔가를 더 보여주고 싶어요."

그는 "로컬에 기회는 분명히 있지만 쉽지 않다."라고 말했다.

"저는 외국에서도 살아봤으니까 쉽지 않다는 걸 알고 왔는데 사람들은 의외로 잘 모르는 것 같아요. 그래서 대부분 못 버티고 돌아가요. 로컬이 기회가 많은 것은 사실이지만 그 기회가 누구에게나 오진 않아요. 기회의 여신 오카시오를 알아볼 혜안과 잡아챌 찬스, 따라갈 용기와 맷집이 두루 갖추어져야 해요."

방랑싸롱에 들어서면 가장 먼저 눈에 띄는 것은 입구 맞은편, 무대 뒷면을 채우고 있는 커다란 그림이다. 카페의 상징과도 같은 그림인데 장 대표는 뭔가 강한 느낌을 주는 이미지를 넣고 싶어서 일 년 동안이나 그 자리를 비워 두었다고 했다. 그러다가 어느 날 마음에 꼭 드는 그림을 만났다. 하얀 수건으로 눈을 가린 회색빛 얼굴의 두 귀에서 화려한 빛깔의 꽃들이 터져 나오는 그림으로 길거리 낙서를 떠올리게 하는 그라피티였다. 이태원의 어느 벽에 그려진 그림의 작가를 백방으로 알아본 끝에 결국 연락이 닿았고 카페 벽에 그림을 그려달라고 부탁했다. 작가는 장 대표가 처음 봤던 그 그림의 느낌을 살려 한쪽 벽을 가득 채울 만큼 큰 벽화를 그렸다.

그림 속 얼굴은 왜 눈을 가리고 있을까? 또 귀에서 터져 나오는 꽃들은 무엇을 의미할까? 눈을 가리고 있는 것은 그 무엇도 따라 하지 않겠다는 의지이자 눈에 보이는 그 어떤 것에도 현혹되지 않고 오로지 소리라는 본질에만 집중하겠다는 뜻이 담겨 있지 않을까 생각해봤다.

2020년 6월의 마지막 금요일 저녁 '2020 순창VIBE'가 방랑싸롱에서 열렸다. 이번에는 신촌블루스가 방랑싸롱 무대에 올랐다. 1986년 신촌의 어느 클럽에서 엄인호, 김현식, 이정선, 한영애 등이 뭉쳐 만든 밴드로 지금은 엄인호가 남아 객원 뮤지션들과 밴드를 이끌고 있다. 이날은 노병기, 조은주가 엄인호와 함께 무대에 섰다. 코로나 19로 이날 현장에는 50여 명밖에 참석하지 못했지만 한 시간을 훌쩍 넘겨 이어진 신촌블루스의 공연은 방랑싸롱을 뜨겁게 달궜다.

이날 공연의 백미는 오프닝이었다. 순창에서 어렵게 뮤지션의 꿈을 키워가는 '페이지'라는 그룹의 두 청년 김관우와 이덕현이 오프닝 무대에 올라 신촌블루스의 대표곡 '골목길'을 부르기 시작하자 객석에 앉아 있던 기타리스트 노병기가 가만히 기타를 들고 이들의 옆에 자리를 잡고 앉았다. 즉석에서 기타 연주로 함께 공연을 펼친 것이다. 지켜보던 관중들에게는 그야말로 전율이 흐르는 순간이었다. 그 순간 '소름 돋는 감동'을 느꼈다는 장 대표는 이날 공연을 마치고 SNS에 글을 올렸다.

"순창에서의 방랑싸롱과 저의 '롤'은 이런 것임을 다시 한 번 느꼈고 앞으로 (계속 일을) 해 나가야 할 원동력이 생겼다."

방랑싸롱에서 차로 15분을 가면 채계산 출렁다리(구름다리)에 닿는다. 다리 길이가 270m로 산에 걸린 구름다리로는 우리나라에서 가장 길다. 2018년부터 공사에 들어가 지난 2020년 3월에 첫 손님을 맞았다. 하지만 얼마 못 가 '두 번째로 긴 다리'가 될 처지다. 대구시가 팔공산에 320m짜리 구름다리를 만들고 있어서다. 2020년 12월이면 '가장 긴 구름다리'는 대구 팔공산 차지가 된다. '가장 길다'는 말에 호기심으로 찾던 이들은 더 긴 다리가 생기면 자연스레 발길을 돌린다. 경기도 파주 감악산 구름다리는 길이가 150m로 첫선을 보인 2016년 9월까지만 해도 우리나라에서 가장 길었지만 일 년쯤 지나 강원도 원주 소금산에 200m짜리 구름다리가 놓이자 두 번째로 밀렸다. 2017년 67만여 명이 찾았지만 이듬해에는 54만 5,000여 명으로 일 년 사이 찾는 이가 10만 명 넘게 줄었다.[4] 채계산 출렁다리도 곧 그렇게 될지 모른다. 어떻게 해야 할까?

가장 길다는 것 말고 순창을 찾아야 할 다른 이유가 필요하다. 방랑싸롱과 방랑싸롱이 만들어가는 '세상 어디에서도 볼 수 없는' 순창만의 그 무엇 말이다. 다른 그 무엇을 쉽게 따라 하지도 않고 그럴듯한 말로 현혹하지도 않으면서 오로지 사람을 끌어들일 콘텐츠라는 본질로 승부하려는 방랑싸롱이라면 다른 어딘가에 몇 배 더 긴 구름다리가 생겨도 사람들은 순창을 찾지 않을까.

책을 마무리할 즈음 벼리의 동생이 생길 것이라는 소식이 들려왔다. 2021년 2월이면 순창 인구가 한 명 더 늘어난다. 이런 방랑싸롱을 어떻게 응원하지 않을 수 있겠는가.

장 대표의 프랑스인 친구 레아 모로가 순창군 관광 안내를 맡기로 했다. © 방랑싸롱

1. 김광수, "녹슨 쇳물 걷어낸 자리에 '구겐하임 빌바오'…문화가 흐른다", 〈한겨레〉, 2019.11.12
2. 김정후, "쇠락한 탄광 도시는 어떻게 살아났나, 빌바오에서 배우는 도시재생의 3원칙", 〈중앙일보〉, 2020.1.27
3. BOVO 문화관광연구소, 『농촌 리빙랩 프로젝트 공모전 [농촌 활력 연구소] - 순창 할미넴 프로젝트 결과보고서』. 2019
4. 김홍준, "출렁다리 손님 뚝…"어묵 700만 원어치 팔다가 지금은 10만 원"", 〈중앙일보〉, 2019.4.26

지금 살고 있는 로컬이 세상의 중심이다
남원 사회적 협동조합 지리산이음

조아신(본명 조양호)
재미있고 의미 있는 일이라면 지역과 분야에 상관없이 새로운 일을 벌이는 것을 좋아하는 활동가이자 변화기획자다. 20년 동안 비영리 공익 분야에서 IT와 미디어, 참여와 소통, 지역과 공간에 대한 관심을 가지고 개인, 조직, 사회 변화와 연결하는 일을 주로 해왔다. 현재는 풀뿌리민주주의를 촉진하고 변화를 만드는 사람들을 연결하는 '더 이음'과 지리산권에서 지역사회의 변화를 위해 활동하는 개인과 커뮤니티를 지원하는 '사회적 협동조합 지리산 이음' 일을 하고 있다.

이삿짐을 싣고 지리산 IC를 빠져나와 산내면까지 이어지는 좁은 국도를 지나면서 비로소 실감했다. '진짜 지리산으로 가는구나.' 도로 왼쪽에는 낮은 산들이 계속 이어졌고 오른쪽에는 천이 흐르고 있었다. 산내면에 들어서는 순간 드디어 우뚝 솟은 지리산이 보이기 시작했다. 이곳에서 어떤 일들이 생길지 알 수 없었고 딱히 계획한 것도 없었다. 서울을 떠난 후로 두 번째 이사. 나는 서울에서 점점 더 멀고 깊숙한 곳으로 들어가고 있었다. 도시가 싫어서 서울을 떠난 것은 아니었다. 서울이라는 대도시는 그때나 지금이나 충분히 매력적이다. 다만, 비영리 분야에서 일하는 내가 평생 살기에는 좀 버거운 '로컬'이라는 생각이 들었다. 그래서 서울이라는 '로컬'에서 지리산 자락의 한 작은 시골 마을로 이사했을 뿐이다. 2004년 여름이었다.

디지털 노마드의 삶을 살기로 하다

조금 오래 전 이야기부터 해야 할 것 같다. 지금 지리산에서 하고 있는 일과 모두 연관된 이야기다. 1998년 IMF 외환위기 직후, 처음 일을 시작한 시민단체에서 전공을 살려 재벌개혁, 금융개혁, IMF 시민청문회 등 경제와 기업 문제를 담당했다. 현안이 생길 때마다 전문가들과 조직 구성원들의 의견을 모아 논평과 성명서를 쓰고 토론회를 조직하고 보도자료를 쓰는 것이 일이었다.

그러다가 일 년 만에 같은 단체에서 일하던 선배들과 새로운 시민단체를 창립하기 위해 해외 자료를 조사하던 중에 인터넷 세상이 눈에 들어왔다. 마침 한국도 PC통신에서 웹으로 넘어오면서 이메일과 온라인 카페 등 다양한 인터넷 서비스가 대중화되던 때였다. 약 6개월간의 준비를 거쳐 단체를 창립하고 기업감시운동 담당자로서 새로운 일을 막 시작하려던 때, 우연히 기업에 항의하는 소비자운동의 간사 역할을 맡게 되었다. 한 중견기업이 인터넷 사업에 진출하면서 생긴 문제였는데 항의운동은 주로 홈페이지와 인터넷 게시판에서만 이루어졌다. 기업의 몇몇 임원의 잘못된 판단으로 생긴 일이지만 실제 현실에서 마주해야 하는 상대는 법인이 아니라 법인의 대리인들이었다. 인터넷 게시판에서 논쟁하고 싸우는 과정에서 가해자와 피해자가 뒤섞이고 소비자들 사이에 편이 갈리면서 정신적 피로도가 극에 달했다. 갈등이 극에 달할 때는 영화 속에서나 나올 만한 일들을 상상하기까지 했다. 퇴근길에는 기업에서 고용한 누군가가 나를 해코지하지는 않을까 걱정할 정도였다. 결국 치열한 싸움에서는 이겼지만 그로 인한 스트레스가 극심했다. 정치 권력이나 자본 권력을 감시하고 싸우는 일은 충분히 매력적인 일이었으나 나와는 맞지 않는 일이라는 사실을 깨달았다.

앞에 나서서 싸우기보다는 싸우는 일을 지원하는 일, 직접 세상을 바꾸는 일에 나서기보다는 세상을 바꾸는 일을 하는 사람들을 돕는 일에 관심을 가지게 된 것도 그 무렵이었다. 마침 인터넷이라는 새로운 도구가 등장해서 사람들이 막 사용하기 시작할 때였다. 2000년대 초반은 온라인 공간에 좀 더 집중했던 시기였다. 온라인 공간에서 인권을 옹호하는 활동과 정보통신기술을 도구 삼아 세상을 바꾸는 데 기여하는 사람들의 커뮤니티를 지원하는 일은 나와 맞는 일이었다.

디지털 노마드로서의 삶을 동경하게 된 것도 그 즈음이었다. 장소에 구애받지 않고 기술을 활용하면서 독립적인 개인으로서 충분히 가치 있는 일을 하는 디지털 노마드의 삶은 정말 매력적이었다. 2001년 단체 일은 계속하면서 거주지를 서울에서 먼 시골 지역으로 무작정 옮겼다. 시민운동도 노트북 하나만 있으면 얼마든지 할 수 있을 것만 같았다. 마침 단체에서도 그러한 내 뜻을 존중해주고 지지해주었다. 재택근무를 허용해준 것이다. 일주일에 3일은 재택근무를 하고 2일은 서울에 있는 사무실로 출근했다. 재택근무를 하다 보니 단체에서의 역할도 그에 맞춰서 배정되었다. 웹기획과 운영, 인터넷 캠페인 기획, 온라인 커뮤니케이션과 관련된 일이었다. 재택근무를 처음 해보는 나에게도 적응과 훈련의 시간이 필요했다. 물리적 공간이 다른 사람들과 함께 일하기 위해서 다양한 미디어와 커뮤니케이션 도구들을 습득했다. 그 도구들만 있으면 내가 어디에 있더라도 무슨 일이든지 할 수 있을 것만 같았다.

그렇게 3년의 시간을 보낸 후 지금 살고 있는 지리산 자락의 산내면으로 왔다. 지리산에서 무엇을 해보려고 온 것이 아니라 지리산에 살면서 여전히 하던 일을 계속할 생각이었다. 사람들은 그런데 왜 굳이 지리산으로 왔느냐고 묻는다. 지리산을 선택하기 전에 전국에서 귀농, 귀촌지로 유명한 세 개 지역을 찾아가 마을 분위기도 파악하고 그곳에서 사는 사람과 하룻밤 이야기를 나누어 보기도 했다.

그곳에서 가장 많이 접했던 단어는 바로 '공동체'였다. 공동체라…… 누군가는 이 말에 가슴이 뛸지도 모르지만 당시 나에게는 '자율성을 저당잡힌 집단생활' 같은 느낌이 들었다. 아마도 디지털 노마드의 삶을 생각하고 있어서였을 것이다. 같은 관심과 의식으로 환경을 공유하는 어떤 집단을 공동체라고 한다. 비영리단체나 시민사회단체도 공동체라고 할 수 있다. 그 공동체 안에서 일도 하고 돈도 벌고 개인의 가치도 실현하니 꽤 괜찮은 공동체라고 할 수 있다. 하지만 생활 영역에서 공동체는 다른 느낌으로 다가왔다. 왠지 모를 답답함, 개인의 자율성보다는 공동체적 규율을 더 강요할 것만 같은 느낌이 들었다. 단지 이주할 지역을 찾고 있었는데 이주함으로써 나의 생각을 내보이고 조용히 살겠다는 내 소소한 욕망을 줄이고 신경 써야 할 일들이 너무 많을 것만 같았다.

또 이미 정착한 사람들의 이야기를 들으니 내가 살아갈 마을의 미래는 이미 누군가의 구상 속에 그려져 있었다. 나는 여전히 우리가 좋은 세상을 만들려고 하는 이유는 다양한 공동체의 가치가 좀 더 다양한 방식으로 실현되는 곳을 꿈꾸기 때문이라고 본다. 인터넷 공간의 커뮤니케이션과 커뮤니티 관련 일을 하다 보니 그 안에 존재하는 사람들의 사고와 행동방식에 관심이 많았다. 누군가가 이미 짜놓은 판, 누군가가 그려놓은 그림, 누군가가 구상해놓은 세상 속에서는 참여의 에너지가 생기지 않는 곳이 바로 인터넷 공간이다.

지역이나 마을이라는 공동체도 마찬가지다. 산내면은 귀촌한 사람들이 한 마을에 모여 생활을 같이 하는 것이 아니라 마을 곳곳에 들어가 살면서 각자의 생활을 하고 문제가 생기거나 도움이 필요할 때 함께 모여서 해결해 나가고 있다는 점이 마음에 들었다. 생태농업과 환경에 관심이 많은 사람들이 정착해 살고 있다는 정도는 들어서 알고 있었지만 사실 정확히는 알지 못했다. 처음 만난 사람의 이야기를 통해 그런 느낌을 받았을 뿐이다. 이곳에 살면 친환경 농업이나 생태적 삶과 같은 단어를 조금 멀리하더라도 내가 하는 일을 이해해줄 것만 같은 느낌이 들었다.

이러한 이유로 선택한 지리산 자락의 한 작은 시골 마을인 산내면에서 2004년부터 살기 시작했다. 마을에서 일을 하겠다는 생각은 하지도 않았다. 여전히 내가 할 일은 서울에 있었고 나는 재택근무 중이었다. 마을에서의 일은 주말에 동네에서 알게 된 사람들을 만나 술 한 잔 기울이거나 마을 행사에 참여해서 자원봉사하는 정도가 전부였다. 시간이 지나면서 마을에 아는 사람이 많아졌지만 사람들은 내가 서울에서 무슨 일을 하는지 정확히 알지는 못했다. 집에서 컴퓨터로 일한다고 하니 마을 어르신들은 컴퓨터 장사를 하느냐고 묻기도 했다.

공간에 마음을 쓰다

2009년부터 3년간은 제주도에서 살았다. 지리산에서 살았던 5년 사이 나는 시민단체를 떠나 한 인터넷 기업이 만든 공익재단으로 자리를 옮겼다. 그곳에서는 비영리와 IT를 연결하는 일을 했다. 여전히 서울과 지리산을 오가며 일을 하던 도중 기업의 본사가 있는 제주도로 재단의 일부 팀이 이전하게 되었다. 한 번쯤은 제주도라는 섬에서 살아보는 것도 좋을 것 같아서 3년을 계획하고 제주도로 갔다.

하지만 제주도 생활 3년을 채우기 전에 재단 일을 그만두게 됐다. 시간이 흐르면서 내 관심도 다른 곳을 향하고 있었다. 바로 공간이었다. 서울에서 제주도로 본사를 이전한 그 기업의 사옥은 일반적인 기업 사무실과는 다른 공간으로 구성되어 있었다. 건물 입구에는 카페가 있었고 회의실 중간에는 탁구대가 있었으며 계단 아래에는 발표 무대가 있었다. 회의실에는 모두 화상회의 시스템이 연결되어 있었다. 건물 앞마당은 멀리 한라산이 보이는 잔디밭이었다. 거기 앉아서 노트북을 놓고 일을 하고 둘러앉아 담소를 나누는 풍경이 참 좋았다. 사람들을 대하는 태도와 이야기하는 분위기도 다르다는 것을 느꼈다. 공간이 달라지면 관계가 달라지고 일하는 방식과 내용도 달라질 수 있다는 것을 실감했다. 나는 해외의 공간 관련 자료를 찾아보고 구글과 같은 실리콘밸리 기업들의 사무 공간도 샅샅이 살펴봤다. 그러는 동안 왠지 모를 설렘이 느껴졌다.

높은 건물로 둘러싸인 도심의 꽉 막힌 사무실에서 일하는 것과 사무실을 벗어나 좀 더 자연스러운 만남과 대화가 이루어질 수 있도록 설계된 공간에서 일하는 것의 차이를 생각해보게 됐다. 카페식 대화법 월드카페나 언컨퍼런스와 같은 격식을 허물고 참여자의 자율성을 중시하는 행사를 알게 된 것도 그 즈음이다.

좀 더 나은 세상을 꿈꾸는 사람들이 모여서 함께 일하고 대화하고 교류하고 협력하는 공간이 사무실과 회의실이 아니라 좀 더 개방적이고 관계를 촉진하는 공간이라면 그 공간이 곧 조직의 역할을 대체할 수도 있지 않을까? 비슷한 생각을 가진 소속 조직원을 늘리는 것보다 다양성을 갖춘 인적 네트워크를 공간을 중심으로 연결한다면? 조직에 가입해서 일을 도모하기는 부담스러워도 열린 공간에서 자연스럽게 만나 그때그때 필요한 일을 함께 할 수 있다면? 사람들을 위아래로 줄 세우지 않고 수평적으로 연결할 수 있다면? 그게 곧 우리가 지향해야 할 조직의 미래가 아닐까? 이러한 질문들이 꼬리에 꼬리를 물고 차곡차곡 쌓여갔다.

결국 나는 조직이 아니라 공간을 기반으로 새로운 운동을 해야겠다고 생각했다. 마침 미국에 일 년간 해외 연수를 갔다가 한국으로 돌아온 선배 한 명이 나와 비슷한 생각을 하고 있었다. 선택을 해야 할 시점이었다. 재단을 그만두고 이러한 생각을 실현할 수 있는 조직을 함께 창업하기로 결정했다.

공간은 물리적 공간만을 의미하지는 않는다. 그것은 곧 사람들이 모이고 대화하고 토론하고 협력하는 사회적 의제의 공간이자 사람들을 연결할 수 있는 새로운 조직을 뜻하기도 한다. 로컬을 공동체라는 거창한 관점에서 보고 그 공동체 안에 사는 사람들이 같은 지향점을 향하도록 하기보다는 로컬을 하나의 열린 공간으로 보고 사람들이 즐겁게 살아갈 수 있는 환경을 조성하는 것이 필요하다는 생각도 자연스럽게 떠올랐다.

공간 운영자는 플랫폼 운영자와 비슷하다. 공간에 오는 사람들이 무엇인가를 할 수 있는 환경과 조건을 만들어주는 것이 중요한 임무가 된다. 직접 세상을 바꾸는 특정 이슈에 집중하기보다는 세상을 바꾸는 사람들을 지원하는 일을 하겠다는, 오래 전에 품은 생각과도 맥이 닿아 있는 일이었다. 공간을 로컬과 우리 사회 전반으로 확장해보면 사실 모두 연결된 이야기다. 그러한 생각으로 창립한 단체가 '더 체인지'다. '더 체인지'는 서울을 시작으로 전국 곳곳에 사회적 기능을 하는 카페 공간을 만들고 그 공간들을 연결할 계획을 세웠다.

"오프라인 공간도 하나의 플랫폼입니다. 폐쇄된 논의 공간이 아닌 미래의 비전을 고민하고 변화를 논의하는 사람들이 소통하는 사회적 공간을 매개로 사람들이 모이고 대화를 나누고 새로운 일을 도모하고 함께 협력하는 문화가 숨쉴 수 있도록 해야 합니다."

- '더 체인지' 설립을 위한 초기 제안서(2010년)

공간 이름은 '씽크카페'로 정했다. 미국에 'ThinkCoffee'라는 카페 브랜드가 있는데 우연히 한 TV 프로그램을 시청하다가 알게 되었다. 방송에 비친 카페 풍경이 마치 토론과 예술, 사교의 공간이었던 17세기 초 프랑스의 살롱을 현대 뉴욕으로 옮겨온 느낌이었다. 그 공간의 이미지에 딱 꽂혔다.

하지만 공간을 사회적 의제 플랫폼으로 만들어 전국을 연결하려는 계획은 무산되었다. 사무실을 얻고 의기투합한 동료만 있으면 일이 되는 시민단체와 다르게 이 일은 공간에 대한 투자가 필요했다. 공간에 대한 투자제안서를 만들어 투자자를 만나기도 했다. 하지만 그때는 2010년이었다. 공간에 투자한 돈을 회수할 수 있느냐, 회수까지는 아니더라도 투자금을 다 쓴 이후에도 지속 가능할 수 있겠느냐는 물음에 답하지 못했다. 수익성을 증명하기 위해 카페에 술집까지 구상하고 여러 수익사업들을 추가해봤지만 그럴수록 이 일의 본질은 희석되어 갔다. 투자자가 아닌 사람들은 이 일의 비전과 계획에 대부분 동의했다. 다만 '그런 공간이 만들어진다면……', '누군가가 투자해준다면……'이라는 단서가 붙었다.

우리는 생각을 바꾸기로 했다. 아니 바꿔야만 했다. 카페 공간에서 해보려던 프로그램을 먼저 시작하기로 했다. 다양한 대화, 토론, 공론, 교류, 협력 프로그램들을 먼저 선보였다. 그렇게 만들어진 프로그램들이 7개의 씽크카페@의제별 대화모임, 500명의 청중과 200명의 집단 대화가 있었던 씽크카페 컨퍼런스@대화, 공간과 시간의 경계를 허물고 전국 곳곳에서 모두가 기획자가 되어 사회적 의제를 토론하는 오픈컨퍼런스, 세상을 바꾸기 위해서는 새로운 방법이 필요하다는 계획을 워크숍으로 기획한 '모떠꿈워크숍'이다.

프로그램들은 성공적이었지만 그럼에도 불구하고 공간에 대한 욕구는 사라지지 않았다. 공간이 달라지면 사람들의 행동, 사고, 관계도 달라지고 공간을 운영하는 조직문화도 분명히 달라질 수 있을 것이라 확신하는데 그것을 증명하기는 어려웠다. 작은 규모로라도 무엇인가를 시도해보고 싶었다.

때마침 제주에 살면서 시민단체에서 자원봉사를 하고 있었는데 사무실 회의 공간이 눈에 들어왔다. 회의실에는 오래된 서류와 자료집, 집기류가 쌓여 있었고 케케묵은 냄새가 배어 있었다. 사무실에 갈 때마다 회의실을 좀 바꾸면 좋겠다고 생각했다. 조직도 회원들의 참여를 활성화하기 위한 방법을 고민하고 있었다. 회원 참여 프로그램을 만들기보다는 공간을 리모델링해서 조직의 활동 방식과 회원들과의 관계를 변화시켜볼 것을 제안했다. 다행히 활동가들과 이사회의 모든 분들이 이 제안을 흔쾌히 받아들였다. 이사진들과 회원들의 모금으로 리모델링 비용을 마련한 뒤에 버려지는 문짝을 재활용해서 테이블을 만들고 공간에 필요한 물품들을 기증받아 새롭게 인테리어를 했다. 2011년 4월 회의실은 교육문화카페 공간으로 재탄생했다. 당시 '제주의 소리'는 "칙칙한 시민단체는 옛말, 카페로 엣지 있게"라는 제목으로 오픈식 소식을 전하기도 했다. 요즘도 가끔 그 공간에서 강의도 진행하고 기자회견도 하고 회원 모임도 한다는 소식을 SNS로 전해 듣고 있다.

공간은 그 자체가 목적이 아니라 과정이자 매개체다. 소수의 상근 활동가들만의 운동이 아니라 다수의 시민활동가들이 교류하고 협력하는 운동이 실천될 수 있도록 하는 최소한의 환경이다. 단지 사람들이 모이고 만나고 떠드는 공간을 만든다고 되는 것이 아니라 공간에 모인 사람들의 사고와 행동양식을 자연스럽게 변화시키는 프로그램이 있어야 하고 그 프로그램의 성격이 공간의 성격을 규정한다. 그렇게 제주 지역에서의 마지막 프로젝트를 끝낸 후 2012년 다시 지리산으로 돌아왔다.

산내면에 있는 실상사라는 절에서 약수암으로 올라가는 길.
지리산이음에서 운영한 프로그램 참가자들과 함께 산책하는 모습.
지리산이음 창립 초기, 이 길을 걸으면서 종종 회의를 하곤 했다. ⓒ 지리산이음

공간에서 마을로 - '지리산 문화공간 토닥'

3년간의 제주 생활을 마치고 다시 지리산에 왔을 때는 공간에 대한 관심으로 머릿속이 가득 차 있었다. 공동체, 조직, 공간, 로컬은 서로 연결되어 있다는 막연한 생각은 점점 선명해져갔다. 3년 만에 돌아온 산내면은 10년 전 처음 왔을 때와는 많이 달라져 있었다. 함께 어울렸던 30, 40대들은 40, 50대가 되어 있었고 어린이집을 다니던 아이들은 초등학생이나 중학생으로 자라 있었다. 여전히 귀촌하는 사람들은 많았는지 처음 보는 사람들도 꽤 있었다.

마흔 살이 되니 내가 정착해서 살고 있는 마을에서 뭐라도 해야겠다는 생각이 들었다. 3년 만에 지리산에서 만난 사람들에게 카페라는 문화공간을 기반으로 새로운 시험을 해볼까 하는데 어떻겠냐고 물었다. 전통 찻집이나 다방이냐는 물음이 되돌아왔다. 도시에 있는 진짜 카페 같은 곳인데 여기서 강연도 하고 모임도 할 것이라고 하니 다들 "장사가 되겠냐?"며 고개를 갸우뚱했다. 사람들을 만나 반응을 보면서 깨달았다. 처음 하는 낯선 일은 설명하고 설득하기보다는 뜻이 있는 몇 사람이라도 함께 진행하면서 실제로 경험시켜주는 것이 훨씬 빠르다는 것을 말이다.

도시에서 공간을 구상할 때처럼 투자제안서 같은 것을 쓰고 싶지는 않았다. 다행히 지리산에 처음 왔을 때부터 친하게 지내던 김인숙 선배가 뭐든지 하면 힘닿는 대로 도와주겠다고 했던 말이 떠올랐다. 그때부터 서울에 가면 지인들을 만날 때마다 지리산에서 카페를 기반으로 '새로운 운동, 새로운 커뮤니티 실험'을 해보려고 하니 후원을 해달라고 했다. 한두 명의 적극적인 지지자가 있으면 무엇이든 해볼 수 있는 에너지가 생긴다. 때마침 부산에서 시민사회 일을 하다가 개인적인 이유로 가족들과 산내로 이사온 친구를 만났다. 나이도 같았고 뭔가 비슷한 게 많은 친구였다. 우리는 금세 친해졌고 의기투합했다. 그는 지금까지 지리산에서 함께 일하면서 조직을 총괄하고 있는 임현택이다.

나와 임현택, 김인숙 이렇게 셋은 구체적인 사업계획을 세우고 모금을 위한 준비도 해나갔다. 마을에서 사람들이 가장 많이 오가는 길목에 자리한 허름한 호프집 건물 하나를 매입했다. 개인 소유 공간에 기부를 해달라고 할 수는 없어서 나중에 공익법인에 기부하기로 약속했다. 문제는 3천만 원 정도의 리모델링 비용이었다. 우리는 각자의 지인들에게 후원을 요청했다. 나도 모금을 위해 개인적인 이야기로 시작하는 세 장짜리 편지를 지인들에게 보냈다.

"조아신입니다. 제가 최근에 지리산 자락 남원시 산내면에 일을 하나 벌였습니다. 이곳은 제가 8년 전에 이사해 생활 터전으로 삼고 있는 곳이기도 합니다. '지리산에서의 즐거운 실험'이라고 부르고 있는 이 일은 산내면의 작은 호프집 건물 하나를 매입해 문화공간으로 변모시키는 일인데요. 이름을 '지리산 문화공간 토닥'이라고 붙였습니다."

마을 사람들에게는 직접 만나 설명하는 시간을 가졌다. 그렇게 2012년 3월쯤 세 사람이 만나 의기투합하고 6월부터 공간 리모델링을 위한 돈을 모아 단체를 등록하고 8월에 공사를 시작한 뒤 10월에 문을 열었다. 카페에서는 매주 화요일마다 영화를 봤고 강좌도 열었고 음악 공연도 했다. 마을의 동아리 모임 행사를 위한 대관도 했다. 무엇보다 카페는 마을 사람들의 사랑방 역할을 했고 학교가 끝나 갈 곳 없는 아이들을 위한 공간이 되었다. 이전에는 교류가 없던 사람들을 알게 되고 관계의 접점이 생기기 시작했다.

그 사이 카페 운영만 전담할 두 사람이 결합했다. 처음 일을 벌인 세 사람은 모두 지난 시절 운동을 해서인지 월급을 받고 일한다는 생각을 하지 않았다. 일이 잘돼서 받으면 좋고 아니어도 내가 좋아서 하는 일이라 돈은 다른 곳에서 벌면 된다고 생각하는 수준이었다. 그래도 일상적으로 카페를 책임지는 두 사람의 월급은 확실히 챙겨야 한다는 것이 세 사람의 생각이었다. 카페가 아무리 한가해도 하루 종일 그곳을 지키며 일하는 것은 결코 쉽지 않다. 카페는 일정 시간에 항상 열려 있어야 하고 특히 아이들이 언제든지 올 수 있는 마을카페는 예고 없이 문을 닫아서도 안 된다.

그래서 무엇보다 중요하게 생각한 것은 한 번 일하면 오랫동안 함께 갈 수 있는 사람을 찾는 것이었다. 초기의 어려움을 함께 감당해줄 수 있는 사람, 그 어려움을 함께 극복하면서 자신의 일터임을 자각할 수 있는, 믿을 만한 사람이 있다면 무엇이든 시도해볼 수 있다. 지역에서 주민들과 일상적으로 만나는 공간에서는 경험이 곧 자산이다. 매뉴얼로 기록할 수 없는 경험과 관계가 축적되어야 오래 갈 수 있다. 어쩌면 번뜩이는 기획이나 수익은 그 다음 문제다. 2012년에 마을카페 토닥에서 결합한 김현숙, 김은경 두 사람은 지금까지 카페 공간의 운영을 책임지고 있다. 최근 마을카페 토닥은 '마을책방&카페 토닥'으로 시즌 2를 시작했다.

2년 동안 카페 공간을 기반으로 단체를 운영하면서 단순히 음료를 판매하는 공간이 아니라 새로운 경험과 관계를 쌓아주는 공간으로 운영하겠다는 아이디어는 나름 괜찮았다. 우리는 카페 공간에서 시작한, 작지만 즐거운 실험들을 좀 더 확장해보고 싶었다.

마을에서 지리산권으로 - 지리산이음

'지리산 문화공간 토닥'이 인구 2천 명 남짓한 시골 마을의 작은 카페 공간이었다면 2014년부터 시작한 '지리산이음'은 지리산

마을카페 토닥에서 마을 주민들이 관심을 가진 주제로 초청강연을 하는 모습. 카페 오픈 이후 몇 년 동안 영화 상영, 강연, 워크숍, 공연 등을 꾸준히 진행했다.
ⓒ 지리산이음

권 다섯 개 지역의 사람과 마을, 지리산과 세상을 연결하겠다는 취지로 시작한 단체다. 서울에서 시민운동을 함께 했던 오관영 선배가 마을로 이사오면서 토닥의 경험과 실험을 지리산권으로 확장해 보자면서 두 번째 의기투합을 할 수 있었다.

다행히 '지리산이음'이 하고자 했던 일이 '아름다운재단'의 인큐베이팅 지원사업에 선정되어 3년간 해보고 싶던 일들을 마음껏 할 수 있었다. 아름다운재단이 지리산이음의 마중물 역할을 한 셈이다. 맨 먼저 한 일은 우리가 연결하고자 하는 지리산의 활동가들과 단체, 모임들을 찾아다니면서 이야기를 듣는 것이었다. 그렇게 몇 개월 동안 지리산 다섯 개 지역을 다니면서 만난 사람들의 이야기를 책으로 엮어냈다.

지리산 시골살이 학교, 지리산 청년도서관, 지리산 공존캠프 등 삶의 전환을 모색하는 사람들을 위한 프로그램도 진행했다. 지리산권에서 활동하는 사람들에게 필요한 교육 프로그램을 전국 마을신문 워크숍, 공간 워크숍, 납세자 워크숍, 공정여행 워크숍 등의 이름으로 개최했다. '지리산이음' 활동가들은 지리산에서 의미 있는 일을 도모하고 지역을 변화시키고자 하는 사람들을 측면에서 지원하는 일을 주로 했다.

지리산이음 활동가들이 제안하고 시작했지만 조직과는 무관하게 한 일들도 많다. 산내 마을신문, 지리산 청년활력기금, 지리산에 살래, 살래 청춘식당 마지, 지리산 여행 협동조합, 산내놀이단 등의 일이 그렇게 시작되었다. 사실 지역에서는 조직과 활동가, 주민의 경계가 뚜렷이 구분되지 않는다. 단체에서 직함이 사무국장이든 이사장이든 동네에서는 그냥 주민일 뿐이다. 그래서 지리산이음이 주최하고 관여하고 지원한 일도 그것이 단체가 관련된 일인지 모르는 경우도 많았다. 몇 년 동안 '지리산 문화공간 토닥'과 '지리산이음' 일을 하면서 깨달은 바가 있다. '시골 지역에서 일하기 위해 필요한 것들'이라고 제목을 붙일 수도 있을 것 같다. 물론 이것은 순전히 개인적인 경험에 근거한 생각이다.

1. 커뮤니티는 흥할 때도 있고 망할 때도 있다

모임, 조직, 지역사회 공동체, 즉 커뮤니티는 영원불변한 것이 아니다. 그렇다고 계속 성장하고 발전해야 하는 것도 아니다. 중요한 것은 왜 커뮤니티를 만들고 일을 하는가라는 것이다. 커뮤니티가 계속 성장과 발전을 하다가 조금 정체하는 순간, 구성원들의 마음은 조급해진다. 그 조급함 때문에 억지로 성장시키려고 할 때 보통 관계가 어긋난다. 커뮤니티는 흥할 때도 있고 퇴보할 때도 있다. 심지어 망할 때도 있다. 더 이상 어찌해볼 도리가 없을 때, 다른 사람들의 호응이 없을 때는 과감히 접을 수도 있어야 한다. 그렇지 않으면 결국 관계가 깨지고 오히려 그 일을 시작하지 않은 것만 못한 경우가 많다.

지역에서 농부들의 힘을 모아 일종의 농산물 구독경제를 실현하려고 한 '지리산에 살래'나 마을의 소식과 마을 사람들의 이야기를 전하기 위해 시작한 '산내 마을신문'도 일하는 사람들이 할 수 있는 데까지 하다가 힘이 부쳤을 때 일을 끝냈다. 물론 마무리를 잘하는 것은 시작하는 것만큼 중요하다. 지역이 좁다보니 마무리를 잘 못해 관계가 깨지고 그로 인한 오해와 불신이 생기는 경우가 종종 있다. 설사 그렇더라도 아쉽지만 어쩔 수 없다. 때로는 끝날 때가 되었으니 끝난 것이다.

2. 불확실성은 당연하다

'지리산 문화공간 토닥'을 구상하고 지인들에게 편지를 보낼 때 앞으로 이곳에서 무슨 일이 일어날지 모른다고 했다. 그 말은 100% 진심이었다. 기대하는 일들은 있었지만 해보지 않은 상태에서 단정할 수는 없는 노릇이었다. 물론 계획한 일들이 잘되지 않을 수도 있다는 말을 달리 표현한 것이기도 하다. 지역에서는 혼자 할 수 없는 일들이 대부분이다. 세련되고 설득력 있는 기획안이나 자금 또는 함께 일할 사람만 있다고 일이 되는 것은 아니다. 지역이라는 현장에서 하는 일의 대부분은 불확실성에 바탕을 두고 있다. 주민들과 함께 뭔가를 도모하는 일에는 항상 예상하지 못한 변수가 생기기 마련이다. 그래서 이 불확실성과 변수를 당연한 것으로 받아들여야 한다. 내가 A부터 Z까지 모든 계획을 촘촘히 세워놓았다고 그것이 계획대로 될 리 만무하다. 중간에 생긴 변수 하나, 한 사람의 예상치 못한 행동 하나가 전체 계획을 망칠 수도 있다. 그래서 지나치게 꼼꼼한 계획은 오히려 독이 되기도 한다. 필요한 것은 사람들과 일하면서 조금씩 올바른 방향으로 나아가는 것이다. 중요한 것은 훌륭한 기획이 아니라 올바른 방향이다. 이것만 선명하다면 계획이 어긋나고 과정이 바뀌어도 괜찮다.

3. 유연성과 신속성, 개선이야말로 최고의 전략이다

앞의 두 이야기와 연결된 이야기인데 지역에서 일할 때 가장 필요한 것은 거창한 기획안이 아니다. 또 사람을 설득하는 능력이나 탁월한 업무 능력도 아니다. 나는 지역에서 일할 때 최고의 전략은 유연함과 신속한 반응 그리고 끊임없는 개선이라고 생각한다. 애자일이나 린스타트업 정신이 꼭 벤처업계나 소프트웨어 개발에만 필요한 것은 아니다.

『미래를 경영하라』라는 책으로 유명한 톰 피터스(Tom Peters)는 인상적인 이야기를 한 적이 있다. 경영을 화살 쏘기에 비유한다면 지금까지의 경영은 '준비-조준-발사' 과정을 거쳤고 그중에서 준비하고 조준하는 데 꽤 많은 역량을 투입했다. 그리고 한 번의 성공을 기대하면서 발사를 해왔다. 하지만 시대가 급속도로 변하는 불확실성의 시대, 여러 사람들과 함께 협력해야 하는 시대에는 그런 과정이 효과적이지 못하다는 것이다. 이제는 '준비-조준-발사'가 아니라 '준비-발사-조준'의 역발상이 필요하다는 것인데 이 말은 화살을 쏘기 전에 준비하고 조준하는 데 너무 많은 시간이나 역량을 투입하지 말고 일단 발사한 후에 빗나간 점을 빨리 알아차려 다시 조준하고 발사하는 과정을 반복하면서 과녁의 중앙을 맞추어야 한다는 것이다. 로컬에서 일할 때도 이런 관점이 필요하다고 생각한다. 일단 일을 실행하면서 사람들과 나누고 피드백받아 지속적으로 개선해나가면서 올바른 방향을 찾아가는 것이 최고의 전략일 수 있다.

이 모든 것을 관통하는 가장 중요한 키워드는 바로 관계다. 로컬의 일은 관계에 기반을 둔다. 서로 간에 호혜적 관계를 만들어낼 수 있다면 일은 그 다음의 몫이어도 괜찮다. 익명의 대도시에서 전국을 상대로 하는 일에서는 탁월한 기획과 집행력, 홍보력이 우선일 수 있겠으나 로컬 특히 시골에서는 전혀 그렇지 않다.

지리산과 세상을 잇는 지리산 포럼

이제 '지리산 포럼' 이야기다. 2012년 토닥의 리모델링 비용을 후원해달라고 지인들에게 쓴 편지 마지막 문장에 이런 글이 있었다.

"스위스 다보스 포럼처럼 이 작은 지리산 농촌 마을에서 농업과 식량, 에너지, 협동조합, 환경과 생태, 도시 문명, 자립경제 등과 같은 새로운 대안들이 마을 곳곳의 회관과 민박집, 게스트하우스에서 때로는 논과 밭, 들판에서 마치 축제처럼 일주일간 사회적 대화와 토론이 펼쳐지는 행사를 한 번 구상해보고 싶기도 합니다."

일단 말을 꺼내놓으면 당장은 아니지만 언젠가는 하게 된다. 서울이 아닌 로컬에서, 도시가 아닌 시골에서 세상 관심사를 논하는 장을 만들고 싶었다. 그것은 서울을 떠나면서 막연히 품었던 생각이기도 했다. 시골에서 뭔가를 한다면 도시 사람들이 찾아오도록 해야겠다고 마음먹은 적이 있었다. 그것은 서울을 떠나는 것이 내가 변두리로 밀려나는 것이 아니라 중심축을 바꾸는 것이라는 자기최면과도 같은 것이었다. 서울도 로컬이라는 관점이 중요하다. 서울에 있는 단체는 대부분 우리 사회 전체를 대상으로 때로는 아시아와 전 세계를 무대로 일을 벌이지만 서울 밖의 단체는 해당 지역을 대상으로 일하는 것을 당연시하는 선입견이 있다.

"역사는 변방에서 이루어집니다. 그러나 중심부에 대한 콤플렉스가 없어야 합니다."

작고하신 신영복 선생님은 늘 세상의 변화는 중심이 아니라 변방에서 시작된다고 말씀하셨다. 그 한마디가 지리산에서 한국사회포럼 같은 행사를 열어야겠다고 생각한 계기라고 해도 과언이 아니다. '왜 세상의 중요한 의제들은 서울에서만 다루어져야 하는가?'라는 질문에서 시작해 '왜 모든 포럼과 컨퍼런스는 건물 안에서 이루어져야 하는가?', '왜 컨퍼런스 참가자들은 유명인들의 발표만 듣고 가야 하는가?'와 같은 질문들에 대한 답을 찾아가는 과정에서 세상이 당연시하는 것들을 뒤집는 일을 해보고 싶었다.

지리산 포럼은 일 년에 한 번 지리산에 모여 공유할 만한 가치가 있고 사람들의 마음과 생각을 움직일 수 있는 아이디어와 구상, 경험, 계획 등을 발표하고 지금과는 다른 새로운 사회를 열망하는 사람들이 서로 교류하는 포럼이다. 2015년 2박 3일 동안 100명이 모여 처음 시작한 지리산 포럼은 2019년 3박 4일 동안 약 200명이 참가한 포럼으로 발전했다.

포럼에 참가하려면 불편을 감수해야 한다. 직장인들은 휴가를 내야만 올 수 있다. 그리고 10~15만 원의 참가비를 내면서도 마을의 게스트하우스와 민박을 이용해야 한다. 프로그램에 참여하고 숙식하는 장소 사이의 이동 거리도 만만찮다. 그럼에도 불구하고 사람들은 포럼을 찾아온다. 나는 그 이유가 좋은 경험과 사람, 자연 때문이라고 생각한다. 우리는 흔히 컨퍼런스와 포럼을 훌륭한 지식과 정보를 얻어가는 곳이라고 생각한다. 그래서 훌륭한 발표 내용을 준비하고 유명인들을 섭외하고 훌륭한 서비스를 제공하려고 한다. 하지만 그런 방식의 포럼은 이미 서울에서도 충분히 열리고 있다. 지리산 포럼만이 제공할 수 있는 색다른 경험이 필요했다. 그 색다른 경험은 대화, 자연, 교류, 자유라는 네 가지 키워드로 요약할 수 있다.

1. 대화

지리산 포럼에는 다른 포럼과 마찬가지로 기조 강연도 있고 섹션별 주제 발표도 있다. 하지만 발표자가 15~20분 동안 발표하고 자리를 떠나는 포럼이 아니다. 지리산 포럼에 초대된 발표자들에게는 가능하면 오랫동안 머물면서 참가자들과 대화하고 교류할 것을 요청한다. 식사 시간, 산책 시간, 숙소에 머무는 시간 동안 자연스럽게 발표 내용에 대한 대화가 이루어지기를 기대하기 때문이다. 섹션별 주제 발표의 경우에도 발표에 30분, 참가자들과의 대화에 90분을 할애할 것을 요청한다. 그래서 발표를 듣고 자료를 받아가는 포럼이 아니라 참가자들과의 대화를 촉진하는 데 최적화된 포럼 운영 방식에 대해 항상 고민하고 있다.

2. 자연

세계적으로 유명한 포럼으로 다보스 포럼이 있다. 다보스 포럼의 원래 이름은 세계경제포럼(World Economic Forum)인데 스위스 휴양도시 다보스에서 열리기 때문에 다보스 포럼으로 불린다. 대도시보다 교통이 불편해 접근성이 떨어지는 스위스 동부 그라우뷘데주의 휴양지를 포럼 장소로 선정한 이유는 자연환경 때문이다. 세계경제포럼이 다보스에서 처음 열린 1981년, 미국 시사주간지 『타임(TIME)』은 다보스에 대해 "정치인과 비즈니스 리더들이 휴식을 취하면서 마음을 터놓을 수 있는 마법과 같은 회의 장소"라고 썼다. 지리산 포럼은 우리나라 국립공원 1호인 지리산이라는 자연 속에서 즐기는 포럼이기도 하다. 참가자들은 공식 포럼 프로그램이 끝난 후 지리산 노고단에 오르거나 둘레길과 마을을 산책하기도 한다. 우리는 참가자들이 지리산이라는 멋진 자연 속에서 세상과 사람에 대한 좀 더 멋진 영감을 얻어가길 기대하고 있다.

3. 교류

발표와 토론이 컨퍼런스나 포럼의 전부라고 생각하는 경향이 있다. 이미 정해져 있는 토론자들 간의 격식 있는 토론 프로그램으로 생각하기도 한다. 지식과 정보, 경험을 교환하는 방법은 격식 있는 발표와 토론 외에도 많은데 교류도 그중 하나다. 지리산포럼은 처음부터 참가자들 간의 교류에 초점을 두고 기획했다. 자연 속에서 이루어지는 대화에 교류라는 가치를 더한 것은 포럼을 '사회적 경험을 공유하는 공간과 일시적으로 구성된 느슨한 커뮤니티'로 구상했기 때문이다. 발표와 대화 시간이 끝나고 알게 된 사람들과 식사하면서, 맥주 한 잔 마시면서 나무 그늘에 앉거나 산책하면서 관계를 맺게 되면 공식적인 자리에서 경험할 수 없는 에너지를 교환할 수 있다. 주최 측은 참가자들끼리 모이고 대화하고 교류할 수 있는 환경을 조성해주는 것만으로도 충분하다. 지식과 배움은 주최 측이 전해주는 것이 아니라 대화와 교류를 통해 자연스럽게 획득되기 때문이다.

4. 자유

'자연' 속에서 모이고 '대화'하고 '교류'하는 세 가지 요소를 지탱해주는 마지막 요소는 '자유'다. '자율성'이나 '자발성'이라고 불러도 좋다. 포럼 참가자들은 발표 섹션 도중 아무렇지도 않게 빠져나간다. 발표와 대화 프로그램에서 만난 사람이 다음 프로그램에 참여하지 않고 둘이 산책하러 가기도 한다. 어떤 사람은 아침에 일어나지 않고 숙소에서 쉬다가 오후 늦게 나오기도 한다. 오랜만에 지인을 만났다고 프로그램에 참여하지 않고 산에 오르는 사람도 있다. 계획된 프로그램이 발표자와 참가자의 합의로 현장에서 취소되거나 새로운 프로그램이 만들어지기도 한다. 참가자들은 주최 측이 계획한 대로 따라가야 하는 수동적인 존재가 아니다. 내용의 본질이 훼손되지 않는다면 계획은 언제든지 바뀔 수 있다. 참

지리산 포럼 참가자들간의 대화 섹션.
지리산 포럼에서는 모든 참가자들이 자신의 생각과 경험을 이야기할 수 있는 기회를 최대한 많이 만들려고 한다. © 지리산이음

지리산 포럼 공식 프로그램 사이의 빈 시간에 참가자들이 자유롭게 모여 대화하고 있는 모습. 포럼이 열리는 마을 곳곳에서 대화할 수 있는 환경을 조성하려고 노력하고 있다. © 지리산이음

가자들의 자유를 원칙으로 삼아 활성화하면 그것이 포럼의 장점으로 작용할 수 있다.

지리산 작은 변화 지원센터와 로컬의 미래

'지리산이음'은 2018년부터 '아름다운재단'과 함께 '지리산 작은 변화 지원센터'를 운영하고 있다. 지리산권 다섯 개 지역의 공익활동과 작은 변화 활동가를 지원하는 센터다. 센터는 처음부터 민과 관의 중간, 지역과 지역의 중간, 재단과 현장의 중간이 아니라 변화 지원조직임을 명확히 했다. 센터는 2년간 지리산권의 60여 개 공익활동을 지원하고 지역사회의 변화를 도모하고자 하는 100여 명과 협력했다.

센터의 핵심사업은 로컬의 변화를 만드는 사람들을 지원하는 것이다. 시민사회의 생태계가 활성화되기 위해서는 지원조직의 사업 방향이 사업 지원에서 사람 지원으로 바뀌어야 한다. 하지만 어떻게? 센터가 선택한 방법은 지리산권 다섯 개 시군별로 한 명의 '작은 변화 활동가'와 파트너십을 맺고 그들에게 활동비를 지원해 로컬의 변화를 위해 필요한 일이 무엇인지 일상적으로 상의하고 협력하는 것이었다. 지리산 작은 변화 활동가들은 변화에 대한 열망과 의지가 있는 주민들의 관심사를 파악하고 주민들을 연결하고 로컬에 어떤 지원이 필요한지 센터와 상의한다.

꽤 오래 전부터 시민사회는 사람에게 투자해야 한다고 말해왔지만 그 방법과 성과에는 항상 물음표를 던져왔다. 당장 눈에 보이는 성과가 없기 때문이다. 하지만 이것은 로컬의 현실을 모르고 하는 소리다. 로컬에 필요한 것은 당장의 사업이나 성과가 아니라 변화를 만드는 일에 함께 할 '사람'이다. 서로 힘을 합친다면 무엇이라도 해볼 수 있겠다는 '시너지'다. 이런 사람들 몇 명만 모여도 로컬에는 변화의 계기가 생긴다. 로컬에 일할 사람이 없다는 것을 알면서도 계속 프로젝트성 사업만 지원하면 남아 있는 사람들조차 역량이 소진되고 에너지가 고갈된다. 그 악순환의 고리를 끊기 위해서라도 사람에 대한 투자와 지원이 절실하다. 2020년부터 센터는 5명이 아닌 15명의 작은 변화 활동가들을 지원하고 그들이 로컬을 어떻게 변화시킬 수 있을지에 대해 함께 고민하며 공부하고 있다.

2020년 지리산이음은 또 다른 '공간'을 준비하고 있다. 4년 전 지리산이음은 전국 곳곳에서 변화를 위해 일하는 사람들이 일상적으로 모여 발표하고 토론하고 공부하고 교류하는 커뮤니티 공간을 상상하면서 낡은 농협 창고를 매입했다. 비록 은행 빚을 내기는 했지만 지리산이음 입장에서는 미래를 위한 투자이자 공익 자산화 차원에서 과감히 땅과 건물을 샀다. '지리산 문화공간 토닥'이 마을과 지리산을 잇는 마중물 역할을 했다면 이 공간은 리모델링을 거쳐 지리산과 세상을 잇는 거점 역할을 할 것이다. 누구든지 자신이 사는 로컬이 세상의 중심이라는 것을 증명하는 공간이 될 것이다.

이 공간은 '마을연수원 로비' 개념을 염두에 두고 리모델링을 계획하고 있다. 100명 이상이 숙박도 하고 회의도 하는 시민사회 연수원이 지리산에 생기면 좋겠다고 생각한 적이 있었다. 그래서 큰 건물을 지을 만한 넓은 땅을 알아보고 비용을 추산해보기도 했다. 그러다가 문득 기사 하나를 읽었다. 농민신문에 나온 "마을 전체가 하나의 호텔… 일본 농촌 민박, 대박났다"라는 기사였다. 기사 내용은 일본 이시카와현 와지마시 미이지구에 있는 가옥들과 식당들이 호텔과 같은 서비스를 분담해 운영한다는 것이었고 농촌 체험 프로그램으로 매월 관광객 천 명을 유치한다는 기사였다. 자세한 내용이 소개되지는 않았지만 제목만으로도 눈이 번쩍 뜨였다. '그래, 왜 굳이 연수원을 건물로만 생각했을까?' 필요한 것은 건물이 아니라 그런 기능을 할 수 있는 '마을 내 네트워크와 협력'이라는 데 생각이 미치자 구상이 선명해졌다.

공간 리모델링 설계를 위해 만난 한 건축가와의 대화는 그 구상을 구체화하는 데 도움이 되었다. 공간을 건물로만 생각하지 말고 마을 연수원의 여러 기능 중 하나로 생각해야 한다는 점, 공간을 통해 하고 싶은 일과 벌어질 일들을 상상해보고 그것에 맞게 공간 설계를 해보자는 이야기였다. 수직으로 세워진 호텔이나 연수원을 마을 전체에 펼쳐 수평화하고 호텔이나 연수원이 가진 기능들을 마을에서 작동되게 하면 지리산이음이 만들려는 공간은 지리산이음 센터가 아니라 마을 연수원의 로비나 컨퍼런스홀이 된다는 것이었다. 이제는 '마을 연수원' 개념을 토대로 창고를 리모델링해 새로운 공간으로 변신시킬 계획을 세우고 있다.

공간에 대한 사고를 전환하니 자연스럽게 지리산 포럼에 대한 상상력도 마구마구 떠올랐다. 초등학교 강당을 중심으로 주말과 휴일을 포함해 3박 4일만 할 수 있었던 포럼 공간을 마을 전체로 확장하니 6박 7일까지도 할 수 있겠다고 생각한 것이다. 지리산이음이 모든 프로그램을 기획하고 운영하는 것이 아니라 포럼의 공간과 시간을 디자인하는 운영자의 역할을 하다면 프로그램은 누구든지 채울 수 있을 것이다. 포럼 공간을 마을 전체로 확장하니 홀로 사시는 어르신들의 집 마당도, 계곡 옆 느티나무 그늘 아래도, 과수원 옆 원두막도 포럼을 주최할 수 있는 작은 공간이 되었다. 앞으로 지리산 포럼은 일주일 동안 전국에서 온 약 천여 명이 모이는 축제와 같은 포럼이 될 수 있을 것이다.

관계 중심으로 로컬을 보는 관점의 전환

마지막으로 로컬에 대해 꼭 하고 싶은 말이 있다. 우리나라 출산율은 계속 줄고 있고 수도권 인구는 전체 인구의 50%를 돌파했다. 지리산권만 놓고 보면 2018년 기준으로 남원, 함양, 산청, 구례, 하동 다섯 개 지역 모두 인구소멸 위험 진입 단계에 해당한다. 남원시 인구도 2010년 87,221명에서 2019년 81,037명으로 줄었다. 산내면이 그나마 2010년 2,117명에서 2019년에도 2,111명으로 비슷한 수준을 유지하고 있다.

초고령 사회, 저출산, 지방소멸… 모두 로컬의 위기에 대해 말한다. 여기에 로컬에 일자리가 없어서 젊은이들이 살아갈 환경이

척박하다는 점, 특히 시골은 농업의 위기까지 더해져 위기감이 팽배해 있다. 이 위기를 극복하기 위해 중앙정부와 지자체가 여러 정책들을 시행 중이고 실제로 꽤 많은 예산이 투입되고 있다. 하지만 현장에서는 효과를 체감하기 어렵다. 과연 지속적으로 운영할 수 있을지 의문이 드는 건물이나 '보여주기'식 사업들만 새로 생길 뿐이다. 예산을 투입해 만들어낸 일자리도 장밋빛 미래를 보장하지는 못한다. 과연 인구를 늘리기 위한 특단의 대책이 효과를 볼 수 있을까? 인구가 증가하지 않는 요인은 로컬만의 문제가 아니라 세대 간의 문제이고 문화의 문제이며 경제 불평등의 문제, 일자리와 주택의 문제이기도 하다.

로컬에 사는 사람들도 관점을 전환해야 한다. 산내면처럼 계속 이주해오는 사람들이 많은 곳도 인구는 10년째 제자리다. 그런데 인구를 거주자 중심으로만 보고 주민등록상 인구를 늘리기 위한 정책을 펴는 것이 현 시대에 맞는지 의문이다. 집을 사서 이사온 사람만 주민으로 보는 인식도 달라져야 한다. 마을과 인연이 있고 관계를 맺고 있는 사람들, 언제든지 여행오고 쉬러 오고 배우러 오는 사람들까지 마을 사람으로 인식할 때 로컬은 달라 보일 수 있다.

로컬을 행정구역상의 지리적 경계가 그려진 폐쇄적 공간이 아닌 개방적 공간으로 인식하면 다른 관점에서 볼 수 있다. 현재 산내면 인구는 2천 명인데 산내면과 관계를 맺고 있는 연결 주민이 20만 명이라고 인식해보면 어떨까? 그들을 넓은 의미의 마을 주민이라고 생각하고 함께 할 일을 찾고 협력한다면 어떤 일이 생길까? 시골에 살고 있는 사람들도 다른 로컬과 관계를 맺고 있다. 시골 사람들이라고 한 곳에 갇혀 지내는 것은 아니다. 다른 로컬로 세계 곳곳으로 놀러가고 배우러 가고 쉬러 간다. 시골에 있는 사람은 도시에서 오는 사람들에게 서비스를 제공해주는 사람이 아니라 서로 교류하는 관계로 재구성되어야 한다. 그래야만 일방적이지 않고 중심과 주변이 구분되지 않고 중앙과 지방의 차별이 없어진다.

로컬이 달라져야 한다는 것은 물리적 공간이 달라져야 한다는 것만 의미하지는 않는다. 로컬에 사는 사람들의 라이프스타일, 로컬에 대한 인식, 관계를 맺는 방식이 달라져야 한다. 로컬을 보는 우리 자신의 관점을 전환할 때 로컬의 다른 미래를 상상해볼 수 있을 것이다. 자신이 살고 있는 로컬이 세상의 중심이라고 생각하는 사람이 많아질 때 비로소 로컬의 미래가 보이기 시작할 것이다.

청년, 고향의 품에 안기다
목포 괜찮아마을 *

윤찬영
'새로운 사회를 여는 연구원' 현장연구센터장이다. 우연한 기회에 강화도에서 몇 년째 고군분투하는 청풍 협동조합을 만나 로컬에 눈을 뜨게 됐고 사람들을 모아 책을 쓰기에 이르렀다. 이제 막 초등학교에 입학한 아들이 더 크기 전에 가족 모두가 대도시를 떠나 어딘가 한적한 로컬에 정착하는 것이 꿈이다. 그 꿈을 실현하기 위해 쓴 책이기도 하다. 『줄리엣과 도시 광부는 어떻게 마을과 사회를 바꿀까』, 『나는 시민 기자다』(공저)를 썼고 앞으로도 꾸준히 사람들을 모아서 또는 혼자서 책을 쓸 생각이다.

* 김송미 감독의 다큐멘터리 『다행(多行)이네요』(2019)와 『괜찮아마을 1년 후 이야기』(2020)를 참고했습니다.

서울 용산역에서 출발한 기차가 마지막으로 닿는 곳이 목포다. 한때 대한민국에서 여섯 번째로 인구가 많은 도시였던 목포는 어느덧 인구가 23만 명으로 줄어 가까운 여수나 순천에도 못 미친다. 목포역이 자리하고 있는 유달산 자락도 마찬가지다. 도시 외곽에 새로운 주거지들이 잇달아 들어서면서 한때 목포의 중심이었던 이곳은 빠르게 빛을 잃어갔다.

이곳에 외지 청년들이 세운 마을이 있다. 목포역에서 걸어서 5분 남짓한 거리, 15분을 더 걸으면 바다에 닿는 곳이다. 어디서부터 마을이 시작되는지 알려주는 표지판은 없지만 어디선가 들뜬 웃음소리가 들리고 언제부턴가 하나둘 청년들이 눈에 들어오기 시작하면 바로 그곳이 청년들이 세운 마을, '괜찮아마을'이다.

이 마을을 세운 것은 두 명의 청년들, 홍동우와 박명호다. 두 사람 모두 어려서부터 여행을 좋아했다. 홍동우 대표는 한때 여행작가로 캐나다 여행 가이드북을 출간하기도 했다. 2015년 두 사람은 익스퍼루트라는 전국 일주 여행사를 차렸다. 오토바이를 타고 전국을 돌며 우리나라 곳곳에 알려지지 않은 아름다운 여행지들이 너무나 많다는 사실을 알게 된 뒤였다. 제법 많은 이들이 함께 여행길에 올랐다. 돌아보니 모두 115번에 걸쳐 '전국 일주 어드벤처'를 하는 동안 1,200명이 넘는 청년들이 함께 했다. 그런데 생각하지도 못한 일들이 여행 때마다 거의 똑같이 되풀이됐다.

"좋은 풍경 보러 와서는 다들 울었어요. 그렇게 울고 나면 또 괜찮아지고 또 오고 싶어 하고. 왜 그럴까 생각했죠. 아, 여행이란

게 좋은 풍경을 보는 게 다가 아니구나. 모르는 사람들을 만나서 같이 모닥불을 피워놓고 밥을 해서 나누어 먹고 이야기하고 노래하고 별을 보고…… 이런 것들이 힐링 포인트구나, 그걸 깨달았어요." (홍동우)

여행을 가겠다는 사람은 계속 밀려드는데 수지 타산이 맞지 않았다. 여행을 떠나면 떠날수록 손해였다. 더 이상 버틸 수 없다고 생각한 끝에 전국을 돌아다닐 것이 아니라 한곳에 머물면서 사람들을 불러 모으기로 했다. 그래서 2016년 12월 제주도에 '한량유치원'이라는 팝업 게스트하우스를 열었다. '장래 희망은 한량입니다'라는 슬로건도 이때 나왔다. 제주 한 달 살이가 유행처럼 번지기 직전이었다. 49일간 진행했는데 연인원 670여 명이 머물다 갔다.

둘은 생각했다. 상처받은 청년들이 잠시 잠깐 머물다 떠나지 않아도 되는, 더 많은 청년들이 좀 더 오래 머물 수 있는 마을을 만들면 어떨까. 여행을 떠나듯 홀가분한 마음으로 오래도록 머물면서 비슷한 처지의 청년들과 이웃처럼 어우러질 수 있는 그런 마을이면 좋겠다고.

"태국 치앙마이에서 처음 구상했어요. 발코니에 노트북을 켜고 앉아서 작은 도시에 마을을 만들어서 여행처럼 살면 어떨까 하고 생각했지요. 생산적이지 않은 시간을 보내도 괜찮고 무엇이든 될 수 있고 할 수 있는 곳, '따로 또 같이'라는 가치를 존중하는 그런 마을, 그게 괜찮아마을의 시작이었어요." (박명호)

꿈이 현실로, 괜찮아마을 첫 삽을 뜨다

왜 하필 목포였을까. 그들을 목포로 부른 것은 강제윤 시인이었다. 그는 목포의 버려진 옛 여관인 '우진장'의 주인장이자 섬 연구소를 세운 인물로, 둘은 한량유치원에서 인연을 맺었다. 그가 목포의 오래된 여관인 우진장을 인수하게 되었는데 이 우진장을 두 사람에게 써보라고 했다. 그것도 20년 동안 공짜로. 강제윤 시인은 임대료를 안 받는 대신 두 가지 조건을 내걸었다. 다른 어려운 처지의 청년들도 젠트리피케이션으로 내몰리지 않고 새로운 도전에 나설 수 있도록 기회를 줄 것과 섬의 가치를 지키는 일에 힘을 보태줄 것. 둘은 잠시 고민하다가 강제윤 시인의 제안을 받아들였다. 우진장에 직접 가서 보니 1층은 사무실로 쓰고 2층에서 자고 3층은 게스트하우스로 쓰면 되겠다는 구상이 자연스레 떠올랐다. 낡은 공간들을 손보고 나서 곧바로 목포를 테마로 여행객들을 불러 모았다.

금요일 오후에 일을 마치고 목포에 와서 일요일에 집으로 돌아가는 3일짜리 일정을 짰다. 금요일 저녁 여행자 10명쯤이 목포역에 내려 우진장에 모여들면 야식을 먹으며 인사를 나누고 일찍 잠자리에 든다. 다음 날 새벽 5시에 일어나 10분 거리에 있는 위판장에 가서 경매하는 모습을 지켜본다. 상인과 중매인들의 수신호가 무슨 뜻인지, 이들의 시선이 어떻게 움직이는지 일반인들은 알 수 없는 숨은 뜻을 알려주면 마치 경주를 보듯 흥미진진하게 빠져든다. 경매가 끝날 무렵 바다에서 막 잡아 올린 20만 원짜리 민어 한 상자를 사서 곧바로 해체 작업에 들어간다. 아침부터 회도 떠서 먹고 피쉬앤칩스도 먹으면서 술 한 잔을 기울인다. 그리고 곳곳을 돌다가 해질 녘이 되면 유달산에 올라 저녁 노을과 야경에 촉촉히 물든다. 그리고 셋째 날에 집으로 돌아간다. 그렇게 2018년까지 스무 번 정도 사람들을 만났다.

"걸어서 30분이면 저쪽 바다에서 이쪽 바다까지 갈 수 있어요. 햇빛도 따뜻하고 사람들도 너무 친절하고 인사하면 다들 받아주고 집에 들어가서 놀다가 나오기도 했어요. 이상적으로 생각하는 그런 삶이었죠. 그렇게 목포에서 여러 계절을 지내다 보니까 고향 같았어요." (홍동우)

사람들이 찾아들었고 새로운 사람들과 같이 목포 곳곳을 둘러보는 사이 추억이 소복소복 쌓여갔다. 목포가 너무 사랑스러워졌다. 괜찮아마을을 만들고 나서는 마음 붙이고 허심탄회하게 이야기를 나눌 수 있는 사랑하는 이들이 생겨서 더더욱 이곳이 좋아졌다고 했다. 꼭 또래 청년들만을 두고 하는 이야기는 아니다. 이웃 어르신들, 가게 사장님들도 모두 그들이 사랑하는 사람들이다.

목포는 바다를 메워 만든 도시다. 바다에 떠 있던 몇몇 섬들을 빼고는 사람이 살지 않았다. 아무것도 없던 이곳 목포에 모여들어 힘겹게 뿌리를 내린 이들은 타향살이의 설움을 안다. 목포가 외지인에게 따뜻한 품을 내주는 이유다.

공장공장이 만든 '괜찮아마을' 프로젝트는 2018년 행정안전부

'시민주도 공간활성화 사업'에 선정되었다. 6억 6,000만 원짜리 사업이었다. 처음으로 나라장터 입찰에 참여했는데 덜컥 일을 따낸 것이다.

"지치고 마음이 아픈 청년들이 새로운 기회와 꿈을 발견하고 말도 안 되는 상상도 현실이 되는 작은 마을을 만듭니다."

괜찮아마을을 가장 잘 설명해주는 문구다. 마을 주민을 뽑는 첫 번째 공고는 2018년 7월에 나갔다. 대구, 부산, 광주, 대전 그리고 서울에서 입주 설명회도 열었다. '인생을 다시 설계하고 싶은 다큰 청년 누구나(만 39세 이하 청년)'가 그 대상이었다. 생각보다 훨씬 많은 이들이 지원했다. 1기에만 127명이 몰려 4대 1이 넘는 경쟁률을 보였다. 이곳에 들어오려고 또 다른 경쟁을 벌이는 모습을 보며 두 대표는 마음이 무거워졌다. 그래서 2기 때는 홍보를 줄였다. 그렇게 8월에 1기 30명, 다시 11월에 2기 30명을 뽑았다. 그리고 2018년 여름 서른 명의 청년들이 처음으로 괜찮아마을에 짐을 풀었다.

"버티는 게 이기는 일인 줄 알았다. 짜디짠 월급, 매트리스 하나 겨우 들어가던 방, 상사의 폭언, 내내 하던 야근, 수당 없는 주말 근무. 모두가 그렇게 사는 줄 알았고 이겨내지 못하면 루저라고 생각했다. 괜찮아마을은 버티는 게 다가 아니라고 말해주는 것 같다. 쉬어도 괜찮고 실패해도 괜찮다고. 나는 떨리는 마음으로 지원서를 내고 눈물을 뚝뚝 흘리며 면접을 봤다. 인생을 재설계하고 싶다고 수백 번 되뇌었다. 그렇게 목포에 왔다." (리오)

"괜찮아마을에서 1차 합격 소식을 전해 들었을 때 나는 그 길로 일하던 마트 사장님께 달려가서 '저한테 오랜 꿈이 있어요. 작은 공방을 차려서 내가 만든 소품들을 파는 가게를 열고 싶은데 그 꿈을 이룰 기회가 온 것 같아요. 8월 말에 목포로 내려가게 되어서 (심지어 최종 합격자 발표가 나기도 전인데) 이번 달 20일 전후에 가게를 그만두어야 할 것 같아요.'라고 통보해버렸다." (진아)[1]

이들은 42일간 네 개의 건물에 머물렀는데 우진장과 로라, 등대 게스트하우스 그리고 춘화당이 그곳이다. 우진장은 강제윤 시인이 내준, 목포항 선창가에 자리한 40년 정도 된 여관으로 5년 넘게 쓰지 않은 채 버려져 있었다. 3개 건물이 따로 또 같이 붙어 있다. 옥상에서 내려다본 전망이 무척 빼어난 이곳을 주거 공간 '괜찮은 집'으로 꾸미고 옥상엔 정원을 마련했다. 또 하나의 건물은 한때는 소아과 병원이었고 병원이 문을 닫은 뒤로는 목포에서 꽤 이름난 경양식 집이었던 '로라'다. 한때는 목포 청춘이라면 이곳을 들르지 않은 이가 없었다고 할 만큼 늘 북적이던 곳이지만 역시 원도심이 쇠락하면서 10년 가까이 비어 있었다. 1층에는 요식업과 소매업 위주의 기간제 공유가게를, 2층에는 공유사무실과 회의실을 두었고 3층에는 강의실과 작은 스튜디오를 마련했다. 공유가게와 공유사무실을 묶어 '괜찮은 공장'이라고 불렀고 3층은 '괜찮은 학교'라고 이름 붙였다. 공유가게에서는 보증금이나 권리금 없이 장사를 해볼 수 있도록 기회를 제공했다.

공간과 프로그램은 잃어버린 공동체성을 회복하면서도 자유를 만끽할 수 있도록 설계했다. '따로 또 같이'라는 말이 이를 잘 설명해준다. 각자 머무는 방은 따로 두되 거실은 함께 썼고 식사는 혼자서 할 수도 있고 모둠 사람들과 함께 해먹을 수도 있도록 했다. 날마다 더불어 산책하며 지역과 서로를 알아갈 수 있는 시간도 가졌고 한 번씩은 다 함께 목포 구석구석을 찾아 떠나기도 했다.

프로그램은 알찼다. 가장 먼저 한 일은 다 같이 마을 시장에서 장을 보고 요리를 해서 함께 둘러 앉아 밥을 먹는 '괜찮은 식탁'으로 지역과 서로에게 처음으로 한 발 다가서는 '잔치'였다. 목포 곳곳을 둘러보는 시간도 자주 가졌다. 둘째 날 새벽, 갓 잡은 수산물의 위탁 판매가 이루어지는 위판장과 시장을 찾는 것을 시작으로 괜찮아마을이 자리한 원도심의 근대 역사 거리를 둘러보기도 하고 외달도를 비롯한 목포 주변의 섬들도 '탐험'했다.

'좀 놀아본 언니들 상담소'는 모두 두 번에 걸쳐 진행했는데 서로를 상담해주는 시간이었다. 전문 상담 그룹인 '좀 놀아본 언니들'과 함께 진행한 이 프로그램은 돌아가면서 자신의 속내를 털어놓으면서 자신의 문제를 발견하고 또 풀어갈 힘을 길러 보자는 뜻이 담겼다. 첫 번째 상담은 입주 바로 다음 날에 진행됐다. 대여섯 명씩 둘러앉은 가운데 질문 하나가 툭 던져졌다. '어떤 마음으로 이곳에 왔나?' 기나긴 침묵이 이어지다가 결국 한 사람이 입을 열었다.

"저는…… 저를 보기 위해서 이 자리에 온 것 같아요."[2]

금세 눈가가 젖어 들더니 말끝에서부터 울먹이기 시작했다. 그렇게 한 사람씩 꽉 쥐고 있던 마음을 내려놓았다. 서로에게 한 발 더 다가가려는 '라이프셰어' 시간도 가졌다. 인생 질문 96개가 적힌 카드를 이용해 묻고 답하며 말 그대로 서로의 삶을 나누는 시간이었다. 모두들 밤이 깊도록 진지하고도 유쾌하게 서로의 삶을 나누며 공감하고 또 응원해주었다.

열흘쯤 지나서는 함께 밥을 먹기 시작했다. 셰프로 일하던 한 상천이 친구들에게 집밥을 먹이고 싶다고 제안했고 남들보다 조금 일찍 일어나 동네 시장에서 장을 봐와 밥을 차렸다. 시간이 날 때마다 모두들 조금씩 거들었다. 혼자서 허겁지겁 허기를 때우기 일쑤였던 도시에서의 초라한 끼니들을 떠올리면 마주하는 것만으로도 배가 부른 밥상이었다. 모두가 조금씩 힘을 보태 정성스레 차린 집밥으로 이들의 삶도 하루하루 풍성해졌다.

다들 같이 뭔가를 하지 않아도 늘 어딘가에 무리지어 모여 지내기 시작한 것도 그 즈음이었다. 사람들이 좋아졌고 함께 있다는 것만으로도 마음이 놓였다. 무엇을 하든 서로가 서로를 무심히 지켜봐주고 서로에게 소리 없이 박수를 쳐주는 느낌이었다. 자연스레 각자가 지닌 재능들을 꺼내놓으며 뭔가를 함께 하기 시작했다. 누군가는 아침마다 요가를 알려주기도 하고 누군가는 함께 산책에 나서자고 손을 내밀었다. 빈 공간에 마련한 아뜰리에에서 함께 그림을 그리거나 뜨개질을 배우기도 했다. 주말이면 그 사이 얼굴을 익힌 동네 아이들을 불러 모아 초등학교 운동장에서 축구도 했다. 생각하지도 못했던 일들이 괜찮아마을에서의 하루하루를 채워갔다.

마냥 '노는 시간'만 보낸 것은 아니다. 새로운 일을 찾고 기획하는 데 도움이 될 만한 시간들도 있었다. 섬 전문 잡지인 『매거진 섬』의 출간을 위한 편집 교육, 지역과 자원을 지도로 이어 보는 커뮤니티 맵핑, 도시재생을 비롯한 지역 문제의 해법 이해, 크라우드 펀딩 교육 등 전문가를 불러 강의를 들으며 지금까지와는 전혀 다른 일을 해볼 수 있는 상상력을 키워갔다. 강진, 순천, 통영 등을 이틀 동안 둘러보는 남도 탐방도 진행했다. 지역의 독특한 자원을 발굴해 그곳에 뿌리를 내린 이들을 만나 지역에서 새로운 기회를

괜찮아마을 주민들이 다 같이 모여 소셜 다이닝을 하고 있다. ⓒ 괜찮아마을

찾아내는 방법을 모색했다. 이렇게 키운 상상의 근육으로 실제 새로운 일을 상상해보고 구체적인 사업으로 만들어보는 기회도 가졌는데 '아무상상 대잔치'가 그것이다. 모둠을 짜서 원도심의 빈집들을 돌아보며 새로운 쓰임새를 떠올려보기도 하고 앞으로 함께 일할 동료를 찾아 제안해보기도 했다. 각자가 만든 사업 모델을 발표하며 투자를 유치해보는 '투자 페스타'도 진행했다.

모든 일이 매끄럽게 흘러간 것만은 아니었다. 행정의 기대와 청년 주민들의 바람이 부딪히기도 했고 마을을 꾸려가는 일꾼들의 앞선 의욕이 그렇지 않아도 지쳐 있던 청년들을 힘들게 하기도 했다. 마치 그럴듯한 창업 기획안을 그것도 경쟁하듯 만들어내야 할 것 같은 분위기가 며칠째 이어졌고 외부에서 온 심사위원들은 익숙한 잣대를 들이밀며 청년들의 생각을 틀에 가두려 했다. '아무상상 대잔치'란 말이 더 이상 어울리지 않게 되자 여기저기서 볼멘소리들이 들려왔다.

결국 대책 회의가 열렸고 그동안 담아두었던 이야기들이 터져 나왔다. 시간이 걸리기는 했지만 이내 새로운 방향이 세워졌다. 프로젝트 주제도 팀을 짜는 방식도 모두 바꾸기로 했다. 바깥의 시선을 더는 신경 쓸 필요가 없어졌고 같이 일할 사람도 누군가 정해주는 대로 따르기보다 개인의 의사를 존중해주기로 했다. 잠시 삐걱대기는 했지만 모두가 합심해 잘못을 바로잡고 더 나은 대안을 모색했던 짜릿한 경험이기도 했다.

청년들은 한 달을 지내면서 몸소 겪은 일상에서 프로젝트 주제를 길어 올렸다. 어떤 팀은 이상하리만치 정이 넘치는 이곳 목포 사람들의 따뜻한 시선을 사진에 담아 전시회를 준비했다. 또 다른 팀은 지난 한 달간 길을 걷다가 하나씩 주워 모은 돌멩이와 조개껍질, 빈집의 파편들을 액자에 담아 '남겨진 조각들'이라는 전시를 준비했다.

날마다 집밥을 차려내던 셰프는 함께 밥을 먹는 모습을 지켜보다가 소셜 다이닝을 떠올렸다. 삶에 지친 청년들에게 "밥 먹어, 밥 먹으면서 천천히 이야기하자."라는 말을 건네고 싶다고 했다. 또 다른 팀들은 음악 앨범을 만들었고 고민 상담소를 열었다. 곳곳에 버려진 폐타이어로 투박하지만 질기고 오래가는 업사이클링 슬리퍼를 만들었고 연극을 준비하기도 했다. 그리고 섬 여행 콘텐츠를 발굴하고 수공예품을 만들 공방을 열었다. 그렇게 14개 프로젝트가 기획되었다. 목포가 아니었다면 엄두도 내지 못했을 일들이다. 하찮아서, 돈이 안 돼서, 아무도 거들떠보지 않을 일이라서 하고 싶었지만 차마 할 수 없던 일들을 이곳 목포에서 하게 된 것이다.

괜찮아마을 1기 살이를 영상으로 찍으며 이들을 내내 가까이에서 지켜본 괜찮아마을 다큐멘터리 영화『다행(多行)이네요』 김송미 감독은 "괜찮아마을 사람들이 짧은 기간 안에 서로를 찾아낼 수 있었던 이유는 일상 속에서 오갔던 수많은 대화 덕분이었다."라고 말했다.[3] 다음은 '최소 한끼'라는 채식 레스토랑을 차린 숙현이 6주를 보낸 뒤에 쓴 글이다.

"그리고 나를 목포에 계속해서 남고 싶게 해준 원인의 시작인 '작은 성공'에서 나는 큰 걸 바라지 않고 쉽고 맛있게 만들 수 있는 채식 레시피 '채시피'를 기획했다. 사람들의 편견이 서려 있는 지점들을 허물어가고 싶다는 나의 첫 스텝이었다. 다른 이들의 발표를 들으며 나와 잘 맞을 것 같은 몇몇 사람들이 눈에 띄었고 용기를 내어 그들에게 함께 하자는 제안을 했다. 그렇게 채식을 하는 사람, 채소를 좋아하는 사람, 채식에 관심이 있는 사람, 채식주의자 친구가 있는 사람, 맛있으면 다 되는 사람 이렇게 다섯이 모였다."
(숙현)[4]

괜찮아마을은 어울림 또는 관계라는 말 속에 숨어 있는 놀라운 힘을 보여준다. 함께 일한다는 것, 함께 살아간다는 것이 무엇인지를 이들에게 또 우리 모두에게 일깨워준다. 각 개인에게 지급될 활동비를 가상화폐로 만들어 자신이 응원하는 프로젝트에 투자하도록 했다. 프로젝트가 적힌 종이컵에 종이로 만든 화폐를 넣는 방식이었는데 청년들은 화폐 뒷면에 짧은 응원의 메시지를 적었다.

목포 곳곳을 함께 돌아보는 시간. 맨 왼쪽이 홍동우 대표다. ⓒ 괜찮아마을

소셜 다이닝은 못생겼다는 이유로 버려진 채소들로 차려졌다. 모양이 달라 다듬기 불편하다는 이유로, 못생겨서 맛도 없을 것이라는 편견 때문에 버려질 뻔한 채소들을 가게에 들를 때마다 차곡차곡 모았다. 괜찮아마을의 마지막 밥상으로 더할 나위가 없었다.

떠난 이들과 남은 이들

마지막 프로그램은 다시 상담이었다. 첫 상담 때와는 분위기가 사뭇 달랐다. 한참을 망설이던 그때와 달리 웃음부터 터져 나왔다. 설렘보다는 아쉬움이 더 컸다는 점도 달랐다.

"매일 아침 너무 감사하다는 마음으로 일어났거든요." (단열)
"왜 그렇게 어두워질 수밖에 없었는지에 대한 모든 것을 다 정리한 것 같아요." (민성)
"이 시간이 계속, 계속 갔으면 좋겠다는 거죠. 이 사람들끼리 계속 모여서 평생 살았으면 좋겠는데…… 그게 안 되니까 …… 거기에 대해서 많이…… (울음) …….” (은혜)[5]

그렇게 괜찮마을에서 보낸 제법 괜찮았던 시간은 막을 내렸다. 홍 대표는 행정이 바라는 대로 빈집과 지역을 살리는 일에는 크게 무게를 두지 않았다. 그런 점에서 행정과 부딪힐 수밖에 없었다.

“주민등록을 몇 명을 목포로 옮기겠다, 아니면 사업자 등록을 몇 명을 하겠다, 그런 핵심성과지표가 있는데 우리는 이거 못해도 어쩔 수 없다고 생각했어요. 그런데 뜻밖에도 숫자만 놓고 보자면 기함할 만한 일이 일어났죠. 끝나고 나서 30명 가까운 청년들이 안 가고 남아 있겠다는 거예요.” (홍동우)

처음에 소개했던 리오와 진아의 나머지 이야기도 해볼까 한다.

“우리는 마음을 씻어주는 사람들이 되기로 했다. 우리가 겪었던 것처럼 괜찮지 않은 사람들을 괜찮게 만들어주고 싶었다. 울먹이는 말을 귀 기울여 듣고 헐떡대는 등을 토닥이고 싶었다.…… 지독히도 사람을 싫어하던 나였는데 이제는 타인을 위로하고 싶다. 우리의 프로젝트를 단단하고 정교하게 만들어서 함께 괜찮은 세상을 만들고 싶다.” (리오)

“나는 정말 기적처럼 8월 말에 당당히 1기 입주민으로 목포에 내려와서 괜찮아마을 프로그램에 참여하게 됐다. 그리고 꿈 같은 6주의 시간을 너무나 좋은 사람들과 보냈고 그 꿈에서 깨고 싶지 않아서 아직까지 목포에 남아 나의 오랜 꿈을 이루어 보려고 노력 중이다.” (진아)[6]

리오는 매거진『섬』 두 번째 호의 편집장을 맡아 ‘여서도’ 편을 발간했고 진아는 그물을 손으로 직접 엮는 주민이 줄어들고 있다는 점에 착안해 그 기술을 이용해 히피 이미지를 모티브로 한 다양한 관광상품을 만들어보려 한다. 브랜드 이름은 '여끄소'다. 매거진『섬』은 비전문가들이 만든 잡지라고는 믿기지 않을 만큼 알차다. 따뜻한 시선으로 섬과 섬사람들을 만나 이야기를 듣고 담아냈다. 정말이지 두 권으로 끝나서는 안 될 잡지다.

정부는 청년들이 지역에 뿌리를 내려야 한다고 하지만 말처럼 쉽지 않다. 청년들에게 집을 주고 월급을 준다고 과연 될까. 홍 대표는 "청년들이 지역에서 재미있는 일을 할 수 있도록 그곳과 사랑에 빠지도록 해줘야 한다."라고 말한다. 그도 처음 청년들을 만나 도시재생과 창업 수업을 해본 적이 있었다. 하지만 청년들은 그의 말에 귀 기울이지 않았다. 그는 "청년들이 도시에서 방값과 밥값을 벌려고 발버둥 치다가 시간과 에너지를 다 써버린 탓"이라고 했다. 발버둥을 멈추는 순간 그대로 가라앉고 마는 도시 생활에 지칠 대로 지쳐서 내려온 이들에게 도시재생이니 창조경제니 하는 말들이 와닿을 리 없다.

"겪어보니 청년들이 아프다는 게 사실 뭐 대단한 정신적 문제가 있는 것이 아니라 정말 대부분의 청년들이 많이 아프더라고요. 당연히 능력과 잠재력을 가진 이들도 많아요. 그런 상처 입은 친구들이 그걸 풀 수 있는 어떤 물꼬만 터주면 다시 괜찮아져서 자기가 하고 싶은 일들에 포텐을 터트리는 거예요. 우린 그 접점을 찾은 거죠." (홍동우)

2018년 11월 말 60명이 모여 진행한 괜찮아마을 1, 2기 프로그램은 막을 내렸다. 프로그램이 끝나면 집도 절도 없는 이곳에 아무도 남지 않을 거라고 생각했는데 어찌 된 일인지 서른 명 남짓 남기로 했다. 남는 방식은 저마다 달랐다. 누군가는 이곳에서 창업을 했고 다른 누군가는 그 회사에 취업했다. 목포의 관공서나 회사에 들어가기도 하고 살던 곳으로 돌아갔다가 다시 이곳으로 돌아와 새로운 일을 준비하는 이들도 있다.

2019년에는 서울시 청년청의 지역활성화 사업인 '연결의 가능성'에 뽑혀 8,000만 원의 지원금을 받아 3기 주민 16명을 뽑았다. 1, 2기를 겪으면서 주민의 요구는 저마다 다르다는 사실을 깨달았다. 막 회사를 그만두고 이곳을 찾은 누군가에게는 쉼이 절실하지만 벌써 한참을 쉬었던 또 다른 누군가는 새로운 도전에 목말라 있을 수 있다. 그러다 보니 서로가 서로에게 짐이 되거나 불편한 존재가 되기도 했다. 처음부터 모두에게 딱 맞는 6주의 시간을 설계하는 일은 불가능했던 셈이다. 3기에는 뭔가 새로운 것을 기획해야 한다는 부담은 줄였다. 또 첫 6주를 보내고 나서 더 머물고 싶은 이들에게는 6주간 더 머물 수 있도록 했다.

"1, 2기를 겪어보니 첫 6주보다는 오히려 그 뒤에 머무는 동안 비로소 다음 진로를 고민하게 되더라고요. 그제서야 여유가 생기는 거죠." (홍동우)

2018년과는 달리 50만 원의 참가비도 받았다. 지원금이 6분의

1로 줄어든 탓도 있지만 앞으로 수익을 낼 수 있을지 실험해보고 싶었다. 모든 참가자들에게는 생활비와 '마음 편한 옷'이라 불리는 멜빵바지 모양의 일상복과 티셔츠, 에코백 등이 제공되었다. 생활비는 시급 10,510원씩 43일간 모두 609,000원이었다.[7]

2020년 5월 16일, 목포 로라 근처 독립영화관 시네마 라운지 MM에서 '괜찮아마을 1년, 다음 5년'이란 행사를 열었다. 행사를 기획한 박명호 대표는 자신이 괜찮아마을에 살기 시작한 때를 2018년 1, 2기를 마무리하고 다시 맞이한 2019년 1월부터로 본다고 말했다. 그러니까 그로부터 일 년이 지난 2020년 1월이 괜찮아마을에 산 지 일 년이 되는 시점이었다(코로나 19 사태로 넉 달이 밀렸다).

"한 번쯤은 첫 다큐멘터리 장편영화『다행이네요』이후의 우리 모습을 바라볼 수 있는 시간이 있으면 좋겠다고 생각했어요. 일 년이 지난 다음에 우리 모두가 어떻게 달라져 있을까 궁금했죠. 지난 일 년 반 사이 좋은 일들만 있었던 것은 아니겠지만 그 모든 것들을 우리가 계속 나누어야 한다고 봤어요. 그래야 또 다른 누군가가 관심을 가지게 될 때 처음과 그 다음의 마음을 이야기해줄 수 있지 않겠어요. 서로에게 안부를 묻는 자리예요." (박명호)

김송미 감독은『괜찮아마을 1년 후 이야기』라는 제목으로 다시 괜찮아마을을 거쳐 간 다섯 명의 '오늘'을 카메라에 담았다. 김송미 감독을 비롯해 채식식당 '최소 한끼'에서 요리하는 숙현과 공장공장에 취직한 리오, 게스트하우스 춘화당의 매니저로 일하는 민성 그리고 홍동우 대표가 각자 안부를 전하고 싶은 누군가에게 편지를 쓰고 또 읽었다. 민성이 일 년 전의 자신에게 쓴 편지의 마지막 부분을 옮겨 본다.

"일 년 전 나는 다음에 뭘 해야 할지, 뭔가에 늘 쫓기면서 살았는데 지금은 사는 게 그래도 재밌고 매일이 기대가 돼. 친구들이 장난스럽게 주문처럼 했던 말이 떠올라. '어떻게든 되겠지.' 무책임해 보이고 무관심해 보이는 그 말이 알고 보면 나를 한없이 믿어주는 말이더라. 민성아, 조금만 더 버텨줘. 목포행 기차에 몸을 실을 때까지. 이제 너는 누구보다 재밌는 인생을 살게 될 거야." (민성)[8]

이날 행사에는 최소 한끼에서 요리하는 숙현의 부모도 찾아와 숙현의 영상을 봤다.

"내 딸이 여기서 이렇게 식당을 하고 있는 게 부모로서는 솔직히 말하면 마음이 좀 아프기도 해요. 저렇게 어려운 일을 하고 있다는 게. 그런데 개인인 나로서는 참 부러워요. 본인이 하고 싶은 일을 하고 있으니까. 너무나 감동이고 정말 고마워요. 자기 인생을 잘 살아주는 딸이." (숙현 어머니)

이날은 최소 한끼가 문을 연 지 일 년이 되는 날이기도 했다. 외식경영을 전공한 숙현이 요리를 맡고 공간디자인을 전공한 박민지 대표가 공간 기획과 경영을 맡고 있다. 제주에서 나고 자란 박민지 대표는 졸업과 함께 디자인 스튜디오에 들어가 일하다가 괜찮아 마을 소식을 접하고서 곧바로 사표를 냈다.

"뭔가 쉴 수 있는 타이밍이 없이 어떻게 살아가고 있는지도 모르게 바쁘게 살아가는 와중에 일이 너무 재미도 없고 행복하지도 않고 주말에 집에 있으면 움직이고 싶지도 않을 만큼 무기력하고…… 내 상태가 안 좋다는 생각이 들었어요."

첫 6주가 끝날 무렵 숙현을 비롯한 네 명의 동료들과 팝업식당을 열었는데 이대로 끝내기 아쉬운 마음과 함께 이곳에서 뭔가 새로운 기회를 발견했다는 느낌도 들었다. 돌아보면 필요한 모든 것들을 깊이 생각해보고 마음먹은 것은 아니었다. 어쩌면 깊이 고민했다면 이곳에 남지 못했을지도 모른다. 가게를 연 지 꼭 일 년째 되는 날에 만난 박 대표는 "폭발적이지는 않지만 소소하게 찾아주는 이들이 있다."라고 했다.

"식당에 자꾸 보이던 얼굴이 보일 때, 여기를 기억해주시고 좋아해주시고 찾아와주시는 분들이 있구나 하고 감사한 마음이 들어요."

아직은 멀리서 찾아오는 이들이 많지는 않다. 코로나 19 사태가 잦아들고 조금 더 알려지면 벌이도 나아질 것이라고 기대하고 있다. 앞으로는 채식과 음식을 테마로 출판물이나 다른 콘텐츠도 만들어서 최소 한끼가 추구하는 바를 표현해보고 싶다고 한다. 또 쿠킹 클래스나 채식 워크숍을 열어 많은 사람들과 소통해보고 싶은 바람도 있다.

“괜찮아마을에 찾아온 것을 후회한 적은 없지만 6주가 끝나고 더 남았던 선택을 되짚어 볼 때는 있어요. (첫 6주가) 꿈 같고 행복했던 시간이었기 때문에 그대로 떠났다면 목포의 지역살이도 힘들다는 현실을 몰랐을 수도 있는데 오래 남아 있다 보니까 이곳에서의 현실이 또 보이게 됐어요. 그래도 짧은 기간이었지만 진심으로 살아 있는 기분이 들었어요. 그 점은 무척 감사하게 생각해요.”

고향인 제주에서의 삶이 무료하고 그곳에서는 꿈을 이루기 어렵겠다는 생각에 어떻게든 제주를 떠나고 싶었다던 박 대표. 그러나 지금은 ‘로컬도 괜찮구나, 로컬에서도 돈을 벌 수 있구나 하는 확신이 생겼다.’고 한다. 만약 목포를 떠나게 된다면 다시 서울로 갈 수도 있지만 제주에서 뭔가를 해봐도 괜찮겠다는 생각도 든단다.

1기 때 거의 6주 내내 서른 명 동료들의 끼니를 기꺼이 챙긴 한상천 셰프는 1기를 마치고 목포를 떠났다가 일 년 반이 지난 2020년 2월에 다시 목포로 돌아와 세종집이라는 식당을 열었다. 3층짜리 건물을 통째로 빌려 1층 식당에서 낮에는 6천 원짜리 한식 뷔페를 팔고 저녁에는 삼겹살과 목살구이를 판다. 2층은 디자인 스튜디오를 하겠다는 동료에게 세를 줬고 꼭대기 층에는 셰어하우스를 마련해 자신도 그곳에서 살고 있다. 큰 호텔에서 일해보기도 했고 레스토랑을 열어 몇 번을 망해보기도 했던 그는 왜 떠났다가 다시 돌아왔을까.

"처음부터 정착을 생각하고 온다는 게 여기 사람들한테는 가볍게 보일 것 같았어요. 다들 치열하게 살고 있는데 도시 물 좀 먹은 젊은 놈이 만만하게 보는 것처럼 비치지 않겠어요? 그렇게 보이고 싶진 않아서 남지 않았죠. 남더라도 오래 고민해봐야 한다고 생각했고요. 처음에는 그래서 떠났어요."

그 뒤로 일 년 반 사이 한 셰프는 목포를 누구보다 자주 들렀다. 2018년 가을에 그랬던 것처럼 시장을 돌며 장을 보고 동료들에게 밥을 차려주면서 이야기를 나누었다. 그렇게 떠난 지 일 년도 더 지난 어느 날 여느 때처럼 목포를 찾아 이야기를 나누다가 누군가가 낮에 편하게 밥을 먹고 저녁에는 가볍게 술 한 잔 할 수 있는 고깃집이 있으면 좋겠다는 이야기를 꺼냈고 "그럼 내가 해볼게." 라고 했다.

"아무 배경도 없는 곳에서 내 힘으로 일어서고 싶었어요. 또 좋아하는 사람들이 있는 곳, 좋은 기억이 제일 많은 곳에서 하고 싶다는 생각도 컸어요. 내가 어디 소속되어 있어야 한다는 것에 염증을 느끼고 있었고 뭘 해도 되고 앞으로도 좋은 기억을 만들 수 있는 곳이어서 선택했어요."

가게 문을 열자마자 코로나 19 사태가 터졌지만 낙담하지는 않는다. 그는 "요행을 바라지는 않는다."면서 "그냥 내가 가지고 있는 것을 믿고 꾸준히 하는 모습을 보면서 인정해주면 그것으로 만족한다."라고 말했다.

괜찮아마을이 차곡차곡 준비해가는 미래

홍 대표는 많은 지역에서 청년들을 불러들이면서 너무 많은 사회적 미션을 부여하는 것이 문제라고 했다. 짧은 시간 안에 너무 많은 가치들을 추구하다 보면 정말 아무것도 남지 않게 된다고 그는 말한다.

"우리가 추구하는 것은 딱 하나예요. 우리가 괜찮아지는 거, 이 공동체가 괜찮아지는 거였어요. 틀에 박힌 가족 공동체가 아닌 청년 공동체를 만들어보니 너무 좋았죠." (홍동우)

괜찮아마을은 그렇게 만들어진 공동체 안에서 민주적 대화를 하려고 노력했다. 서로를 존중하는 대화 기술을 익히다 보니까 처음에는 조금 어색했지만 곧 서로를 위하는 마음이 싹트고 그것이 더 강한 시너지 효과를 발휘하게 되었다. 대화 방식을 바꾸는 것만으로도 공동체 안에서 좋은 에너지가 생겨 선순환이 일어났다. 홍 대표는 "공동체의 힘을 발견한 게 큰 수확"이라고 했다. 하지만 그것으로 끝이 아니다. 어떻게 하면 공동체를 잘 꾸리고 또 운영해 나갈 수 있을지 그 방법을 찾는 일은 지금도 그리고 앞으로도 계속 될 것이라고 말한다.

또 하나, '괜찮아마을'은 지역민들과 굳이 잘 지내려고 아둥바둥 애쓰지는 않는다. 처음에는 지역민들을 초대해 함께 밥을 먹으며 '잘 보이려고' 노력도 했지만 이제는 그러지 않는다. 그는 '자기 한 몸 건사하기도 어려운 사람들'에게 너무 많은 짐을 지우려 해서는 안 된다고 말했다.

1기 주민들에게 이웃 어르신들을 불러 포트락 파티를 열자고 했더니 다들 기꺼이 그러자고 했다. 그런데 채식주의자도 있고 술을 안 마시는 친구들도 있어서 고기와 술을 준비하지 않았더니 주민들이 왜 고기와 술이 없느냐며 면박을 주었다. 문화의 차이나 서로의 처지를 이해하기까지 시간과 노력이 필요하다. 그런데 시간이 흐르면서 자연스럽게 관계가 맺어진다면 모를까 무리하게 한쪽에서만 다가가려고 하면 탈이 나게 마련이다.

"이런 세대 간 갈등을 잘 풀려면 중간에서 다리 역할을 할 수 있는 사람이 필요해요. 문화관광부에서 하는 관광 두레 PD처럼 로컬 두레 PD를 만들어보면 어떨까 생각해봤어요. 미리 로컬에서 살아보면서 자원과 문화, 사람들을 어느 정도 이해한 뒤에 새로 온 청년들이 좀 더 쉽게 적응할 수 있도록 도움을 줄 수 있지 않을까 하고요." (홍동우)

그렇다고 지역 주민이나 행정과 척을 지고 살겠다는 것은 아니다. 2018년 여름에 마을에서 야행 축제가 있었는데 축제를 주관하는 쪽에서 풍물 공연을 해달라고 했다. 홍 대표는 참가하는 청년들의 일당과 연습에 들어가는 대관료, 강습료 등을 뽑아 견적서를 보냈다. 1인당 일당 5만 원씩 30명이 공연만 꼬박 이틀을 했으니 일당만 300만 원이었다. 그나마 연습에 들인 시간은 빠져 있었다. 주최 측은 견적서를 보고는 좀 놀라는 눈치이기는 했지만 따지고 보면 당연한 제안이니 받아들였다. 홍 대표는 "그동안 여러 프로그램을 기획했지만 참가자에게 수입이 되도록 기획한 적은 없었다."면서 "돈이 입금됐을 때 정말 뿌듯했다."라고 말했다. 함께 이곳에 남아 계속 수익을 창출하고 싶다는 생각, 수익 창출은 지역에도 도움이 될 수 있다는 생각이 들었다고도 했다.

청년들은 큰돈은 아니지만 이틀치 일당을 벌었고 또 지역의 풍물 대가로부터 악기 다루는 법도 배울 수 있었다. 여기에 더해 늦여름 밤의 한바탕 공연은 생각했던 것보다 훨씬 더 재미있었다. 땀이 비 오듯 쏟아지는 가운데서도 지역민들과 어우러져 대동의 춤판을 벌였고 다들 정말 행복해했다. 지자체도 감사의 뜻을 전해왔다.

"도시에서 그런 대접 받아보기 어려운데 이곳에서 잠깐이지만 지역 스타가 된 거죠. 자존감도 회복했어요. 나도 할 수 있는 게 있구나, 누군가 나를 존중해주는구나 하고 느꼈죠. 그래서 남아야겠다는 생각을 하게 된 이들도 제법 있어요." (홍동우)

서로를 이해하려 노력한다면 수십 년의 세월도 얼마든지 넘어설 수 있다는 것을 알려준 경험이었다. 다만 시간이 필요할 뿐이다. 홍 대표는 돈을 벌기 위해 하는 행위들이 어쩌면 더 좋은 일을 만들어낼 수 있다는 생각도 했다.

2020년 5월에 찾아간 괜찮아마을에서는 로라의 새 단장이 한창이었다. 우진장을 기꺼이 내주었던 강제윤 시인의 소개로 투자자를 만나 자신들의 구상을 설명했고 투자자는 로라를 사들인 뒤 괜찮아마을에 싼값에 빌려주기로 했다. 보증금 없이 처음 6개월간은 월세도 안 받겠다고 했다. 기본적인 시설 투자는 건물주가 부담하고 리모델링에 드는 돈은 무이자로 빌려줬다. 단, 몇 년마다 사회적 가치를 제대로 실현하고 있는지 확인하고 재계약하기로 했다. 옛날 병원 건물은 투자자에게 돈을 빌려 사들였다. 남의 건물에 인테리어 비용을 들이는 것도 부담스러웠지만 건물 없이는 은행에서 돈을 빌리기도 어려웠다. 여기에 숙소로 쓰던 게스트하우스 춘화당도 지금은 아예 괜찮아마을을 거쳐 간 이들이 관리를 맡으면서 딸린 카페도 운영하고 있다.

이들은 사회적으로 의미 있는 일에 기꺼이 투자해줄 사람들이 있다고 믿는다. 괜찮아마을의 실험이 베이비부머 세대 또는 86세대와 밀레니얼 세대 간의 협업 모델로 자리 잡았으면 하는 바람도 있다. 마강래 중앙대학교 도시계획부동산학과 교수는 『베이비부머가 떠나야 모두가 산다』라는 책에서 베이비부머가 로컬의 가치를 알아본 밀레니얼의 뒤를 이어 로컬로 향해야 한다고 말한다. 마 교수는 젊은 층에 견주어 자금 여유도 있고 인적 네트워크도 두터운 이 세대가 로컬에서 인생 이모작을 시작한다면 로컬의 미래가 한층 더 밝아질 것이라고 내다봤다.

"베이비부머들이 만들어가는 일자리는 대도시의 일자리와는 그 모습이 사뭇 다를 것이다. 로컬 지향적 귀향인들의 이모작 일자리는 가치의 경제를 뿌리내리게 해 지속 가능한 지역사회를 만드는 데도 익히 기여할 것이다."

마 교수는 책에서 세대 간 협력을 구체적으로 제안하고 있지는 않지만 두 세대가 로컬에서 만난다면 자연스럽게 지금까지는 볼 수 없었던 협업이 이루어지지 않을까. 괜찮아마을의 새로운 시도가 좋은 본보기가 될 수 있을 것이다.

이들은 건물 새 단장을 마치는 대로 다시 주민을 받을 생각이다. 이번에는 기수제를 벗어나 언제든 자신이 원할 때, 원하는 만큼 머물다 가도록 하기로 했다. 하루를 머물다 가더라도 괜찮아마을의 철학이나 삶의 태도를 나눌 수 있기를 바라는 마음에서다. 그래서 1층에는 식당, 2층과 3층에는 코워킹 스페이스를 마련했다.

"처음부터 공간을 확보하려던 건 아니고 나와 비슷한 친구들과 함께 살아갈 방법을 찾다보니까 자연스럽게 공간이 필요해졌고 다만 며칠이라도 머물 수 있는 방법을 찾다보니까 공유주방도 떠올리게 됐어요." (박명호)

2020년 5월 길게 또는 짧게 목포에 머물고 있는 주민은 모두 32명이고 '반짝반짝(로라)'을 비롯해 '최소 한끼' 등의 7개 공간을 운영하고 있거나 곧 운영할 예정이다.

"어쨌든 우리의 처음 생각이 맞았다고 생각해요. 너무 뭔가를 강요하지 않아도 저마다 자신의 방법대로 잘 풀어갈 거라고 생각했어요. 물론 과정이 쉽지만은 않았지만요." (홍동우)

홍 대표는 도시재생이나 로컬 크리에이터라는 거창한 화두보다는 청년을 비롯한 지역의 여러 주체들이 가진 욕구를 해결하고 문제를 풀어나가는 방향으로 가는 것이 중요하다고 말한다. 지역의 자원을 활용한다고 해도 그것으로 누구의 어떤 문제를 해결하느냐가 중요하다는 뜻이다. 지역도 자원도 활용할 수 있는 도구이자 대상이고 다만 그러한 자원의 잠재력은 무한하다는 것이 그의 생각이다.

이제 괜찮아마을은 청년들을 위한 도시를 꿈꾼다. 외국 청년들도 찾아와 디지털 노마드로 일할 수 있는 그런 도시. 몇 달짜리 프로그램이 끝나도 청년들이 괜찮아마을을 떠나지 않고 마음 편히 오래도록 머물 수 있었으면 하는 바람이 무엇보다 크다. 물론 제법 많은 빚을 내야 했지만 가고자 하는 길이 뚜렷해서 자신있다. 2020년 7월 11일 이들이 오랜 시간 공들여 준비한 '반짝반짝'이 새롭게 문을 연다. 괜찮아마을의 새로운 거점 공간이자 '노마드 코워킹 스페이스'다. 이 소식을 전하며 홍동우 대표는 SNS에 아주 긴 글을 남겼다. 조금만 옮겨 보기로 한다.

"우리는 어쩌면 강남 테헤란로에서는 안 될 수 있는 일이 이곳에서는 될 수 있겠다는 확신으로 공간을 연다. 괜찮아마을의 이 공간을 괜찮아마을처럼 운영할 것이다…… 우리는 부디 이곳이 그동안 '함께'에 목말랐던 노마드의 동지들이 모이는 공간이면 좋겠다고 생각한다. 잃어버린 공동체성을 회복하고 세상 끝 벼랑에 선 내게도 발 디딜 고향이 있다는 것을 느껴주기 바란다. 살면서 참여했던 여러 커뮤니티 활동보다는 폐쇄성이 옅고 포용적이겠지만 또 그 철학과 가치관은 분명해 '모두에게 열려 있다.'고 말할 수 없는 그런 공동체이기를 바란다. 이 모든 수식어를 언젠가 한마디로 '괜찮아마을'처럼이라고 표현할 수 있으리라." (홍동우 대표)

이들은 온라인 플랫폼도 만들 생각이다. 자신들이 만든 커뮤니티 관련 데이터를 축적하고 공유함으로써 더 많은 커뮤니티들이 생겨나도록 도우려는 뜻이다. 커뮤니티를 잘 가꾸면 기업은 생산성이 높아지고 개인들의 삶의 질도 나아진다고 믿기 때문이다. 서두르지 않고 차근차근 준비해서 2021년쯤 공개할 예정이다.

그동안 제법 많은 이들이 괜찮아마을을 찾았다. 2019년에만 약 800명이 괜찮아마을 워크숍에 다녀갔다. 2020년 1월에는 멀리 영국의 BBC와 홍콩의 사우스차이나 모닝포스트(South China Morning Post)도 취재를 왔다.

"한국의 젊은이들은 고통스러운 삶이 더 이상 성공의 전제조건이 아니라는 사실을 깨달았습니다. 그저 참기보다 그들은 이제 자신들만의 이야기를 써내려가기 시작했습니다."[9]

홍동우 대표는 5월 30일에 이곳 목포에서 결혼식을 올렸다. 신부는 2017년 6월 처음 목포에 왔을 때 들렀던 식당 주인의 딸이다. 그에게는 목포를 사랑할 수밖에 없는 이유가 하나 더 생겼다. 홍 대표는 돌아갈 고향이 없는 청년들에게 어쩌면 괜찮아마을이 고향이 될지도 모른다는 생각으로 이곳을 만들어가고 있다고 했다. 너무 무겁고 버거울 때 잠시 내려놓고 쉴 수 있는 그런 고향 말이다.[10] 우리나라의 작은 도시 목포에서 진행되고 있는 이 따뜻한 실험이 '뿌리 뽑힌 존재'로 살아가는 이 시대의 모든 청년들에게 작은 메시지나마 전할 수 있기를 간절히 바란다.

2020년 7월 새 단장을 하고 문을 연 반짝반짝 모습. ⓒ 괜찮아마을

공장공장 식구들. 가운데 팔을 벌리고 선 사람이 박명호 대표다. ⓒ 괜찮아마을

1. 『괜찮아, 어차피 인생 반짝이야. - 공간활성화 프로젝트 용역 〈괜찮아마을 프로젝트〉를 정리하는 이야기』, 2019.1
2. 김송미, 『다행(多行)이네요』, 2019
3. 김송미, 『다행(多行)이네요』, 2019
4. 『괜찮아, 어차피 인생 반짝이야. - 공간활성화 프로젝트 용역 〈괜찮아마을 프로젝트〉를 정리하는 이야기』, 2019.1
5. 김송미, 『다행(多行)이네요』, 2019
6. 『괜찮아, 어차피 인생 반짝이야. - 공간활성화 프로젝트 용역 〈괜찮아마을 프로젝트〉를 정리하는 이야기』, 2019.1
7. 3기 이야기는 『괜찮아마을 세 번째 도전, 한 눈에 보기』란 기록으로 묶여 나왔다. https://dontworryvillage.com/notice에서 "괜찮아마을 3기 기록물 2종 PDF 무료 공개"를 만날 수 있다.
8. 김송미, 『괜찮아마을 1년 후 이야기』, 2020
9. Grace Moon, "The young Koreans pushing back on a culture of endurance", 〈BBC〉, 2020.1.9
10. 김송미, 『괜찮아마을 1년 후 이야기』 2020

섬과 같던 청년 사업가들이 모여 군도를 이루다
군산 로컬라이즈군산

안지혜

'개인과 조직의 변화를 위한 건강한 실험실' 진저티프로젝트에서 일한다. 변화의 전선에서 일과 삶을 실험하는 사람들을 만나 그들의 이야기를 담은 글을 쓴다. 2019년에는 '로컬라이즈군산' 프로젝트의 아카이빙을 맡아 군산 사람들을 만나며 이야기의 조각들을 모았다. 서울과 군산을 오가며 두 지역의 다른 시차를 직접 느끼기도 하고 오래된 시장의 야채 가게 할머니의 말씀에서 인생 수업을 듣기도 했다. 그해 군산에서의 여름은 내게 한 가지 질문을 남겼다. '사람이 사람답게 산다는 것은 무엇일까?' 오늘도 입안을 맴도는 질문을 되새김질하며, 서울의 하루를 보내고 있다.

"누군가 관심을 두고 있다는 거. 그게 고마운 거지. 뭐 큰 게 있어? 그렇지 않으면 사람 구경도 못해. 그전에는 항만이 있었고 큰 기업체가 있을 때는 사람이 많이 있었는데 지금은 오지가 되어버렸어. 그래서 사람이 귀해요. 누구든 관심을 두고 오가는 게 그게 좋은 거야."

- 서정희, 정희 야채

군산, 사람이 귀해진 도시

62년간 한자리에서 채소가게를 하셨다는 90세 사장님의 한마디에서 군산이 보낸 세월이 단숨에 그려진다. 군산은 일제강점기 시절 호남평야의 기름진 쌀을 일본으로 실어 나르는 항구도시의 역할을 했고 수탈의 아픔과는 모순되게도 도시로서의 번영을 누렸다. 광복 후에는 항구의 역할이 위축됨에 따라 도시도 축소되었다.

1990년대에 2차 산업의 바람을 타고 중공업 기업들이 군산에 자리를 잡으면서 당시에 가장 주목받는 도시가 되었고 사람들은 희망을 엿보았다. 그러나 희망도 이내 빛을 잃었다. 2017년과 2018년에는 군산 경제의 축이 되던 중공업 업체인 조선소와 자동차 공장이 차례로 문을 닫았고 도시는 크게 휘청이며 다시 천천히 가라앉았다.

군산의 역사는 군산 앞바다의 밀물과 썰물을 닮았다. 밀물 때의 파도처럼 번영이 밀려왔고 썰물 때의 바닷물처럼 한때의 영광이 사라져 버렸다. 이토록 큰 진폭을 이렇게 짧은 시간에 반복해 경험한 도시가 바로 군산이다.

2016년부터 군산을 빠져나간 인구는 매년 평균 2천 명에 달하며 이 중 상당수는 이 지역에서의 고용 기회에 대한 가능성을 찾을 수 없어 떠났다고 한다. 실제 군산시의 고용률은 54.4%로 전국 시 지역 평균 고용률 60.5%와 비교해 볼 때 여전히 지역 경제의 어려움을 보여준다. 군산시는 2018년부터 현재까지 산업 위기, 고용 위기 지역으로 지정되어 있다. 군산의 지자체도 심각성을 충분히 인지하고 있고 지역주민들도 매년 더해지는 어려움을 몸소 체감하고 있다. 잠시 스쳐가는 여행자라도 조금만 들여다보면 메말라가고 있는 이곳을 느낄 수 있다.

도시가 소멸되고 있다는 위기의식과 함께 '도시재생'이라는 새로운 바람이 군산에 불고 있다. 군산의 중심이었던 구도심의 영화동과 개복동을 걷다 보면 시간의 흔적이 고스란히 남아 있는 빈 가게들을 몇 걸음마다 한 번씩 만나게 된다. 군데군데 빠진 이빨 같은 빈 가게들은 군산이 가지고 있는 '틈'이다. 도시에서는 좀처럼 가져 본 적이 없고 가져서는 안 된다고 생각했던 '틈'. 꿈꾸는 자들에게 '틈'의 다른 이름은 '여백'이다. 도시에서는 비집고 들어갈 수 없었던 상상을 풀어 내보는 공간, 기존 문법으로는 설명할 수 없는 실험이 펼쳐져도 괜찮은 허용의 공간. 틈은 예측 불가능한 변화의 가능성을 품는 공간이 되어 준다.

로컬라이즈군산, 도시재생의 새로운 레시피를 만들다

군산(群山)은 '섬이 모여 무리를 이루다'라는 뜻으로 군산시에서 새만금 방조제를 따라 조금 더 들어가면 만날 수 있는 고군산군도의 모습에서 이름을 따왔다고 한다. 로컬라이즈군산 프로젝트는 섬과 같은 청년 사업가들을 한데 모아 커뮤니티를 만들고 섬과 같던 그들이 작은 군도가 되어 서로 연결되며 발생하는 에너지로 잃어버렸던 도시의 생기를 회복하도록 기획되었다. 로컬이라는 공간, 청년이라는 대상, 창업이라는 방식을 접목한 새로운 도시재생 모델인 셈이다.

이 시도는 프로젝트를 기획한 팀에게도 실험이었다. 사회적 가치를 위한 스폰서의 역할을 넘어 직접 사회적 가치를 창출하는 브랜드가 되고자 했던 SK E&S, 사회혁신 창업가를 위한 무대와 가능성을 수도권에서 지역으로까지 확장하고자 했던 언더독스에게도 이 길은 가보지 않은 길이었다.

SK E&S가 가진 자원, 언더독스가 가진 창업에 대한 지식과 실행력으로 먼저 길을 냈다. 두 주체가 가지고 있지 않은 군산 지역에 대한 이해도와 도시재생 전략을 보완해주는 파트너 조권능 대표(주식회사 지방), 윤주선 박사(건축도시공간연구소 마을재생센터장)를 창업팀을 위한 지역 코치로 초대해 각자의 전문 분야를 살려 기획의 각도를 만들었다. 결국 군산이 지니고 있던 여백이 새로운 실험을 꿈꾸는 주체들을 불러들였고 도시가 직면한 과제가 공통 연결고리가 되어 서로 보완하는 연대가 만들어졌다. 프로젝트 기획자들도 이미 그들만의 작은 군도를 이룬 셈이다.

"겪어본 다른 창업 프로그램들이나 국가사업은 중간중간 진행 상황을 제지하고 증빙 처리도 너무 많아요. 그런데 로컬라이즈군산에서는 저희가 뭔가를 주도적으로 밀고 나갈 때는 걸림돌이 없는 느낌이었어요. 충분히 상의하고 소통하면서 사업을 구체화해 나가는 방식이 편하더라고요. 이런 혜택을 다른 곳이 아닌 고향인 군산에서 누릴 수 있다는 것도 큰 매력이었죠."

- 김보람, 군산섬김, 로컬라이즈군산 창업팀

창업을 서울도 아닌 지역에서, 그것도 이익 창출뿐만 아니라 도시재생이라는 사회적 가치까지 함께 고민해야 하는 쉽지 않은 프로젝트였지만 로컬라이즈군산은 23팀, 총 70명의 로컬 창업가를 어렵지 않게 모집하고 선발했다. 과제의 문턱이 높은 만큼 시도에 대한 문턱을 낮추었기 때문이다. 인큐베이팅 창업가에게는

1,000만 원, 엑셀러레이팅 창업가에게는 5,000만 원의 사업화 지원금을 지원하되 창업가들이 하고 싶은 것을 하고 싶을 때 할 수 있는 자율성을 보장했다. 낯선 지역에서의 정착을 돕기 위한 주거 공간, 창업에 대한 빠른 집중과 몰입을 위한 업무 공간도 함께 제공했다. 언더독스의 창업 교육과 코칭, 지역 전문가의 지역 이해 교육, 로컬 창업 교육을 제공하며 막막한 창업 과정을 통과할 수 있는 교육 시스템도 구축했다. 많은 지원이 있었지만 이 프로젝트에서 받은 최고의 지원은 '이곳에서 만난 사람들과의 관계'라고 창업가들은 입을 모았다.

군산의 역사를 고스란히 지니고 있는 군산 내항 앞바다에 썰물이 빠져나간 모습.

로컬라이즈군산 창업가들을 위한 공유주방에서 함께 만든 음식을 나누어 먹고 있다.
© 로컬라이즈군산

커뮤니티를 만드는 환경

"로컬라이즈군산은 창업팀 간의 주거와 업무 공간을 의도적으로 결합했어요. 절대적으로 시간을 많이 보내면 커뮤니티의 케미스트리가 올라가니까요. 각자의 성공이나 실패와 상관없이 서로 어떻게 성과를 만드는지를 보고 배울 수 있는 피어러닝(Peer-Learning)이 발생하고 이것이 프로젝트에 대한 몰입감을 높이 유지시키는 거죠."

- 김정헌, 언더독스

로컬라이즈군산 커뮤니티의 핵심은 공간 디자인에서 나온다. 로컬라이즈군산의 거점 공간인 로컬라이즈 타운은 군산의 구도심인 영화동에 자리 잡고 있다. 3층 건물 전체가 로컬라이즈군산의 창업팀을 위한 공간으로 외형은 원래의 모습 그대로 유지하되 내부는 서울의 어느 공유 오피스와 견주어도 될 만큼 세련되게 리모델링했다. 1층은 일반인에게도 오픈된 카페 겸 셀렉숍으로 커피를 즐길 수도 있고 로컬라이즈군산 창업팀의 아이템과 굿즈를 구매할 수도 있다.

2층과 3층은 코워킹 라운지로 창업팀의 사무실과 회의실이 있다. 오픈된 공간에서 자신의 일에 몰두하고 있는 모습, 삼삼오오 모여 장난기 섞인 대화를 나누는 모습을 볼 수 있다. 한 걸음 멀리서 보면 여러 다른 팀이 아니라 한 팀처럼 보인다. 이런 공간 구조는 사람들 간에 서로의 모든 상황이 자연스럽게 노출되고 공유되도록 해주며 오르락내리락하는 롤러코스터 같은 창업 시간을 함께 보낼 수밖에 없도록 한다. 3층에는 공용 부엌이 있는데 일반적인 코워킹 스페이스가 가진 공용 부엌들은 실제 활용도가 낮은 반면, 이곳은 숙소에 부엌이 따로 없어 모두의 부엌이 되었다. 복날에는 함께 삼계탕을 끓여 먹고 출출할 때는 떡볶이를 만들어 먹으며 '식구'가 되었다.

4층에는 이태원 해방촌 루프탑이 부럽지 않은 멋진 루프탑이 있다. 커뮤니티 비즈니스를 시도하는 창업팀 '㈜로컬프렌들리(구. 와이랩컴퍼니)'는 이곳에서 창업팀을 위한 파티를 종종 열었다. 트로피컬 룩을 입고 모이는 트로피컬 파티, 시원한 여름밤 맥주를 마시는 '여름밤 비어 데이' 등을 열며 함께 노는 문화를 만들었다. 이 과정은 커뮤니티 비즈니스를 준비하기 위한 창업 과정이기도 했다. 루프탑의 존재가 여느 청년에게 그렇듯 이곳도 실없는 농담과 웃음을 나누고 서로의 한숨을 달래는 공간이 되어 준다.

"서로 일하는 모습이 다 보이고 들리니까 이야기를 많이 하게 되죠. 따로 자리를 마련할 필요 없이 같은 공간에서 같은 시간 동안 일하다 보니까 자연스럽게 서로 아이디어와 피드백을 주고받게 되죠. 앞에 앉은 '월명스튜디오' 서희가 이름을 어떻게 지어야 할지 고민하길래 '스튜디오 주소인 월명동에서 월명을 따오면 어때? 이름이 가진 이미지가 너랑 잘 어울리는데?' 라며 이름을 지어주기도 했어요."

- 김용진, 비어드벤처, 로컬라이즈군산 창업팀

"이곳 사람들이 없었으면 혼자 공간을 계약하고 사진관을 열 생각을 못했을 것 같아요. 소비자로서 완성된 제품과 서비스에만 익숙했던 제가 다른 팀들이 창업해 나가는 과정을 보면서 '다들 그런 거구나. 시작은 다 이렇게 하는 거구나. 쌓이고 쌓여 되는 거구나.' 알게 되었거든요."

- 백서희, 월명스튜디오, 로컬라이즈군산 창업팀

로컬라이즈군산의 창업가들

"지난 몇 년 동안 군산의 청년들이 외부로 많이 빠져나가는 추세였어요. 이런 상황에서 로컬라이즈군산 팀들이 보여준 것은 새로운 길에 대한 가능성이에요. 다양한 아이템으로 창업하는 로컬라이즈 군산팀들의 사례를 보면서 지역 청년들도 지역 창업에 대한 기대감이 생기는 것 같아요. 이전에는 지역 일자리라고 하면 중소기업이나 제조업 취업 또는 음식점 소상공인밖에 생각하지 않았는데 말이에요."

- 박지은 주무관, 군산시청 일자리창출과

23개 창업팀을 크게 분류하면 지역의 일을 체계적으로 발전시키고 싶은 군산 출신 로컬 팀, 도시의 일을 지역으로 확장하며 새로운 가능성을 발견하고자 하는 비로컬 팀, 지역에는 없는 도시의 일을 군산의 지형에 맞게 정착시키는 팀, 이전에 없던 새로운 형태의 비즈니스를 실험하고자 하는 팀이다. 지역별로 보면 군산이 10팀, 서울 6팀, 경기 6팀, 경남 1팀으로 군산 팀의 비율이 가장 높다.

창업팀 중 '군산섬김'은 어부인 아버지가 재배한 김으로 브랜드를 만든 로컬 크리에이터 팀이다. 고군산군도의 섬 비안도에서 출생한 김보람, 김종빈 대표는 사촌지간으로 군산대에서 디자인을 전공했다. 두 대표는 어부인 아버지가 고향에서 재배한 김이 군산에 공장이 없다는 이유로 다른 지역의 이름을 붙여 세상으로 보내지는 현실이 안타까웠다. 이들은 디자인 전공자로서 인큐베이팅 과정을 통해 아버지의 김을 직접 브랜딩했고 잃어버렸던 고향의 이름을 붙여 '군산섬김'이라는 브랜드를 만들었다. 그렇게 새로운 형태로 가업을 잇고 있다.

이들은 커뮤니티 내에서 유일한 제조업 팀이었기 때문에 창업

과정을 공유하는 것도, 문제를 해결하는 것도 어려웠다. 그러던 중 2019년 5월 드디어 군산에 김 공장이 들어선다는 소식을 듣고 만반의 준비를 했지만 결국 무산되면서 말 그대로 김이 새버리는 경험도 했다. 처음에 김 포장을 할 때는 집에서 고무장갑을 끼고 김을 자르고 무게를 재며 막내 동생까지 불러 직접 포장까지 했다. 지역에서 시도해본 적 없는 일을 하는 자식들의 모습에 아버지의 걱정은 조금씩 자부심으로 바뀌었다. 고군산군도 수산물을 손바닥처럼 들여다보는 아버지는 자신이 가진 모든 지식과 인맥을 자식들에게 전수하고 있다. 두 대표는 김뿐만 아니라 고향의 다양한 수산물을 발굴하고 홍보하는 것을 목표로 하고 있다.

"처음에 종빈이가 군산섬김을 만든다고 했을 때는 계란으로 바위 치기라고 말했어요. 군산 김이 많이 알려지지 않은 상황에서 시나 수협의 자원사업 없이 하기에는요. 그런데 지금은 관이나 시청에서도 관심을 가져주니 저도 뿌듯하죠. 올해는 특히 김이 작년보다 엄청 잘되었어요. 좋은 김으로 '군산섬김'의 판로를 잘 개척해 보라고 하려고 해요. 힘을 좀 실어줘야죠."

- 김영균, 성공호 선장, 군산섬김 대표 아버지

창업팀 월명스튜디오 대표 백서희는 영화 <8월의 크리스마스>의 도시 군산에서 사진관을 열었다. 나만의 사진관을 여는 것은 그의 오랜 꿈이었다. 철학과를 졸업한 후 취업 준비 기간은 생각보다 길어졌다. 남들이 하니까 해야 하는 줄 알고 자신만의 기준도 없이 지원서를 넣으며 길어지는 취업 준비에 사랑하는 취미 생활이었던 '사진 찍기'마저 불편해졌다.

그는 로컬라이즈군산 사전 설명회인 프리캠프에서 2등을 한 후, '내가 좋아하고 잘하는 사진을, 하고 싶은 사진관을 왜 나중에 해야 하지? 지금 당장 해보자.'라는 마음을 먹게 되었다. 공간을 구하는 것도, 구한 공간을 취향에 맞게 꾸미는 것도 쉽지 않았지만 마주해야 했던 가장 큰 어려움은 첫 시작을 함께 했던 동업자가 떠난 후에도 나의 일을 꾸준히 해나가야 한다는 것이었다. 후회와 두려움이 파도처럼 밀려왔다 밀려가기를 반복했지만 내면의 목소리에 귀를 기울였다. '아직은 하고 싶은 걸 하고 싶다. 지금 아니면 절대로 못할 것 같으니까.'

군산의 역사가 담긴 근대 의상을 입고 사진을 찍어주는 초기 비즈니스 모델은 군산을 알게 될수록 회의감이 들었다. 시중에 있는 근대 의상의 대부분은 중국 구매 대행 사이트에서 구입할 수 있었고 근대 의상 자체가 딱히 정해져 있는 것이 아니었기 때문이다.

군산만의 독특한 뭔가가 필요했다. 그는 옛날 군산의 명동인 중앙동의 옷가게에서 옷을 직접 사보기도 하고 공설시장의 상인 분들에게 가지고 계신 오래된 옷을 주실 수 있냐며 발품을 팔고 사진을 찍어 드렸다. 몇몇 분들이 "내가 아가씨 때 입었던 건데 좋은 거야. 잘 입고 다녀어."라고 하시며 건네주시는 옷은 지금 보기에도 예쁘고 괜찮은 옷들이었다. 쉬운 방법을 선택하기보다 느리지만 자기다운 방식으로 군산의 사진관을, 군산의 이미지를 만들어가고 있다. 지루함을 느낄 만큼 이 일에 더 매달려 보고 싶다고 말하는 그는 이제 외부인이 아니라 월명동의 상인이 되기를 꿈꾸고 있다.

"로컬로 내려오면 '여긴 뭐가 없네.' 라면서 결핍되어 있는 것, 갖고 있지 않은 것에 집중해 보게 되는 것 같아요. 포기하지 말고 이곳에만 있는 것을 집중해 보았으면 좋겠어요."

- 백서희, 월명스튜디오, 로컬라이즈군산 창업팀

창업팀 so.dosi(소도시)는 '외국인을 위한 한국 소도시 자유여행 가이드' 콘텐츠를 제작한다. 이야기가 있는 원도심을 선정하고 여행자의 입장에서 그곳을 여행해본 후, 재미있었던 것이나 아직 알려지지 않았지만 충분히 매력적인 것을 찾는다. 직접 글을 쓰고 사진을 찍고 영어로 번역해 외국인을 위한 소도시 자유여행 책과 웹진을 만든다. 또 여행자들을 한데 모아 함께 여행하는 밋업(Meet up) 프로그램을 주최하며 이 여행을 오랫동안 기억할 수 있도록 기념품을 만들기도 한다.

남매지간인 두 대표 김가은, 김자훈은 자신들을 '여행자'라고 말할 만큼 여행을 좋아한다. 따로 비슷한 시점에 갔던 유럽 여행에서 이미 유명한 도시들이 아닌 알려지지 않은 작은 도시들이 오히려 마음속에 들어오곤 했다. 이들은 '우리나라의 소도시들도 관광자원이 없는 게 아니라 제대로 소개되지 않아서 모르는 게 아닐까? 그렇다면 우리가 한 번 해보는 게 어떨까?'라고 생각했고 곧 so.dosi 창업으로 이어졌다.

서울에서 태어나 자란 그들의 눈에 비친 군산의 인상은 '변화에 대한 강박감이 없는 곳'이었다. 처음 내걸었던 간판을 오롯이 지키고 있는 오래된 가게들, 군산 사람들이 삶을 대하는 태도들, 대도시와 다른 분위기를 가진 이곳이라면 외국인 여행자들도 분명히 그들처럼 군산을 사랑하게 될 것이라는 생각이 들었다. 그들이 만난 군산은 『so.gunsan』 이라는 여행책자가 되어 세상에 나왔다.

로컬라이즈군산의 목표인 도시재생을 전부 이해할 수는 없지만 그들이 하는 일, 지역 이야기를 수집하고 기록하는 일이 그들이 사랑하는 도시 군산을 위해 작은 도움이 되리라는 것을 알고 있다. 또 다른 소도시를 발견하기 위해 떠나지만 그들은 군산이 언제든 돌아올 수 있는 곳이라고 말한다.

"군산은 제2의 고향 같은 느낌이에요. 언제든 내가 머물 수 있는 곳이 있고 만날 수 있는 사람이 있는 곳이죠. 서울에서 태어나 고향이라는 것을 모르고 자랐는데 고향에 기대하는 것을 여기서 찾은 것 같아요."

- 김가은, so.dosi, 로컬라이즈군산 창업팀

창업팀 '㈜로컬프렌들리(구. 와이랩컴퍼니)'의 구성원 김수진, 김광식, 손지수는 군산으로 전입신고를 마쳤다. 그들의 목표는 이곳 군산에서 '커뮤니티 비즈니스'를 하는 것이다. 모두 중요성은 알지만 답은 알지 못하는 영역인 '커뮤니티'를 비즈니스로 시도하고 있기에 로컬라이즈군산의 운영진은 가장 걱정되면서 가장 기대가 되는 팀으로 '㈜로컬프렌들리'를 꼽는다. 악어보다는 악어새의 역할을 자처하며 모두에게 조금씩 필요한 존재가 되어 가고 있지만 '이걸로 어떻게 먹고 살아야 하지?'라는 질문은 매일 그들이 맞닥뜨리는 벽이다.

2019년에는 지역주민, 여행자, 로컬라이즈군산 창업팀 등 군산에 발을 딛고 있는 여러 사람들이 연결될 수 있는 콘텐츠를 기획하고 진행했다. 여행자들을 위해 잘 알려지지 않은 로컬 여행 코스를 짜서 직접 가이드도 하고 지역의 이방인인 창업팀을 위해 명절에도 군산에 남아있는 사람들을 모으는 파티, 루프탑 파티 등 다양한 이벤트를 진행하며 커뮤니티의 구심점이 되었다. 2020년에는 지역 커뮤니티를 위한 본격적인 판을 깔고 있다. 로컬라이즈군산의 지역 코치인 '㈜지방'의 조권능 대표와 함께 'WHO'S'라는 브랜드를 만들고 커뮤니티 호텔을 시작했다. 마을에 있는 게스트하우스, 식당, 카페, 여행 콘텐츠를 엮어 마을이 하나의 큰 호텔처럼 기능하도록 만든 것이다.

이들은 로컬 가게, 로컬 일상, 로컬 역사와 같은 지역 자원을 발굴해 연결하면서 지역주민과 여행자가 함께 어울릴 수 있는 콘텐츠를 제공하려고 한다. 여행자에게는 항상 그 자리에서 따뜻하게 반겨주는 커뮤니티를, 지역주민에게는 여행자를 통해 새로운 활력과 자극을 얻는 커뮤니티를 꿈꾼다. 이 지역에서 심어지는 사람에 대한 기억이 결국 또 다른 사람들을 불러올 것이라고 믿으며 느리지만 성실히 일상에서 고군분투하고 있다. 그들에게 성공은 그들이 군산에 오래오래 있는 것이라고 말한다. 모래가 쌓여 섬이 되듯이 모래알 같은 일상을 쌓으며 그들이 살고 싶은 마을을 오늘도 만들어가고 있다.

"저 멀리 가야 할 길이 보이는데 지금 당장 이 벽을 어떻게 넘어야 할지 모르겠어요. 셋이 정확히 뭔가를 하겠다고 모인 게 아니라 뭘 잘하는지 판단하는 것도 어렵고 셋이 친하지만 일로 합을 맞추는 것도 시간이 필요하고요. 다른 사람들에게는 자연스러운 스타트업이 우리는 조금 어려운 거죠. 그래도 내년에는 좀 더 적극적으로 발로 뛰어 보려고요. 전단지라도 나누어 주든 손을 잡고 데려오든…… 정말 하고 싶은 아이디어가 많거든요."

- 김수진, ㈜로컬프렌들리, 로컬라이즈군산 창업팀

"직원으로 합류하기 전에 군산에 놀러 왔을 때, 두 분이 일일투어를 시켜줬어요. 그 후로 계속 생각이 나더라고요. 처음 딱 한 번 가본 도시인데 말로 설명할 수 없는 감정이 들었어요. 어느 힘든 날 부산이나 경주처럼 자주 갔던 도시가 아니라 '아, 군산 가고 싶다.' 라는 생각이 딱 들었어요. 남들도 나와 같은 걸 느끼고 싶겠구나, 이런 커뮤니티가 필요하겠다고 생각했죠."

- 손지수, ㈜로컬프렌들리, 로컬라이즈군산 창업팀

커뮤니티로 일하다

"로컬라이즈군산은 유대감이 깊은 커뮤니티예요. 아무래도 밥

로컬라이즈 군산 프로젝트의 중심이 되어 주는 코워킹 스페이스 '로컬라이즈 타운'
© 로컬라이즈 군산

도 같이 먹고 일도 같은 장소에서 하다 보니 함께 보내는 시간이 많았죠. 고민하는 것도 비슷해 이야기를 나누다 보면 새벽 1~2시에 퇴근하곤 했어요. 일하는 곳에서 숙소까지 2분 거리인데 서로 '언제 들어갈 거야?'라고 물어보고 꼭 다 같이 숙소에 돌아가곤 했죠."

- 김가은, so.dosi, 로컬라이즈군산 창업팀

로컬라이즈군산 창업팀은 24시간, 360도로 서로에게 연결된 환경에 놓인다. 코워킹 스페이스에서 함께 일하는 것은 물론 숙소를 함께 쓰며 말 그대로 먹고 자는 생활까지 함께 하기 때문이다. 로컬라이즈군산의 지역재생 코치 윤주선 박사는 로컬라이즈군산의 이 구조를 '체류형 교육'이라고 이름 붙였다. 연구자로서도 이 구조가 '한국적이면서도 지역 재생과 잘 맞는 모델'이라고 말했다. 함께 먹고 사는 경험을 통해 자연스럽게 서로의 자원과 재능을 나누며 비즈니스의 퀄리티를 높이고 깊은 유대감을 쌓았다. 특히 타지에서 온 창업가들의 경우, 지역에서의 만남과 배움을 공유하며 지역에 대한 이해도가 단기간에 높아졌다. 한 창업가는 실제 이 코워킹 스페이스의 경험은 서울과 다르다고 말했다. "서울의 코워킹 스페이스에서는 각박하게 서로 자기 일만 하고 같은 테이블을 써도 대화할 일이 없었어요. 여기서는 하루의 모든 시간을 함께 보내고, 가족보다도 많이 보는 사이라 대화가 자연스럽죠."라고 덧붙였다.

로컬라이즈군산의 콜라보레이션은 모든 경계를 넘나들었다. 군산 출신 창업가와 타지 출신 창업가는 서로에게서 영감을 받았다. 군산 출신 창업가 군산밤 전호엽 대표는 "저는 고향이 군산이어서 편하게 시작한 부분이 있는데 연고도 없는 타지에 와 창업한다는 게 대단하죠. 그런 도전적인 점을 배우고 싶어요."라고 말했다. 타지 출신 창업가들은 자신이 나고 자란 고향에서 자신만의 일을 일구어가는 군산 출신 창업가들에게 지역에 대한 조언과 지식을 구하며 부족한 부분을 채우는 반면, 감각적인 비즈니스 스타일, 빠른 업무 속도로 자극을 주기도 했다.

로컬라이즈군산 창업팀의 사업 분야는 여행 콘텐츠, 게임, 디자인, 영상, 공간, 커뮤니티, 예술, 사진, 특산품 제조업, 인테리어까지 다양한 분야를 아우른다. 자원이 한정적인 지역에서 서로의 존재는 동료이기도 했지만 믿고 맡길 수 있는 비즈니스 파트너이기도 했다. 여행 콘텐츠를 기획하는 팀은 타 창업팀의 공간과 제품을 여행 코스에 접목하고 초기 창업에 필요한 디자인, 사진, 영상 작업도 타 창업팀에 외주를 주며 속도를 낼 수 있었다. 폐건물 인테리어 전문회사 망치디자인은 다른 팀들의 창업 공간을 직접 공사해 바쁜 여름을 보내기도 했다.

2019년은 로컬라이즈군산 커뮤니티 내의 콜라보레이션으로 협력의 기반을 쌓았다면 2020년은 콜라보레이션의 실전 편을 시작한 듯하다. 지역재생 코치 윤주선 박사가 제안한 'DIT(Do It Together)'라는 마을재생 방식이 군산에서 물꼬를 텄다.[1] 'DIT'는 공간 운영자, 주민, 전문가, 건축주 등 다양한 지역 주체들이 직접 건물 리노베이션에 참여하는 방식이다. 운영자로서는 초기 창업 비용을 줄이고 운영자의 취향이 고스란히 반영되는 공간을 만들게 되며 이것은 지속적인 운영으로 이어진다. 일반 참가자에게는 손과 몸을 쓰며 함께 일하는 경험을 통해 공동체에 대한 감각을 익히게 하며 만들어진 공간에 대해서도 애착을 가지게 한다.

찬 바람이 불던 2019년 12월, 윤주선 박사가 소속되어 있는 건축도시공간연구소의 주최로 첫 번째 DIT 행사 '작업반장'이 3박 4일 일정으로 진행되었다. 이 행사의 마스터 역할을 맡은 로컬라이즈군산 창업팀 '(주)로컬프렌들리'가 가진 특유의 위트로 노란색 안전 헬멧과 작업 조끼를 나란히 입으며 '작업'이 아니라 '놀이'에 가까운 모습이 연출되었다. 참가자들은 작업에 대해 간단히 익히고 자신들의 손으로 페인트를 칠하고 톱질도 하고 시멘트를 펴 바르는 미장까지 작업했다. 고되게 몸을 쓰는 경험을 통해 참가자들 사이에 끈끈한 유대가 형성되었다. 특히 이 작업은 로컬라이즈군산 창업팀을 넘어 군산 지역 청년들과도 관계를 맺는 연결의 확장으로 의미가 있었다.

이 행사를 기점으로 군산 지역 코치 조권능 대표의 '㈜지방', 2019년 로컬라이즈군산 커뮤니티의 중심 역할을 했던 커뮤니티 기반 창업팀 '㈜로컬프렌들리', 2020년 새로 합류한 디자인 스튜디오 '블루 머스타드 스튜디오'가 함께 'LMO(Local Management Office)'라는 프로젝트 그룹을 만들었다. 두 번째 DIT 프로젝트인 'Let's DIG(Do It Garden)'라는 행사로 게스트하우스 '소설여행'의 방치된 정원을 함께 가드닝하는 작업을 기획했다. 코로나 사태를 감안해 지인 위주로 진행하려던 행사였는데 서울에서도 참가자가 내려오면서 여러 곳에서 모인 참가자가 함께 했다. 잡초가 무성했던 정원 텃밭을 정돈하고 벽돌길을 깔아 멋진 정원으로 변신시켰다. 이들은 이 경험을 통해 자신들이 나아가야 할 지역재생의 방향을 엿보았다.

"제가 생각하는 도시재생은 단단한 일상을 만드는 일이에요. 군산은 산업화 시대의 종말을 피부로 느끼고 있어요. LMO는 이런 산업화 시대에 대한 반격 논리를 구축하고 싶어요. 더 빨리, 더 많이 생산하고 개발하는 기존 방식이 아니라 브랜드를 중심으로 마을 단위에서 이루어지는 지역 기반형 창업, 다품종 소량 생산 같은 크래프트십 기반의 라이프스타일을 제안하는 거죠. 저희는 현재 'commoncity, 군산'이라는 이름으로 평범한 일상 만들기 프로젝트를 진행하고 있어요. DIT 페스타를 넘어 새로운 형태의 공동생산 방식, 지역화 및 연대 경제, 공유 공간 소유권, 시민 주택, 시민 금융 등 다양한 아이디어를 제안하며 군산의 단단한 일상을 만들어가려고 합니다."

- 조권능, 로컬라이즈군산 지역 코치, ㈜지방 대표

로컬에서 산다는 것은

로컬라이즈군산 프로젝트를 통해 군산으로 전입신고를 마친 청년 창업가들에게 '왜 많고 많은 곳 중에 군산이었는지?'를 물었다. 하나같이 꼭 군산이어야만 했던 이유는 없다고 답했다. 그저 발걸음이 닿은 곳이 군산이었고 군산이 좋아 남게 되었다고 대답했다. '괜찮아마을'의 운영자 홍동호 씨가 수많은 지역 중 포항으로 가게 된 과정을 '로맨스'에 비유했던 것을 들은 적이 있다. "어느 날 우연히 어떤 사람을 만나 로맨스가 시작되고 배우자나 연인이 되는 것처럼 어느 날 갑자기 이 도시와의 만남이 있었고 로맨스가 있었을 뿐"이라고 그는 말했다. 그 '로맨스'는 도대체 어떤 것이었기에 이렇게 끈적하게 청년들을 붙잡을 수 있었을까?

"서울이 더 힘든 부분도 있죠. 오히려 이곳이 텃세가 덜해요. 젊은 상인들은 협업을 위해 먼저 저희를 찾아와요. 자신들만 잘한다고 이 동네가 뜨지 않는다는 걸 알고 있더라고요. 다 같이 잘되어야 한다고 생각해 새로운 것에도 거부감이 없고요. 어떤 면에서는 지역이 더 편한 것 같기도 해요."

- 김용진, 비어드벤처, 로컬라이즈군산 창업팀

로컬의 속도는 느리다. 이 느림에 대한 체감은 사람마다 달랐다. 서울 출신의 한 창업가는 도시에 비해 느린 속도에 익숙해지고 세상 속에서 뒤처지는 것 같아 불안감이 든다고 말했다. 지역에서 흘러가는 전체적인 분위기, 도시와 다른 커뮤니케이션 방법, 한정적인 자원 속에서 일반적인 창업 속도감으로 일하기에는 한계가 분명히 있기 때문이다.

하지만 반대의 경우도 있다. 시간이 천천히 흐르기 때문에 오히려 주변이 더 잘 보이고 여유로운 생활이 가능하다는 것이다. 서로가 서로를 잘 알고 있는 분위기여서 서울에서 경험한 적 없던 소속감을 느낀다는 사람도 있었다. 군산 출신의 한 창업가는 "있을 것은 있고 없을 것은 없는 곳이지만 바다가 있는 이곳이 살기에 너무 좋다."라고 말했다. 또 다른 군산 출신 창업가는 "재미없고, 놀 것 없고, 할 것 없고, 볼 것 없다고 생각하는 한 명이었지만 함께 외로움과 어려움을 나눌 수 있는 친구들이 생긴 후로 이 사람들과 함께 더 오랫동안 군산에 남아 있고 싶어졌다."라고 했다.

느린 속도와 낮은 밀도. 로컬이기에 가진 단점이지만 역설적이게도 이 단점이 오히려 도시는 갖지 못한 매력이 되기도 한다. 빠르지 않기에 삶을 음미할 수 있는 곳, 빽빽하지 않기에 내가 들어갈 수 있는 틈이 있는 곳, 크지 않기에 관계가 주는 풍성함을 누릴 수 있는 곳이 바로 로컬이다. 사람이 사람다운 삶을 만들어가는 모습은 도시보다 로컬에서 더 찾아볼 수 있지 않을까. 문득 내가 도시에서 누리고 있는 것들이 정말 괜찮은 것인지 스스로 묻고 싶어졌다.

타지에서 온 몇몇 창업가들은 자신이 만난 군산을 이야기할 때 '고향'이라는 단어를 썼다. 서울에서 태어나 한 번도 고향을 가져본 적 없었는데 군산이 자신에게 언제든 돌아올 수 있는 고향 같은 존재가 되었다고 했다. 대구 출신으로 서울에서 대학을 다니고 일도 오래 했지만 도시에서는 느낄 수 없는 안정감을 군산에서 느꼈다고 했다. '고향'의 세 번째 사전적 정의는 '마음속에 깊이 간직한 그립고 정든 곳'이다. 태어나 자란 곳도 있지만, 조상 대대로 살아온 곳도 있지만 마음속 깊이 간직한 정든 '고향'을 갖고 있다고 말할 수 있는 청년은 드물다. 도시에서 자신이 태어나 자란 곳은 재개발이 되고 도시의 빠른 속도와 함께 그때 그 모습을 모두 잃어버려 이제는 낯선 곳이 되어버렸다. '고향'은 '내가 돌아갈 수 있는 곳'이기에 소중하다. 나를 기다리는 누군가가 있는 곳, 내가 만났던 그 모습을 그대로 간직하고 있는 곳, 내 자리쯤은 어렵지 않게 찾을 수 있는 변함없는 그곳 말이다. 그런 고향이 마음속에 하나 있다는 것은 어떤 방향으로든 자신의 삶을 풍성하게 해 줄 것이다.

작은 도시의 조연으로, 자기 삶의 주인공으로

요시모토 바나나의 소설 『바다의 뚜껑』의 주인공 마리는 도쿄에서 갓 대학을 졸업하고 자신의 고향인 작은 섬에 내려가 바다가 보이는 곳에 빙수 가게를 연다. 얼음에 시럽만 넣은 단출한 빙수는 사장인 자신이 좋아하는 맛이지만 사람들에게는 맛이 너무 밋밋하다는 평을 듣는다. 마리는 오래된 것이 가진 고유의 아름다움이 사라져가는 것을 슬퍼하고 늘 같은 자리를 지키고 있는 동네 버드나무가 변함없이 너풀거리는 것을 보며 자기 삶의 자리에 대한 만족을 느낀다. 로컬에서의 삶이 소설 속 문장처럼 아름답지만은 않겠지만 책을 한 장씩 넘길 때마다 주인공의 삶에 대한 동경이 마음속 깊은 곳에서 올라왔다.

밀레니얼 세대의 또 다른 이름은 'ME 세대'다. 그 어느 세대보다 '나'를 중심으로 사고하고 행동하는 세대이기에 붙은 이름이다. 하지만 대한민국에서 밀레니얼 세대가 자라왔던 환경은 이와는 정확히 정반대였다. 세상의 흐름이 강이라면 우리는 그 흐름을 조금도 거스르지 않으며 물 몇 방울도 튀기지 않고 사뿐히 떠내려가는 조각배와 같았다.

사람의 개성을 납작하게 누르는 듯한 사회의 중력에도 불구하고 내면에 잠재된 '나다움'에 대한 욕구는 더욱 커졌다. 이제 '나다움'은 어떤 형용사보다 자주 볼 수 있는 광고 소구가 되었다. 인터넷에서도, 백화점에서도, 서점에서도 온통 '나다움'이라는 키워드로 소구하는 것을 보면 무엇보다 소유하고 싶은 가치가 되었음을 짐작할 수 있다. 그러나 마케팅에 현혹되어 아무리 물건을 구매해도 '나다움'에 대한 갈증은 쉽사리 사라지지 않는다. '나다움'은 살 수 있는 것이 아니라 자신에 대한 깊이 있는 성찰과 용기 있는 선택이 쌓여 이루어지는 '삶 그 자체'이기 때문이다. 수많은 밀레니얼 세대가 로컬로 가는 이유는 저마다 다르겠지만 모든 이유를 하나의 원으로 아우른다면 그 원 중심에는 '나답게 살고 일하기'라는 근원적인 욕구가 자리잡고 있을 것이다.

요즘 뜨거운 스포트라이트가 로컬 씬(Scene)을 조명하고 있다. 밀레니얼 세대가 가진 특질이 로컬이라는 무대를 만나 발현될 가능성에 대한 희망, 현대사회의 해결되지 않는 문제들의 대안이 될 수도 있다는 기대감이 점점 고무되고 있다. 로컬 씬의 출연자들을 누군가는 '로컬 크리에이터'로, 누군가는 '로컬 창업가'로, 누군가는 '사회혁신가'로 부른다. 내가 만난 로컬 씬의 출연자들은 스포트라이트를 받는 주인공이라기보다 군산이라는 작은 도시에서 자신의 역할 한 자리를 만들기 위해 애쓰는 조연에 가까워 보였다. 무대 위의 조연이 그렇듯 '참을 수 없는 존재의 가벼움'을 느낄 때도 많지만 몇 마디 안 되는 주어진 대사에 온 영혼을 실어 연기하는 로컬의 조연들은 주어진 작은 일에 온 마음을 다하고 있었다. 주인공이 되려고 하기보다 각자의 자리에서 자신의 역할을 갈고닦아 함께 하나의 무대를 만들어가는 이들의 앙상블은 지금부터가 시작이다. 작은 도시의 조연이자 자기 삶의 주인공인 이들이 만들어낼 다음 스테이지를 기대하며 힘찬 응원의 박수를 보낸다.

프로젝트 그룹 LMO(Local Management Office)가 주최한 'Let's DIG(Do It Garden)' 행사 중 참가자들의 모습.

2019 로컬라이즈 업 페스티벌(Local:Rise Up Festival)에서 창업가들이 자신의 상품이 진열된 부스 앞에서 손을 흔들고 있다. © 로컬라이즈군산

1. 윤주선, 장민영, 김영하 『auri brief 201호 - 지속가능한 지역관리운영을 위한 다주체 참여시공 DIT 마을재생 방안』 (2019)

잊히고 사라지는 것들을 기억하고 기록하다
수원 더페이퍼 & 잡지 사이다와 행궁동 골목박물관

최아름
빈집과 관련된 논문으로 문화콘텐츠학 박사학위를 받았다. 현재는 숭실대 HK 연구교수이자 경기도 빈집 활용 자문위원으로 활동하고 있다. 저서로는 『어떻게 아빠랑 단둘이 여행을 가』, 『소곤소곤 프라하』, 『지역 문화 콘텐츠와 스토리텔링(공저)』 등이 있으며 문화콘텐츠 분야와 관련된 다수의 논문과 프로젝트 연구보고서를 저술했다. 저술, 출강, 자문, 문화기획 등 다양한 활동을 하고 있으며 휘경동에 있는 '영화관 풋잠'의 기획 및 운영에도 참여하고 있다.

내가 살던 곳이 사라진다는 것

10여 년 가까이 살고 있는 서울의 어느 동네에 재개발 바람이 몰아치고 있다. 오랫동안 한다, 안 한다 갈등이 많았던 재개발이 본격적으로 추진되면서 동네 경관이 급속도로 변화하고 있다. 대로를 따라 서 있던 오래된 가게들이 철거되고 높은 빌딩이 들어서는가 하면 가게들 앞으로 바리케이드를 설치해 외부인들이 볼 수 없게 막아 놓았다. 대로 안 골목에 있던, 자주 다니던 상점들은 하나둘 문을 닫고 있다. 이제는 골목골목으로 빼곡하게 붙어 있던 집들도 비워지고 있다. 이 동네의 빈집이 눈에 들어오기 시작했을 때만 해도 이렇게 많나 생각했는데 이제는 숫자를 세는 것이 무의미하다.

처음에는 골목 어귀에 주민들에게 이주하라는 현수막이 붙었고 언제부터인지 상점과 집 대문 앞에 언제까지 비워야 한다는 경고장 같은 스티커가 붙었다. 그리고 스티커가 붙은 곳들은 하나같이 이전 또는 문을 닫는다는 메시지를 남기고는 어느 날 갑자기 사라졌다. 자주 다니던 골목은 그렇게 옛 정취를 잃어갔다. 사람이 다니던 길목에는 이사가면서 버리고 간 물건들과 쓰레기들로 가득 찼고 시간이 지나자 정체불명의 쓰레기들도 함께 나뒹굴기 시작했다. 상점의 쇼윈도에는 경고장을 비롯해 '공실'이라는 표식, 낙서 종이들이 붙어 미관상 난잡해졌다. 골목은 한순간에 을씨년스럽게 변했다. 밤에는 혼자 나다니기 무서울 정도다.

이곳이 고향도 아닌데 왜 이 동네를 쉽사리 떠나지 못하느냐고 묻던 지인들에게 이제는 나도 곧 이사를 간다고 말했다. 꼭 재개발 때문에 떠나는 것은 아니지만 10여 년 가까이 살던 동네가 낯설어지는 순간이 오니 이사를 가야 할 이유가 생겼다. 내가 살던 곳이 사라진다는 것은 지금의 내가 있기까지 나를 지탱해주던 단단한 뿌리 하나가 댕강 잘리는 듯한 느낌이다. 이제 내 청춘의 한 페이지는 재개발과 함께 쓸려갈 예정이다. 지금은 빈집이 많아져서 무섭게 느껴지는 동네여도 한때는 내가 정붙이며 살았던 추억 가득한 동네이기에 오랫동안 기억하고 싶은데 막상 떠나려고 짐을 싸기 시작하니 아쉽고 또 아쉽다.

서울이지만 서울 같지 않은 동네, 서울에서 보기 드문 시골 동네 같다고 말했던 주민들도 하나둘 이곳을 떠나가고 있는 요즘이다. 2년 전 논문을 쓰며 내가 살고 있는 동네의 빈집 구역을 조사하다가 부동산에서 우연히 만난 할머니가 문득 떠오른다.

"이 동네에서만 60년을 살았는데 3구역이 재개발된 데서 또 이사를 가야 할 것 같아. 처음에는 1구역에 살았는데 그때도 재개발된다고 해서 3구역으로 이사갔는데 이제는 3구역이 또 재개발된다고 하네. 이제 다른 동네로 가는 것도 그렇고…… 여기 어디 나 혼자 살 만한 곳이 있나 싶어서 물어보러 왔어요."

그때 만난 그 할머니는 지금 어느 곳에 둥지를 트셨을까…….

지역의 골칫덩어리로 전락한 빈집

해마다 빈집이 가파르게 증가하고 있다. 1995년 365,466가구였던 통계치는 2000년 513,059가구, 2005년 727,814가구, 2010년 793,848가구, 2015년 1,068,919가구로 가파르게 증가했고 2018년에는 142만 가구에 이르렀다.

이전에는 빈집 문제가 단순히 농어촌 지역만의 일로 여겨졌지만 이제는 꼭 그렇지만도 않다. 서울 도심을 비롯해 크고 작은 도시에서도 얼마든지 빈집을 찾아볼 수 있다. 그 원인으로는 고령화를 비롯한 인구 감소, 지역소멸, 산업 변화, 주택 과잉 공급 등 다양한 빈집 발생 요인들이 언급되고 있는데 지역 특성에 따라 원인과 양상이 다르게 나타나고 있어 한 가지 이유로 특정할 수는 없을 것 같다. 그만큼 빈집의 발생은 복합적인 문제다. '깨진 유리창의 법칙'[1]에서 말하는 것처럼 빈집의 문제만으로 끝나지 않을뿐만 아니라 그 지역의 사회, 문화, 경제, 환경, 치안 등 전반적인 부문에 걸쳐 연쇄적인 영향을 미친다. 그러다 보니 빈집 문제는 지역에서 손 놓고 지켜보기만 할 수 있는 사안이 아니다.

이 때문에 국가뿐만 아니라 많은 지자체에서 빈집 정비 및 활용과 관련해 다양한 해결 방안을 모색하고 있다. 「빈집 및 소규모주택 정비에 관한 특례법」도 제정되었고 서울 및 경기도에서는 '빈집재생 정책자문위원회', '빈집활용자문위원회' 등을 출범시켜 다양한 방안을 모색하고 있다. 빈집을 활용한 청년 주거 및 창업 공간, 공유숙박, 문화예술 공간, 레지던스, 마을 박물관 등 다양한 활용 방안들이 나오고 있지만 그 지역만의 특성을 살리면서 자생적으로 지속 가능성을 가진 곳은 찾기 쉽지 않다.

무엇보다 우리 사회에는 '집=부동산=재산'이라는 공식이 만연해 있다. 빈집이라고 크게 다를 바가 없다. 내가 부동산에 가서 이런 활용을 위해 이런 빈집을 찾는다고 했을 때 "빈집이라고 해도 몇 억씩 해요. 다 있는 사람들이 투기용으로 사두고 방치해둬서 살 수 있는 빈집이 없어요."라는 답변이 돌아왔다. 빈집이 많다는데 정작 빈집을 활용하고 싶은 사람들은 빈집을 구하기가 쉽지 않다고 한다. 좋은 주인을 만나 몇 년간 저렴한 가격에 임대를 받거나 무상으로 활용하는 사람들도 있지만 주인 마음이 변하면 언제든 그곳을 떠나야 한다.

비워지고 사라지는 것들에 대하여

빈집이 많아진다는 것은 사라지고 있는 것도 그만큼 많아지고 있다는 것이다. 지역에서 '소멸'이라는 단어가 심심치 않게 들리고 있는 요즘, 오랜 시간 기억의 켜를 쌓아온 지역의 산물들이 점점 비워지고 사라지고 있다. 그런데도 우리는 이런 것들에 별 관심을 두지 않는다. 개발 논리에 휩쓸려 어쩌면 비워지고 사라지는 것이 당연하다고 여기고 있는지도 모른다.

빈집만 해도 그렇다. 우리가 빈집을 바라볼 때 맨 먼저 떠오르는 생각은 무엇일까? 폐허, 낡고 오래된 집, 무가치한 집, 철거 대상, 위험한 건물 등이 떠오를 것이다. 처음에는 나도 빈집을 볼 때면 '왜 저런 다 쓰러져 가는 집이나 비워져 정돈되지 않은 집을 저렇게 오랫동안 방치하는 걸까?'라고 생각했다. 그런데 보이는 것이 아닌, 보이지 않는 것에 관심을 갖기 시작하니 빈집처럼 매력적인 콘텐츠도 없다. 알라이다 아스만의 『기억의 공간』 이라는 책에 이런 구절이 있다.

"폐허가 특수한 과거의 증거물로 읽히기 위해서는 심미적인 시선보다 골동품에 대한 호기심 어린 시선이 필요하다."[2]

집이라고 다 똑같은 집이 아니다. 각각의 집에는 각각의 거주민들의 삶이 녹아 있다. 집집마다 그곳에서 살았던 사람들의 흔적이 다르게 남아 있다. 그 흔적들을 보며 이곳에 살았던 사람들을 떠올려보고 그들의 행위와 삶을 떠올려본다. 그리고 이런 생각을 해본다. '만약 내 집이 저렇게 된다면 나는 무엇을 어떻게 남길 것인가? 무엇을 후세 사람들에게 보여주고 싶은가?' 그러다 보면 어느새 나는 내가 살아보지 못한 그곳의 시공간을 여행함과 동시에 내가 살아갈 미래를 향해 물음표를 던지게 된다.

"의미 있는 장소로 가득한 세상에서 사는 것이 인간답다."[3]라는 에드워드 렐프의 말처럼 우리가 인간답게 살기 위해서는 이 세상에 의미 있는 장소들이 많아져야 한다. 그러기 위해서는 우리가 살고 있는 지역, 우리가 살았던 지역에 대한 애착이 있어야 한다. 애착이 있다는 것은 적어도 그 지역에 대해 잘 알고 있거나 그곳에서의 추억거리가 있어서 그 지역에 대한 남다른 애정이 있다는 것을 의미한다. 하지만 빠르게 발전하고 빠르게 사라지는 요즘 시대에 새로 생겨나는 장소들에 의미를 부여하기에도 빠듯한데 방치된 빈집과 빈집 발생 지역을 의미 있는 장소로 바라보는 것이 어디 쉽겠는가? 이해가 가면서도 한편으로는 오랫동안 방치되던 빈집이나 빈집 발생 지역이 결국 아무도 살지 않는 유령의 집처럼 변모하다가 끝내 철거되고 사라져버리는 것이 안타까운 것은 어쩔 수 없나 보다.

장소에 대해 잘 알고 기억하고 애착을 가질 수 있는 기회라도 줄 수는 없는 걸까? 낡고 오래되었다고 무가치한 것은 아니다. 유행이 돌고 돌아 복고가 인기를 끌고 레트로, 뉴트로 등이 재조명받는 시대인데 언젠가는 골칫덩어리 빈집이 제법 그럴 듯한 지역의 사회, 문화, 역사 자산이 될 수 있지 않을까? 사라져가는 지역에 오랜 시간 거주했던 지역민들에게 최소한 사라져가는 것들에 대해 기억하고 추모할 수 있는 시간이 주어진다면? 그리고 그곳에 새로 이주해올 사람들에게 적어도 이 지역이 어떤 곳이었는지 알려줄 수 있다면? 사라져가는 지역에서의 빈집이 지역의 사회문화적 기억의 증표이자 사라지는 것들의 기억을 회복시킬 수 있는 매개물로서 의미 있는 지역 자산이 될 수 있지 않을까?

그동안 많은 사례 지역들을 다녀보면서 깨달은 한 가지가 있다. 가치가 없다는 이유로, 오래되고 낡았다는 이유로 흔적도 없이 부수는 것만이 정답은 아니라는 것이다. 이들도 이전에는 누군가에게 소중하고 가치 있는 존재였을 것이며 이 역시 우리네 삶과 이야기를 담고 있는 미래의 유산이자 민생의 역사가 될 수 있으리라는 것이다. 그렇기에 빈집의 활용에 대해 논하기 이전에 비워지고 사라지는 것들이 지니고 있을 의미와 가치에 대해 진지하게 고민해볼 필요가 있다.

이런 이유로 나는 수원에 있는 '㈜더페이퍼'가 발간하는 골목잡지 '사이다'와 '행궁동 골목박물관'에 관심을 갖게 되었다. 어쩌면 빈집이 발생하고 있거나 발생한 지역, 혹은 사라지고 있는 지역에서 ㈜더페이퍼에서 하고 있는 일들이 절실할지도 모른다는 생각이 들었다.

골목과 골목, 사람과 사람 '사이'를 잇는 잡지 '사이다'

수원시 장안 사거리에는 눈에 띄는 오래된 집 한 채가 있다. 팔달산 자락의 자연, 사람, 문화에 대한 소소한 이야기를 담는 골목잡지 '사이다'와 '더페이퍼'가 적힌 명판과 '국가기록관리 행정안전부장관상 표창'이라는 문구가 적힌 현수막이 걸린 이 집. 옛 술집에서 예술 집이 되었다는 이 집에는 수원의 사회적 기업 ㈜더페이퍼가 자리하고 있다. 2012년 4월부터 골목잡지 '사이다'를 발간하고 있는 ㈜더페이퍼는 사람과 사람 사이, 마을과 마을 사이 등 우리 주변의 수많은 '사이'에 관한 이야기들에 귀를 기울이고 있다. 아무도 주목하지 않았던 소박한 우리네 삶과 일상 풍경을 오랫동안 기억하고 다음 세대에게 전승해야 할 소중한 유산으로 여기고 있는 ㈜더페이퍼, 그동안 무가지로 발간되다가 올해 유가지로 전환된 골목잡지 '사이다'에는 최서영 대표[4]의 삶에 대한 철학과 믿음이 가득 담겨 있다. 사무실이 있는 문간 처마 밑에 적혀 있는 문구가 그녀가 우리에게 하고 싶은 말이 아닐까?

"자신의 영혼을 골목 어딘가에서 만나고 누군가에게 도둑질당한 삶의 시곗바늘을 되찾게 될지도 모른다."

이 잡지를 처음 만난 것은 수원의 한 식당에서였다. 계산하고 나갈 무렵 계산대 옆에서 우연히 이 잡지를 보게 되었고 식당 주인에게 한 권 가져가도 되는지 물어보고 가져왔다. '골목잡지'라고 적혀 있는 이 책 한 권에 내가 관심을 가진 이유는 빈집 문제에 대한 고민이 항상 내 머릿속을 떠나지 않고 있었기 때문이다. 빈집 문제를 해결하기에 앞서 우리는 비워지고 사라지고 있는 집들과 주변 풍경, 그곳에서 살다 갔던 사람들의 삶에 대해 얼마나 생각해보았던가? 빈집 발생 지역들을 돌아다니며 매번 느꼈던 안타까움은 '이렇게 될 때까지 왜 어느 것 하나 기억하려고 애쓰지 않았던 걸까?' 또는 '한때는 누군가의 웃음꽃이 가득했을 이 집과 이 동네가 이렇게 버려져야만 하는 걸까?'였다. 비워지고 사라져가는 이 집과 골목과 동네, 떠나간 사람들을 최소한이라도 기억할 수 있다면 얼마나 좋을까? 빈집을 활용하는 데 무자비한 철거나 그럴 듯해 보이는 리모델링보다 세월의 흔적과 소중한 기억을 조금이나마 남길 수 있는 활용 방안을 마련한다면 어떨까? 이런 생각들이 항상 내 머릿속에서 맴돌며 나를 고심하게 만들었다.

그러던 중 우연히 만난 '사이다'는 이름처럼 잠시나마 내 답답한 마음에 청량감을 선사했다. 단절되고 멈춰버린 시간 속에서 세월만 짊어지고 있는 동네들의 수많은 골목과 이웃, 사람과 자연을 사이사이 다시 연결해 나가며 동네의 이야기를 발굴하고 기록하고 있는 이들의 노력에 감사했다. 이 일이 돈이 되는 일이 아니라는 것을, 얼마나 수고스럽고 힘든 일인지 너무나 잘 알고 있기에 잡지 한 장 한 장이 그들의 땀방울처럼 느껴졌다.

내가 처음 만났던 사이다는 'Vol. 16. 권선동' 편이었다. 잡지 표지에는 연필로 그린 듯한 주공아파트와 옛 주택들의 모습이 담겨 있었다. '이 동네에는 어떤 이야기가 숨어 있을까?'라는 궁금함이 나를 잡지의 세계로 이끌었다. 나는 권선동이 어딘지도 모르면서 그림 한 폭에 이끌려 잡지의 문을 열었다. 그렇게 사이다의 대표이자 편집자인 최서영 씨의 글을 처음 접했다. 나는 그녀를 만나고 싶었다. 어쩌면 그녀도 나와 같은 고민을 하고 있을지도 모른다는 생각이 들었다.

올 한 해 사이다는 쉼 없이 흐르는 물과 같았다. '졸졸졸' 시냇물 소리를 내다가 갑자기 확 몰아치는 커다란 강이 되기도 하고 삐죽삐죽 툭툭 치며 흐르는, 자갈이 많은 개천이 되기도 했다. 2018 수원 한국 지역 도서전이라는 큰 행사를 치렀고 수원뿐만 아니라 이천으로, 병점으로 마을 사람을 만나고 시민기록자를 양성하는 등 나름 보람 있는 한 해를 보냈다. 하지만 그 사이 놓치는 것도 많은 한 해였다. 가장 큰 것이 사이다를 제때 발행하지 못한 것이다.

이번 호에 만나게 된 권선동은 지금은 없어졌지만 5층짜리 주공아파트와 단층짜리 주공연립이 주를 이루던 마을이다. 1990년대 초반에 주공 3차 아파트 5층으로 이사를 갔다. 나지막한 언덕이 있고 봄이면 흐드러지게 피었던 벚나무, 아름드리 느티나무가 자연스레 어우러진 동네에서 아이들도 나도 안온하고 편안한 시간을 보낼 수 있었다. 1층 광수네, 2층 성당 반장 아줌마, 앞 동에 살던 결이네 계단으로 오르락 내리락 하며 만났던 사람들마다 정이 흐르던 동네였다. 재개발이 결정되고 뿔뿔이 흩어졌지만 햇볕이

잘 들어서인지 그 시절을 생각해보면 따스하고 밝은 기운이 가득 차오른다.

주택가에만 골목이 있는 것은 아닌 것 같다. 아파트 동을 따라 나 있는 골목을 만날 수 있었던 동네, 권선동을 기억한다. 함께 했던 시간들은 기억에 저장되고 가끔 꺼내보면 미소가 저절로 지어지는 그 동네의 이야기를 만나고 싶었다. 15층짜리 아파트가 지어지고 완전히 사라진 그 동네를 만날 수는 없었지만 여전히 권선동에는 그 동네를 기억하는 따뜻한 사람들이 살고 있다.

늦었지만 포기하지 않고 편집 마감을 함께 해준 직원들과 사이다를 기다려준 지역 독자 분들께 감사의 마음을 전한다. 골목을 찾아다니며 보고 듣고 발로 쓰는 힘과 일상적이고 사소한 것들이 모인 기억들 그 속에 우리의 미래가 담겨 있다는 진리를 마음에 새기며 오늘도 일신우일신한다!

- 2018년 12월 편집장 최서영

그곳에 살던 사람들만 없어진 것이 아니라 그곳의 역사도 형체도, 누군가에게는 삶 그 자체였을 추억의 흔적마저도 없어진 빈집들이 즐비한 동네에 가게 되면 언제나 속상하고 아쉬웠던 그 마음, 그런 것들이 이 잡지 안에 고스란히 담겨 있었다. 이제는 눈앞에서 마주할 수 없지만 글과 오랜 사진, 그곳에서 살았던 사람들의 이야기를 통해 간접적으로나마 그곳에 대해 떠올려볼 수 있다는 데 뭉클한 감동이 느껴졌다.

"우리는 대단한 일을 하는 것이 아니라 대단한 삶을 사는 사람을 알아보는 일을 합니다."

'사이다'의 발간은 100여 명에 이르는 지역 시민들, 문인, 역사학자, 예술가, 사진작가, 스님 등의 참여와 재능 나눔이 있었기에 가능했다. 처음에 세 명이 모여 공부하듯 시작했던 잡지에 대한 고민에 많은 지역민들이 동참해준 덕분에 6년 가까이 잡지를 발간해올 수 있었다. 오랜 기간 포기하지 않고 발간해온 덕분에 이제는 수원에서 제법 알려졌고 잡지가 나올 때쯤이면 주민들이 더페이퍼에 방문해 잡지를 찾는다고 했다. 큰돈을 번 것은 아니지만 발간을 통해 얻은 수익금은 다시 '사이다'를 발간하는 데 사용되거나 지역민이나 지역사회와 함께 하는 행사를 기획하고 진행하는 데 쓰인다.

1,000부도 찍기 힘든 요즘 출판시장에서 무가지로 수천 부를 찍어 무료로 배포한다는 것은 애정과 사명감 없이는 쉽지 않은 일이다. 최서영 대표는 그럼에도 불구하고 '기록'해야 하고 '발간'해야 한다고 말했다. 이렇게 아무것도 남기지 않으면 우리는 나중에 무엇을 우리 후손들에게 남겨 줄 수 있을까?

"저희 잡지에는 '사이다 글쓰기'라는 글쓰기 방법이 있어요. 일반적인 잡지에서 볼 수 있는 수려하고 멋있는 글쓰기 방식이 아니라 동네 사람들이 하신 말씀 그대로 꾸밈없이 적으려고 해요. 그래서 저희 잡지를 읽다 보면 그분들과 이야기 나누고 있는 것 같은 느낌이 들어요. 어르신들의 사투리나 옛 단어들 때문에 가끔 무슨 말인지 몰라 어려움도 있지만 있는 그대로의 날 것을 전달함으로써 한 사람 한 사람의 삶이 고스란히 독자들에게 전해지고 글도 더 재미있게 읽힐 수 있는 것 같아요. 그리고 인터뷰하신 분들도 자신들의 이야기가 고스란히 잡지에 적혀 있으니 발간된 잡지를 받아 보시면 굉장히 좋아하세요."

친정을 닮은 오래된 집

"우리 집 친정 앞마당이 엄청 커요. 사랑채도 크고 안채도 여기(이용재 할머니 집)보다 크고 앞마당에서 모든 잔치를 다 했어요. 앞마당에서 내 혼례 잔치를 하고 그 다음에 우리 아버지 환갑 때 친정 마당에서 친지들이랑, 당숙들이랑, 고모들, 외가, 동네 사람들 다 모여 생신도 차려드렸어요. 그 마당에서 다했어요. (중략) 그래서 저는 한옥을 좋아하고 대청문 뒤를 열면 산에서 산들바람이 불어오면 여름에 너무 시원해요. 그리고 매미 소리가 너무 좋아요. 그래서 사실 마루 있는 집을 좋아했어요."

- 'Vol. 15. 지동' 편, 오래된 기와집에 담긴 이용재 할머니 이야기 중에서

그녀는 우리 주변에서 잊히고 사라지는 사람들과 사물, 경관 등에 대해서도 관심을 가지고 그들과 다시 소중한 사이가 되고자 하며 그들을 기억해주기를 바라는 마음으로 정성껏 잡지를 만들고 있다. 최근에는 회사 내부 사정과 잡지의 대중적 확산을 위해 유가지로 발간하기로 했다.[5] 유료 구독자를 받아 지역사회에 더 많은 사람들이 '사이다'를 마을, 골목, 지역의 기록 유산으로 기억해주기를 바란다는 대표님의 말에 나도 흔쾌히 신청서를 받았다. 1990년대 말 편집·출판으로 시작된 작은 지역기업이 지금까지 달려온 발자취가 책장 한 켠에 진열되어 있다. 이 동네의 역사가 그동안 발간된 '사이다' 잡지 한 권마다, 한 장마다 살아 숨쉬고 있다.

문 닫은 묘수사가 골목박물관이 되다

사이다를 만나고 행궁동 골목박물관을 만났다. 낡고 오래된

2017년 8월에 발행된 골목잡지 사이다 제15호 지동편의 표지이다. © 더페이퍼

집과 식당, 모텔들이 자리한 행궁동의 좁은 골목을 따라 들어가면 담장에 둘러싸인 기와집 하나가 보인다. 얼핏 보기에 문화재 같아 보이는 이곳은 '묘수사'다. 이곳은 1920년 4월 8일 종정 김혜운이 세운 개인 소유의 작은 사찰이다. 한국 법화종의 효시이기도 한 이 사찰은 대처 스님이 입적한 이후 거의 방치되어 있었지만 이전에는 이 절에 있는 본존불이 속병 치료에 영험이 있는 것으로 알려져 많은 사람들이 찾아올 만큼 유명했다. 또 새벽 4시만 되면 목탁 소리가 담장 너머까지 들리는 탓에 행인들이 시간을 알 수 있어서 '똑딱절'로 불렸다. 절 안으로 들어가니 크지 않은 사찰 부지에 1920년대부터 지어진 한옥인 대웅전과 1942년도에 지어진 요사채 그리고 1960년도에 지어진 벽돌 건물이 있었다.

묘수사는 현재 골목박물관으로 운영되고 있다. 최서영 대표는 '사이다' 잡지 발간을 넘어서 이것을 집대성할 수 있는 골목박물관을 만들고자 했다. 이 박물관은 2018년 12월 26일 문을 열었다. 골목박물관을 만들기까지 매우 많은 우여곡절이 있었다. 지자체와의 소통도 쉽지 않았고 주변 사람들과 업체들의 오해도 많았다. 이 건물을 매입하기 위해 대출도 받아야 했고 박물관을 만들기 위해서는 관련 사업들에 공모도 해야 했다. 다행히 경기문화재단의 지역문화 활성화를 위한 '보이는 마을' 공모사업을 하게 되면서 2015년 골목박물관 조성사업을 수행할 수 있었다.

'사이다'를 통해 모은 동네의 기억들을 '살아 있는 박물관화'를 하고자 했고 유물처럼 박재된 전시물을 들여놓은 박물관이 아닌, 동네 사람들이 편하게 오가며 자신들의 기억을 공유하며 나눌 수 있는 장을 만들고자 했다. 이런 장에서 나누는 이야기도 사람도 주변 경관도 모두 살아 있는 전시물이 될 수 있는 박물관이 되기를 기대했다. 그래서 이전에는 박물관을 동네 사람들에게 개방해 마을과 지역민들에 대한 이야기, 지나온 삶과 현재의 삶을 공유하는 장을 마련하곤 했다. 묘수사라는 곳이 사라지고 이곳에 새로운 건물이 들어설 수도 있었겠지만 그녀는 이 비어 있는 작은 절을 동네의 과거와 현재의 기억을 연결해주는 매개체로 활용했다. 그리고 이를 통해 단절된 사람과 사람, 사람과 사물, 사람과 지역(환경)을 다시 이어주고자 했다.

"골목박물관은 좁다란 골목을 사이에 두고 이웃집 밥상 위에 수저 개수까지 훤히 꿰던 그 시절 이웃을 만나게 해준다. 마주치는 사람마다 아는 얼굴이요, 눈에 익은 누군가의 뒷모습을 본 듯한 오래된 골목 이야기를 담아낸다. 골목박물관은 수원 장안 사거리에서 북수동 초입 골목을 돌아 들어가면 커다란 나무 대문이 보인다. 묵직한 여닫이문을 지나 안으로 들어가니 아담한 마당에 옛집 두 채가 서로 옆구리를 대고 자리하고 있다."

- 행궁동 골목박물관 소개 내용

골목박물관이 마을 사람들의 기억을 수집하고 공유하면서 다음 세대에게 물려주기 위한 곳으로 개관하기까지 더페이퍼는 주민들과 함께 2년 여에 걸쳐 민간 구술기록과 사진, 영상, 유물 등을 수집해왔다.

그리고 이렇게 '사이다'를 발간하며 모아온 지역의 이야기들과 기록물, 물건들 등이 모여 의미있는 결실을 맺을 수 있도록 마을 공동체 기억 저장소인 '행궁동 골목박물관'을 만들었다. 크고 화려한 유명 박물관과 비교할 수 없는 골목의 작은 박물관이지만 이곳에는 작지만 소중한 이 지역, 이 동네의 생활문화와 주민들의 삶이 친근한 모습으로 담겨 있다. 지역 주민의 참여와 소통을 통해 만들어진 만큼 마을 사람들의 공유된 기억을 음미하며 이야기를 나눌 수 있는 문화 사랑방이 되었으면 하는 마음이 녹아 있기 때문이다.

행궁동은 수원 화성으로 둘러싸인 성안 마을로 한때 수원의 행정 도심이자 상업 중심지였지만 지금은 오래되고 낡은 도심지가 되어 곳곳에 비어 있는 곳들도 보이는 동네다. 그런 동네에 생긴 골목박물관이 지향하는 방향성은 무엇일까? 일상생활 주변에 숨어 있는 문화자원을 발굴해 가치를 부여하고 사회적 가치를 지닌 물품에 대한 이야기와 기억을 공유하자는 취지로 마련된 공간은 행궁동 골목박물관을 통해 그들의 흔적이 남겨지고 우리의 기억 속에 남아 있는 삶의 이야기가 오래도록 기억되기를 바라고 있다. 왜 동네나 지역, 마을 박물관이 아닌 골목박물관으로 이름을 붙였는지 궁금해졌다.

"지역을 넘어서고 골목골목으로 나아갔으면 좋겠습니다. 골목 잡지는 하나의 어떤 골목에 누가 살았으며 사람, 물건, 풀이든 골목이 주는 (사이다가 담아갈) 관계에 대한 이야기입니다. 마을은 갇혀 있는 것 같다면 골목은 관계의 장이죠. 골목은 서로 연결되어 있어요. 골목 끝을 갔는데 새로운 관계가 생기고 다른 어떤 것으로 연결되고 그러잖아요."

여러 가지 어려운 상황 속에서도 최서영 대표의 생각에 골목박물관의 필요성은 분명했기 때문에 지금까지 밀고 오고 있지만 최근에는 유지 여부를 두고 고민하고 있다고 했다. 내가 이곳을 처음 찾았을 때만 해도 일정 시간 동안 개방되어 있었는데 최근에는 방문 예약을 통해 일시적으로 개방하고 있다. 박물관 운영을 위해서는 상시적으로 박물관을 관리·운영해줄 사람이 필요하지만 현재로서는 인력 보충이 쉽지 않은 상황이다.

동네의 기억을 기록화하고 동네 사람들과 함께 뭔가를 해 나가고 싶어서 이 동네로 이사 와 10여 년 가까이 더페이퍼를 운영하고 있는 최서영 대표는 동네 주민들과 함께 해 행복하고 즐거웠던 추억들을 한가득 들려주었다.

"교동에 있다가 동네에 들어와야겠다는 생각이 있어서 허물어져가는 집을 리모델링했어요. 집주인이 좋은 분이셔서 나가지 말고 오랫동안 하라고 하셨는데 작년에 임대료가 올랐어요. 그래도 마당도 있고 애정도 가는 곳이라 오래 있고 싶어요. 꿈을 꾼 것만 같아요. 마당을 열고 행사를 많이 했어요. 사이다를 만들어주시는 분들, 마을 분들과 교류하면서 살고 싶은 마음이 컸습니다. 서울에서 살다가 시집을 가고 수원으로 이주해온 지 27년이 되었어요. 이곳에 뿌리내려 살고 싶었고 그 통로로 잡지를 만들고 싶었어요. 마당도 개방하고 소풍도 가고 공연도 많이 했죠. 그분들이 즐겁게 놀다 가곤 했던 순간들이 기억이 많이 나요. 동네 사람들, 지역민들을 만나고 그냥 만나서 문화를 즐기자는 마음으로 행했죠. '사랑방 손님과 어머니'를 촬영한 곳이 근처에 있는데 마을 주민들과 영화 상영을 하기도 했어요. 촬영지와 영화 속 장소들을 비교하면서 어르신들의 이야기꽃이 한창 피었죠. 어르신들이 참 좋아하셨어요."

지역 주민들이 행궁동 골목박물관의 '행궁동 골목을 걷다' 전시를 관람하고 있다.
© 더페이퍼

당신의 오늘을 기록하다

골목박물관 안에는 동네 어르신들의 이야기가 담겨 있다. '사이다'를 통해 전해진 이야기가 담겨 있는 박물관에는 4개의 전시 공간이 마련되어 있다. 마당에서 볼 수 있는 전시는 48시간 동안 행궁동을 여행할 수 있는 '48시간 골목여행' 전시다. 박물관 마당 한 켠에 있는 "행궁동 골목을 걷다"를 따라가 본다. 48시간 동안 오전, 오후, 저녁에 방문하면 좋을 행궁동의 장소들을 소개하고 있다. 각 장소에 대한 사진과 소개 글, 주요 장소들을 그린 일러스트들이 행궁동에 대해 잘 모르는 나의 호기심을 불러일으킨다.

그 옆 작은 집 한 채에는 '행궁동 인생극장', '오빠 생각'과 지금은 이전해 사라진 '신풍초등학교' 전시[6]가 있다. 영상실에서는 동네 어르신들의 이야기를 담은 인터뷰 영상이 '행궁동 인생극장'이라는 이름으로 상영되고 있다. 지금과는 다른 모습이었던 수원의 모습, 그 시절 사람들의 기억을 찾아 옛 수원의 모습을 그려본다. 영상에는 인터뷰한 주민 분들의 삶, 집, 가족, 일 등에 대한 이야기가 담겨 있다. '만약 내 할머니, 할아버지가 살아 계신다면 이렇게 옛날 이야기를 여쭈어볼 수 있겠구나.' 라는 생각이 들자 코끝이 찡해진다.

행궁동 인생극장 옆은 '오빠 생각' 전시 공간이다. 요사채에서 전시하고 있는 '오빠 생각'[7]은 수원 아카이브 사업으로 진행되었다. 1914년 수원군 수원면 북수리에서 1남 3녀 중 셋째로 태어난 최순애와 일제 강점기를 지낸 국내 잡지 편집기획자였던 오빠 최

영주의 일대기와 잡지 등을 전시하고 있다. 최순애는 방정환이 만든 잡지 '어린이'에 동요 '오빠 생각'으로 입선하며 많은 동요를 발표했던 동요 작가였다. '뜸북뜸북 뜸북새 논에서 울고 / 뻐꾹 뻐꾹 뻐꾹새 숲에서 울제 / 우리 오빠 말 타고 서울 가시면 / 비단 구두 사가지고 오신다더니.' 노랫말을 따라가니 나도 모르게 노래가 흘러나왔다. 서울로 간 오빠를 그리워하는 마음으로 썼다는 '오빠 생각'이 이렇게 내게 익숙한 동요였다니.

마지막으로 묘수사의 가장 큰 공간인 대웅전을 살펴본다. 골목박물관에서 가장 큰 볼거리인 '행궁동 살림살이' 전시다. 이곳에는 우리 세대에게는 조금 낯선 물건들이나 근현대사 박물관이나 교과서에서 보았을 만한 물건들처럼 오랜 삶의 흔적들이 담긴 물품과 사진들로 가득하다. 행궁동 주민들이 직접 시민 수집가가 되어 2년여 동안 수집한 민간구술 기록과 사진, 영상, 유물 등이 전시되어 있다. 여러 대에 걸쳐 수십 년 동안 보관했던, 소소한 삶의 기억이 담긴 오래된 물건들이 그렇게 골목박물관에 자리하게 되었다.

과거 불상이 안치되었을 것 같은 안쪽에는 주민 5인의 물품과 이야기가 전시되어 있다. 전시에 참여한 다섯 분의 주민은 23살에 수원 남수동으로 시집온 후 60년을 살아온 이병희 할머니, 6.25전쟁 당시 수원으로 돌아와 문을 연 광덕상회를 대를 이어 운영하고 있는 조웅호 할아버지, 남수동의 매우 오래된 기와집을 떠나지 못하는 이용재 할머니, 수원 종로 사거리에서 신용공업사를 운영하는 신용길 사장님, 3대째 대대손손 명맥을 이어온 수원 팔달로 터줏대감 신영제분소의 강정희 어머님이다. 한 분 한 분의 이야기는 각 공간에 기증한 물품과 사진, 일러스트, 축소한 인물 판넬, 자서전 등과 함께 전시되고 있다. 자세히 들여다보니 이병희 할머니와 이용재 할머니는 '인생극장' 영상 속에서 이미 만났던 분들이다. 직접 만나 뵌 것도 아닌데 괜히 반가운 마음이 들어 더 자세히 전시물들을 살펴보았다. 할머니의 곱디고운 결혼사진이 세월의 흐름을 말해주고 있다. 가끔 이런 사진들을 마주하면 나의 미래를 한 번 상상해보게 된다. 내가 이 나이가 되었을 때 살아온 나날을 되돌아보게 된다면 나는 어떤 이야기를 전하고 싶을까?

옆으로 이동하니 한쪽 벽면에 주민들의 자서전이 진열되어 있다. 지역 주민 25명의 삶의 이야기가 담긴 책이다. 인물 사진이 담긴 표지를 넘기니 그 안에는 그분들의 삶의 이야기가 적혀 있다. 얇은 자서전에 그분들의 모든 이야기를 담아내지는 못했겠지만 이렇게라도 후손들에게 살아 생전의 이야기를 전할 수 있다는 것은 이 자서전을 쓴 분들이나 그분들의 자손들에게도 의미 있는 일이리라.

"오랜 세월 자신의 삶을, 동네를 지켜온 토박이 분들의 인생 이야기를, 동네 사람의 이야기를 '한 권의 책'으로 읽히게 되는 것이죠."

우리의 부모님, 조부모님이 사용했을 만한 물건들에는 기증자의 이름과 물건들에 대한 간략한 설명들이 적혀 있다. 흑백사진들이 모여 있는 추억의 사진관에는 이런 문구가 적혀 있다.

"빛바랜 앨범 속에 갇혀 있던 개인의 역사를 끄집어내어 소중한 추억을 함께 공유한다. 기록되지 않은 채 사라진 지역의 거리, 생활상이 어르신들의 사진첩에 남아 있다. 이것은 개인의 역사이며 시대에 따른 마을의 역사를 보여주는 소중한 자료다."

"당신의 오늘도 기록"이라는 사람들의 말이 무슨 뜻인지 알 것만 같은 전시물들을 보며 왠지 가슴이 뭉클해졌다. 비워지고 사라지는 것들이 많은 세상, 그것들의 이야기를 담고 싶다는 최서영 대표의 마음이 내 마음 같아서 왜 더 일찍 만나 이야기를 나누지 못했을까 아쉬웠던 만남을 뒤로 한 채 더페이퍼 건물을 다시 한 번 바라보았다. 이전 모습과 리모델링된 건물 사진과 유리창 너머로 진열되어 있는 '사이다' 잡지들이 눈에 들어왔다. 새로운 카페와 식당들이 늘어나면서 빠르게 변화하고 있다는 이 동네에서 이곳만큼은 오래도록 이 자리를 지켜줬으면 좋겠다는 생각이 이 동네를 떠나가는 내내 내 머릿속을 맴돌았다.

반짝이던 많은 것들은 시간이 지나면서 어느 순간 그 빛이 약해진다. 그것이 물건이든 사람이든. 하지만 그것들이 빛을 잃었다고 해서 그래서 조금 불편해졌다고 해서 가치까지 사라지는 것은 아니다. 반짝임은 깊음으로 대체되고 또 누군가에게 감동을 주기도 한다. 마치 할아버지, 할머니의 오래된 물건들과 인생 이야기처럼.

- 'Vol. 남문통' 편, 이형희, 「55년 된 구멍 난 양은솥, 낡음의 가치를 담다. 조영호 할아버지 이야기」 중에서

우리는 왜 '사이다'와 같은 매체에 그리고 골목박물관과 같은 공간에 관심을 가져야 할까? 이런 것들은 어떤 의미를 갖는 걸까? 누군가는 돈도 안 되는 일을 고집스럽게 해나간다고 말할지도 모른다. 또 누군가는 특별할 것도 없는 옛이야기, 옛 물건, 옛 공간에 왜 그렇게 정성을 쏟느냐고 물을지도 모른다.

'이런 일이 지역에서 꼭 필요하다.' 또는 '누군가는 이런 일을 해야 한다.'라는 일종의 사명감이 없었다면 쉽지 않았을 일이다. 최서영 대표는 수원에서 '사이다'를 발간하고 이 과정과 결과물을 골목박물관에 담아내는 일을 하면서 힘들고 어려운 순간도 많았다고 했다. 그럼에도 불구하고 그녀가 고집스럽게 이 일을 밀고 나갈 수 있었던 것은 '기록'에 대한 믿음이 있었기 때문이며 지역에서의 '아카이빙 방법'에 대한 고민과 '공동체 아카이브'에 대한 필요성을 느꼈기 때문이다.

"사이다와 같이 매체를 통한 아카이빙은 다양한 시각으로 당대를 기록해 담아 놓으면 고여 있지 않고 지속적으로 기록할 수 있다. 박제화된 기록이 아니라 살아서 계속 덧붙이고 업데이트되는 아카이브를 만들어낸다. 마을이란 함께 한 기억을 공유하는 관계이며 공유한 기억을 되살리면서 관계를 돈독히 만들어가는 것이다. 골목잡지 '사이다'가 과거의 기억들을 모아 기록하는 것은 단지 과거의 기억을 교류하고 공감하기 위한 것만은 아니다. 공동체의 기록들은 개인적 의미를 넘어 개인들의 삶이 모여 시대의 역사가 된다. 기억의 기록화는 마을에서 세대가 이어지는 징검다리가 될 것이다.

지역민들의 삶은 계속되고 수집해야 할 대상들도 계속 생산되고 있다. 따라서 지속성이 담보되는 아카이빙 방법에 대해 고민해야 한다. 지속적인 지역 아카이빙을 위해서는 지역사회 안에서 다양한 공동체와 소통하고 협력하며 마을과 사람을 연결하며 꾸준히 지속하는 것이 필요하다. 그와 더불어 지속 가능한 기록 생태계 조성을 위한 자구적인 노력과 정책적 방향이 반드시 고려되어야 한다. 특히 공동체 아카이브는 연대를 통해 더 큰 의미를 발휘할 수 있다. 민간과 공공이 함께 참여하는 거버넌스형 기록 네트워크를 만들기 위한 논의의 장이 마련되길 바란다. 마을에 관한 기록이 지속 가능하게 수집, 보존, 활용될 수 있게 하려면 제도적, 예산적 지원 방안을 마련하고 시스템을 구축하는 국가적 차원의 정책이 반드시 필요하다."

사라지고 있는 과거와 변화하고 있는 현재를 단절시키는 것이 아니라 세대와 세대를 이어 지역민들이 만드는 지역의 역사를 써 내려가야 한다는 그녀의 이야기에는 그동안의 활동에 대한 고민이 묻어난다. 앞으로 ㈜더페이퍼가 어떤 활동을 더 해나갈지, 어떻게 성장해나갈지는 모르겠지만 지금까지 그래왔던 것처럼 앞으로도 사라져가는 지역의 이야기를, 비워져가는 공간의 모습을, 떠나가는 지역민들의 삶을 전해주기를 바란다.

전시장 내부에는 행궁동 사람들의 삶을 품고 있는 물건과 이야기가 전시되고 있다.
© 더페이퍼

2017년 8월에 발행된 골목잡지 사이다 제15호 지동편에 실린 '수원 다방기행'에 등장하는 할아버지들의 대담을 담고 있는 내지이다. © 더페이퍼

1. 범죄학자 제임스 윌슨(James Q. Wilson)과 조지 켈링(George L. Kelling)이 1982년에 만든 개념이다. 사소한 것들을 방치해두면 나중에 큰 범죄로 이어진다는 범죄 심리학 이론이다.
2. 알라이다 아스만, 『기억의 공간』, 그린비, 2014, p.436.
3. 에드워드 렐프, 김덕현, 김현주, 심승희 옮김, 『장소와 장소상실』, 논형, 2005, p.25.
4. 최서영 대표는 사회적 기업 출판사 ㈜더페이퍼의 대표이자 지역공동체 잡지 〈사이다〉의 편집장이다. 지역출판을 통한 '지역문화 키우기'를 위해 전국 지역 출판사 연대 모임인 '한국지역출판연대'를 만드는 데 참여했고 2018년 수원 한국 지역 도서전 집행위원장으로도 활동했다.
5. 구독/광고문의: 전화(031-225-8199)/팩스(031-224-8199)/이메일(thesaida@hanmail.net)/우편(16252 수원시 팔달구 화서문로 66/신풍동 2번지 더페이퍼)/ 정기구독(1년 6권, 6만 원)/입금계좌(기업은행: 111-144677-01-096/농협: 301-0197-4867-81)
6. 낡은 풍금이 눈에 띈다. 색색깔의 분필, 옛날 교과서 등은 신풍초등학교의 기증품이다. 신풍초등학교는 122년의 역사를 지녔지만 2018년 2월을 끝으로 이제는 교문과 강당만 남아 있다.
7. 오빠 최영주는 일제 강점기의 대표적인 잡지들을 발행했던 출판 편집자였지만 고향에서조차 잊혀진 인물이다. 이 전시에서는 그들의 삶과 기록을 통해 당대의 역사를 엿볼 수 있다.

북성로 시간과 공간의 재생 그리고 사람
대구 북성로 사회혁신 클러스터

전충훈
(사)공동체디자인연구소 소장을 역임했다. 공공 분야의 비즈니스를 만드는 공공크리에이터로 불리며 새로운 가치와 키워드의 발굴, 연구, 기획, 디자인, 실험 등의 일을 해왔다. 문화기획자로 11년, 사회혁신 활동가로 11년, 22년간의 현장 경험을 녹여 씬 2018, 2019 기획 및 총괄감독을 역임했다. 현재 행정안전부 정부혁신전략추진단 포럼운영과장으로 임용되어 국민참여, 정부혁신과 관련된 일을 하고 있다.

dedicate to BaeTHOR

대구광역시 중구 북성로 뒤편에는 '수제화 골목'이 있다. 대구의 중앙로와 종로를 동서로 연결하는 300m 길이의 골목으로 1970년대에 수제화 제조와 부품 공급, 도소매업 등을 담당하던 업체 130여 개가 밀집되어 호황을 누리다가 지금은 40여 개 업체가 남아 있다. 도시활력증진사업으로 잠시 부활을 꿈꾸었으나 사업 종료 후에는 다시 자생을 위해 고군분투하고 있다.

2017년 9월 1일 이 수제화 골목에 희한한 가게가 등장했다. 한강 이남 최고의 공구거리로 불리는 이곳에 먹는 공구가 탄생한 것이다. '북성로 공구빵'이다. 실제 조립이 될 것 같은 볼트와 너트, 스패너까지, 딱딱할 것 같은데 먹으면 부드러워 묘한 쾌감을 느끼게 하는 이 공구빵은 북성로를 대표하는 굿즈로 떠올랐다. 어떤 사건이나 일은 시간, 공간, 사람이 함께 작동한다. 북성로라는 공간을 근대라는 시간으로 재생하고 그 속에 사회혁신가들이 흐르게 한 사건, '북성로 사회혁신 클러스터'. 이 사건을 상징적으로 보여주는 장소가 있다. 이 공구빵을 만들어 파는 팩토리 09가 바로 그 곳이다.

북성로 공구빵이 처음 출시되었을 때 사람들의 반응은 '재미있다'였다. 재미로 시작해 '어? 맛도 있네.'로 연결되고 왜 하필 공구빵인지, 또 어떻게 만들어졌는지를 듣게 되면 북성로 공구빵의 팬이 되어 버린다. 재방문률이 50%가 넘는다는 팩토리 09 덕분에 북성로는 한층 더 뜨거워졌다. 북성로 사회혁신 클러스터에 학습관광을 온 사람들에게 인상 깊은 사례를 안겨주었고 대구는 몰라도 북성로 공구빵은 안다는 사람이 늘어났다. 더 나아가 공구빵을 사려고 북성로를 방문하는 국내·외 여행자들이 생겨났을 정도다. 북성로 공구빵 사건은 어떻게 벌어진 것일까?

북성로 공구빵 © Factory 09

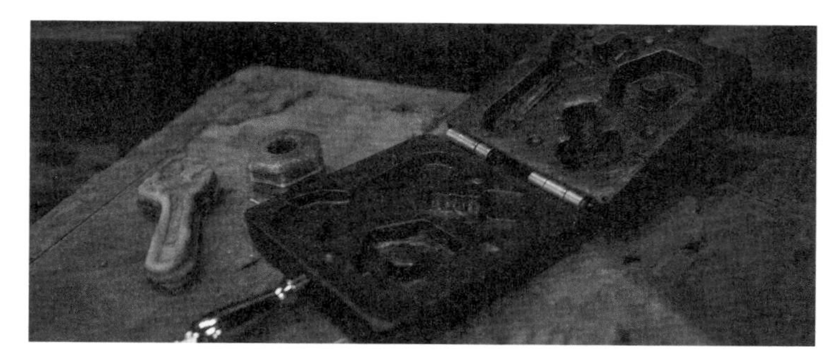

북성로 공구빵과 주물틀 © Factory 09

북성로 100년의 역사와 공구빵

이 사진들에 북성로의 시간, 공간, 사람이 모두 녹아 있다. 북성로에서 반세기 넘게 주물을 만들어 온 70살의 선일포금 최학용 대표와 2012년 북성로에 진입한 37살 팩토리 09 최현석 대표가 함께 제작한 주물 틀과 그 틀로 만든 빵이다. 둘 사이에는 꼭 한 세대만큼의 시간이 가로놓여 있다. 선일포금은 현재 북성로에 유일하게 남아 있는 주물공장이다. 이곳을 지켜온 최학용 대표는 북성로 기술생태계의 DNA를 온몸으로 오롯이 이어온 장본인이다. 북성로라는 공간에서 북성로의 기술생태계를 느낄 수 있는 시간 그리고 기술자와 청년이 만나 북성로 공구빵이라는 시그니처가 탄생되었다.

최현석 대표는 2012년 사회적 기업가 육성사업[1] 스태프로서 북성로에 발을 딛게 되었다. 북성로에 먼저 터를 잡고 있던 육성사업 1기 장거살롱 전수윤 사장의 권유로 북성로에 합류했다. 패션

마케팅을 전공하고 공예디자인을 부전공한 최 대표는 금속, 목공, 도자기 수업을 들으면서 뭔가를 디자인하고 창작하고 뚝딱뚝딱 만드는 것에 흥미가 있었는데 자신의 능력을 수익으로 연결하고 이를 통해 사회에 기여할 수 있다는 말에 사회적 기업에 관심을 보이게 되었다. 장거살롱의 스태프로 활동하면서 북성로에 버려진 폐팔레트를 발견했고 기술장인들을 만나고 영감을 줄 수 있는 공업소들이 많아 북성로에 더 큰 흥미를 갖게 되었다고 한다. 그런데 사회적 기업을 준비하면서 의미와 소셜 미션만 맞추다 보니 괴리감을 느끼게 되었다. 폐목재를 부수고 재가공하는 것보다 새 목재로 만드는 것이 더 싸기 때문에 이 사업을 포기하고 2014년 일반기업으로 동인동 207번지에 '207 크래프트'를 창업했다. 이때 미술공예운동, 바우하우스에 심취하게 되고 공예인 길드를 결성했다.

사실 최 대표의 창업은 2008년으로 거슬러 올라간다. 학교에 다닐 때부터 애초에 취업은 포기했다. 군 제대 후 학교에서 배우는 것들은 단조롭고 트렌드에도 뒤처진다는 생각에 차라리 현장에서 경험을 쌓기로 하고 아버지에게 등록금 대신 500만 원을 빌려 2008년 대명동 계명대 앞에 '바이시크'라는 봉지 칵테일 가게를 차렸다. 자전거를 타고 오면 할인해주고 자전거로 배달하는 독특한 가게로 실험에 성공했다고 자평했다. 이때부터 자신을 '크리에이티브 디렉터'라고 불렀고 단순한 장사를 하는 것이 아니라 로컬 브랜드로 만들 꿈을 키웠다고 한다.

"저는 장사를 다른 사람에게 권하지 않아요. 자기가 잘할 수 있는 것을 파악해 취업을 하거나 창업을 선택해야 하는데 처음에는 취업을 하더라도 결국에는(세상의 흐름에 따라) 창업을 하게 됩니다. 그래서 잘하는 것을 발견하는 게 가장 중요해요."

이후 여러 실험들을 하다가 2012년 북성로에서 페팔레트 실험과 공방 등을 거쳐 2016년 (사)시간과공간연구소에서 주관한 '메이드 인 북성로'에 참가하게 되면서 팩토리 09를 만들게 되었다. '메이드 인 북성로'가 여느 프로젝트와 달랐던 점은 경계가 없으면서도 정체성이 확고했다는 점이다. 북성로에서 만들어야 하고 북성로의 기술자와 협업해야 하는 것 외에는 자격요건도 없으며 북성로에서 북성로 사람들과 함께 하는 작업만이 프로젝트의 요건이었다. 최 대표는 이 프로젝트로 빵틀 원형을 만들게 되었다. 이 빵틀을 시작점으로 콘텐츠코리아랩에서 시행하는 브랜딩 프로젝트 사업을 발견했다. 브랜딩과 패키지 디자인을 준비해야 하는데 마침 운 좋게 앞에 펼쳐진 기회였다. 최 대표는 이 프로젝트에 선정되어 실행비 200만 원 정도를 받았는데 지원과 관계없이 무조건 사업을 할 것이었기 때문에 개인 자본도 투자했다고 한다.

"북성로 공구빵은 문화 콘텐츠예요. 공구 모양은 일반인들에게 익숙하고 형태는 미적으로 밸런스가 있으면서 쇠같이 딱딱할 것 같은데 부드러우니까 의외성이 있죠. 의외성은 브랜딩에서 중요한데 대구 대표 상품이라고 하는 것들은 의외성이 없어 승부수를 띄울 수 있다고 봤어요. 아무리 문화콘텐츠라도 공구빵도 빵이니까 맛을 잡으려고 몇 만 개를 구웠어요. 실패를 거듭한 끝에 지금의 맛을 잡을 수 있었죠."

최 대표는 자신과 같은 콘텐츠 기획자, 로컬브랜드 기획자가 많아져야 지역에 활기가 돌 것이라고 생각한다. 사회혁신은 문제가 있으면 창의성을 발휘해 해결해나가는 것이라고 배웠는데 2012년 북성로에 무한한 매력을 느꼈지만 침체된 지역의 문제점을 인식했고 기술장인과 함께 영감을 줄 수 있는 공간에서 이 문제를 해결해 나가고 싶었다고 한다.

"그동안 기술장인들은 제대로 된 대접을 받지 못했지만 이분들은 오늘날의 사회를 만드는 데 큰 역할을 해온 분들입니다. 그분들이 자부심을 느낄 수 있도록 대중들이 북성로와 북성로 기술자들을 만날 수 있는 작업들을 해나갈 것입니다."

북성로 공구빵은 어느 날 갑자기 하늘에서 떨어진 것이 아니다. 누구든지 생각할 수 있었지만 아무도 하지 않던 일이기도 하다. 북성로를 조금만 아는 사람이라면 누구라도 공구, 우동, 돼지불고기를 떠올린다. 공구골목이 쇠퇴하면서 우동과 돼지불고기를 파는 포장마차들만 이곳 낡은 골목을 지켜왔다. 북성로에 터를 잡고 업을 이어가던 활동가들이 항상 농담처럼 하던 말이 불고기빵, 공구빵을 만들자는 것이었다.

공구빵은 북성로의 시간, 공간, 사람이 융복합된 문화 콘텐츠다. 그리고 여기에는 북성로 100년의 역사가 고스란히 담겨 있다. 전국적으로 유명한, 대구를 대표하는 중심 시가지는 동성로다. 워낙 유명하다 보니 '동성로'라는 이름이 무슨 뜻인지 궁금해하는 사람도 별로 없고 잘 알지도 못한다.

대구에는 읍성이 존재했다. 읍성이 허물어지고 길이 만들어졌는데 성의 동쪽길이 동성로다. 남쪽은 남성로, 서쪽은 서성로, 북쪽은 북성로다. 대구 읍성에 관한 이야기는 위키 백과사전에서 언급되고 있는데 "임진왜란이 일어나기 2년 전인 선조 23년(1590년)에 일본의 침략에 대비하기 위해 처음 쌓았던 성으로, 임진왜란 이후 대구부에 자리 잡은 경상감영을 보호하는 치소로서 여러 번 중수되다가 외교권 피탈 후인 광무 6년(1906년) 10월, 당시 경상북도 관찰사 서리 겸 대구 군수였던 친일파 박중양 등에 의해 불법 철거되었다."라고 소개하고 있다. 성을 부순 사건과 부순 후 돌들을 뿌린 곳에 대한 이야기는 다양하게 변주되어 전해져 내려오고 있다. 대구 읍성이 허물어진 북쪽 편에는 당시 거주하던 일본인들이 신작로를 내고 신식 건물을 세웠다. 이때 만들어진 건물 형태가 북성로의 DNA를 품고 있다. 당시 북성로에는 수은 가로등이 설치되는가 하면 양복점과 기모노점, 술집, 쌀집, 의류 판매점, 채소 판매점이 들어서면서 한때 '모도마찌(元町)'로 불리던 대구 최대 상권이었다고 한다.[2] 일본의 전통적인 건물 형태는 입구는 좁고 뒤로 긴데 북성로의 건물들도 그 양식을 그대로 따르고 있다. 건물 뒤편이나 2층에서는 뭔가를 만들고 도로에 면한 앞부분에서는 그렇게 만든 물건을 팔았다. 그렇게 북성로는 대구 최초의 상업거리로 발전했다.

6.25전쟁이 터지면서 아이러니하게도 북성로는 최고의 활황기를 맞았다. 미군 군수물자와 공구들이 쏟아지면서 한반도 최고의 암시장이 이곳에 형성된 것이다. '공구골목'이라고 부르기 시작한 것도 이 즈음이다. 1970년대 들어서는 '제3공단'과 '이현공단'을 비롯한 산업단지와 더불어 공구골목도 날개를 달았다.

북성로는 아이러니의 역사를 품고 있다. 읍성이 파괴되면서 일본인들에 의해 거리가 만들어지고 일본식 건물이 들어섰으며 전쟁이라는 참혹한 상황에서 미군들의 물자 교류를 하면서 활기가 돌았던 것이다. 이때 '도면만 있으면 탱크도 만든다.'라는 말이 떠돌았는데 실제 탱크를 만들었다는 설도 있다. 지금은 공구상 거리로 명맥을 유지하고 있지만 북성로는 기술생태계였다. 직접 부품을 만들고 각종 공구와 제품을 만들어내던 공업화 이전의 산업화 씨앗이 뿌려진 곳이다. 시간이 흘러 대구의 신생 공단들이 생기면서 북성로의 기술자들은 대거 빠져나가고 앞쪽 상가를 중심으로 북성로의 생태계가 만들어지면서 한강 이남 최고의 공구거리가 되었다.

그러나 북성로도 1997년 IMF 외환위기를 비껴갈 수 없었다. 외환위기가 터지고 인터넷이 발달하면서 뜨겁던 북성로도 쇠퇴하기 시작했다. 많은 업체들이 검단동 유통단지로 이주하는 사태까지 겹치면서 공구상의 1/3이 문을 닫고 공동화 현상이 벌어졌다. 1990년대 이후 도시 재개발 시도도 몇 번 있었지만 과거의 영광에 취해 있던 사람들이 많이 남아 있어 조합 결성에 실패했다. 또한 재개발이 활발했던 남쪽과 달서구 쪽으로 대구 도심이 이동하면서 쇠퇴는 가속화되었다. 도심에서 도보로 10분 이내에 도달할 수 있는 이곳은 100년 전의 모습을 그대로 간직한 채 시간이 멈춘 듯 묘한 곳으로 변해갔다.

북성로에 두 개의 점을 찍다

북성로 혁신은 2010년 문을 연 '스페이스 우리'로부터 시작되었다. '스페이스 우리'는 지역 문화활동가들의 커뮤니티 공간으로, 북성로 변화의 변곡점이었다. 이 공간이 없었다면 변화 속도는 훨씬 느렸을 것이다. 앞에서 언급했듯이 북성로가 쇠퇴기를 맞으면서 빈집과 빈 건물들이 늘어나기 시작했는데 스쾃(Squat, 유럽의 젊은 예술가들이 공공 공간의 확장을 요구하며 빈 건물을 무단으로 점거하던 운동)을 꿈꾸는 활동가들이 일부 있었다. 하지만 우리나라는 유럽처럼 건물을 무단으로 점거해 버리고 활용성을 높여 공동체의 자산으로 만드는 스쾃을 적용하기 힘들다.

그럼에도 불구하고 반란을 꿈꾸며 비슷한 작업을 하는 사람들이 1990년대 후반부터 등장하기 시작했다. 그중 (사)거리문화시민연대에서 활동했던 배두호[3]는 스트리트 댄서, 래퍼, 그래피티 작가, 이야기 채집가, 화가, 공예가 등을 불러 모아 로컬 아티스트 공동체를 만들고 북성로의 빈 공간을 점거했다. 무단점거는 아니었다. 부동산을 찾아가 건물주의 연락처를 받아낸 후 직접 만나 담판을 지었다. 건물주도 건물을 오랫동안 비워 두느니 청년들이 좋은 뜻으로 활용하는 것을 허락했다. 그렇게 청년 커뮤니티 공간이 북성로에 만들어졌다. '우리'에는 세 가지 뜻이 담겨 있다. 첫째, '몹시 아리거나 욱신거리다'라는 뜻의 경상도 사투리 '우리하다'라는 뜻이다. 배두호는 생동하는 지역 문화의 맛이 바로 그렇다고 했다. 둘째, 경상도 말로 '울타리'라는 뜻이다. 셋째, 우리가 모두 알고 있는 모두라는 뜻이다.[4] 그러니까 모두 한데 어우러져 욱신욱신할 정도로 생동하는 울타리(공간)라는 뜻이다.

배두호는 스페이스 우리에서 차로 30분 거리인 불로동에서 나고 자랐다. 증조부가 터를 잡은 후로 그의 아버지까지 4대째 같은 동네를 지켰다. 그의 아버지는 이발소를 운영했고 어머니는 부녀회장이었다. 아버지의 이발소에는 항상 동네 어르신들의 발길이 끊이지 않았고 어머니는 이웃들을 다독여 공동체를 가꾸었다. 배두호는 그런 부모님의 어깨너머로 공동체의 가치를 배웠다고 했다.

22살 무렵부터는 북성로 공구골목에 흥미를 느껴 거의 매일 이곳을 찾았다. 볼트, 너트부터 각종 기계부품, 페인트, 물감까지 원하는 것은 무엇이든 다 있었기 때문이다. 자연스레 기술장인들과도 친해졌다. 그는 북성로 공구골목에 남아 있던 산업 공동체의 가치를 눈여겨 보았고 미국과 유럽에서 한창 유행하던 DIY(Do It Yourself) 문화와 접목한다면 엄청난 시너지 효과가 생길 것이라고 생각했다. 그가 말하는 DIY란 단순히 가구를 만드는 것이 아니다. 한때 인디 록밴드의 보컬로 이름을 날렸던 그에게는 음악 기획부터 제작, 유통까지 스스로 도맡으며 그 모든 것을 즐기는 인디음악이 곧 DIY였다. 즉 그에게 DIY는 "대량 생산 문화에 대한 반성과 성찰"이자 "문화를 즐기는 원리와 철학"이었다. 그는 공구골목의 장인들과 몇 날 며칠 머리를 맞대고 함께 만들어낸 가죽과 철재로 된 오토바이 안장을 자랑스레 간직하고 있다. 그에게 이 안장은 북성로 산업 공동체와 청년 DIY 문화가 만나 빚어낸 대구 북성로의 미래인 셈이다.

"북성로에서 힌트를 얻었습니다. 문화와 지역 공동체가 청년과 지역 산업이 서로 어떻게 만나 시너지 효과를 낼 수 있는지에 대해서요. 스페이스 우리가 북성로에 있는 것도 바로 그런 이유 때문입니다.…… 기존 인프라와 청년들의 상상력이 끊임없이 접촉하다보면 반드시 경쟁력이 생길 수 있습니다."[5]

'스페이스 우리'에는 6개의 방이 있는데 매일 청년들로 북적인다. 인디밴드 연습실과 도서관도 있다. 스몰 토크, 파티 등이 상시적으로 이루어지면서 북성로의 폐공구와 자재들을 모아 조형물을 만들고 북성로에 진입하려는 활동가들의 허브 역할을 했다. 지역의 자원들이 결집되는, 지역을 대표하는 커뮤니티 공간으로 자리매김한 것이다. 북성로 사회혁신 클러스터의 전초기지 '장거살롱'의 전수윤, 북성로 공구빵의 최현석, 드림스의 채숙향, 아트지 강선구, 나릿 김수경, 복아트 손영복 등 현재 북성로를 움직이는 주요 활동가들은 모두 '스페이스 우리'의 구성원들이었다. 배두호는 그 중심에 있었고 자원을 모으고 도시를 해킹했다. 그는 "북성로의 기술생태계가 작가들에게 많은 영감을 주고 있다."라고 말했다.[6] 외국 작가들도 이곳을 찾아온다. 그래서 따로 게스트하우스를 마련해야 했다.

스페이스 우리로 모인 사람들은 2011년 (사)시간과공간연구소의 '북성로의 재발견 프로젝트'가 기획되는 동력이자 계기가 되었다. 이 프로젝트도 어느 날 갑자기 만들어지지 않았다. 10여 년 정도의 활동이 축적되어 시작되었는데 2000년대 초 권상구가 진행했던 골목 투어로 거슬러 올라간다. 권상구가 대학을 졸업할 무렵 IMF 외환위기가 터졌다. 청년들에게도 가혹한 시기였지만 대구도 점점 더 피폐해졌다. 친구들은 하나둘 대구에 희망이 없다는 말을 남기고 서울로 떠나갔다.

"그때 결심했어요. 다시는 '서울 바라기'를 하지 않겠다고. 그때 '지구적으로 사고하고 지역적으로 행동하라.'라는 슬로건이 있었지만 그렇게 사는 사람은 많지 않았어요. 내가 그렇게 한 번 살아보자고 생각했습니다. 크게 생각하되 삶은 지역에서. 저를 실험하고 싶었습니다. 그리고 염매시장과 약전골목, 종로길, 내가 사는 곳에서 자연스레 내가 할 수 있는 일을 찾아보았습니다."[7]

권상구는 그렇게 태어나고 자란 대구 곳곳을 살펴보기 시작했고 골목골목에 근대 자원이 많다는 사실을 발견했다. 그러나 제대로 정리된 자료는 찾아볼 수 없었다. 권상구는 직접 자료를 찾아 정리하기로 결심하고 2002년 (사)거리문화시민연대를 만들어 골목의 궤적을 좇기 시작했다.

"골목을 다니다가 한 선배가 '여기가 3대째 이어져 내려오는 한약방'이라고 말했는데 신선하게 다가왔어요. 역사가 책이 아니라 도시에 있다는 생각이 들었죠. 역사책에는 대구가 역사와 전통이 있는 도시라고 적혀 있지만 정작 현장에서는 역사를 수용하는 프로그램이 없었어요. 그래서 주변 지도를 그리기 시작했습니다."[8]

그렇게 5년을 매달린 끝에 2007년 3월『대구 新택리지』라는 600쪽짜리 워킹 가이드북이 세상에 나왔다. 뜻을 같이 하는 100여 명의 뚜벅이들이 매주 1회 이상 골목을 누비며 1,000여 명의 골목 터줏대감들과 시민을 만나 이야기를 들었다. 그들이 걸은 거리만 2,000㎞가 넘는다고 한다. 이 지도는 골목 곳곳에 자리한 전통 공간과 근대 건축물, 역사 거리 등이 빠짐없이 담긴 생활사 지도이자 인문 지도다. 권상구는 이 작업이 "파편화된 지역사를 체계적으로 엮어 도시의 맥락을 찾는 일"이었다고 말한다.

『대구 新택리지』를 바탕으로 중구청은 서성로와 남성로에서 '근대 골목 투어'를 시작했고 이 투어는 2012년 문화체육관광부와 한국관광공사가 주관한 '한국 관광의 별'에 선정된 데 이어 이듬해에는 '지역문화 브랜드' 대상을 받았다. 같은 해 중구는 후쿠오카에서 '아시아 도시 경관상'도 수상했다. 정가 3만 원인『대구 新택리지』는 지금도 중고서점에서 5~6배는 주어야 살 수 있을 만큼 독보적인 가치를 인정받고 있다.

권상구는 전국적 콘텐츠가 된 골목 투어를 뒤로 하고 여전히 사람들의 관심 밖에 있던 북성로에 다시 집중했다. 근대 골목투어로 진화한 남성로와 서성로, 대구를 대표하는 도심 동성로, 이를 제외한 읍성내 근대 자원이 잘 보존되어 있고 새로운 가능성을 품고 있는 곳이 바로 북성로였다. 권상구가 주목한 지점인 북성로는 도심에서 유일하게 근대 자원이 남아 있는 공간으로 대구의 새로운 핫플레이스가 될 가능성이 컸다. 무엇보다 단순한 물리적 변신이나 풍경의 변화를 꿈꾸지 않았고 기술생태계였다는 점과 1900년대 초 이후 격변하는 시기마다 사용자가 달라졌다는 점 때문이었다.

권상구는 북성로의 새로운 사용자가 되기로 결심했고 불을 지핀 인물은 배두호였다. 대구 북성로의 점진적 진화는 권상구, 배두호 두 사람에게 빚을 지고 있다. 2011년 시작한 '북성로의 재발견'은 북성로의 DNA를 끌어올린 '근대 건축물의 복원'이라는 시그니처를 발현하는 것으로 행정적 지원 없이 민간인들이 모여 말 그대로 작당을 벌인 사업이다. 첫 사업은 1930년대에 지어진 낡은 일본식 건축물인 삼덕상회를 되살리는 일이었다. 북성로 리노베이션 1호인 'cafe 삼덕상회'는 스페이스 우리 맞은편에 덩그러니 오랜 시간 동안 비어 있다가 배두호의 포착과 접근으로 재생된 곳이다. 삼덕상회는 공구를 팔던 곳으로 입구는 좁고 뒤로 길게 공간이 이어지는 전형적인 일본식 공간이었다. 뜻을 같이 한 몇몇이 9천만 원이라는 제법 큰돈을 모아 90㎡ 남짓하던 단층 공간을 복층으로 리모델링해 cafe 삼덕상회로 되살렸다. '스페이스 우리' 프로젝트가 자생적이고 자발적인 청년 커뮤니티 공간을 만드는 작업이었다면 삼덕상회 프로젝트는 버려진 공간에 '근대의 시간'이라는 역사성을 불어넣어 되살리는 공간 재생작업이었던 셈이다. 0에서 1을 만들어낸 첫 번째 프로젝트가 바로 cafe 삼덕상회였다.

작은 사례의 점을 찍는 것은 무척 중요하다. 구조는 단번에 만들어지지 않는다. 북성로의 풍경을 바꿀 것이라고 기대하지 않았고 원대한 계획을 수립한 것도 아니었다. '일단 점을 찍어 보자, 그러면 방향이 생길 것이다.'라는 마음으로 뛰어들었다. 중요한 것은 할 수 있는 만큼, 해낼 수 있는 일을 시도하는 것이었다. 허울 좋은 계획이 아니라 작더라도 실현할 수 있는 것일 때 앞으로 나아갈 원동력이 생긴다. 삼덕상회는 지금도 사람들의 발길이 끊이지 않는다. 사회적 기업가 육성사업 2기 락북이 경영하다가 지금은 일반인이 인수해 운영하고 있다. 삼덕상회의 성공적 재생을 바탕으로 북성로 리노베이션 사업이 본격화된다.

점에서 선으로, 선에서 면으로, 북성로 2.0

cafe 삼덕상회에 이어 공구 박물관과 북성로 허브가 같은 과정으로 만들어졌다. 이번에는 대구시에서 1억 원을 지원했다. 공구박물관은 북성로 리노베이션 이전에 끈질기게 해왔던 '북성로 아카이빙'의 결과물을 집대성한 장소이자 '북성로 공구의 재구성'을 이루어낸 공간으로, 북성로 재생의 거점이 되었다. 원래 이곳은

1936년에 지어진 목조 건축물로 일제 강점기에 미곡 창고로 사용되었다. 수차례 증축을 거치면서 원래의 모습을 잃어갔던 이 낡은 건물은 겹겹이 쌓인 30㎝ 두께의 시멘트를 들어낸 뒤에서야 목재 마루판과 다다미 바닥이 드러났다. 지금 이곳에는 건물만큼이나 오랜 시간의 흔적이 새겨진 미제 탱크와 드라이버, 줄자, 알루미늄 드럼통 등이 자리 잡고 있다. 북성로 상인들이 기증한 낡은 공구는 1,000여 점에 달하고 북성로의 기술자와 공구상 사장, 스태프들과의 인터뷰도 만나볼 수 있다.[9]

얼마 후 중구청이 국토부에서 도시활력증진사업 명목으로 북성로 리노베이션에 10억 원을 지원했다. 그러자 건물주, 세입자, 민간 등이 50억 원을 투자해 몇 년간 40개가 넘는 공간들을 리모델링했다. '근대 시간으로 재생된 북성로에 사람이 흐르게 한다.'라는 취지에 맞게 가이드라인도 만들고 위원회도 꾸려 철저히 지키도록 했다. 이렇게 새롭게 탄생한 공간들로 북성로는 다시 태어났다. 오래된 골목을 밀어버리고 높고 세련된 건물을 짓는 방식이 아니라 길 전체에 혁신적인 공간들을 펼쳐 놓았는데 요즘 곳곳에서 기획되고 있는 마을호텔 개념의 시초라고 할 수 있다.

버려진 공간을 근대 시간으로 재생하는 일을 시간과공간연구소가 맡았다면 이 공간에 사람이 흐르게 하는 일은 (사)공동체디자인연구소가 맡았다. 공동체디자인연구소는 2011년부터 사회적기업가 육성사업을 수행해온 인력들이 만든 단체로, 2012년부터 북성로 리노베이션 사업에 주목했다. 육성사업을 보통 교육사업으로 인식하는데 공디연은 공간사업으로 규정했다. 사회혁신가를 발굴해 사회적 기업가로 육성하는 사업으로 인큐베이팅 공간이 필요하고 육성 종료 후 창업팀의 기업 활동 공간이 필요하기 때문이다. 시공연은 북성로의 물리적 재생을, 공디연은 재생된 공간에 사람을 흐르게 하는 전략을 수립했다. 이로써 북성로 사회혁신 클러스터가 출범하게 되었다.

1기 장거살롱이 2012년 북성로에 터를 잡고 2기 락북팀이 삼덕상회 운영을 맡았다. 2013년 3기 온문화(현 JB스퀘어)가 지금의 북성로 허브 자리에 창업했다. 이 과정에서 (사)시간과공간연구소와 마르텔로(현 공동체디자인연구소)는 융복합을 시도했는데 바로 도시재생과 사회적 경제의 결합이 그것이다. 구체적 장소에서 실현되는 사회적 경제를 꿈꾸며 리노베이션 되는 공간에 사회혁신가들을 유입하는 전략이었다. 이것은 만나고 소통하면 혁신이 일어날 수 있다는 전제하에 소셜 벤처와 사회적 기업 등을 집적화하는 방식이다.

우리는 삶의 공간에서 자연스럽게 일어나는 만남, 소통, 공유, 혁신을 꿈꾸었다. 혁신은 만남에서 시작된다. 만나면 대화하게 되고 소통은 정보의 공유를 이끌어낸다. 공유는 협업을 만들고 이를 통해 혁신이 일어난다. 북성로 사회혁신 클러스터는 북성로에서 사회혁신가들이 거리를 향유하고 공간 공유를 통해 소통을 확대함으로써 혁신을 촉발한다. 2014년에 본격화된 클러스터는 2016년 30여 개의 소셜 벤처, 사회적 기업들이 입주했고 현재는 15개 정도가 지속적으로 사업을 이어 나가고 있다. 팩토리 09를 비롯해 기술융합연구소 모루, 독립서점 폴락, 일본방문자센터 대구하루,

레인메이커, 니나노 프로젝트, 국악그룹 나릿 등 대구를 대표하는 사회적 기업들이 활발히 활동 중이다.

북성로의 재발견으로 점들이 찍혔고 점들이 이어지면서 선이 되고 선들이 연결되면서 면이 만들어지고 면과 면이 연결되면서 구조가 만들어졌다. 그 구조를 움직이는 사람들이 북성로의 사회혁신가들이다.

2016년에는 시간과공간연구소가 중구청과 함께 진행한 북성로 기술생태계 주민 협업공모전 '메이드인 북성로'가 열렸다. '지역의 고유한 역사와 문화유산을 활용해 지속 가능한 문화생태계를 형성'하는 것이 목표였다. 북성로의 공구 기술생태계를 지켜온 기술장인과 공구상과 협업해 창작물, 조형물, 설치 미술품, 산업용품, 생활제품, 시각디자인물, 발명품 등을 제작할 시민, 청년, 예술가, 엔지니어, 기술자, 개발자, 크리에이터 등을 모았다. 그리고 메이드인 북성로를 통해 '북성로 공구빵'이 탄생했다. 이 프로젝트는 기술융합연구소 모루를 운영하는 '훌라'가 주관했다. 훌라는 음악을 중심으로 다원예술활동을 하던 기묘선과 시간과공간연구소의 안진나, 문찬미, 대구영상서랍의 박지혜, 이영민이 북성로의 자원, 음악, 영상이 결합된 크리에이티브 그룹이다. 이후 박지혜가 탈퇴하고 공동체디자인연구소의 나제현이 결합하면서 현재의 멤버 구성을 유지하고 있다.

훌라는 독특한 지형도를 그리고 있다. 런칭 당시만 해도 레트로를 표방하는 노리단처럼 생각하는 사람도 있었지만 북성로의 폐공구와 자재 등을 활용한 악기 제작 및 연주, 공연, 뮤직비디오 제작 및 바이럴을 시작으로 그동안 구축해왔던 북성로의 시간과 공간의 아카이빙 자료를 바탕으로 문화탐사대라는 새로운 영역을 개척했다. 무엇보다 북성로의 기술자들을 가장 소중히 모시면서 기술자들과 청년들이 결합하는 다양한 실험을 하는 중이다. 정기적인 모임은 물론 공동 워크숍을 통해 북성로의 새로운 콘텐츠를 만드는 데 가장 앞장서고 있다. 그 첫 번째 결과물이자 실험이 바로 메이드인 북성로다.

메이드인 북성로와 북성로에서 벌어졌던 활동들을 모아 런칭한 것이 '북성로 축제'다. 북성로에서는 결과물을 예상하고 앞으로 나아가지 않는다. 과정을 켜켜이 쌓아 나가고 과정 속에서 산출되는 작은 결과물들이 축적되어 또 다른 큰 결과물을 만들어낸다.

북성로 리노베이션 사업에 대한 평가는 분분하다. 다만 민간에서 시작되었고 민관 거버넌스로 확대됨과 동시에 민간 차원에서의 융복합을 시도하면서 전국 어디서도 찾아보기 힘든 독특한 모델이 되었다. 어느 누구도 도시활력증진사업과 사회적 기업가 육성사업이 결합될 것이라고 상상도 하지 못했지만 민간 차원에서의 시도이기 때문에 얼마든지 유연하게 접근할 수 있었다. 무엇보다 해석이 중요했다. 리노베이션 사업에서는 단순히 물리적 사업으로 보지 않고 북성로에 사람이 흐르게 하는 전략이 필요했으며 육성사업을 공간사업으로 인식했다는 점이다.

다른 관점은 새로운 상상을 불러일으키고 지역의 DNA로 시그니처를 만들어내려는 시도, 작은 사례부터 하나하나 쌓아 나간 것이 현재의 북성로를 만들어냈다. 근대의 시간으로 북성로를 재생하고 그 안에 사람이 흐르게 하겠다는 비전은 어느 정도 실현되었다. 6기 육성사업팀 '두봄'은 패션을 전공한 경력 단절 여성들이 만든 근대의상 제작 그룹이다. 이들은 대구의 근대 골목투어와 결합해 근대의상을 입고 타임머신 투어를 즐기는 산책이라는 콘텐츠를 개발했다.

그리고 육성사업팀 '빈칸'은 리노베이션된 공간에서 정기적인 살롱콘서트를 개최하면서 어쿠스틱 살롱데이라는 상설공연 콘텐츠를 만들어냈고 이 과정들이 축적되면서 총 302명의 예술가, 기획자, 스태프들이 참여한 '북성 밤마실'이라는 콘텐츠가 탄생했다. 북성 밤마실은 북성로 기술자와 AI의 사랑 이야기를 다룬 루프탑 뮤지컬 'You&It', 넌버벌 퍼포먼스 '해머', 북성로 RPG, 북성로 산책 등 24개 콘텐츠로 구성된 야간 콘텐츠 투어리즘 상품이다. 특히 뮤지컬 'You&It'은 북성로에서 초연 이후 대구 국제뮤지컬 페스티벌에 초청되었고 2020년 7월 21일 대학로 공연을 앞두고 있다.

한편, 도시농업의 6차 산업화, CSR(기업의 사회적 책임)의 농촌 재생을 표방하며 북성로 사회혁신가들이 협업해 'weFarm'이라는 프로젝트도 런칭했다. 대구 화원의 버려진 농경지를 개간해 무농약, 무비료, 무동력으로 벼농사를 짓고 수확한 쌀은 복순도가에 위탁해 리미티드 에디션 막걸리 '북성'을 런칭했다. 막걸리 출시 후에는 weFarm 파티를 개최해 북성로 커뮤니티를 강화했다. 막걸리 '북성'의 성공 이후 보리농사에 도전해 경작한 보리로 맥주를 만들기도 했다.

통상 취미나 자가소비형에 머무는 도시농업을 고도화해 제조와 유통, 서비스를 융합하는 6차 산업에 이르는 실험이었고 휴경지의 개간과 농촌 재생을 기업의 CSR 활동과 연계(개간과 경작에 기업이 참여)하는 방안까지 수립했다. weFarm은 북성로 사회혁신 클러스터 내 혁신가들의 자발적인 참여와 협업으로 이루어졌고 맥주 프로젝트는 weFarm에 주목한 달성군농업기술센터, ㈜대경맥주의 지원과 협력으로 이루어졌다. 위팜 실험은 자발적 도전이 축적된 결과를 외부로 확장한 도전이다. 제조와 서비스(파티, 유통 등)를 통해 북성로 사회혁신 클러스터를 널리 알리고 주목하게 되는 결과를 낳았으며 클러스터를 활성화하는 데 기여했다.

북성로의 미래, 끊임없는 진화

북성로 사회혁신 클러스터는 소셜 벤처, 사회적 기업가, 청년 기업가들이 모여들면서 물리적 재생에 머물지 않고 그들이 마주하고 소통하면서 융복합되는 콘텐츠를 만들어내는 생산기지가 되었다. 생산 방식은 협업, 호혜 구조로 이루어진다. 삶의 방식을 사회적 경제로 체화한 공간이다. 북성로를 사회적 경제와 도시재생이 결합된 학습관광지로 만들고자 했던 꿈은 어느 정도 실현되고 있다. 한 해에 100팀 이상이 방문하고 있으며 그들과의 만남을 통해 또 다른 시너지가 일어나고 있다. 이제는 북성로 3.0을 꿈꾼다. 기술융합생태계를 복원해 이를 바탕으로 북성로 내에 입주해 있는 혁신가들과 새로운 계획을 세워나가며 실험하고 있다. 하나의 거대한 리빙랩으로 진화하고 있는 것이다.

북성로 허브 북쪽 맞은편에는 지하 4층, 지상 49층의 803세대 주상복합이 들어선다. 남쪽 뒤편은 도시재생 뉴딜사업이 진행 중이다. 재개발 허가를 내준 대구시, 뉴딜사업을 진행 중인 중구청은 아무 문제가 없다는 입장이다. 개별 사안으로 보면 아무 문제가 없는 것이 사실이다. 그런데 이것이 개별 사안이 아니라는 것, 당연히 서로에게 영향을 미칠 것이라는 사실을 누구나 알고 있다. 주상복합이 들어서는 자리에 있던 독립서점 폴락이 밀려나면서 북성로 허브 1층에 있던 도자기 공방 사이에는 방문객이 확연히 줄었다. 공구박물관부터 믹스카페, 소금창고로 이어지던 일대의 골목여행은 사라졌고 이미 임대료는 들썩이는 중이다.

재개발, 젠트리피케이션은 도시의 변화 속에서 일어나는 자연스러운 현상이다. 그러나 주상복합 등의 재개발로 인해 단기간에 땅값을 올리는 것은 문제라고 할 수 있다. 물론 특정 지점의 재개발로 인해 북성로의 기술생태계, 사회혁신 클러스터가 순식간에 사라지지는 않을 것이다. 다만 지금까지 해왔던 고민과 실험은 다른 방식으로 전환되어야 한다. 축적된 방식과 경험도 원점에서 고민해야 한다.

일제 강점기, 6.25전쟁, 산업화, IMF 이후의 북성로의 사용자들은 모두 달랐다. 최초의 사용자는 일본인이었다. 성곽을 허물고 신작로를 내고 북성로를 대구 최초의 다운타운으로 만들었다. 두 번째 사용자는 6.25전쟁 당시 암시장 상인들이었고 그 다음에는 기술자, 네 번째 사용자는 공구상들과 집창촌도 일부 있었다. 그 다음은 혁신가들이고 지금은 새로운 사용자가 등장하고 있다. 그들은 또 다른 변화를 만들 수도 있고 어쩌면 북성로를 도태시킬 수도 있다.

젠트리피케이션은 시작되었고 건물주들은 반기는 눈치다. 이곳을 오랫동안 지켜온 주민들은 정말 안타까울 것이다. 그러나 젠트리피케이션은 막기 어려운 시대의 흐름이다. 10년 정도 걸려 여기까지 왔고 지역이 성장하는 만큼 땅값도 오를 수밖에 없다. 언제까지 낮은 땅값으로 버틸 수는 없다. 내몰린다고 하지만 떠나야 할 때도 있는 법이다. 근대성이 사라질 수도 있지만 무작정 갈아엎는 것보다 옛것을 지키면서 새로운 가치를 만들어가는 것이 앞으로의 과제라는 분위기도 어느 정도 형성되었다. 그래서 주상복합이 들어오더라도 모조리 부수지는 않을 것이라는 기대와 바람이 있다.

이제 북성로는 재개발과 뉴딜이라는 이벤트를 맞았다. 사용자들은 바뀔 것이고 북성로를 활용하는 방법도 변할 것이다. 새로운 사용자가 다시 한 번 북성로를 혁신하기를 바랄 뿐이다.

북성로에 자리한 팩토리 09 전경 © Factory 09

1. 사회적 기업가 육성사업은 한국사회적기업진흥원이 주관하는 사업으로 사회적경제기업 창업을 준비 중인 팀을 선발해 사회적 목적 실현부터 사업화까지 창업 전 과정을 지원하는 사업이다. 창업공간, 창업자금, 멘토링, 교육, 자원연계, 성장지원 등을 제공한다. 전국에 30여 개 위탁기관이 있으며 (사)공동체디자인연구소도 수 년간 이 사업을 수행 중이다.
2. 박광일, “북성로의 재발견 ‘cafe 삼덕상회’”, 〈평화뉴스〉, 2011.10.28
3. 배두호는 ‘인디 053’을 창립했고 대표를 역임했다. 대구의 대표적인 공간이었던 ‘쟁이’에 합류해 문화행동가들의 콜렉티브 ‘쟁이일가’를 만들어 대표를 맡기도 했다. 대구민예총 기획국장, 클럽 밸브 운영자로 활동하던 중 2020년 6월 16일 오토바이 사고로 유명을 달리했다.
4. 황희진, “[인터뷰 通] 대구 북성로에 터 잡은 신세대 문화기획가 배두호 씨”, 〈매일신문〉, 2012.5.26
5. 황희진, “[인터뷰 通] 대구 북성로에 터 잡은 신세대 문화기획가 배두호 씨”, 〈매일신문〉, 2012.5.26
6. 최세정, “되살아나는 대구 북성로... 젊은이도 팔걷은 근대사 1번지 시간여행”, 〈매일신문〉, 2012.11.17
7. 황수영, “[인터뷰 通] 대구 ‘근대 골목 투어’ 최초 기획자 권상구 시간과공간연구소 이사”, 〈매일신문〉, 2014.3.8
8. 황수영, “[인터뷰 通] 대구 ‘근대 골목 투어’ 최초 기획자 권상구 시간과공간연구소 이사”, 〈매일신문〉, 2014.3.8
9. 이은경, “[Fun&樂] 제3부 대구의 새로운 지도 (1) 북성로”, 〈영남일보〉, 2014.5.20

촌에서 배우는 로컬의 미래
청주 촌스런

김동복
도시재생 관련 논문으로 문화예술경영학 석사학위를 받았다. 현재는 뉴와인 엔터테인먼트 대표, 비로컬 주식회사 프로듀서, 양주예총 예술감독 등 다양한 영역에서 문화기획자로 활동하고 있다. 주요 진행 작품으로는 연극 '고흐+이상, 나쁜 피', 뮤지컬 '스크루테이프의 편지', '힐링콘서트 카페 휴', 지역축제 '양주예술제', '양주 천일홍축제' 외 다수의 공연과 지역축제가 있다. Rh-0형으로 헌혈 100회 이상을 진행한 특이한 이력도 가지고 있다. 문화기획자로 예술가와 관객들이 소통할 수 있는 다양한 기회를 만들기 위해 열심히 활동하고 있다.

농촌으로 가는 청년들

1970년대 산업화와 함께 농촌 인구는 도시라는 거대한 블랙홀 속으로 빨려 들어갔다. 농촌은 이미 청년 부재의 온상이며 활기를 잃은 지 오래다. 그럼에도 희망이 보이는 것은 최근 2040 세대 중에 농업을 직업으로 선택하는 사람들이 조금씩 늘어나고 있다는 점이다.

얼마 전까지만 해도 청년들은 농업을 하찮은 직업, 고된 일상으로 인식해 직업으로 선호하지 않았다. 그러나 최근 들어 4차 산업혁명을 선도하는 기술들이 농업기술에도 적극적으로 적용되면서 새로운 형태의 혁신을 추진하고 있고 유튜브 등을 통해 성공한 청년 농부 사례들이 전해지며 농업에 대한 청년들의 관심도가 높아져 가고 있다.

진로 적성검사 결과, 원예, 동물 등 농업과 관련된 직업 적성이 맞다고 나왔더라도 도시의 직장에서 일하다가 염증을 느껴 귀농을 결심하는 사례도 있다. 도시가 지닌 고용의 한계로 청년의 설 자리가 해마다 줄어들고 있는 현실도 청년들이 농촌을 매력적으로 느끼고 호기심을 가질 만한 대안처로 여기게 만들고 있다. 국가와 지자체도 농어민 감소와 고령화 문제의 타개책으로 다양한 청년 농업인 육성정책을 펼치고 있고 다양한 아이디어를 공모하며 지원책을 마련하고 있다.

하지만 귀농과 귀촌을 결심한 청년들이 농촌에 정착하기까지 겪게 되는 어려움이 많다. 오랜 공동체 생활이 굳어진 현지인들과의 관계 형성, 농촌 공동체에 대한 선입견 극복, 새로운 생활 방식에 대한 이해 등 넘어야 할 산이 많다. 이런저런 시도를 거듭하다가 한계에 부딪혀 다시 도시로 돌아가는 청년들도 다수 있다.

대표적인 청년 귀농 성공 사례로 불리는 충북의 청년 안재은 씨. 사례가 특별한 것은 거주자가 100가구도 채 되지 않는 깊고 깊은 산골 마을을 충북을 대표하는 농촌으로 만들어가고 있기 때문이다.

처음 충청북도 청주시 문의면 마동리라는 시골로 내려간다고 했을 때, 주변 사람들 모두 쉽게 포기할 것이라고 말했다. 그러나 안재은 씨는 시골에 대해 일반적으로 가지고 있는 막연한 편견을 버리고 마동리만의 문화를 배우려고 노력했다. 도시의 직장인이 점점 시골 농부가 되었고 농촌 생태계에 새로운 동력을 불어넣는 콘텐츠를 발굴하고 기획하게 되었다. 이로 인해 사람들이 사라져

가던 농촌에 생기를 불어넣고 도시 사람들이 제 발로 찾아오는 환경을 만들고 있다.

이제는 자칭 '프로 촌년'이라는 별명으로 자기만의 농업을 발전시켜 가면서도 농촌과 도시 간에 다리를 놓고 같은 입장에 처한 청년들끼리 커뮤니티를 만들어가고 있다. 안재은 씨의 귀농 스토리를 통해 농촌에서 청년이 스스로 자생하는 방법에 귀를 기울여 보고 소멸되어 가는 로컬을 발전시킬 수 있는 건설적인 대안을 모색해본다.

2016년 십세끼 프로그램, 겨울 자두농장에서 고구마를 구워먹는 도시 청년들
© 안재은

2016년 십세끼 프로그램, 마동리 이장님댁에서 콩으로 두부를 만들어 먹는 도시청년들 © 안재은

레크리에이션 강사, 농부가 되다

안재은 씨는 고등학교를 졸업하자마자 청주에 있는 반도체 공장에 취업해 1년 정도 일하다가 레크리에이션 강사로 전업해 5년 동안 일했다. 귀농 전의 안재은 씨도 평범한 청년들과 별로 다르지 않은 직장생활을 하고 있었다.

귀농, 귀촌의 계기가 된 것은 2015년 숙박업을 하는 부모님을 따라 문의면으로 오게 되면서다. 원래 문의면은 청원군에 속한 곳인데 당시 청원군이 청주시에 통합된 지 얼마 안 된 때여서 문의면은 청주시로 여겨지지 않았다. 당시만 해도 안재은 씨 개인은 기회가 된다면 다시 청주 시내로 돌아가 정착해야겠다는 생각뿐이었다.

하지만 시간이 좀 지나자 이곳에서 느껴지는 자연적인 매력에 푹 빠지게 되었다. 고향은 아니지만 촌의 섭리가 자신의 마음을 편하게 해주었다. 이곳은 하나도 버릴 것이 없는 곳이라는 생각이 들었고 식물이 자라고 다시 거름으로 돌아가는 그 모든 과정과 순리들이 평소 추구하던 생각과 딱 맞는다고 생각했다. 그렇게 본격적으로 문의면에 들어와 살 궁리를 하게 되었다.

젊은 청년이 전혀 모르던 농사를 짓는다는 것은 쉬운 일이 아니다. 그래서 더욱 촌에 대한 이야기를 풀어내고 촌을 알리려고 노력했다. 청년이 작은 시골 마을에 들어왔을 때 적응하지 못하고 탈농촌을 한다는 이야기도 많이 들었다. 안재은 씨도 가끔 마을 어르신들과 사소한 갈등을 겪고 있지만 오히려 그런 갈등들을 어떻게 스토리텔링하고 콘텐츠로 풀어낼지를 더 치열하게 고민했다.

부모님을 따라 문의면으로 들어왔던 2015년, 안재은 씨는 때마침 서울의 '열정대학'에 참여하고 있었다. '열정대학'은 청년들이 자신의 진로를 함께 찾아가는 소셜 살롱 형태의 커뮤니티로 모임과 활동을 통해 다양한 시도를 해볼 수 있는 장을 제공하고 있었다.

여기서 안재은 씨는 자신이 시골에서 받은 감흥을 다시 시골에 돌려줄 방법으로 '삼시세끼 프로젝트'를 기획하고 실행했다. 2015년 당시는 문의면 남개리에 거주하고 있던 터라 남개리 이장님께 부탁드려 이장님 댁을 빌려 서울 친구들과 이 프로그램을 진행했다. '삼시세끼 프로그램'은 말 그대로 농촌에서 끼니를 해결하는 것이 주가 되는 프로그램이었다. 청년들이 밤도 직접 따고 농촌 먹거리로 요리하고 마을회관에 모인 어르신들과 윷놀이를 하며 농촌에서 생활해보는 프로그램이었다.

그런데 뜻밖에도 굉장히 반응이 좋아 또 다른 프로그램을 고민하다가 숙박 일수를 늘려 열 끼를 먹는 프로그램, 소위 '십세끼(10끼 먹는 삼시세끼)'라는 프로그램으로 확대했다. 2박 3일 꽉 찬 일정 내내 시골의 겨울을 만끽할 수 있도록 기획했다. 친분을 쌓아가던 미천리 부녀회장님께 자문을 구했더니 마동리 이장님을 연결해주셨다. 덕분에 마동리 이장님의 자두밭에서 전체 프로그램을 진행할 수 있게 되었다.

10명의 참여자가 함께 열 끼를 먹는 프로그램은 다 같이 고구마를 구워 먹는 것으로 시작해 콩을 갈아 가마솥에 순두부를 만들며 본격화되었다. 순두부 만들기는 참여한 청년들만의 취사행위로 끝나지 않았다. 마을 주민인 마동 창작마을 예술인 부부를 심사위원으로 모셔서 순두부를 응용한 요리 대결을 펼쳤다. 그리고 '십세끼' 마지막 날인 2017년 1월 1일 다 함께 산에 올라 해돋이를 보고 내려온 후, 떡국을 끓여 마을 어르신들을 대접하고 함께 연을 날리며 새해를 맞이했다.

이후 입소문을 타며 '십세끼' 프로그램 문의가 많이 들어왔지만 2017년 한국표준협회에 계약직으로 입사하게 되면서 프로그램 진행을 중단하게 되었다. 표준협회에서 담당했던 업무는 공기업이나 공공기관의 은퇴자들을 대상으로 하는 교육 프로그래밍이었다. 공교롭게도 이 교육 프로그램 덕분에 농사를 지을 결심을 하게 되었다.

은퇴자들을 위해 은퇴 후 대비를 위한 교육을 담당하다 보니 프로그램 안에 귀농이나 귀촌에 대한 내용이 무조건 포함되었다. 교육 담당자이다 보니 모든 교육을 참관해야만 했는데 반복해 귀농, 귀촌 강의를 들어 보니 60세 정도에 은퇴해 농사를 짓는다면 물질적 기반을 토대로 하니 안정은 되겠지만 농업에 비전을 두지는 못할 것 같다는 생각이 들었다. 당시의 귀농, 귀촌 교육이 '가능하면 젊을 때 귀농해야겠다.'라고 다짐하게 만드는 계기를 제공했다.

2017년 1년간 표준협회 근무를 마무리한 후, 무작정 마동리 이장님을 찾아갔다. 그리고 무작정 이장님께 "제가 마동리의 후계자가 되겠다."라고 선언했다. 그때부터 본격적인 농사일을 시작하게 되었다.

마동리에 터를 다지다

"제가 농사를 짓고 있는 마동리는 고령화가 심해 인구 수가 점점 줄어들고 있어요. 계간지 '촌'이나 '십세끼' 같은 콘텐츠로 사람들에게 마동리를 알리며 관심을 유도하고 젊은 사람들이 마동리에 들어와 정착할 수 있도록 계속 계획하고 있어요."

이후 매일 마동리 이장님 댁으로 출근했다. 그동안 재미로 기획했던 농촌 프로그램들도 하나씩 본격적으로 시작했다. 그 첫 번째 프로젝트는 일본의 '타베루 통신'처럼 농산물을 부록으로 주는 잡지 계간지 '촌'이었다. 계간지 '촌'을 통해 전에 성공적으로 진행했던 '십세끼' 프로그램을 홍보해 '십세끼'가 계속 이어질 수 있도록 시도했다.

다시 시작한 '십세끼'가 농촌 체험 차원의 평범한 팜투어 프로그램으로 끝나지 않도록 마을 어르신들과 계속 접촉하며 농촌 공동체와 소통하고 공감하는 프로그램으로 발전시켰다. 처음에는 외지인들에 대해 마을 어르신들이 반감을 가졌지만 손녀뻘인 안재은 씨가 어르신들을 일일이 챙겨드리며 청년들과 자주 만날 수 있는 기회를 넓혀가며 편안한 분위기를 만들었다.

올해 초의 '십세끼' 프로그램은 아예 마을 어르신들과 함께 하는 프로그램으로 기획했다. 올해로 90세가 되신 신해인 할머니와 뽕잎가루 손칼국수를 함께 만들어 먹고 조태분 할머니가 가르쳐 주시는 새끼 꼬기도 진행했다. 이 과정에서 마을 어르신들은 일상에서 매일 해오던 일들을 젊은 사람들에게 알려주는 기쁨을 누렸고 그 속에서 특별함도 느꼈다.

지금 마동리의 평균 연령은 75세, 마을사람들이 많이 모여봤자 40명 정도에 불과한 지방소멸의 위기에 처한 곳이다. 안재은 씨는 어르신들이 지켜온 소소한 마을 문화들이 사라지지 않고 청년 세대에 이어질 수 있도록 불철주야로 프로그램을 기획하고 있다. 그러다 보니 밤낮 없이 바쁜 일과를 보내고 있다. 아침 일찍 일어나 밭을 일군 후 마동리 이장님 댁으로 출근해 자두밭 일을 함께 하며 농사 기술을 배운다. 그러는 틈틈이 마을 어르신들과 교류하는 일도 놓치지 않는다.

2019년부터는 마동리에서 도농 상생 방안을 찾아야겠다는 목표를 하나 더 설정하고 구체적인 실천을 시작했다. 도시인들이 마동리를 찾을 수 있는 재미있는 농촌 콘텐츠도 준비하고 있다. 이장님이 일군 자두밭 4천 평과 체리밭 2천 평을 토대로 한 농촌 체험 프로그램은 인기리에 진행 중이다. 자두밭에서 20분 정도 산으로 올라가면 숲길이 나오는데 이곳을 트래킹 코스로 활용하거나 소득 작물을 심을 수 있는 텃밭으로 만들어 함께 일구고 나누는 기쁨도 제공하고자 한다.

어르신들의 마을 문화를 보존하는 콘텐츠에도 초점을 맞추었다. 마동리에 들어오는 청년들이 이 문화를 이어가며 공동체를 이루고 계속 청년들이 마동리에 찾아오고 정착해가는 밑그림을 그리고 있다.

초보 농사꾼 이야기

마동리 이장님과 안재은 씨의 인연은 벌써 4년째 이어지고 있다. 이장님에게서 농사 기술 이상으로 농업에 대한 전반적인 지식을 배우고 있다. 밭에서 새벽 일을 마치자마자 이장님 댁으로 와서 매일 아침 식사를 함께 하는데 식사하는 동안 일반적인 시사, 농업 관련 주요 뉴스, 기후변화에 대해 이야기한다. 요즘에는 '공익형 직불제'에 대해 집중적으로 토론하고 있는데 이와 같은 농촌의 크고 작은 이슈가 반찬거리다.

후계자가 되겠다고 선언해서일까? 이제 이장님은 농업과 농촌 그리고 삶의 철학까지 가르쳐주는 스승이 되었다. 마을 공동체에 융화되는 것도 마을과 마을사람들에 대한 배경 지식이 없으면 불가능하다. 마을 일에 대해 속속들이 설명해주시는 것도 이장님의 몫이다. 마동리 이장님도 안재은 씨를 딸처럼 챙긴다. 상황이 어려운 시골에 찾아와준 것도 고맙지만 시골을 변화시키고 싶어 하는 열정에 반했다. 항상 긍정적인 태도에 한결같은 성실함이 본격적인 후계자 수업을 하도록 만든 동기가 되었다.

안재은 씨가 본격적으로 농사일을 할 수 있도록 도움을 준 분들도 마을 어르신들이다. 우선 땅이 있어야 농사를 지을 수 있는데 자본금 없이 맨몸으로 귀농한 청년이 땅을 구하기란 어려운 일이었다. 이장님과 마을 어른이 나서주신 덕분에 초보 농부가 실습해볼 수 있는 밭을 구할 수 있었다. 우선 쉽게 할 수 있는 것부터 시작했다. 서리태와 들깨를 심어 수확했고 그 다음은 마늘과 양파를 심었다.

1970대 후반에는 마동리에도 마늘 장터가 따로 있을 정도로 마늘 농사를 많이 지었다. 그래서 마동리 어르신들의 마늘 재배 기술은 탁월하다. 60~70년 동안 마늘 농사만 지은 분도 계신다. 이런 점은 안재은 씨에게는 새로운 도전 목표로 다가왔다. 문의면이 마늘 주산지라는 것을 널리 알리고 싶은 욕심이 생겼다. 마늘 농사 전문가인 마을 어르신들이 계시니 청년들이 유통과 가공 분야를 개발해 보완하면 훌륭한 협업이 될 것 같았다.

안재은 씨는 마을의 전통으로 자리 잡은 '자두마늘 장아찌'의 상품화가 그 도화선이 될 것이라고 생각하고 있다. 자두와 마늘을 모두 재배하는 마동리는 이 둘을 장아찌로 담는 풍습이 있다. 특히 매년 8월에는 벌레 먹은 자두를 모아 그 부분을 도려낸 후 장아찌로 담는다. 이때 나는 풋마늘도 장아찌로 담는데 이런 장아찌들이 훌륭한 상품 가치가 있다고 생각해서다. '자두마늘 장아찌'는 마동리를 널리 알리고 농가의 수익성을 높이기 위한 노력의 일환이다. 이장님과 함께 고민하고 있는 것은 마동리에서 난 농산물을 판매하는 데 그치지 않고 마동리 마을 전체를 상품화하는 것이다. 마동리의 이야기를 팔고 마동리의 자연을 팔고 마동리를 좋아하는 팬층을 만드는 방안을 찾아가는 것이다.

안재은 씨는 초보 농부로서 겪은 어려움들도 고백했다.

"도시와 시골의 문화 차이는 엄청 커요. 시골에서는 뭐든지 남기는 걸 엄청 아까워하세요. 김치 국물도 빠짐없이 먹어야 하는데요. 모두 다 농사를 짓기 때문에 고춧가루 한 톨도 남기지 않고 드세요."

농사도 마찬가지다. 모종을 키우거나 씨를 심으면 파종하고 남은 것들을 아까우니까 주신다고 한다. 안재은 씨는 그것을 심어봤자 품값도 안 나와 거절하는 경우가 많았다고 한다.

또한 안재은 씨는 농사를 시작하면서 주변에서 자꾸 "그걸 해서 뭐가 남느냐?"라고 말해 마음의 상처를 받은 적도 많았다. 현재 안재은 씨는 사회생활을 하면서 모은 돈으로 기반을 마련하고 청년 농업인 지원금으로 생활하고 있다.

"저는 3~5년을 내다보고 차곡차곡 쌓아 올리고 있는데 어른들은 이런 걸 이해하지 못해요. 인풋 대비 아웃풋이 눈에 보여야 하는데 저는 아직 소득이 많지 않잖아요. 주변에서 농업을 하면서 돈 버는 방법을 찾아보라고 하는데 제가 땅이 있거나 부모님이 농사를 크게 하시는, 기반이 있는 상태가 아니니까요. 돈 버는 길을 선택하려면 농업을 포기하고 직장에 들어가야죠."

안재은 씨는 이런 어려움들을 견뎌내며 자신을 믿고 열심히 달려가고 있다.

2019년 십세끼 프로그램, 마을회관에서 마동리 주민들이 제일 잘하는 '새끼꼬기' class © 안재은

촌에서 배우는 것들

안재은 씨는 자신이 촌에서 얻은 배움들을 도시에 사는 사람들에게 알리자는 취지의 콘텐츠 활동을 적극적으로 시도하고 있다. 심지어 사업자등록을 하며 업체명마저 '촌스런'으로 등록했다.

농촌에 대한 자부심이 넘치는 안재은 씨에게 '촌스런'이라는 말은 더 이상 농촌을 폄하하는 의미가 아니다. 오히려 자부심을 적극적으로 표현하는 취지로 사용하고 있다. '촌스런'이라는 명칭은 요즘 세대가 유머러스하게 즐겨 쓰는 파괴된 조어(助語) 방식의 형태로 보면 심오한 의미를 지닌다. '촌'이라는 말과 영어 표현을 섞은 '촌's learn'의 발음을 합성해 '촌스런'이라고 표기한 것이다. 즉, '촌에서 배움'이라는 의미를 담고 있는 것으로 '촌에는 자연과 사람에게서 배울 수 있는 것들이 참으로 많다.'라는 자기고백적인 명칭이다.

사실 사업자등록의 계기가 된 것은 계간지 '촌' 덕분이다. '십세끼' 프로젝트 성공 후 농산물을 부록으로 주는 계간지 '촌' 프로젝트를 하려다 보니 사업자등록을 해야만 했다. 계간지 '촌'은 사정상 두 번밖에 발간할 수밖에 없었지만 농촌 콘텐츠에 대한 좋은 실험장이 되어 주었고 필요한 경험을 축적할 수 있었다.

창간호는 마동리 자두밭을 소재로 삼았다. '촌, 철, 살, 인'이라는 네 가지 테마로 마동리와 마동리 특산물인 자두를 담았다. '촌'에서는 자두 생산지 마동리 이야기를 담았고 '철'은 가을에 수확한 자두를 모티브로 가을 이야기를 담았다. '살'은 자두가 살아가는 이야기라 해 자두의 생산 과정을, '인'은 자두 생산자들의 이야기를 담았다. 가을에 창간호를 낸 덕분에 다음 호는 농한기인 겨울에 펴내야 했다. 발상을 전환해 육지와 반대로 겨울도 농번기인 제주에 내려가 당근 농사를 지으며 겨울호 '당근'을 펴냈다.

2019년 가을에는 도농상생 콘서트를 기획하고 실행했다. 콘서트 기획 동기는 마동리의 자두밭 체험을 위해 찾아오신 분들이 자두를 따는 것 외에 더 체험할 만한 일이 없는지 꾸준히 문의했기 때문이다. 이에 농가 체험 외에도 '팜파티(Farm Party)'를 해보자고 생각했다.

이렇게 '촌스런 도농상생 콘서트'가 시작되었다. 도시 사람들이 농가에서만 경험할 수 있는 것들을 보여주고 싶어 다양한 아이디어를 쏟아 넣었다. 과일 적재용 상자를 의자로 배치하고 옛날 초가집에 쓰이던 문짝을 전시했다. 하지만 때마침 태풍이 두 번이나 오는 바람에 원래 계획을 살리지 못했다. 그래도 마을 어르신들과 태풍을 뚫고 찾아와 준 참여객들로 인해 활기찬 마을 분위기가 연출될 수 있었다.

"예전에는 어르신들이 저만 보면 '시집이나 가라.', '여자가 무슨 농사냐.'라며 핀잔을 주셨는데 요즘에는 '너 농사 잘 짓게 생겼다.'라고 말씀하세요."

이렇게 기획한 콘텐츠들로 인해 농촌과 청년 농업인에 대한 선입견들이 하나씩 변화되는 모습을 볼 때마다 뿌듯함을 느낀다. 청년이 귀농한다고 하면 도시에서 실패해 들어온 것으로 생각해 마을사람들끼리 수군거리기도 한다. 특히 안재은 씨처럼 여성 청년이 혼자 농촌에 들어왔다고 하면 결혼은 했는지부터 시작해 온갖 사생활에 참견한다. 그것이 비록 관심과 보살핌의 표현이더라도 청년들에게는 부담스러운 일이라 갈등을 빚는 원인이 되기도 한다. 안재은 씨는 이처럼 서로에게 가지는 편견을 깨고 청년과 농촌이 공존할 수 있도록 다양한 노력을 기울이고 있다.

농촌 인플루언서, '프로 촌년'의 시작

"농번기에는 농사를 짓고 농한기에는 농촌 콘텐츠를 만듭니다. 제가 농사짓는 곳, 청주시 문의면 마동리를 브랜딩합니다."

안재은 씨는 자신이 인플루언서가 되는 것이 '마동리 마케팅', 나아가 '농촌 마케팅'에 도움이 될 것이라고 생각했다. 인스타그램을 통해 계속 마동리 이야기를 업로드하고 확산시키기 시작했다. '프로 촌년'이라는 유머러스한 계정 이름과 정감 어린 마동리 사진은 어느새 마동리에 대한 관심을 불러 모았다. 그 덕분에 다른 지역 청년들이 마동리를 찾아오는 일도 점점 늘고 있다.

안재은 씨의 활동은 방송 출연으로도 이어졌다. 현재 충북 MBC가 진행하는 '임규호의 저녁 N'에 출연해 프로그램 속 코너 "농사는 처음이지?"를 꾸며가고 있다. 매주 수요일 10분에 불과하지만 농촌과 농업에 대한 이야기를 통해 귀농과 귀촌, 농촌 체험, 청년 귀농 등에 대한 정보와 메시지를 전달하는 한편, 마동리 홍보에 매진하고 있다. 그 덕분에 농산물 구입과 농촌 체험을 위해 마동리를 찾아오는 발걸음이 이어지고 있다.

"저는 이곳 어르신들로부터 '안떡국'이라고 불리고 있거든요. 처음 어르신들을 만났을 때 제 이름을 기억하지 못하셔서 이름 대신 별명으로 부르신 거예요. 프로그램을 진행할 때마다 매번 떡국을 끓여 드리니까 '떡국이'라는 친근감 있는 별명이 붙은 거죠. '안떡국'에서 그치는 게 아니라 '이떡국', '정떡국'이 마동리의 공동체를 형성하고 그 '떡국이'들의 등장이 이곳 마동리를 넘어서 다른 농촌에서 제2의 마동리가 등장하길 기대합니다."

한편, 다양한 청년들과 계속 소통하다 보니 농촌에 대한 갈망을 갖고 농촌에서 살아보고 싶다는 여러 청년들을 만날 수 있었다. 겉보기에는 편안하고 안정적인 것을 추구하는 세대라고 여기기 쉽지만 농촌에 오고 싶어 하는 청년 수요가 점점 늘어나는 추세임을 체감할 수 있었다.

정부는 청년에게 농촌으로 들어오라며 청년 농업인을 육성하려고 하지만 청년 농업인이 농촌 사회에 정착하는 데는 농지와 자본이 필요한데 이 점이 높은 진입 장벽이 되고 있다. 농지가 없다면 빌려서 농사를 지어야 하고 자본이 없다면 자본이 들지 않는 일부터 시작해야 한다. 이 문제를 해결하는 데 중요한 것이 바로 농촌 공동체와의 융합이다. 외지에서 스며들어 온 낯선 청년이 처음부터 공동체의 일원이 될 수는 없다. 따라서 농사를 시작하는 청년 농업인들은 해당 지역에서 오랫동안 농업을 영위한 공동체와의 융합이 무엇보다 중요하다. 창업 매뉴얼을 그대로 적용하려는 시도가 오히려 막연하게 여겨지는 것이 현실이다. 좀 더 체계적이고 다양한 방법으로 기존 농촌 공동체와 농업인들에게 접근해야 한다.

이에 안재은 씨는 사회적 기업의 설립이나 다양한 정부 지원을 활용해 청년들이 농촌에서 살아보며 농촌 공동체에 서서히 적응해가고 농업이 자신에게 맞는지 탐색해볼 수 있는 시스템을 마련하기 위해 고민을 거듭하고 있다. 고용계약이라는 사회적 안전장치를 통해 농촌에서 살아보고 싶다는 청년들이 농촌에 머물 수 있다면 더할 나위 없이 좋을 것이다. 농촌에 청년들을 유입시킬 수 있는 시스템을 통해 마동리뿐만 아니라 더 많은 농촌들이 활성화되는 '긍정적 나비효과'를 일으키는 상상도 하고 있다.

마동리 자매결연

"작년 이맘때쯤 충북 청주시 상당구 문의면 마동리 청년 농업인과 전남 보성군 벌교읍 마동리 청년 농업인은 처음 다른 마동리의 존재를 알게 되었어요."

"너네도 마동리야? 우리도 마동리야. 우리 자매결연 맺어도 되겠다." 이 말을 듣는 순간, 안재은 씨는 짜릿한 기분을 느꼈고 농담처럼 시작한 이 말을 실천하기 위해 노력했다. 2019년 벌교읍 마동리 이장님과 연락해 겨울에는 사업을 구체화하기 위해 사업계획서를 써보는 등 다양한 노력을 기울였다. 그 결과, 지역문화진흥원 공모사업에 마동리가 선정되어 실천으로 옮길 수 있게 되었다.

"두 마동리는 닮은 구석이 많아요. 먼저 마동리는 청주 양 씨 집성촌이에요. 그리고 문의면 마동리는 보은군에서 청주로 바뀌었고 벌교읍 마동리는 순천에서 보성으로 바뀌었어요. 이장님이 젊고 농업을 위해 힘쓰는 청년 농업인이 있다는 것도 닮은 점이에요."

안재은 씨는 두 마동리에서 고령화 문제 해결과 마을 활성화, 청년 인구 유입을 위해 많은 일들을 펼칠 예정이다. 앞으로 두 마동리를 지켜봐 주시는 많은 분들께 마동리뿐만 아니라 대한민국의 농촌이 발전할 수 있도록 노력하겠다는 큰 포부를 밝히기도 했다.

마동리를 브랜딩하다

최근 안재은 씨는 마동리를 브랜딩하는 청년 농업인에 머물지 않고 더 나아가 농촌의 문제를 고민하고 해결해나갈 수 있는 사람들과 함께 의미 있는 일을 하고자 했다. 그 계기를 통해 2020년 4월 농업회사법인으로 전환했다. 또한 지역문화진흥원에서 진행하는 '생활문화 공동체' 사업에 마동대학이 선정되었다.

"농사를 짓다 보니 더 뚜렷이 제가 할 일이 보이더라고요. 도농간 격차를 줄이는 것이 농촌의 문제점을 해결할 수 있는 실마리가 될 것이고 그 문제의 요충지는 평균 연령 75세의 마동리라는 사실을 깨달았어요."

마동대학은 고령의 마동리 어르신이 교수가 되거나 학생이 되기도 한다. '내 평생 잘하는 것이 과목이 되는 학교'라는 이름으로 2개월간 마동리 주민들과 청주 청년들과의 대화를 통해 어르신들의 장점을 찾아 과목을 만들어 운영한다. 추후 어르신들의 이야기를 묶어 '마동화책'이라는 이름의 마동리 동화책을 출판할 예정이다. 안재은 씨는 '마동대학' 프로젝트와 더불어 중소벤처기업부, '로컬 크리에이터' 사업에 마동리를 브랜딩하는 '촌스런'이 선정되면서 바쁜 일정을 소화하고 있다.

"회사에 다닐 때는 아무리 머리를 굴려도 나오지 않던 글이 이제는 서류 제출 기일에 줄 정도로 내 이야기를 써내려갈 수 있게 되었어요. 마동리를 주제로 프로젝트를 기획하는 일은 재미도 있어요. 때로는 고통도 함께 수반되지만요."

안재은 씨는 지금까지 정말 값진 경험을 했기 때문에 '촌스런'이라는 회사를 창업할 수 있었다고 생각한다.

"창업을 하고 싶어 회사 시스템을 알고 싶던 찰나 공직 유관 단체에 비정규직으로 들어갈 수 있었고 대규모의 입찰사업의 진행 PM과 가끔 운영 PM까지 맡기도 했어요. 출장이 주요 업무였던 그때의 경험이 현재의 지구력을 만들어준 것 같아요. 입찰 제안 준비부터 현장 답사와 인터뷰, 전문가 미팅, 제안서 작성, 수주하고 진행하는 패턴을 경험하지 않고 창업했다면 지금보다 더 많이 헤맸을 거예요. 그래서 그때 많이 가르쳐주신 회사 선임 분들께 아직도 감사한 마음을 가지고 있어요."

앞으로 안재은 씨는 농업회사법인 ㈜촌스런을 통해 도농상생으로 청년을 유치하고 마을을 브랜딩해 활성화하는 목표를 가지고 있다. 이 목표를 달성하기 위해 농산물 생산, 유통, 가공, 판매를 비롯해 농촌 관광, 콘텐츠 개발, 농촌, 농업 정책을 연구 및 개발하는 사업을 진행할 계획이다.

영농 시트콤, 촌스런 떡국씨

"안녕하세요. 청년 농업인 안떡국입니다. 제가 드디어 유튜브 크리에이터가 되었답니다. 오지마을 마동리 어르신들과 함께 유튜브 콘텐츠 '촌스런 떡국씨'를 만들어 가려고 합니다."

안재은 씨가 주인공인 유튜브 '촌스런 떡국씨'를 MBC 충북 디지털 '스튜디오 엠보싱'에서 제작하고 있다. 안재은 씨는 마동리의 아름다운 자연과 함께 '우 씨 집성촌' 마동리에 사시는 평균 연령 75세, 40명의 어르신들께서 수십 년간 꽁꽁 숨겨오신 캐릭터를 부담 없이 대량 방출할 예정이라고 한다.

"유튜브로 마동리 보시고 도시민들이 많이 많이 찾아오게 하고 싶어요."

안재은 씨는 오지마을 영농 시트콤 '촌스런 떡국씨'를 통해 마동리의 다양한 경험을 많은 분들과 소통하면서 나누고 싶다는 포부가 있다. 또한 '촌스런 떡국씨'를 통해 도농 격차를 줄이고 시골의 따뜻한 정뿐만 아니라 시골의 민낯을 보여주면서 농촌 문제를 이슈화하겠다는 포부도 가지고 있다. 방송을 통해 마동리를 브랜딩하는 29살 청년 농업인 안재은 씨의 행보를 기대해본다.

로컬 크리에이터의 꿈

농촌은 안재은 씨에게 꿈을 심어준 곳이다. 마동리는 그 꿈을 구체적으로 실현시켜 주는 곳이다. 돌이켜보면 혼자만의 힘으로는 불가능했다. 적극적인 멘토가 되어준 마동리 이장님과 함께 변화해가고 있는 마동리 주민들이 있다. 방송과 SNS를 통해 응원해주시는 많은 분들도 계시기에 자신의 꿈에 더욱더 확신을 갖게 되었다. 이제는 고령화된 농촌 사회에도 변화의 바람이 불어올 것이라고 믿고 있다.

한편, 특정 지역만의 독특한 브랜드를 만들기 위해서는 우선 지역 문화의 정체성을 확보하고 고유문화에서 파생되는 다양성도 있어야 한다. 마동리라는 장소의 특정성을 지닌 콘텐츠 실험은 그래서 더 큰 의미를 가진다. 또한 이런 지역 문화 브랜드를 만들기 위해서는 지역 구성원들의 능동적인 참여가 필요하다. 지역 구성원들이 직접 문화를 만들고 문화행사에 참여함으로써 자연스럽게 고유한 생활 문화가 겉으로 드러나면서 활성화되고 외부 지역으로도 문화가 확산되는 선순환이 이루어진다.

"농부는 농촌 환경을 유지시켜주는 사람이라고 생각해요. 농촌에 오고 싶은 사람들이 농촌으로 들어올 수 있는 요소를 만들어주는 것도 농부의 역할이라고 보고 있어요. 앞으로도 저의 최대 관심사는 이곳을 어떻게 알리느냐, 그러기 위해 어떻게 활동할 것인가? 장기적이든 단기적이든 젊은 사람들이 농촌으로 들어와 마을이 활성화되고 농촌이 사라지지 않게 만들고 싶어요."

지역마다 변화하는 농업 환경에 맞추어 청년 농업인들이 안정적으로 농촌에 정착할 수 있도록 맞춤형 지원을 지속적으로 추진해 농업 분야의 일자리 창출을 늘려나가고 있다. 하지만 도시에서 생활해온 젊은 청년들이 농촌 환경과 농사일에 적응하기 쉽지 않아 중도 이탈하는 경우가 많다.

이에 안재은 씨가 청년 농업인으로 농촌에서 살아가며 목표를 이루어가는 모습들을 통해 농업 후계 인력으로 인한 어려움을 겪고 있는 우리나라 농촌 사회에 새로운 가능성을 제시해 나갔으면 하는 바람이 있다. 또한 귀농을 준비하는 예비 청년 농부들이 안재은 씨의 사례를 통해 농촌에서 활용할 수 있는 새로운 영농 콘텐츠 및 경영 방법을 개발해 나가길 바란다.

마지막으로 안재은 씨의 사례를 통해 더 많은 청년 농업인들이 도시와 농촌 간의 상생을 위한 가교 역할을 해주었으면 좋겠다. 특히 청년이 주축이 된 농업의 지속 가능한 발전이 단절에서 협력으로 농촌의 패러다임을 바꾸는 매개체 역할을 해나가기를 기대해본다.

마을회관 앞에서 마동리 어르신들과 도시 청년들 © 안재은

낭만 가족의 제주살이
서귀포 솔앤유 독립출판사 & 어썸제주

박산솔

따뜻한 남쪽 나라 제주도 서귀포에 살면서 겨울에는 무농약 귤을 판매하고 전자책 독립출판사를 운영하고 있다. 욕심 없는 친구들과 함께 재미있는 작당 모의를 하며 맛있는 것도 먹으면서 살아가는 재미를 느끼고 있다. 그림책 『쿵쾅쿵쾅 윗집 공룡』을 독립 출판하고 전자책과 오디오북으로도 출간했다. 제주에 살고 있는 프리랜서들이 연결되길 바라는 마음으로 '제주 IT 프리랜서 커뮤니티' 페이스북 그룹을 시작했다.

최근 '로컬 크리에이터'라는 말이 눈에 많이 띈다. 나 자신은 로컬 크리에이터라고 부르거나 그렇게 불린 적은 없다. 나는 2015년 서울에서 제주도 서귀포로 이사와 이제 6년차 제주도민이 되었고 솔앤유 전자책 독립출판사를 운영하고 있다. 아내는 육아 웹툰 『큼이네집』을 SNS에 올리며 일러스트레이터의 길을 걷고 있다. 우리는 꾸준히 창작활동을 하고 있고 공공기관으로부터 예술인 증명도 받았지만 남들이 알 만한 유명한 작품이 있다거나 창작활동만으로 생계를 유지할 정도의 수입을 올리지는 못하고 있다.

지금부터 매우 내향적인 사람이 어떻게 지역에 정착해 살아가고 있는지 그 경험담을 들려주려고 한다. 개인적 경험담이자 주관적 생각이니 제주도민이나 이주민을 대표할 수는 없다는 점을 분명히 하고 싶다. 세상에는 너무나 다양한 상황이 있고 비슷한 경험을 하더라도 사람마다 느끼는 온도차는 극명하다. 내 경험도 결국 내 가치관과 시각을 통해 새롭게 재구성되는 것이니 그저 이 글을 읽고 '이 사람은 이런 경험을 했고 이런 생각을 했었군' 정도로 생각해주면 좋겠다.

내향적인 사람이 제주에 정착하기까지

처음 MBTI 성격검사를 했을 때부터 지금까지 10여 차례 모두 INFP가 나왔다. 내향적이면서 이상향을 꿈꾸는 열정적인 중재자라는 설명이 붙는다. 나는 전형적인 '집돌이'이고 가끔 사람들과 만나 이야기를 나누면 진이 다 빠진다. 그래서 사교 모임은 질색이고 목적 없는 만남을 지양한다. 그런 사람이 완전히 낯선 로컬로 이주하면 어떻게 될까? 친구를 새로 사귀기 어려우니 힘들겠다고 생각할 수도 있지만 오히려 사람이 북적이지 않아 좋다. 아침에 새소리가 들리고 밤에 가로등 불빛 대신 별빛이 보이는 한적하고 어두운 밤길이 좋다.

서울에서 살 때는 출근길 대중교통처럼 사람이 북적이는 곳은 정말 끔찍했다. 어떻게 다들 미치지 않고 살고 있는지 모르겠다는 생각을 자주 했다. 그리고 어색한 사람들과의 모임이나 술자리도 질색이었다. 물론 서울에서도 굳이 그런 모임을 찾아다니지는 않았으니 많은 사람들을 만나지는 않았지만 인파 가득한 서울 도심의 길거리만으로도 내게는 스트레스로 다가왔다.

그렇다고 내가 사람들을 만나는 것 자체를 싫어하는 것은 아니다. 단지 사람을 만나면 에너지가 방전되는 성향이라는 것이다. 그래서 내 소중한 에너지를 정말 만나고 싶은 사람, 내가 좋아하는 사람에게만 쓰고 싶은 것이다. 나는 금방 친해지는 스타일은 아니다. 가랑비가 대지에 스며들 듯 누군가를 사귀려면 시간이 필요한 타입이다. 하지만 한 번 사람을 사귀면 그 사람을 오래도록 보곤 한다.

제주도는 땅은 넓고 사람은 적다. 특히 청년이 많지 않다. 처음 제주에 왔을 때는 동네에서 만난 할머니에게 붙잡혀 몇 시간을 함께 이야기를 나누곤 했다. 동네에 청년이 보이니 할머니 입장에서는 육지로 떠난 손주가 생각나기도 하고 말동무할 사람이 생겨 반가우셨던 것 같다. 그리고 섬의 특성상 사람들이 들어오고 나가는 일이 잦기 때문에 처음에는 정을 안 주려고 하지만 오랜 시간 제주도에 정착한 사람들에게는 마음을 여는 경향이 있다. 새로운 지역에 정착할 때, 많은 사람들이 텃세를 두려워하는데 적어도 나는 텃세보다 환대의 기억이 크다.

처음 이사왔을 때는 동네 마트에서 귤을 사먹으려고 했는데 마트에서 마주친 교회 전도사님께서 무슨 제주도민이 귤을 사먹느냐며 바로 집으로 데려가더니 귤 두 상자를 선물로 주셨다. 그 후로도 귤을 너무 많이 받아 이사온 첫해에는 베란다에 귤이 넘칠 정도로 쌓여 있었다. 귤 잼도 만들어 먹고 귤 주스로도 마셨는데 그해 겨울에는 귤을 너무 많이 먹어 가족들 손발이 다 노래질 정도였다. 신입생을 환영하는 제주도의 문화 같은 것인데 그 따뜻했던 환대가 우리 가족이 제주도에 정착하는 데 큰 힘이 되었다. 지금은 귤을 선물받기보다 오히려 우리 가족이 이사온 지 얼마 안 된 친구들에게 선물해주는 경우가 많다.

아들과 집 근처 바닷가 산책

아이야, 별 보러 가자

내가 제주도에 이사왔던 2015년은 제주도 이주 열풍이 한창 불던 때였다. 유명 연예인들이 제주도에서의 여유로운 삶을 방송에서 보여주었고 저가 항공사의 탄생으로 제주 항공료는 기차 가격만큼 저렴해졌다. 제주 올레길의 인기가 무르익어 수많은 국내·외 관광객들이 제주를 찾고 있었다.

사실 제주도로 이사가야겠다고 마음먹었던 첫 계기는 2009년쯤 군인으로 사회생활을 시작하면서 미래에 결혼하게 되면 살게 될 집을 미리 알아보면서였다. 그 당시에도 서울 집값은 사회 초년생이 감당할 수 없는 수준이었다. 나는 문득 전국 아파트 가격이 궁금해 알아보았다. 당시 제주도 아파트 가격은 4천만 원 수준이었다. 그 정도 가격이라면 내 힘으로도 집을 살 수 있겠다고 생각했다. 그리고 제주도라는 곳에서 한 번 살아보는 것도 나쁘지 않겠다는 생각이 들었다. 그것이 제주살이의 씨앗이었다. 어떤 한 가지 이유나 큰 결심을 해 제주로 이사하게 된 것이 아니라 작은 이유들이 쌓이고 오랜 시간 마음에 담아둔 씨앗이 자라 열매를 맺은 것이다.

그 이후에는 전라남도 강진에서 군생활을 하면서 공기가 깨끗한 곳에서 살아가는 경험을 처음 하게 되었다. 나는 평생 서울에 살면서 기관지가 좋지 않았다. 평소에도 항상 콧물이 나와 킁킁거리는 소리를 내곤 했는데 어머니로부터 그 소리 좀 내지 말라는 잔소리를 매일 들어야 했다. 그런데 공기가 좋은 곳에서 지내니 이런 증상이 눈 녹듯이 사라졌다. 나는 등산을 좋아해 서울에서도 관악산에 올라가곤 했는데 관악산 정상에서 바라본 서울은 마치 검은 안개가 돔구장처럼 덮여 있었다. '아, 저런 곳에서 내가 숨을 쉬며 살고 있구나.' 답답한 마음이 들면서 갑자기 숨이 막혀 왔다.

공기가 맑은 시골 밤하늘에는 별이 쏟아질 것처럼 가득했다. 평생 동안 서울이라는 대도시에서 살아왔던 터라 어린 시절 책을 읽다가 '밤하늘 별처럼 많았다.'라는 문장이 나오면 '아니, 밤하늘에 별이라곤 조그마한 점 한두 개밖에 안 보이는데 무슨 이런 표현이 있지?' 라고 반문하곤 했다. 그런데 군대에서 야간 보초를 설 때마다 밤하늘 가득한 별들과 은하수를 보면서 '아, 이 모습을 보고 그런 표현이 나온 거구나.' 알게 되었다. 그리고 꼭 내 아이는 별이 보이는 곳에서 키우고 싶다는 생각이 들었다.

지금은 미세먼지가 큰 이슈가 되어 공기 좋은 곳에서 산다는 것이 큰 이점이 되었지만 2015년 당시만 해도 누군가 내게 "왜 제주도로 이사오셨나요?" 라고 물으면 "공기 좋은 곳에서 살고 싶어서요."라거나 "별이 보이는 곳에서 살고 싶어서요."라고 말하면 다들 어리둥절한 표정을 지었다. 심지어 부모님은 제정신이 아니라고 말씀하셨다. 그도 그럴 것이 깊은 시골에서 일자리를 찾아 젊은 시절 맨몸으로 서울로 올라오신 부모님 입장에서는 겨우 힘들게 서울에서 대학 공부까지 시켜놨더니 다시 시골로, 그것도 머나먼 남쪽 섬으로 가 살겠다는 아들이 이해가 되지 않았을 것이다.

비록 제주에서의 삶을 꿈꾸게 했던 제주도의 낮은 부동산 가격은 제주 이주 열풍으로 이미 많이 올라버렸지만 공기 좋고 별이 보이는 곳에서 아이들을 키우고 싶다는 내 소망은 실현되었다. 제주도로 이사온 첫날 밤, 눈부시게 빛나던 별빛을 아직도 잊지 못한다.

제주살이 준비하기

제주도는 다른 지역과 다른 특수성이 존재한다. 우선 섬이라는 특징이 있다. 우리나라에는 섬이 많지만 그중에서도 제주도는 가장 큰 섬이면서 최대 관광지다. 4면이 바다로 둘러싸여 제주도 어디서든 눈부신 바다를 만날 수 있다. 또 한라산이라는, 남한에서 가장 높은 산이 있다. 그리고 수없이 많은 오름들이 존재한다. 즉 자연을 좋아하는 사람들이 즐길거리가 많은 천혜의 자연환경을 보유하고 있다. 이런 장점을 바탕으로 관광업이 발달해 있다.

또 많은 사람들이 모르는 부분인데 제주도는 우리나라에서 밭

작물이 많이 생산되는 지역 중 하나다. 제주도는 귤 말고도 당근, 마늘, 비트, 무, 양파 등 생각보다 많은 농산물이 생산되는 산지이기도 하다. 그리고 해녀로 대표되는 어촌도 제주도의 한 축을 담당하고 있다. 물론 지금은 광어 양식이 많이 힘들어지고 어촌으로의 이주는 많지 않지만 그럼에도 불구하고 어업은 제주도 산업에서 적지 않은 부분을 차지하고 있다.

관광서비스업, 농업, 어업이 제주도의 근간 산업이다. 제주도가 다른 지역과 다른 점 중 하나는 공장이 전무하다는 사실이다. 농산물 가공공장을 제외한 그 어떤 대규모 공장도 제주도에는 존재하지 않는다. 다른 지역들이 제조업 공장을 지역 기반으로 삼아 많은 일자리와 지역 성장을 주도해왔다면 제주도는 애초에 한 분야의 제조업을 기반으로 삼은 적이 없어 오히려 제조업이 아닌 다른 산업에 집중할 수 있었다.

최근 많은 지역들이 활성화하려는 분야를 보면 카페와 게스트하우스 등 자영업 창업과 관광분야가 많다. 또 청년들의 이주를 적극적으로 장려하는 모습들이 보인다. 어쩌면 제주도가 이미 겪은 과정을 다시 처음부터 반복하려는 것이라는 생각이 든다.

서울 내에서 삼청동, 가로수길, 경리단길, 이태원 등이 겪었던 젠트리피케이션의 반복이 규모를 키워 도시 단위로 일어나지 말라는 법이 없다. 제주도는 제조업 공장이 없고 이렇다 할 일자리가 없어 청년들이 모두 육지로 떠나는 현상이 매년 벌어졌고 인구는 감소 추세였다. 그래서 빈집은 늘어가고 인구는 줄어들었다. 그 덕분에 제주로 이주를 꿈꾸는 사람들은 저렴한 가격에 집과 가게를 얻을 수 있었다. 하지만 특색 있는 가게가 늘어날수록 대규모 자본이 제주로 들어왔고 건설 붐이 일면서 부동산 가격이 폭등했다.

다른 지역들도 청년들이 특색 있는 가게들을 만들고 그런 가게들이 지역에서 소비되고 순환되는 구조가 아니라 관광객들을 대상으로 하는 곳이 된다면 점점 제주도가 겪어왔던 수순을 밟게 될 것이다. 그런데 지역자치단체가 바라는 모습이 단순히 관광객이 많아지고 사람들이 지역으로 많이 이사오면 된다는 식인 것 같아 걱정이 앞선다. 사람이 많아지면 필연적으로 발생하는 문제들이 있는데 그런 부분에 대한 대비도 없이 무조건 사람이 많아져야 좋다는 인식은 위험하다.

우리가 서울에서 어떤 지역으로 이사를 간다고 할 때, 만약 어떤 산골짜기 시골로 이사를 간다고 하면 다들 "왜? 거기 가서 뭐 먹고 살려고?"라며 걱정과 의문을 가질 것이다. 그런데 제주도로 이사간다고 하면 그런 질문에 이어 "부럽다. 나도 제주도에 가서 살고 싶다."라고 덧붙이는 이들이 많다. 제주도는 사람들에게 어떤 꿈과 낭만의 징표가 되었다. 현실적으로 제주로 이사를 가든 부산으로 이사를 가든, 그냥 이삿짐센터를 불러 이사하는 것은 똑같다. 단지 이삿짐이 배를 타느냐 트럭을 타느냐의 차이일 뿐이다. 그런데 사람들은 왠지 제주도 이사를 굉장히 큰일로 생각한다. 서울에서 직장생활을 하던 사람이 지역에서 새로 정착하는 것은 제주도든 부산이든 강원도든 모두 어렵다. 인구가 많은 지역은 아무래도 일자리 기회가 더 많겠지만 말이다.

제주살이가 인기를 얻은 덕분에 관련 책과 제주도 차원에서 이루어지는 제주 이주교육도 많은 편이다. 제주 이주에 대해 낭만적으로 그린 에세이도 많고 현실적인 조언이 담긴 책도 많다. 덕분에 제주도로 이사오기 전에 미리 공부할 거리가 많다.

나도 제주도로 이사오기 전에 미리 제주 이주와 관련된 책들을 꽤 많이 읽어 보았다. 또 인터넷으로 제주도 커뮤니티에 가입해 제주도에 먼저 이주한 사람들의 소셜 계정을 찾아 팔로우 해두었다. 그리고 제주도 이주교육 팸투어에도 참석하고 본격적인 이사 전에 가족끼리 한적한 시골 마을에서 거주 체험도 해보았다. 그때 너무 조용한 시골은 도시생활에 익숙한 우리 가족과 맞지 않다는 것을 깨닫고 지금 살고 있는 신도시로 이사오는 결정을 내릴 수 있었다. 그리고 그 여행에서 만난 제주도 관광통역해설사 현동학 씨가 서귀포를 가이드해준 덕분에 넓은 제주도에서 서귀포로 이사할 곳을 정할 수 있었다.

제주도는 서울보다 3배나 큰 땅이라서 위치에 따라 기후도 천차만별이고 느낌도 다르다. 제주시는 도심이고 공항이 있고 비가 자주 내리고 춥다. 해안가는 바다가 보여 낭만적이지만 실제로는 습하고 관광지이거나 시골이다. 서귀포시는 따뜻하고 기후가 온화하다. 그 대신 공항이 멀고 습하다. 이사오기 전에 기상청에서 지역별 날씨를 알아보았다. 서귀포시는 연중 영하로 떨어지지 않을 만큼 따뜻하다. 그리고 제주시에 비해 일 년에 30일 넘게 비가 덜 내린다. 비오는 일수가 한 달이나 차이나는 것이다. 같은 제주도에 살지만 어느 곳에 사느냐에 따라 전혀 다른 경험을 하게 된다.

사건·사고도 많았다. 아내가 침대에서 떨어져 어깨가 부러진 사고도 있었고 첫째 아들이 급성 맹장염으로 응급차에 실려가 수술받은 일도 있었다. 아내가 다쳤던 시기에 둘째가 아직 어려 여러모로 힘들었는데 주변에서 많이 도와준 덕분에 버텨낼 수 있었다. 아들이 맹장염에 걸렸을 때는 즉시 서귀포에서 수술받을 수 있는 병원과 의사가 없어 제주시까지 가야 했다. 아무래도 의료 인프라 부족은 로컬에 살면서 겪는 단점이다.

제주에서 먹고 살기

제주로 이사오기로 결정하고 맨 먼저 해결해야 할 일은 집이었다. 이사를 가려면 기존에 살고 있는 전세 계약도 마무리해야 하고 이사갈 집도 구해야 했다. 이미 제주도 집값이 많이 올라 집을 매매할 수는 없었지만 서울에서 살던 집의 같은 금액대에서 제주도로 이사오니 평수가 두 배로 늘었다.

그리고 나는 기존에 일하던 스타트업에서 재택근무로 일하기로 했다. 아내는 직장을 그만두고 원래 일하던 분야와 전혀 다른 일러스트레이터로 일하기 시작했다. 서울에 살면서 육아일기를 그림으로 그려 SNS에 올렸던 것이 온라인 쇼핑몰 기업 담당자의 눈에 띄어 외주작업 의뢰를 받았다. 이사를 가기 위해서는 물리적 공간이 필요하기 때문에 첫 번째로 집을 구해야 하지만 지역에서 살아가는 데 가장 중요한 것은 역시 일자리다. 먹고 사는 것이 해결되어야 어디든 정착이 가능하다. 어떤 지역에서 살아가기 위한 정주 요건에는 교육환경, 교통, 주거공간, 인간관계, 자연환경, 병원과 마트 등의 편의시설, 문화시설 등 다양한 요소들이 있지만 무엇보다 우선되는 것이 일자리인 셈이다.

집은 자신이 가진 자산 내에서 규모를 맞추어 구할 수 있다. 매매가 어렵다면 전세를 구하면 되고 제주에서는 1년치 월세를 미리 내는 연세로도 집을 구할 수 있다. 그리고 대부분 도시에서 지역으로 이사오면 부동산 가격차로 더 큰 집을 얻을 수 있다. 실제로도 이런 부동산 가격차 덕분에 지역으로 이사오는 경우가 많다. 예를 들어, 2009년쯤 서울에서 전세 2억 원 아파트에서 살다가 제주도로 이사왔다면 1억 원으로 작은 목조주택을 매매하고 나머지 1억 원으로 가게 자리를 연세로 얻고 인테리어 및 운영비로 사용하는 것이 가능했다.

실제로 제주로 이사온 대부분이 기존에 다니던 직장을 그만두고 카페나 게스트하우스를 창업하는 경우가 많았다. 제주도 이주 초기 세대의 경우, 아마추어이더라도 워낙 카페나 게스트하우스가 많지 않았기 때문에 나름의 낭만으로 여겨져 여행객으로부터 인정받는 것이 가능했다. 하지만 이제 제주도는 부동산 가격이 치솟을 만큼 치솟아 도시에서 지역으로 이사하면서 부동산 시세차를 이용하는 방법이 더 이상 적용되기 어렵다. 또한 대규모 자본을 앞세운 휘황찬란한 카페와 건물들이 곳곳에 들어서면서 아마추어들이 설 자리가 없다.

제주도가 겪어온 사례에 비추어볼 때, 다른 지역으로 이주하는 것이 가능하고 자영업을 창업하는 것이 가능해지려면 다음 2가지

조건이 충족되어야 한다.

1. 부동산 시세 차익으로 인한 자본을 마련하는 것이 가능해야 한다.
2. 지역으로 이사오는 이주민이나 관광객 등 소비 인구가 어느 정도 확보되어야 한다.

이것은 지역으로 이주하면서 자영업을 했을 때를 염두에 두고 말하는 것이다. 거의 모든 지역 이주자들이 또다시 직장에 다니려고 하기보다 도시에서의 직장생활에 지쳐 새로운 일을 꿈꾸며 정착한다. 이 새로운 일 중 가장 흔한 것이 바로 자영업 창업이다.

나도 처음 제주도로 이주하려고 마음먹었을 때는 카페를 창업하는 것이 꿈이었다. 그 당시는 제주도의 카페가 한 세대 바뀌는 시점이었는데 제주도에서 운영하는 제주 이주민을 위한 팸투어를 통해 좀 더 진지하게 카페 창업을 고민하게 되었다. 제주 이주민을 위한 팸투어는 제주 이주를 꿈꾸는 사람들에게 제주 이주에 대해 교육하면서 제주도를 알려주는 3박 4일 일정의 제주여행이었다. 팸투어에서는 제주문화 전문가, 제주 이주 선배, 귤 농사 전문가 등 다양한 분들에게서 교육받을 수 있었다. 제주 이주 선배는 카페 창업 1세대로 불리던 카페 주인 분이었는데 자신이 창업하던 시점에는 주변에 카페가 하나도 없었기 때문에 전문 바리스타가 아니었지만 살아남을 수 있었다고 한다. 그러나 현재는 주변에 스타벅스를 비롯해 대형 커피 전문점이 많이 생긴 탓에 더 이상 버텨낼 도리가 없어 사업을 정리했다고 했다. 현 시점에서 카페를 창업하겠다면 정말 프로가 아닌 이상 쉽지 않을 것이라는 진심 어린 조언도 해주었다.

귤 농사 전문가 분도 비슷한 이야기를 들려주었다. 부동산 가격 상승으로 인해 귤밭도 덩달아 가격이 상승해 귤 농사로는 수익을 내기 어려우니 딸기와 같은 다른 작물을 시도하는 것이 좋겠다는 이야기였다. 다양한 제주 이주에 대한 현실적인 조언을 들을 수 있었다. 이처럼 어려운 시기에 결국 제주도로 이사왔고 비록 꿈에 그리던 집을 사지는 못했지만 벌써 6년째 제주도에 정착해 잘 살고 있다.

다시 일자리 이야기로 돌아오면, 어떤 지역에 정착하는 데는 정말 다양한 요소가 있고 각 요소들이 모두 중요하지만 일자리가 없으면 결국 그 지역에 정착할 수 없다. 그래서 제주도에서도 아버지는 육지에서 직장을 다니면서 '기러기 아빠'로 지내고 가족은 자연환경이 좋은 제주도에서 살고 있는 사례가 많다. 사실 지역으로 이사하면서 자영업을 시작하는 것은 생각보다 더 어렵다. 우선 기존에 자영업을 하다가 장소만 바뀐 상태로 자신의 업을 이어가는 것이 아닌 이상 새로 시작할 업에 대한 전문성을 확보해야 한다. 지역 소비자들의 기준도 마찬가지로 높기 때문에 카페든 식당이든 아마추어 실력으로 소비자들의 지갑을 열기란 쉽지 않다. 그리고 자영업은 기본적으로 초기 자본이 많이 필요하다. 공간을 확보해야 하고 인테리어를 새로 해야 하고 판매할 재료들도 필요하다. 또 처음 시작할 때는 필수적으로 홍보비도 들기 마련이다. 사업이 안착할 때까지 필요한 운영비까지 생각한다면 예상보다 많은 비용이 들 것이다.

가능하면 자신이 가지고 있는 경력을 지역에서도 이어가는 것이 지역에 정착하는 데 도움이 된다. 직장생활을 하던 사람이라면 지역에서도 동종 업계에서 직장을 찾아 취업한 후 어느 정도 지역 생활을 경험한 후에 창업하는 것이 좋다. 만약 이사한 지역에 원래 일하던 분야의 직장이 없다면 적어도 비슷한 분야에 취업하거나 자신이 앞으로 창업하고 싶은 분야의 직장을 찾아볼 수도 있다.

로컬에서 커뮤니티 만들기

우리가 보통 지역으로 처음 이사하면서 걱정하는 부분은 아는 사람이 없다는 것이다. 제주도에는 '괸당'이라는 문화가 있다. 괸당은 친척을 뜻하는 제주 방언이다. 육지에서 보통 혈연관계만 친척이라고 부르는 것과 달리 제주도에서는 혈연관계뿐만 아니라 지연, 학연 모두 괸당이라고 부른다. 이렇다 보니 제주 이주민들은 '혹시 텃세를 부리지는 않을까?' 라는 걱정이 크다. 사람마다 다르고 지역에 따라 다르겠지만 제주도에서도 시내권은 괸당 문화가 덜하고 시골로 갈수록 전통적인 공동체 문화가 많이 남아 있다. 해당 공동체에 속하지 못했을 때는 소외감을 느끼고 차별을 받을 수도 있겠지만 반대로 공동체에 속하면 많은 도움을 받을 수 있다.

그렇다면 어떻게 지역 공동체의 일원이 될 수 있을까? 우선 기존에 있던 지역 공동체에 들어가는 방법이 있다. 예를 들어, 운동 동호회, 교회, 지역 마을 청년회 등 누구에게나 열려 있는 공동체가 있다. 이런 곳들은 대체로 새로운 사람들을 환영한다. 특히 사람이 부족한 곳일수록 그런 경향이 있다.

그런데 찬찬히 주변을 살펴보니 기존에 존재하던 지역 공동체와 결을 달리하는 커뮤니티가 생겨나고 있다. 대표적인 곳으로 제주도 이주민 카페가 있다. 이곳은 온라인 카페를 기반으로 점점 오프라인 모임까지 확장되고 다양한 활동과 사업까지 연장된 경우다. 한 단계 더 나아가 젊은 층 사이에서는 기존 운동 동호회와 다른 자유로운 운동 모임들이 생겨나고 있다. '러닝 크루'라는 모임인데 매주 밤마다 모여 제주도 밤거리를 달리곤 한다. 이런 곳들은 온라인 카페도 존재하지 않고 별도의 회비도 없으며 가입 신청도 없다. 인스타그램으로 모임 공지를 올리면 참가하고 싶은 사람이 댓글을 달고 함께 모여 달린다.

기존 지역 공동체가 혈연, 지연, 학연으로 끈끈하게 연결되어 있다면 온라인 카페 모임은 오프라인 모임을 온라인으로 옮겨 놓은 듯한 모습이었다. 그런데 요즘 새롭게 보이는 커뮤니티들의 특성은 모임에 책임이나 의무가 부과되지 않고 자신의 필요에 따라 불특정 다수가 가벼운 마음으로 모이는 추세다. 만약 내가 원하는 커뮤니티가 없다면? 직접 만들면 된다. 어떻게 사람들을 모을지 걱정될 수도 있지만 자신이 모임을 만들었다는 것을 지역 온라인 카페나 인터넷을 통해 알리거나 길거리에 전단지를 붙일 수도 있다. 처음에는 사람 수가 적더라도 꾸준히 정기적으로 모여야 한다.

나는 이런 방법으로 '제주 IT 프리랜서 커뮤니티'를 페이스북 그룹으로 만들었다. 제주에 있는 IT 관련 종사자들이 서로 연결되면 좋겠다는 생각에서 시작했다. 제주도로 이사오기 전에 제주도에 살고 있는 분들을 많이 검색해 찾아보고 제주도에 살면 어떤지 무슨 일을 할 수 있는지 등을 물어보았다. 정말 다양한 분야에서 일하는 분들이 제주도 곳곳에서 살고 있었다.

카카오에서 파트타임을 할 때, 하도리에 살고 있던 개발자 고재훈 씨를 만나 "제주도에 IT 프리랜서가 많은데 다 같이 카페에 모여 코딩하고 일하면 재미있겠다."라고 이야기했다. 마침 꾸준히 커뮤니티가 있었으면 좋겠다고 생각하던 차에 카카오 개발자인 김종욱 씨가 페이스북에 올린 글을 보고 가벼운 마음으로 페이스북 그룹을 만든 것이 시작이었다. 그때가 2016년 2월이다. 당시 김종욱 씨가 "제주에 IT 커뮤니티가 생기면 좋겠다."라는 내용의 글을 쓰고 서로 정보도 공유하고 프로젝트도 함께 하는 느슨한 네트워크의 커뮤니티가 있으면 좋겠다고 했고 나는 대뜸 "제가 하나 만들어 볼까요?"라고 응했다. 처음에는 내가 아는 분들 위주로 그룹에 초대하고 블로그에도 계속 홍보 글을 올리면서 오프라인 모임도 가졌다. 최근 제주도에도 여러 IT나 창업 전문 지원기관들이 생겼고 많은 사람들이 서로 연결되었다고 생각하기 때문에 이제는 그냥 자유로운 인터넷 커뮤니티 형태로 유지하고 있다.

'제주'라는 키워드로 모이다 보니 제주시 사람들이 주로 모이고 서귀포 사람들은 소외된다는 느낌을 받았다. 서귀포는 제주시와 달리 창업 지원 기관도 없고 j스페이스 같은 공간이나 모임도 거의 없다. 나도 제주시까지 넘어가는 것이 부담스러웠다. 그래서 '서귀포 웨이브'라는 그룹을 따로 만들었다. 가끔 번개로 만나 일도 하고 운동도 했다. 매달 모여 하루 만에 전자책을 만드는 전자책 해커톤도 하고 아무래도 컴퓨터 앞에 앉아 있는 시간이 많은 개발자들의 건강 관리를 위해 체력장도 열었다. 확실히 가까운 곳에 모여 있는 사람들끼리 커뮤니티를 만드니 더 자주 모이고 더 빨리 친해졌다.

제주에는 외국인도 많이 사는데 그들은 생각만큼 한국인과 잘 섞이지 못하고 있었다. 우연히 제주에서 스타트업이나 디지털 노마드 씬을 찾지 못해 부산으로 이사갔다는 외국인 이야기를 듣게 되었다. 그래서 제주에 사는 외국인 개발자나 디지털 노마드를 위해 페이스북에 '디지털 노마드 인 제주'라는 그룹을 만들었다. 제주에도 디지털 노마드들이 있고 다양한 모임이 있다는 소식을 전하고 싶었다. 부산으로 떠났다는 외국인 친구도 가입했는데 제주로 다시 돌아오고 싶다는 메시지를 보내오기도 했다. 아쉽게도 활동은 활발하지 않다.

'신서귀포 길농'이라는 자유로운 농구 모임도 만들었다. 서귀포에도 농구 동호회가 있었지만 시간과 장소가 맞지 않아 참여할 수가 없었다. 그래서 길거리에 있는 농구 골대마다 함께 농구할 사람을 찾는다는 포스터를 붙이고 카카오톡 오픈 채팅방을 만들었다. 그렇게 시작한 농구 모임은 1년이 지났고 현재는 80여 명이 채팅방에 들어와 있다. 매주 픽업 게임식으로 진행되는 농구 경기에 20여 명이 참가한다.

좋은 코워킹 스페이스를 만들어보고 싶은 바람도 있다. 내가 생각하는 코워킹 스페이스는 단순히 모르는 사람들이 모여 각자 자기 일을 하는 공간이 아니다. 그럴 거면 차라리 카페에 가는 것이 나을 수도 있다. 디지털 노마드나 1인 기업가들이 모여 함께 일하고 서로 네트워크를 만들어 협업할 수 있도록 지원하는 공간이 내가 생각하는 진정한 코워킹 스페이스다. 이렇게 다양한 커뮤니티를 운영하는 이유도 사람들이 연결되어 서로에게 도움도 되고 뭔가 재미있는 일들이 일어나면 좋겠다는 생각 때문이다. 무엇보다 내게도 유익하고 즐거운 경험이다.

처음부터 사람들이 많이 모이지 않는다고 실망하지는 않아도 된다. 원데이 클래스를 열었는데 아무도 오지 않는다거나 코워킹 플레이스에 사람들이 잘 오지 않는다고 말이다. 나도 오프라인 모임을 추진했는데 아무도 참석하지 않아 혼자 일하다가 돌아온 적도 있다. 그렇다고 자책하거나 상처받지는 않는다. 그것은 나에 대한 거절이 아니라 그냥 다들 바쁜 일이 있었을 뿐이니까. 다만 한 명이 오더라도 그를 소중히 대하고 서로가 서로에게 의미 있는 사람이 되려고 노력하면 된다. 그렇게 한 사람씩 모여 모임과 공간을 채워가리라 믿는다.

"로컬에 사람이 없다.", "청년들이 없다."라는 말을 많이 하지만 찾아보면 어딘가에 분명히 있다. 단지 연결되어 있지 않을 뿐이다. 앞으로도 나는 제주에서 사람들을 연결하는 일을 해나갈 것이다.

제주 IT 프리랜서 커뮤니티 발표 모습 ⓒ 제주창조경제혁신센터

우리 부부가 제주에서 사는 법

내 경우는 재택근무로 일자리를 확보한 상태에서 제주도로 이사왔기 때문에 집을 구한 후에는 크게 걱정할 부분이 없었다. 아내도 프리랜서 일러스트레이터로 외주작업을 시작해 장소에 구애받지 않고 일할 수 있었다. 이렇게 시간과 장소에 구애받지 않고 일할 수 있었기 때문에 제주도로 이사오는 결정을 내릴 수 있었다.

재택근무로 내가 해왔던 일은 전자책 제작과 기획, 마케팅이었다. 저자나 서점 담당자와 만나야 하는 경우가 있었지만 대부분 휴대전화나 이메일로 소통하고 있었기 때문에 오프라인에서 회의하지 않는 이상 재택근무가 가능했다. 하지만 제주도로 이사온 몇 개월 후 회사 사정이 어려워져 실직하게 되었다. 때마침 제주도에 있는 다음카카오(현 카카오)에 파트타임 공고가 올라와 지원하고 쉬지 않고 바로 일을 시작할 수 있었다. 정직원이 아닌 파트타임이기 때문에 월급이 많지는 않았지만 생활하는 데 큰 문제는 없었다.

그 이후에는 솔앤유 전자책 독립출판사를 창업했고 프리랜서 겸 1인 기업으로 활동했다. 전에 협력사였던 전자책 서점 리디북스에서 일거리를 주었고 재택근무했다. 또 통영에 위치한 남해의봄날 출판사에서도 함께 일할 것을 제안해 주셨다. 그리고 그림을 그리는 아내와 함께 자체적으로 그림책과 전자책 출간을 병행했다. 제주도의 고등학교에서 학생들을 대상으로 전자책 강의도 하고 제주 지역 작가들의 작품들을 전자책으로 출간하기도 했다. 비록 전자책으로 번 수입은 많지는 않았지만 내가 가진 전문성을 발휘해 새로운 관계를 맺으면서 다양한 프로젝트들을 진행할 수 있었다.

아내는 원래 사회복지사로 근무했다. 어릴 적 꿈은 그림 그리는 것이었고 자신의 그림을 꾸준히 페이스북에 연재하면서 예상치 못한 기회들이 생겼다. '큼이네집'이라는 이름으로 육아웹툰을 연재하는 것이 여러 기업 담당자들의 눈에 띄어 쿠팡, 삼성화재, 법무처 등 다양한 업체의 외주작업을 하게 되었다. 아내와 나, 둘 다 제주로 오면서 자신의 일을 시작하게 된 것이다.

내 일을 하고 싶다는 마음은 아주 오래 전부터 가지고 있었는데 그 꿈을 이루기 위해 다양한 시도들을 했다. 맨 먼저 더치커피를 내려 '솔앤유 더치앤초코'라는 브랜드를 만들고 온라인으로 판매도 해보았고 프리마켓에 나가 오프라인 판매도 해보았다. 때마침 더치커피가 유행을 타 호기심 많은 구매자들로부터 판매가 많이 일어나기도 했다. 하지만 금방 여기저기서 더치커피를 판매하는 곳이 많아지기 시작했고 딱히 우리만의 차별성을 지키는 것이 어려워졌다. 차별성을 만들기 위해 수제 초콜릿을 만드는 것을 시도했지만 수제 초콜릿은 유통기한이 짧아 택배로 판매하기 어려웠다. 그리고 초콜릿 제작은 생각보다 전문성이 많이 필요한 분야였다. 제주도에 이렇다 할 기념 티셔츠가 없다는 점에 착안해 'Awesome Jeju'라는 티셔츠를 만들어 판매하기도 했다. 그런데 티셔츠 제작 분야는 너무 문외한이라서 제작비를 절감하지 못했고 패션에도 크게 관심이 없어 발전시키지 못하고 중단했다.

제주도에 살고 있는 외국인 친구들에게 한국어를 가르쳐주는 한국어 과외 선생님으로 일하기도 했다. 한 외국인 친구가 커뮤니티에 한국인 과외 선생님을 찾는다는 글을 여러 번 올려 시작하게 되었다. 모국어를 가르치는 일이라 처음에는 쉽게 생각했는데 우리가 자연스럽게 쓰는 한국어를 '왜 그렇게 써야 하는지'에 대한 부분을 영어로 설명하는 것이 굉장히 어려웠다. 그래도 외국인 친구들이 적극적으로 배우려고 했고 나도 수업 준비를 하면서 즐거웠다. 그래서 정식으로 한국어교원 자격증을 따려고 알아보니 제주시에 위치한 대학에 가 공부해야 했고 시험은 육지에 가서 봐야 했다. 또 해당 수업이 내가 알아보던 시점에는 개설되지 않았고 때마침 외국인 친구들이 제주도에서의 생활이 끝나고 자신들의 나라로 돌아가면서 자연스럽게 한국어 과외는 끝이 났다.

제주도에 살면서 다양한 시도를 하고 경험을 해봤는데 뭔가 한 가지 분야를 좀 더 깊이 파고들면 결국 시간과 노력, 비용이 들게 된다. 그럴 때 '이 일은 내가 정말 하고 싶은 일인가?'라고 자신에게 질문하게 되고 우선순위에서 밀리면 어느 순간 멈추게 된다. 모든 분야에서 전문가가 될 수는 없지만 이렇게 도전한 여러 분야의 경험은 결국 내게 자양분이 되고 내가 한 가지 전문 분야를 정해 일할 때 도움이 된다. 그리고 조금이라도 경험한 것과 아예 겪어보지 못한 것은 천지 차이이다. 한국어 과외를 해보지 않았다면 그냥 막연히 '한국어를 가르치는 건 쉽지 않을까?'라고 생각했을 테니 말이다.

지금은 '어썸제주'라는 이름으로 제주도 대표 과일인 귤을 온라인으로 판매하는 일도 시작했다. 제주로 이사간다고 하니 가족은 물론 만나는 사람마다 "제주도에 가면 귤 팔면서 살면 되겠다." 라고 말하곤 했다. 사실 제주에 원래 알고 지내던 지인이 있는 것도 아니고 제주에 산다고 모두 귤 농사를 짓는 것도 아니다. 그런 상황에서 우리 가족이 제주로 이사오자마자 귤을 판매한다는 것은 어려운 일이었다. 그리고 이사가던 시점에는 아내와 나 모두 재택근무로 일하고 있었기 때문에 따로 귤을 판매해야겠다는 생각도 하지 않았다.

제주에 산 지 3년쯤 지났을 무렵 아내가 동네 대형마트 문화센터에서 만난 지인이 때마침 무농약으로 귤을 재배하고 있다고 했다. 그분과 대화하던 중에 "무농약으로 열심히 농사지은 귤을 중간 유통상인을 거치지 않고 직접 판매하려고 했는데 생각보다 쉽지 않아 창고에서 썩은 귤이 수천 상자나 된다."라는 이야기를 들었다. 그래서 SNS나 인터넷에 익숙한 우리가 직거래로 귤을 판매해보면 어떻겠느냐고 제안하면서 귤 판매를 시작하게 되었다. 처음에는 지인들 위주로 귤을 판매하다가 생각보다 판매가 잘되지 않아 본격적으로 할 생각이 없었는데 우연히 한 인터넷 커뮤니티에 우리 귤이 맛있다는 소문이 났고 그 후로 판매가 잘되고 있어 겨울에는 열심히 귤을 판매하고 있다.

귤은 굉장히 대중적이고 차별점을 가지기 어려운 상품이기 때문에 항상 어떻게 마케팅할지 고민한다. 그래서 제주도에 있는 책방 '소리소문'과 함께 귤과 책을 함께 판매하는 이벤트도 진행해보고 귤토큰이라는 암호화폐를 발행하는 시도도 해보았다. 결국 가장 중요한 것은 고객들의 목소리에 귀 기울이고 고객들이 원하는 것이 무엇인지 알고 대응하는 것이라는 사실을 깨달았다. 우리 고객은 혼자 사는 여성들이 많다 보니 혼자 먹기에는 기존 귤 상자의 양이 너무 많다며 소량의 귤 상품을 만들어주었으면 좋겠다는 피드백을 받았다. 그래서 다음 해에 3kg짜리 상자의 귤을 판매했다. 정말 이 3kg 상자 귤이 가장 많이 팔렸다. 중량이 작은 상품을 만들면 가격 대비 배송비 비중이 커져 그만큼 수익이 줄어 손해를 볼 가능성도 있는데 많이 팔려서 다행이었다.

지역에서 일하면서 살아가는 방법에는 다음 세 가지가 있다.

1. 지역에 위치한 기업이나 공공기관에 취업하기
2. 프리랜서로 일하기
3. 창업하기

사실 아내와 내가 겪어온 과정은 이 세 가지 모두다. 제주의 다음카카오에서 일한 것은 지역에서 취업한 것이었다. 아내가 일러스트레이터로 일을 시작하고 리디북스 전자책 외주 제작을 한 것은 프리랜서였다. 마지막으로 솔앤유 전자책 출판사를 창업하고 나만의 전자책을 출간한 것은 바로 창업이었다.

1. 취업

지역에서 살고 싶어 하는 사람이 있다면 맨 먼저 취업을 권하고 싶다. 지역으로 이사오는 사람들이 모두 창업을 할 수도, 로컬크리에이터의 삶을 살 수도 없는 노릇이다. 그래서 내가 추천하고 싶은 방법은 어느 지역이나 매년 구인하는 공공기관과 공무원에 지원하는 것이다. 지역에서 공무원이 되면 안정적인 직장이 확보되는 것은 물론 지역사회에도 금방 녹아들 수 있다는 장점이 있다. 지역을 대표하는 기업에 취업하는 것도 지역을 빨리 이해하는 데 도움이 된다.

2. 프리랜서

한 분야의 전문가가 되면 프리랜서로 일할 기회가 생긴다. 이미 지역에 정착해 잘 살고 있는 사람들 중에는 프리랜서 직업군이 많다. 번역가, 디자이너 등 많은 분야의 프리랜서가 있다. 프리랜서는 외주 일감을 받아 대신 일해주는 개념이라고 볼 수 있다. 처음부터 프리랜서로 일하기는 쉽지 않다. 그래서 대부분 직장생활을 통해 경력을 쌓은 후 프리랜서로 전환한다. 만약 처음부터 프리랜서로 일하고 싶다는 사람이 있다면 자신의 포트폴리오를 꾸준히 쌓아 직접 영업을 다닌다면 가능하다. 인터넷에는 프리랜서들이 일자리를 구하는 사이트들이 많이 있다. 업워크, 탑탤, 크몽, 피버 등 검색해보면 많이 나온다.

3. 창업(또는 창작자)

취업을 통해 전문성을 키우고 그 이후에 전문성을 가지고 프리랜서 일을 했다면 마지막은 창업이다. 여기서 창업은 대박을 꿈꾸며 어마어마한 성장곡선을 그리는 스타트업만 말하는 것이 아니다. 1인 기업이나 소규모의 창업 그리고 창작자를 말한다. 지역과 연계된 창업을 한다면 더 큰 장점이 있다. 최근에는 지역 창업을 적극적으로 지원하는 프로그램이 많아 시기적으로도 좋다.

최근 제주도에도 창업 지원 기관이 많이 생겼고 다양한 분야의 지원 정책도 많아졌다. 긍정적으로 변하고 있다. 서귀포에도 창업전문 지원 기관인 스타트업베이와 청년들의 다양한 활동을 지원하는 제주청년센터가 생겼다. 청년들이 2년간 경제적 지원을 받으며 교육을 받을 수 있는 더큰내일센터도 생겼다. 이제 씨앗을 뿌리고 물을 주는 시기를 지나고 있으니 5년쯤 후에는 노력한 결실을 볼 수 있을 것이라고 생각한다.

내가 원하는 장소와 시간에 일할 수 있는 삶

제주도로 이사오고 내 일을 시작하게 되어 좋은 점은 언제 어디서나 내가 원할 때 내가 원하는 장소에서 일할 수 있다는 점이다. 자유롭게 일할 수 있다는 것은 삶의 큰 선물이다. 출.퇴근 러시아워에서 벗어나 한가롭게 동네를 산책하고 자연이 아름다운 곳에서 아이들과 마음껏 놀아줄 수 있다.

그런데 이것은 단순히 여유로워졌다는 의미가 아니다. 오히려 서울에서 직장에 다닐 때보다 더 철저히 일해야 한다. 서울만큼 경쟁이 치열하지 않고 사람들이 여유롭다고 내 삶도 덩달아 보장되지는 않는다. 경쟁이 덜 치열한 만큼 제주에서는 서울보다 기회가 부족하다. 제주에 산다는 이유로 포기해야 하는 제안들도 많았다.

협재 앞바다에서 찍은 가족 사진 © Yoki SJ Photography

지역에서 자신의 일을 하는 사람들을 만나보면 일의 효율성을 계산하는 경우가 많다. 짧고 굵게 일한다는 것이다. 또는 생산성이 높다고 말할 수도 있겠다. 남들이 10시간 걸릴 일을 1시간 안에 끝낸다. 직장생활을 한다면 이렇게 일찍 일을 끝내도 또 다른 일이 기다리고 있겠지만 나는 빨리 일을 끝내고 나머지 시간에 여유를 즐긴다.

항상 가족들과 함께 하는 시간을 최우선 순위에 두면서 매우 가족중심적인 삶을 살고 있다. 그래서인지 우리 아이들도 가족이 함께 있는 것을 당연히 여기고 가끔이라도 아빠가 일하러 밖에 나가면 어색해한다. 온 가족이 집돌이 성향이고 동네를 산책하는 것을 좋아해 제주에 살면서 아직 우도에도 안 가 보았을 정도로 멀리 돌아다니지 않는 편이다. 그래도 앞으로는 좀 멀더라도 제주 여행을 다닌다는 가족 목표를 세웠다. 서귀포에 살아 거리가 먼 제주시와 동북쪽(조천, 함덕, 김녕 방면)에는 거의 안 가는 편이다. 그래서 제주시에 갈 때는 아예 숙박 예약을 하고 1박 2일 여행을 다녀오기도 한다. 관광객들이 많이 가는 동선과 시간대를 피해 여행을 다니는 편이고 주로 친구 가족들이 많이 살고 있는 제주 서쪽 지역을 간다. 아이들에게 날마다 별이 가득한 밤하늘을 보여줄 수 있고 계절마다 매화며 벚꽃이며 유채꽃, 수국, 귤꽃 등이 지천으로 흐드러진 풍경을 추억으로 남겨줄 수 있다는 점도 제주도에서만 누릴 수 있는 장점이다.

아이들과 전자책도 만들어 출간했다. 첫째 큼이의 첫 전자책은 『레이싱 카와 챈들라』다. 아빠가 집에서 전자책을 만드는 모습을 어릴 때부터 지켜보다 보니 어느 날 갑자기 자신도 전자책을 만들겠다며 글을 쓰고 그림을 그렸다. 그래서 그 내용 그대로 전자책으로 출간했다. 둘째 별이도 얼마 전 『똥을 잘 싸요』 라는 전자책을 출간했다. 형이 전자책을 만들어 팔아 번 돈으로 장난감을 사는 모습을 본 자신도 책을 내겠다며 이야기를 만들었다. 큼이는 전자책을 팔아 팽이 장난감을 사겠다고 했는데 그 이야기를 영상으로 찍어 유튜브에 올렸더니 영상을 본 어느 팬이 정말 팽이 장난감과 과자를 선물로 보내주었다. 그 후로도 전자책을 몇 권 더 냈는데 지금은 이야기를 창작하는 것이 힘들다며 절필을 선언한 상태다.

지출은 줄이고 삶의 질은 높이기

내가 제주에 사는 것은 단지 바다를 보면서 일한다, 여유를 즐긴다는 측면보다 지출을 줄이고 삶의 질을 높이기 위한 합리적인 시도다. 서울의 비싼 집값을 감당하는 대신 부동산 가격이 더 저렴한 제주를 선택하고 지출을 줄이면서 내 일을 시작했다. 즉, 지역에서 새로운 도전을 시작하기 위해 반드시 필요했던 부분은 비용을 줄여야 한다는 점이었다. 지출을 많이 줄이면 줄일수록 수입이 적어도 버티는 기간이 길어진다. 그리고 일을 덜해도 된다.

우리나라 청년들도 지역에서의 삶을 지출을 줄이는 합리적인 시도로 접근하면 어떨까? 연봉이 높은 직장에 취업해야 할 이유가 꼭 있을까? 반드시 서울에 살아야 할 이유가 있을까? 지역에서 먹고 살 수 있다면 굳이 서울에 살지 않아도 된다. 그러면 서울의 비싼 집값을 감당할 필요도 없다. 제주도에서 원격근무로 일하면 서울보다 삶의 질이 훨씬 좋아진다. 물론 사람마다 중요하게 생각하는 삶의 질은 다를 수 있다.

강원도에서 스타트업을 창업하는 것은 어떨까? 경남 통영 작은 마을에서 책방 점원으로 일하는 것은 어떨까? 지역에서 산다는 것은 꼭 큰 의미가 필요한 것은 아니다. 한 번 살아보고 자신과 맞지 않으면 다시 자신이 살던 도시로 돌아가도 실패한 것이 아니다. 평생 한 곳에서만 살라는 법은 없으니 서울에서도 10년 살아보고 제주에서도 10년 살아보고 목포에서도 10년 살아본 후 자신과 맞는 곳에 정착해 살아가도 좋다.

나는 제주에서 사는 것이 정말 즐겁고 앞으로 어떤 일들이 벌어질지 기대도 된다. 아내도 대만족이다. 자연환경이 주는 만족감도 물론 크지만 제주에 살면서 비슷한 가치관의 친구들을 많이 만나게 되는 것도 마음에 안정을 준다. 서울에서 살았다면 당연히 더 많은 경제적 기회들이 있었겠지만 제주에서 살아 경험할 수 있는 다양한 기회들도 있다. 제주도가 서울보다 거주하는 사람들은 적지만 오히려 다양한 사람들을 만날 기회는 더 많다고 생각한다. 물론 서울에도 다양한 개성을 지닌 사람들이 많겠지만 그들을 내가 만날 일은 적다. 예를 들어, 서울에 살고 있는 외국인은 제주도보다 많겠지만 서울에서 한국어를 배우고 싶어 하는 외국인을 만나 내가 그의 한국어 과외 선생님이 될 가능성은 오히려 적지 않겠는가.

아이들이 더 자란 후에도 계속 제주도에 살 생각이지만 제주도에 뼈를 묻겠다는 확고한 결심을 가지고 있지는 않다. 지금 제주도에서 살고 있는 순간을 소중히 여기고 감사하고 어느 곳에 가서든 우리 가족은 행복하게 지낼 수 있다는 유연한 마음을 가지고 있다. 양가 부모님들은 1년에 한 번 정도 만난다. 자주 뵐 수 없어 부모님께는 자주 연락드리려고 노력한다. 부모님과 함께 가족여행을 전보다 더 많이 다니게 된 것은 긍정적인 변화다.

그렇다고 제주를 떠날 생각을 한 번도 안 해본 것은 아니다. 제주도의 부동산 가격과 집값이 너무 많이 오르면서 자가를 보유하지 않은 상태에서는 주거 안정을 보장받지 못하는 상황을 절감했을 때, 제주를 떠나는 것을 진지하게 고민했다. 직업적 불안정, 경제적 불안정은 서울이 아닌 다른 어느 지역을 가더라도 똑같이 겪을 문제이니 제주도를 떠난다고 해결되는 것은 아니지만 그럼에도 제주도 집값이 오르면 주거비 상승과 불안정한 수입이라는 두 가지 문제에 모두 맞닥뜨리게 된다.

몇 년 전과 비교해 제주도에는 아파트가 계속 지어지고 건물들이 들어서고 있다. 그리고 앞으로도 대형 건설 계획들이 예정되어 있다. 하지만 실제로 지역민 수는 정체되어 있다. 카페나 음식점, 숙박업 등 관광업 관련 상점들은 많아졌지만 인기가 많은 곳은 새벽부터 줄을 서고 한가한 곳은 6개월도 안 되어 폐업하는 양극화가 심화되고 있다. 이런 양극화 문제나 갈등 문제들을 어떻게 해소할 수 있을까…….

요즘 들어 좀 더 적극적으로 행동해야겠다는 다짐을 하곤 한다. 지금까지는 나만 잘하면 된다고 생각하고 우리 가족을 먼저 생각했다면 이제는 주변에 관심을 가지고 사회가 더 나은 곳이 되도록 노력해야 나와 우리 가족도 행복해질 수 있다는 사실을 깨달았다. 어떤 방법으로 사회를 더 나은 곳으로 바꿀 수 있을지는 계속 고민 중이다. 지금 이 글을 쓰고 책 출간에 참여하는 것도 한 가지 방법이라고 믿는다.

모두 자신이 좋아하는 곳에서 살면서 설레는 일상을 맞이하면 좋겠다.

귤 농장에서 아들과 함께 귤 따기

제주 이주 관련 인터뷰 © JTBC

제주도 삶의 예술학교 청년들에게 강연하는 모습

로컬을 살리는 해법을 어떻게 만들어낼까

인구를 늘리려는 지자체들의 지원책 가운데 대표적인 것이 '출산지원금' 제도다. 아이를 낳으면 돈을 주는 제도로 '아기수당', '양육기본수당' 등 지자체마다 다르게 불리고 액수와 지급 방식도 저마다 다르지만 지자체의 92%가 주고 있을 만큼 널리 퍼진 제도다. 그런데 이런 지원이 정말 지역의 인구를 늘리고 있을까?

2019년 11월 전라남도 해남군에서는 유모차 퍼레이드가 벌어졌다. 2013년부터 무려 7년째 줄곧 합계출산율 전국 1위에 오른 것을 널리 알리려는 행사로 이번이 다섯 번째였다. 해남군의 2018년 합계출산율은 1.89명으로 전국 평균의 두 배였다. 그렇다고 마냥 축하할 일은 아니다. 전국에서 가장 높은 출산율로도 인구가 줄어드는 것을 막지는 못하고 있기 때문이다. 해남군의 인구는 2009년 8만 1,148명에서 2018년 7만 1,901명으로 줄었다. 10년 사이 11%가 줄어든 셈인데 아이들이 태어나고 얼마 안 돼 해남을 떠나는 것도 한몫하고 있다. 2012~2018년에 해남에서 태어난 아이의 수는 5,069명인데 이들 가운데 3,337명만 2018년(0~6세)까지 해남에 남았다. 그러니까 나머지 1,732명은 어떤 이유로든 해남을 떠났다는 뜻이다. 이렇게 떠난 비율이 무려 34%다. 2012년에 태어난 810명의 아이들만 따져봐도 그 수가 2013년 761명, 2014년 651명으로 줄다가 초등학교 입학을 앞둔 만 6세(2018년)에 이르러서는 469명으로 줄었다. 거의 42%에 달하는 아이들이 해남을 떠난 셈이다.

물론 이러한 출산장려 정책 효과가 아예 없다고 할 수는 없다. 이마저도 없었다면 인구가 더 빠르게 줄었을 테니까. 하지만 더는 효과를 기대하기 어렵다는 점도 놓쳐선 안 된다. 2012년 해남이 출산장려 정책을 도입한 뒤 새로 태어난 아이의 수는 2009년 530명에서 2012년 832명으로 크게 늘었지만 2018년에는 다시 513명으로 줄었다. 제도가 없던 때로 돌아간 것이다.

다른 곳은 어떨까? 경상북도 봉화는 첫 아이를 낳으면 출산축하금 100만 원을 더해 700만 원을 준다. 첫 아이에게 주는 돈으로 따지면 전국에서 가장 많다. 영양, 청송 등과 더불어 인구가 가장 빠르게 줄어드는 곳으로 꼽히는 만큼 다른 곳보다 더 많은 지원을 쏟아붓고 있는 것이다. 하지만 이 돈을 다 받으려면 다달이 10만 원씩 60개월, 그러니까 5년이 걸린다. 해남보다 3년 반이 더 길다. 넷째부터는 1,900만 원을 주는데 달마다 30만 원씩이다. 오래도록 봉화에 머물게 하려는 뜻이리라. 봉화도 한때 출산율을 1.62명(2016년)까지 끌어올렸지만 해마다 태어나는 아이의 수는 점점 줄고 있다. 2012년 243명이 태어났지만 2017년에는 167명에 그쳤다. 5년 사이 30% 넘게 줄어든 셈이다. 2018년에는 첫 아이 지원금을 470만 원에서 700만 원으로 크게 올렸음에도 오히려 11명이 줄어 156명에 그쳤다.

경상북도 울릉군은 셋째부터 최고 2,660만 원을 주고 문경시는 넷째부터 3,000만 원을 준다. 다둥이 가정에 더 많은 지원금을 몰아주려는 뜻으로 보인다. 이렇듯 더 나은 정책을 설계하려고 지자체마다 액수와 지급 방식을 달리하고 있지만 어느 쪽이 더 나은 지 답을 찾은 것 같지는 않다. 제도가 도입된 지 10년이 다 되어 가는데 그 사이 더 나은 답을 찾을 수는 없었을까. 따지고 보면 태어난 아이들이 해남을 떠나는 징후는 정책을 도입한 이듬해부터 조금씩 나타났다. 2012년에 태어난 아이 810명 가운데 일 년 만에 49명이 떠났고 다시 그 다음 일 년 사이에 90명 그리고 그 다음 일 년 사이에 75명이 해남을 떠났다. 받기로 한 출산장려금을 다 받기도 전에 떠나는 이들이 5분의 1에 달한 셈인데 이 정책만으로 지역의 인구를 늘리기에는 역부족이라는 사실이 이때부터 어느 정도는 드러난 것이다.

담당 공무원들조차 이 정책이 효과가 있다고 믿지 않는다. 최근 육아정책연구소 양미선 연구위원이 발표한 보고서 「지역 저출산 정책 현황과 발전 방향」에 따르면 243개 지자체의 저출산 정책 담당 공무원 1,001명 가운데 81%가 "현금 지원 저출산 정책에 문제가 있다."라고 답했다. "사업효과가 낮거나 없다."(69.6%), "지자체 간 과다 경쟁만 지속된다."(66.0%)가 이들이 꼽은 이유다. 또 응답자의 93.4%는 "전국 시도 및 시군구 간 조정이 필요하다."고 답했는데 더 나은 답을 찾아야 한다는 뜻으로 읽힌다.

그러나 어찌 된 일인지 앞으로 더 많은 돈이 지원금으로 쓰일 것으로 보인다. 2019년 출산지원금으로 나간 돈은 3,280억 원으로 일 년 사이 5분의 1(20.7%)인 680억 원이 늘었다. 보건사회연구원 이한나 부연구위원의 보고서 「지방자치단체의 저출산 대응 실태 및 과제」에 따르면 지난 2016~2018년에 많은 지자체들이 셋째 아이부터 주던 지원금을 첫째나 둘째 아이부터 주도록 늘리거나 금액을 키우는 방향으로 정책을 손본 것으로 드러났다. 드러난 증거들에 눈을 감은 채로 지금껏 해오던 방식을 고집하고 있는 것이다.

영국 국가복지체계의 빈 자리를 메우려 노력해온 혁신가 힐러리 코탐(Hilary Cottam)은 『Radical Help』 라는 책에서 달라지는 것이 없다는 사실을 알면서도 책임을 피하려 몇 년째 똑같은 곳에 돈을 쏟아붓는 정부의 이러한 행태를 두고 "값비싼 실패"라고 꼬집었다. 지난 10년간 출산율을 높이려 무려 100조 원 넘게 예산을 쏟아부은 우리에게 더 아프게 다가오는 말이다.

대규모 산업단지를 조성해 일자리를 늘리려는 시도도 여전하다. 그렇게 만들어진 산업단지가 2011~2017년 200곳이 넘는다. 하지만 지자체들 간 제로섬 게임에 가까운 이런 방법으로는 모두를 만족시킬 수 없다. 특히 국가산업단지와 달리 시군 지자체가 지정하는 일반산업단지와 도시첨단산업단지, 농공단지 등에서는 미분양이 속출하면서 오히려 재정을 갉아먹고 있다. 그럼에도 대규모 산업단지 조성 소식은 끊이지 않는다. 2020년 6월 A시는 오는 2026년까지 5,100억 원을 들여 93만 9,000㎡ 규모의 산업단지와 근린생활시설을 조성하겠다고 했고 B도는 청년 인재들이 찾는 매력적인 일자리가 넘쳐나는 산업단지를 조성하겠다고 했다. 이들 산업단지가 지금까지와는 다른 점이 있다면 굴뚝산업(제조업)이 아닌 AI(인공지능), 드론, 빅데이터 등 첨단산업을 끌어들이겠다는 것이다. 이른바 '스마트 산업단지'다.

그러나 비슷한 시기에 서울대와 한양대 공대생들에게 "연봉을 얼마 더 주면 비수도권 지역의 직장에 취직하겠느냐?"고 묻자

39.8%가 2,000만 원이라고 답했고 17.2%는 3,000만 원은 더 줘야 한다고 답했다. "얼마를 더 주더라도 비수도권으로는 나갈 생각이 없다."라고 답한 학생의 비율도 13.7%였다.[1] 기업들은 과연 수천만 원에 달하는 연봉을 더 지급할 생각이 있을까? 그렇지 않다면 이 간극을 극복할 방안을 찾아야 한다.

『제인스빌 이야기』는 2008년 12월 미국 위스콘신주 제인스빌의 GM 공장이 무려 85년 만에 잠정적으로 문을 닫으면서 주민들의 삶이 어떻게 변해갔는지를 추적한 르포르타주다. 주민들은 공장이 다시 가동되기를 꿈꾸지만 결국 7년이 지난 2015년 가을, 공장의 영구 폐쇄 결정이 전해졌다. 책에서는 "언젠가 공장이 다시 문을 열 것이라는 희망을 놓지 않았던" 옛 GM 노동자들이 절망했다고 적고 있다. 조금 일찍 미련을 버리고 새로운 길을 찾아 나섰다면 어땠을까? 혹시 스웨덴 말뫼와 같은 혁신이 일어나 도시가 다시 활기를 찾을 수도 있지 않았을까? 여전히 대규모 산업단지에 매달리는 지자체들을 보며 제인스빌의 풍경이 겹쳤다.

로컬에서는 단순 노무직이나 서비스업 일자리만 늘어난다는 점도 문제다. 이러한 일자리는 머지않아 자동화로 사라질 수도 있기 때문이다.[2] 창의적 직종은 수도권과 대도시의 울타리를 벗어나려 하지 않는다. 여기에 코로나 19 사태가 더해지면서 그나마 있던 제조업 일자리마저 흔들리고 있다.

이런 가운데 새로운 시도도 눈에 띈다. 초등학생 수가 점점 줄어들자 전학을 오면 그 가족이 공짜나 다름없는 싼값에 머물 수 있도록 아예 살 집을 제공하는 지자체들이 생겼다. 충북 괴산군은 제비마을 백봉초등학교에 전학을 오는 가족에게 집을 주기로 했다. 이 학교는 2018년 한 명뿐이던 1학년 학생이 다른 곳으로 이사가는 바람에 1학년이 사라졌다. 그러자 더 이상은 안 되겠다는 생각에 학교와 주민들이 머리를 맞댔다. 다행히 정부와 지자체가 농촌을 살리려고 지원한 예산이 있었다. 주민들은 이 예산 가운데 8억여 원을 들여 여섯 채의 집을 짓기로 했고 괴산군도 주민의 뜻을 받아들였다. 초등학교를 졸업할 때까지 머무는 조건으로 월 5만 원의 관리비만 내면 새 집에서 살 수 있도록 했다. 그렇게 2018년에 여섯 가구를 뽑았고 병설유치원까지 모두 13명의 아이들이 마을의 새 식구가 되었다. 2019년에는 여섯 채를 더 지어 여섯 가구를 새로 뽑았는데 그 다음 해에 오기로 한 아이들은 18명으로 늘었다. 그러자 다른 곳에서도 비슷한 시도가 잇따르고 있다. 경남 함양 서하초등학교는 신입생 가족이 머무를 집을 주기로 했다. 1년에 200만 원만 내면 된다. 이뿐만이 아니다. 전교생에게 장학금을 주고 해외로 어학연수도 보내준다. 부모가 일자리를 찾을 수 있도록 돕겠다고도 한다.

집을 주겠다는 이 새로운 정책은 출산지원금을 제공하는 것보다 더 효과가 클까? 물론 아직은 알 수 없다. 주민들이 머리를 맞대고 새로운 해법을 찾아내고 지자체가 이를 받아들여 지원해준 것은 박수를 받아 마땅한 일이지만 아직 그 효과가 뚜렷하게 검증되지 않은 것도 사실이다. 그러니 출산지원금 정책처럼 모든 지자체들이 앞다퉈 따라할 일은 아니다. 효과를 조금 더 정확히 검증하는 게 먼저다.

핀란드, 정책 실험으로 미래를 설계하다

'정책 실험(Policy Experiment)'이란 것이 있다. 아직 우리에게는 낯설지만 많은 나라들에서 벌써 오래 전부터 시도해온 방식이다. 2018년부터 2년간 핀란드 정부가 진행한 '기본소득 실험'은 대표적인 정책 실험이다. 핀란드 사회보장국(KELA)은 '기본소득이 고용률을 높이는 효과가 있을 것'이란 가설을 세우고 무작위로 뽑은 실업자 2,000명에게 2년간 우리 돈으로 약 72만 원의 수당을 지급하는 실험을 진행했다. 핀란드 정부는 벌써 오래 전부터 근거를 기반으로 한 정책 수립의 방안을 찾으려 애써 왔다. 스마트 칼라사타마(Smart Kalasatama)도 그 가운데 하나다.

핀란드 수도 헬싱키 도심에서 북동쪽으로 2km 남짓 올라가면 바다로 둘러싸인 옛 항구 터, 칼라사타마에 닿는다. 우리 말로는 '물고기 항구'다. 실제로도 100년 넘게 항구로 쓰였다. 지금은 세계에서 첫 손에 꼽히는 스마트 시티이자 리빙랩(생활 실험실)으로 탈바꿈해가고 있다. 칼라사타마가 속해 있던 쇠르내이넨(Sörnäinen)은 19세기부터 산업지구로 키워졌다. 공장과 작업장들이 하나둘 세워지더니 1860년 무렵에는 철도와 항만시설이 들어서면서 산업화에 속도가 붙었다. 다른 나라로 팔려나가는 목재들이 한때는 모두 이곳을 거쳐 갔고 유조선이 드나들던 핀란드의 첫 유류 취급항도 이곳에 만들어졌다. 가까운 섬들 사이의 바다를 메워 항구의 덩치를 키우기도 했다. 그러나 20세기 들어 상황이 바뀌었다. 멀지 않은 곳에 새로운 항구들이 늘면서 이곳을 찾는 배도 눈에 띄게 줄어갔다. 언제부턴가 수출용 목재도, 유조선도 더 이상 찾아볼 수 없게 되더니 새로운 도로가 항구를 지나게 되면서 결국 2008년 이곳의 모든 항구가 문을 닫았다. 칼라사타마는 활기를 잃었다.

헬싱키는 유럽 안에서도 손에 꼽힐 만큼 빠르게 성장하는 도시다. 도심으로 인구가 몰리자 정부는 비어버린 이 항구 터에 새로운 도시를 짓기로 했다. 그러면서 더 나은 도시를 만들어갈 상상력과 새로운 기술을 펼쳐볼 실험 공간으로 삼기로 했다. 처음부터 마땅한 주거시설이 없던 곳인 만큼 새로운 시도를 해보기에는 더할 나위가 없었다. 여의도 크기의 절반이 조금 넘는 거대한 도시 실험실, '스마트 칼라사타마'는 그렇게 이곳에 닻을 내렸다.

헬싱키시는 2019년 2월 현재 3,500명이 사는 이곳의 인구를 2030년까지 2만 5,000명으로 늘리고 직업도 1만 개를 만들 계획이다. '날마다 한 시간씩 시민의 시간을 아껴주자.'는 비전도 세웠다. 2030년 무렵이면 교통 흐름도 더 원활해지고 원격근무를 할 수 있는 유연한 시설과 다양한 서비스 및 인프라가 갖추어짐으로써 이곳에 사는 이들은 날마다 한 시간씩의 여유 시간을 더 누릴 수 있게 될 것이라는 뜻이다.[3]

"공원에서 5분을 더 산책할 수 있고 일터로 떠나기 전 아이와 5분을 더 놀아줄 수 있고 이동에 시간을 낭비하지 않아도 되기 때문에 집에 5분 일찍 도착할 수 있게 된다."

스마트 칼라사타마 프로그램 디렉터인 커코 바하넨(Kerkko

Vanhanen)의 말이다. 1만 개나 되는 일자리를 어떻게 만들겠다는 것인지 아직 뚜렷한 계획이 보이지는 않지만 도시 전체를 실험실로 삼는다는 발상만큼은 놀라우면서도 부럽다.

실제로 이곳에서는 다양한 실험들이 벌어지고 있다. 핀란드는 수도 헬싱키를 2035년까지 탄소중립 도시로 만들겠다는 목표를 세웠다. 이산화탄소를 배출한 만큼 흡수 대책을 세워 실질 배출량을 '0'으로 만들겠다는 계획이다. 칼라사타마는 대담한 실험을 통해 이러한 기후 목표를 앞당기는 데 기여할 것으로 기대된다. 이를 위해 애자일 파일롯팅 프로그램(The Agile Piloting Program)을 운영하고 있다. 이는 말 그대로 빠른 시제품 개발과 실험으로 현실에 적용 가능한 서비스와 제품을 만드는 방식이다. 시는 작은 벤처와 중소기업들이 자신들의 서비스를 도시 기반 시설과 연결할 수 있는 기회를 제공한다. 혁신적 서비스를 실제 삶의 현장에서 실험해 볼 수 있도록 하고 있는 것이다. 지난 수 년간 이러한 에자일 파일롯팅 모델이 핀란드의 주요 도시들에서 폭넓게 채택되면서 60개가 넘는 애자일 파일럿들이 운영되고 있다.

스마트 시티 조성을 위해 헬싱키 시정부가 세운 민관협력 기관 '포럼 비리움 헬싱키(Forum Virium Helsinki)' 프로젝트 매니저 비에라 무스토넨(Veera Mustonen)은 "우리는 사회적·건강 돌봄 서비스에서부터 쓰레기 관리, 심지어 스마트 주차까지 모든 것을 실험하고 있다."[4]라고 말한다. 여기에는 지역민이 의사결정 과정에 참여하는 새로운 길을 포함하고 있다는 점도 놓쳐서는 안 된다. 모든 실험이 철저히 시민의 참여와 통제 아래 진행되도록 함으로써 기업이 멋대로 기술을 앞세워 사회적 갈등을 일으키지 않도록 하고 있다. 칼라사타마에 거주하는 성인 약 3,000명 가운데 1,200명이 기꺼이 실험에 참여하고 있는데 시는 이러한 참여에 대한 자긍심이 대단하다.

물론 칼라사타마는 우리의 로컬과는 처지가 다르다. 외곽이기는 하지만 수도 헬싱키에 속해 있는 데다 도심이 감당하지 못하는 인구를 꾸준히 공급받을 수 있기 때문이다. 그렇다고 해도 10년 안에 인구를 8배로 늘리고 일자리를 1만 개까지 늘리는 일은 만만찮아 보인다. 게다가 스마트시티가 지향하는 순환경제 생태계를 만들어내는 일도 숙제다. 아직은 누구도 가보지 않은 길이란 점에서 활기 잃은 도시를 되살리는 일과 다르지 않다. 만들려는 도시가 스마트시티든 청년들이 살기 좋은 도시든 스마트 칼라사타마는 좋은 본보기가 될 수 있다.

우리나라도 작은 규모이기는 하지만 '청년들이 살기 좋은 마을 만들기'라는 이름으로 정책 실험이 이루어지고 있다. 2018년부터 행정안전부에서 이 사업을 맡아온 황석연 서기관은 "청년들이 직접 자신들이 살고 싶은 마을을 만들도록 권한을 주고 자원을 연결시켜주는 것이 제일 좋다는 것을 입증해 보이고 싶었다."라고 말한다. 그는 2018년 전라남도 목포 '괜찮아마을'과 2019년 충청남도 서천 '삶기술학교'에 이어 2020년에는 경상북도의 관문 문경에서 진행하고 있는 '달빛탐사대' 프로젝트를 담당하고 있다.

"일종의 정책 실험이다. 이 실험이 성공했는지 여부를 판단하기는 아직 이르다. 다만 지역이 다르고 참여 청년들이 상이한 만큼 같으면서도 다른 방식으로 지역 정착 스토리가 쓰이기를 바란다. 성과를 말하기엔 아직 이르고 한계를 토로하기엔 아쉬움이 많이 남지만 끝까지 믿고 지지하는 행정의 태도를 유지할 것이다."

황 서기관은 중앙정부와 지방정부 사이의 역할 분담도 제안했는데 중앙정부가 청년들을 로컬로 초대하는 마중물 역할을 한다면 지방정부는 이들이 오랫동안 정착할 수 있도록 지원하는 역할을 담당해야 한다고 강조했다.

노벨상, 정책 실험에 주목하다

2019년 노벨경제학상은 지난 20년간 가난한 이들이 더 나은 교육을 받고 더 건강하게 살아갈 방안을 찾고자 세계 곳곳에서 정책 실험을 진행한 아비지트 배너지(Abhijit Banerjee)와 에스테르 뒤플로(Esther Duflo) MIT 공대 교수 등에게 돌아갔다. 이들은 2003년 빈곤퇴치연구소를 세운 뒤 7년 동안에만 40개 나라에서 약 240건의 정책 실험을 진행했다. 노벨위원회는 "겨우 20년 만에 그들의 새로운 실험 기반 접근법은 개발경제학을 완전히 변화시켰다."라고 평가했다. [5]

개발경제학의 오랜 논쟁 가운데 하나가 무상원조의 효과를 둘러싼 논쟁이다. 한쪽에서는 가난한 나라들이 열악한 기후와 턱없이 부족한 인프라를 극복하려면 대규모 원조가 불가피하다는 입장이라면 다른 한쪽에서는 무상원조가 별다른 효과도 없이 오히려 정권의 부정부패를 낳는다면서 스스로 일어설 수 있도록 시장경제 체제를 안착시키려는 노력이 먼저라고 맞선다. 그러나 오랜 논쟁에도 결론이 나지 않을 뿐만 아니라 앞으로도 답을 찾을 수 없을 것이라는 시각이 지배적이다. 뒤플로 교수 등은 책상머리에서 자기 입맛에 맞는 논거들만 제시하면서 말싸움을 하는 것보다 현장에서 직접 최선의 답을 찾기 위한 실험을 진행하는 것이 오히려 낫다는 믿음으로 가난한 나라들을 찾아다녔다. 이들은 『가난한 사람이 더 합리적이다』 라는 책에서 "수많은 기구, 연구자, 정책결정권자가 무작위 대조 실험 방법의 유용성을 확인했다."라고 말한다.

"각 단계의 충분한 숙고, 꼼꼼한 검증, 분별 있는 실행 등 한 단계씩 꾸준히 진행해 나가면 세계에서 가장 심각한 문제를 해결하는 데 놀라운 진전을 이룰 수 있다."

인구감소 시대의 해법을 찾으려는 우리의 노력은 무상원조를 둘러싼 오랜 논쟁과 별로 다르지 않아 보인다. 이제는 책상머리에서 벗어나 현장에서 답을 찾아야 할 때가 아닐까. 더 늦기 전에 말이다.

최근 코로나 19 사태에서 우리의 행정은 놀라운 저력과 헌신을 보여줬다. 유럽에 비해 턱없이 낮은 공공의료기관 비율에도 감염의 확산을 효과적으로 통제할 수 있었던 이유 가운데 하나는 행정의 체계적이고도 신속하면서 과감한 대처다. 그러나 이것이 다가 아니다. 행정과 민간의 협력체계가 효과적으로 작동했기 때문이기도 하다. 행정과 민간의 전문가들이 함께 거버넌스를 구성해 제때 필요한 결정과 지침들을 만들어내고 국민건강보험으로 뒷받침되는 민간 의료 영역이 행정과 손발을 맞추어 일사불란하게 움직였다.

여기에 더해 현장에서 올라온 민간의 목소리를 행정이 귀담아듣고 유연하게 대응해나간 점도 놓쳐서는 안 된다. 특히 전 세계로 퍼져나간 '드라이브 스루(Drive Through)' 방식을 제안한 것도 민간의 평범한 의사들이었다. 이재갑 한림대 강남성심병원 감염내과 교수가 드라이브 스루 방식의 선별진료를 제안하자 김진용 인천의료원 감염내과 과장이 새벽까지 직접 그림을 그려가며 다섯 장짜리 제안서를 만들었다. 칠곡 경북대 병원과 영남대 병원이 이를 실제로 현장에서 구현했고 그 뒤로 여러 지자체들이 이를 과감하게 수용하면서 전국으로 확산됐다. 이를 두고 영국 BBC는 "한국은 기발한 아이디어를 빠르게 적용했다."라고 했고 미국 블룸버그통신은 "세계에서 가장 혁신적인 국가로 다시 한 번 입증됐다."라고 했다. 자원을 효과적으로 동원할 수 있는 행정의 계층적 체계와 일사불란함에 민간의 현장성과 유연함이 더해질 때 어떠한 결과가 만들어질 수 있는지를 보여준 좋은 본보기다.

정책 실험으로 제대로 된 효과를 얻으려면 무엇보다 실험을 대하는 태도가 중요하다. 지금까지의 익숙한 방식으로는 더는 원하는 결과를 얻을 수 없다는 점을 인정하고 과감하게 시도하고 차분하게 기다릴 수 있어야 한다. 그리고 설혹 기대했던 결과가 나오지 않더라도 기꺼이 포용하고 다음 실험으로 나아가야 한다. 그러한 점에서 이 책에 나오는 개척자들의 도전은 더없이 소중하다. 만약 이들이 얼마 못 가서 멈춰 선다면 우리 사회는 우리를 더 나은 미래로 데려다줄지도 모를 시도들을 잃게 되는 것이다. 로컬의 미래, 우리 모두의 미래가 이들에게 달렸다는 사실을 잊지 말아야 한다.

영국 폴리시랩(정책실험실) 책임자인 안드레아 시오드목(Andrea Siodmok)은 2019년 말 우리나라에서 열린 정부혁신포럼을 찾아 "우리는 기꺼이 첫 번째 쥐가 되려 한다."라는 말을 남겼다. "두 번째 쥐가 치즈를 얻는다"는 영국의 속담을 뒤집어 설사 실험을 통해 치즈(원하는 결과)를 얻지 못하더라도 다음 실험 또는 다른 누군가의 실험에 도움을 줄 수 있다면 기꺼이 실험에 나서겠다는 뜻이다. 한 가지 덧붙인다면 실험 과정과 결과를 성실하게 기록하고 또 서로 긴밀하게 정보를 주고받으며 앞으로 나아간다면 첫 번째 쥐라고 해서 꼭 치즈를 손에 넣지 못하리란 법도 없다. 첫 번째 쥐가 되기를 주저하지 않는 이러한 태도가 폴리시랩을 전 세계가 주목하는 사회혁신기구로 만든 힘이라는 사실을 기억할 필요가 있다.

정부와 지자체들이 첫 번째 쥐가 되기를 주저하지 않았으면 한다. 어렵다면 벌써 치즈를 향해 저만큼 앞서가고 있는 첫 번째 쥐들을 응원하는 일이라도 열심히 해주기를 바란다. 그래야 더 많은 개척자들이 우리의 미래, '뉴 로컬'을 열어갈 수 있을 테니 말이다.

1. 오찬종, “엔지니어 인재들 ‘초봉 2,000만 원 더 줘도 로컬 안 간다’”, 〈매일경제〉, 2020.6.14
2. 마강래, 『지방도시 살생부』, 2017.10., 개마고원, 34쪽
3. “Are small cities the smartest?”, 〈CNN〉, 2019.2.25
4. https://www.myhelsinki.fi/
5. 김호준, “노벨 경제학상에 뒤플로 등 미국 학자 3명…빈곤퇴치 연구에 기여”, 〈연합뉴스〉, 2019.10.14

우리는 로컬에서 무엇을 보았을까

2020년 6월의 마지막 날이다. 어느덧 한 해의 절반이 지나가고 있다. 공기업 가운데서도 가장 인기가 높다는 인천국제공항공사의 정규직 자리를 두고 벌어진 갈등이 일주일이 넘도록 잦아들 줄 모른다. 오고 가는 날 선 외침들을 듣고 있자니 가슴이 답답해진다. 우리 사회는 대체 어디로 가고 있는 걸까. 그나마 저 멀리 로컬에서 들려오는 반가운 소식들이 아니라면 이 우울함에서 벗어나기 힘들지도 모른다.

'2020 순창 VIBE' 첫 무대가 펼쳐진 것이 지난 금요일이다. 두 순창 청년 김관우, 이덕현과 신촌블루스 기타리스트 노병기가 함께 공연하는 영상을 보다가 왈칵 눈물을 쏟을 뻔했다. 어제는 목포 괜찮아마을에서 '반짝반짝'이 곧 문을 연다는 소식이 전해졌다. 3년 만에 제대로 된 첫 공간을 열었다는 말에, 강남 테헤란로에서 못하는 일을 그곳에서라면 해낼 수 있을 것이란 말에 덩달아 가슴이 벅찼다. 수도권에 자리한 공기업 일자리를 두고 벌어진 그리 낯설지 않은 다툼 위로 순창과 목포에서 펼쳐지고 있다는 낯선 풍경들이 겹치면서 극적인 대비를 이루었다. 너무 극적이어서 현실감이 떨어질 만큼. 앞으로 시간이 흐르면 어떻게 될까. 서로 다른 곳을 향하고 있는 두 풍경은 어떻게 달라져 있을까. 책을 마무리하면서 맞닥뜨린 질문이다.

로컬로 향하는 이유는 생각보다 다양했다. 무엇인가를 지키고 싶어서 남은 이들도 있고 새로운 무언가를 찾아 낯선 곳으로 향한 이들도 있었다. 남들처럼 살고 싶지 않아서 또는 그런 삶을 견딜 수 없어서 떠난 이들이 있는가 하면 남들이 미처 보지 못한 무언가가 있을 것이란 기대로 새로운 도전에 나선 이들도 있다. 따지고 보면 별로 새로울 것도 없는 이유들이다. 모두들 한 번쯤은 떠올려 봤지만 그것만으로는 쉽사리 행동에 나서기는 힘든 이유들. 로컬은 아직도 그리 가깝지만은 않다.

달라진 것이 있다면 우리들 대부분이 목표로 삼았던 삶의 값어치가 점점 떨어지고 있다는 사실이다. 그런 삶을 사는 일이 점점 더 힘들어지고 있다는 말이 더 정확할지도 모르겠다. 앞 세대들이 누려왔던 대도시에서의 평범한 삶은 오늘날 청년 세대들에게는 닿기 힘든 미래다. 청년들만이 그런 것도 아니다. 우리 사회의 점점 더 많은 이들이 갈수록 줄어드는 의자를 차지하려고 누군가를 힘껏 밀어내야 하는 의자놀이 같은 삶으로 내몰리고 있다. 다른 삶을 찾아 나서려는 이들이 늘고 있는 현상은 어쩌면 당연한 일이다. 다행히 로컬에는 아직 더 많은 의자를 놓을 널찍한 공간들이 남아 있다. 기술이 발달하고 사람들의 생각이 바뀌면서 거리감도 조금은 줄었다. '로컬 트렌드 미디어'를 표방하는 비로컬의 김혁주 대표는 이를 '재발견'이라고 했다.

"대량생산 대량소비라는 효율을 추구하던 소비 패턴이 취향을 만족시키는 것으로 변했어요. 가성비에서 가심비로 옮겨 갔다고 할까요. 이제는 스토리텔링이 구매 욕구를 자극하는 요소가 되었죠. 그러면서 더는 대규모 산업군에 관심이 없는 독특한 이들이 나타났어요. 이 부류가 로컬이라는 화두로 모이고 활동하고 있어요. 지금까지는 주목받지 못하다가 소셜 네트워크와 다양한 미디어 덕에 점점 빛을 보고 있죠. 이들이 로컬 크리에이터인데 새롭게 생겨났다기보다는 원래 존재하던 이들이 재발견되고 있다고 보는 게 맞아요."[1]

한종호 강원창조경제혁신센터 센터장은 이른바 밀레니얼 세대만의 독특한 그 무엇을 들여다봐야 한다고 말한다.

"서울에서 희망을 찾기 힘든 이른바 N포 세대들이기도 한데 기회를 잡지 못하다 보니 자기 성찰이 굉장히 강해요. 앞으로 뭘 해 먹고 살아야 하나란 고민은 결국 내가 좋아하는 건 무엇이고 나는 어떤 삶을 추구할 것인가라는 고민으로 이어지죠. 그래서 취향이 중요한 키워드가 되고 있어요. 나의 꿈을 펼칠 수 있는 로컬을 찾아 하고 싶은 일을 하면서 살려는 욕구와 의지가 있어요."[2]

모종린 연세대학교 교수는 '탈물질주의'라는 좀 더 큰 시대적 흐름으로 설명한다. 그는 서구의 라이프스타일 변화가 "전근대사회의 전통 가치와 근대사회의 물질주의가 탈산업사회의 탈물질주의로 이동하는 과정"이었다면서 한국의 밀레니얼 세대도 서구의 혁신 세력들처럼 개성, 다양성, 삶의 질, 사회적 가치 등을 중요하게 여긴다고 말한다.

“2008년 글로벌 금융위기의 여파로 밀레니얼 사이에서 부르주아 경제에 대한 회의가 확산됐어요. 이들은 창조성, 장소성, 삶의 질 그리고 지속 가능성에서 대안을 찾죠. 자신의 취향과 윤리에 맞고 아는 곳에서 아는 사람이 만든 상품을 더 좋아해요. 미니멀리즘, 업사이클링, 스몰 브랜드, 복합문화공간 등 새로운 유형의 창업이 밀레니얼 세대가 탈물질주의를 추구한 결과입니다.”[3]

로컬로 향하거나 뿌리를 내리려는 이들이 넘쳐날 만큼 많은 것은 아니다. 아직은 눈을 크게 뜨고 살펴야 보인다. 하지만 최근 몇 년 사이 여러 이유로 로컬이 조금 더 주목을 받고 있는 것만은 분명해 보인다. 로컬을 새롭게 바라보고 새로운 가능성을 찾으려는 흐름이다. 바야흐로 ‘뉴 로컬(New Local)’의 시대가 열리고 있는 것이다. 이러한 흐름이 앞으로 얼마나 오래 지속될지는 그 누구도 알 수 없다. 하지만 지금 당장 더 많은 이들이 로컬로 향하고 있다는 것은 틀림없는 사실이다.

그렇다고 서부개척 시대처럼 삽 한 자루 들고 금광을 찾아 나설 일은 아니다. 지금까지 살펴봤듯이 로컬에 뿌리내리고 오래도록 살아남기란 아직도 만만한 일이 아니다. 그렇다면 어디에서 성공 요인을 찾을 수 있을까? 몇 마디로 정리하기는 어렵지만 책을 마무리하면서 몇 가지만 짚고 넘어가 보기로 하자.

먼저 로컬만이 가진 자원 또는 가치를 찾아내는 일은 여전히 의미가 있다. 광주 무등산브루어리가 그랬고 속초 칠성조선소가 그랬다. 대구 북성로 사회혁신 클러스터와 남원 지리산 포럼도 마찬가지다. 다른 곳에서는 찾아보기 힘든, 로컬만의 그 무엇에서 출발했다. 남들이 거들떠보지 않던 그것에서 이야깃거리를 찾아내고 가치를 더해 새로운 생명을 불어넣었다. 쉽지 않은 일이다. 한종호 센터장의 말을 곱씹어볼 필요가 있다.

"로컬 크리에이터라는 말이 나오면서 이를 조작적으로 정의하려다 보니 (로컬 자원에 대해) 여러 가지 해석이 나오고 논란이 생기는 것 같은데 이를 교조적으로 해석할 필요는 없다고 봐요. 지역의 자원을 활용한다기보다는 그 지역에 적합한 라이프스타일을 제안한다고 하는 게 더 정확하죠. 예를 들어, 동해안이면 산과 바다가 있어서 슬로우 라이프를 누리기 좋은 곳이니 지역 특성에 맞게 북 스테이 사업을 할 수 있을 거예요. 그런데 북 스테이 사업이 지역의 어떤 자원을 활용한 거냐고 물으면 좀 우스꽝스러워지죠."[4]

모종린 교수는 로컬 자원을 콘텐츠로 만들어내려면 조금 더 체계적이고 전문적인 노력이 필요하다고 강조했다.

"로컬 콘텐츠를 발굴하고 사업화를 하는 게 제일 중요해요. 하루만 머물면 파악할 수 있는 수준 말고…… 그러니까 사업화할 수 있는 로컬 자원이 무엇인지를 개념화하고 발굴하는 방법론을 제시할 필요가 있어요. 결국 로컬 콘텐츠를 발굴할 수 있는 체계적인 시스템을 마련하는 일이죠. 로컬 매거진이 로컬 창업의 중심지가 되고 이게 발전하면 장인대학이 될 수 있어요. 이런 인프라와 시스템을 구축하는 데 정부가 나서야 합니다."[5]

다음으로 그곳에 없는 것 또는 사람들이 필요로 하는 것을 만들어내고 채우는 일도 의미가 있다. 시흥 월곶의 레스토랑과 카페가 그랬고 순창 방랑싸롱이 그랬다. 강화 청풍 협동조합의 펍과 목포 괜찮아마을도 마찬가지다. 로컬에 없는 것, 사람들이 필요로 하는 것이 무엇인지를 찾아내서 그것을 채워넣자 사람들이 몰려들었다. 없던 것을 만들기만 하면 다 되는 것은 아니다. 어설프게 서울을 따라해서는 안 된다던 방랑싸롱 장재영 대표의 말을 다시 떠올려볼 필요가 있다. 그는 "시골은 철저하게 시골스럽게 해야 한다."라고 했다. 감자꽃스튜디오 이선철 대표는 로컬에서 필요를 찾되 로컬에 머물러서는 안 된다고 말한다.

"자기 사업의 궁극적 시장을 아는 게 대단히 중요해요. 내가 잘 쓰는 표현 중에 '마을이 시장이 될 수는 없다'는 게 있어요. 로컬을 기반으로 하고 있어도 소구하는 시장은 더 넓게 봐야 해요. 골목대장이나 동네 권력이 되겠다는 비전이라면 어쩔 수 없지만 진정한 로컬의 앵커나 리더가 되려면 마케팅 전략을 잘 짜야 해요. 마을에서 만들고 마을이 소비한다는 범주로는 한계가 있죠."[6]

마지막으로 로컬로 스며들되 밖으로도 늘 열려 있어야 한다는 점도 놓쳐서는 안 된다. 이는 협력하고 연대하려는 태도와 노력이기도 하다. 서귀포 어썸제주와 수원 더페이퍼, 청주 촌스런과 강화 책방 시점 그리고 군산 로컬라이즈군산이 모두 그러했다. 어쩌면 탁월한 아이디어보다 더 중요한 것이 이런 것들일지 모른다. 지역으로 스며드는 일은 생각보다 어렵다. 김혁주 대표는 로컬에서 맞닥뜨리는 현실을 이렇게 설명한다.

"로컬 크리에이터들이 예의가 없다는 얘기도 들어요. 굉장히 묘한 건 수익이 지역을 기반으로 창출되면서 어느 순간 지역에 대한 책임의식이 생긴다는 사실이죠. 그러다 보니 막 첫 발을 뗀 로컬 크리에이터에게 지역에 대한 책임을 요구하면 예의 없는 반응을 맞닥뜨리게 되고 수익을 좀 내고 있는 이들에게 물어보면 속된 말로 먹고 살기 위해 지역에 삥 뜯기고 있다는 푸념을 듣게 돼요."[7]

김 대표는 조금 더 시간이 흘러 로컬 생태계가 만들어지면 미국 포틀랜드처럼 지역과 함께 성장하는 기업도 나올 수 있을 것이라고 말했다. 이선철 대표는 로컬 안으로 자연스레 스며들려는 노력이 필요하다고 강조했다.

"청년이든 중장년층이든 어떤 식으로든 적정 수준의 로컬 포지셔닝이 필요해요. 그래야 공동체의 일원으로 최소한의 소통과 교류를 하면서 살 수 있어요. 너무 납작 엎드리면 동네 머슴이 되기 딱 좋고 왕년의 경력을 내세워서 자존심만 부리면 외면당하기 쉬워요. 그래서 지역에서 살아남으려면 꼭 필요한 게 좀 두루뭉술하게 말하자면 '지역친화적 정무감각'이에요."[8]

한 가지 덧붙인다면 로컬을 바라보는 눈과 로컬을 대하는 태도를 바꿔야 한다는 점을 짚고 싶다. 조아신 지리산 이음 이사장이 썼듯이 내가 발 딛고 선 로컬이 곧 세상의 중심이라는 생각이 필요하다. 그럴 때 로컬의 자원과 가치, 로컬과 사람들의 필요, 또 로컬과 세상의 관계 맺기가 비로소 보이고 또 가능해질 것이다.

"로컬을 보는 우리 스스로의 관점을 전환할 때 비로소 로컬의 다른 미래를 상상해볼 수 있을 것이다. 자신이 살고 있는 로컬이 세상의 중심이라고 생각하는 사람이 많아질 때 비로소 로컬의 미래가 보이기 시작할 것이다."

어릴 적 읽은 소설『동의보감』에서 죽은 스승의 몸을 해부하고 돌아온 허준에게 스승의 벗이 "무엇을 보았느냐?"라고 묻는다. 해부가 허락될 리 없던 시절, 스승의 유언으로 삼일 밤낮을 해부에 매달렸던 허준은 잠시 생각하다 이렇게 답한다.

"…… 사람을 보았습니다."

20년도 더 지났지만 유독 저 한마디가 아직도 잊히지 않는다. 다시 찾아보니 그 뒤에는 이런 말이 이어졌다.

"겉으로만 보던 사람이 아닌 사람의 모든 것을, 사람이 무엇과 무엇으로 이루어졌으며 사람이란 무엇인가를."

이 책을 함께 쓴 우리들은 무엇을 보았을까. '로컬을 보았다.'는 멋진 말을 하고 싶지만 안타깝게도 차마 그런 말은 할 수가 없다. 겉으로만 보던 로컬이 아닌 로컬의 모든 것을 담고 싶었고 로컬에서 오래도록 살아남으려면 무엇을 갖추어야 하는지 보여주고 싶었지만 그러지 못했다. 그래도 여러 모습을 담으려고 애썼다는 점만은 알아주기 바란다. 아마도 열세 편의 이야기 가운데 몇 편쯤은 관심사와 닿아 있을 것이다.

이러한 이야기들이 더 많이 나오고 알려져야 한다고 믿는다. 활짝 웃는 얼굴이 큼지막하게 박힌 기사도, 멋들어진 카피들로 채워진 15분짜리 발표도 로컬로 향하려는 이들에게 희망과 영감을 줄 수는 있겠지만 그 안에 로컬을 온전히 담아내기란 어렵다. 이 책을 시작으로 더 많은 이들이 로컬의 삶을 들여다보면서 기록하고 또 나누면서 함께 더 나은 길을 찾아갈 수 있기를 기대해본다.

1. 윤찬영, "로컬 생태계가 건강하려면 돈 버는 사람이 필요하다", 〈오마이뉴스〉, 2020.4.20
2. 윤찬영, "중기부 첫 공모 경쟁률 22대1... "로컬 크리에이터에게는 성장만큼 균형도 중요", 〈오마이뉴스〉, 2020.4.8
3. 윤찬영, "로컬에서 글로벌 기업이 나와야 의미 있는 생태계가 된다", 〈오마이뉴스〉, 2020.4.6
4. 윤찬영, "중기부 첫 공모 경쟁률 22대1... "로컬 크리에이터에게는 성장만큼 균형도 중요", 〈오마이뉴스〉, 2020.4.8
5. 윤찬영, "로컬에서 글로벌 기업이 나와야 의미 있는 생태계가 된다", 〈오마이뉴스〉, 2020.4.6
6. 윤찬영, "로컬계 멘토가 '자영업할 노력으로 취업하라' 한 까닭", 〈오마이뉴스〉, 2020.5.5
7. 윤찬영, "로컬 생태계가 건강하려면 돈 버는 사람이 필요하다", 〈오마이뉴스〉, 2020.4.20
8. 윤찬영, "로컬계 멘토가 '자영업할 노력으로 취업하라' 한 까닭", 〈오마이뉴스〉, 2020.5.5

슬기로운 뉴 로컬생활

서울 밖에서 답을 찾는 로컬 탐구 보고서

2020년 8월 21일 **초판 1쇄 발행**
2020년 9월 25일 **초판 3쇄 발행**

지 은 이 윤찬영 김동복 김선아 박산솔 배수용
안지혜 전충훈 조아신 최아름
펴 낸 이 김선민
편 집 박진영 김선우
표 지 urbook
디 자 인 주아르
펴 낸 곳 STOREHOUSE 스토어하우스
출판신고 2019년 12월 30일 제307-2019-89호
주 소 서울시 성북구 월곡로 14길 26, 109-1904
전 화 010-5501-1577
팩 스 070-7966-1577
이 메 일 ksmsolo@naver.com **인스타그램** storehouse_books

I S B N 979-11-90912-00-6

스토어하우스(STOREHOUSE)는 독자 여러분의 소중한 아이디어와 원고 투고를 항상 기다리고 있습니다. 이메일 ksmsolo@naver.com으로 간략한 기획 내용과 연락처를 보내주시기 바랍니다. 여러분의 꿈을 기다리며 응원하겠습니다.